数字政府的理论探索与实践创新

从全面认知到整体智治

陈杰浩 周 彪 主编

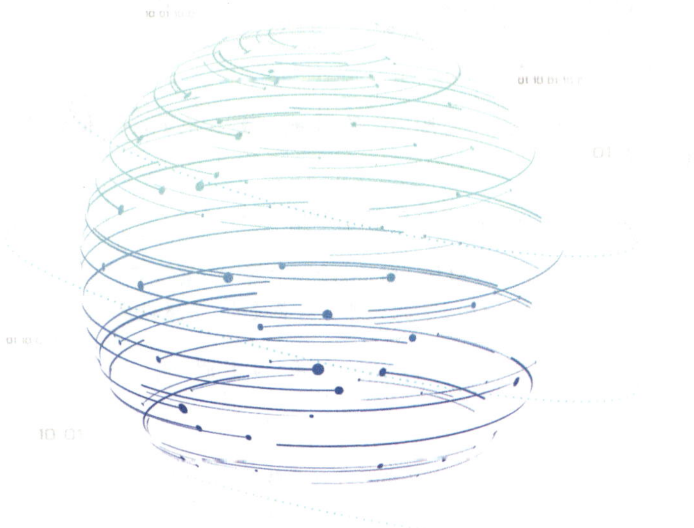

科学出版社
北 京

内 容 简 介

本书以 2019 年至 2021 年期间广西数字政府的实践创新为案例，开展数字政府的理论探索。广西数字政府建设遵循从全面认知到整体智治的发展理念，以复杂系统工程思维，构建了“一云承载、一网通达、一池共享、一事通办、一体安全”的“五个一”数据治理模式，打造了规划标准、政务云网、数据智能、工具应用、开放生态、安全运维等六大数字政府新型基础设施，谋划了数字政府大脑，建设了“一网通办、一网通查、一号响应、一网通管、一机应用”的“五个管用”核心应用体系，推动了数字政府在“*N* 个领域”的多维创新，构建形成了“一核驱动、五个管用、多维创新”的广西数字政府建设模式，走出一条广西政府的数字化转型之路。

本书适合从事数字政府相关工作的人员参考阅读，帮助大家更好地了解数字政府的基本知识、技术架构和实施路径。

图书在版编目(CIP)数据

数字政府的理论探索与实践创新：从全面认知到整体智治/陈杰浩，周彪主编. —北京：科学出版社，2023.8

ISBN 978-7-03-075774-6

Ⅰ. ①数… Ⅱ. ①陈… ②周… Ⅲ. ①地方政府–电子政务–研究–广西 Ⅳ. ①D625.67-39

中国国家版本馆 CIP 数据核字(2023)第 105983 号

责任编辑：郝 悦／责任校对：贾娜娜

责任印制：张 伟／封面设计：有道设计

科学出版社 出版

北京东黄城根北街 16 号

邮政编码：100717

http://www.sciencep.com

北京中科印刷有限公司印刷

科学出版社发行 各地新华书店经销

*

2023 年 8 月第 一 版 开本：720 × 1000 1/16

2023 年 8 月第一次印刷 印张：21 3/4

字数：450 000

定价：298.00 元

(如有印装质量问题，我社负责调换)

编 委 会

序

PREFACE

2022年惊蛰时节的南方雨夜，窗外传来了滴滴答答的雨声，我坐在桌前思索、修改着这本写了三年的书，恍惚间耳边传来了“好雨知时节，当春乃发生。随风潜入夜，润物细无声。”（唐·杜甫《春夜喜雨》）。大数据、人工智能、5G、区块链、元宇宙、数字化转型……这一系列的新鲜事物，就如这春雨般，伴随着春雷浇洒了大地，浸润着这万千世界，悄然改变着这芸芸众生，人类的数字化时代已经来临。

历史车轮滚滚向前，时代潮流浩浩荡荡。纵观世界工业革命发展历史，人类社会经历了以机械化、电气化、计算机和信息化技术为标志的三次工业革命。目前，第四次工业革命正在进行，以新一代信息技术为主的科技革命和产业变革蓬勃兴起，并加速与各行各业深度融合，促进了生产力和生产关系变革，推动了经济社会全面数字化转型，对人类社会发展意义重大，影响深远。中国审时度势，提出了数字中国的伟大战略，以数字化转型整体驱动生产方式、生活方式和治理方式变革，加快建设数字经济、数字社会、数字政府。数字政府是数字中国建设的重要内容，是以先进的科学技术手段为支撑，以提升政府治理体系和治理能力现代化水平、政府服务水平为目的，通过数字化思维、数字化理念、数字化战略、数字化资源、数字化工具和数字化规则实现政府治理和社会发展的有机融合，从而为社会公众提供智能化政务服务，建设民众满意的现代化政府，是推进服务型政府建设的重要抓手、一体化政府建设的核心助推器和提升治理智能化水平的关键工具。

“大事起于难，小事起于易。欲思其利，必虑其害；欲思其成，必虑其败。”（三国·蜀·诸葛亮《便宜十六策·思虑》）。时代的发展必然会产生新思想、新理念、新技术，而这些新思想、新理念、新技术也势必会带来新的“乱象”。数字政府建设是一项覆盖面广、业务维度多、统筹难度大的复杂系统工程，在实践探索过程中，既出现了资金浪费、重复建设、形式主义等建设问题，也出现了专网林立、信息孤岛、数据共享难、信息安全等技术问题，还出现了实际建设成果与初期美好期盼存在较大差距等成效问题。随着“智治政府”“元宇宙”等新形态、新概念的不断提出，数字政府的建设也面临着技术变更、服务转型、组织革新及数据安全等方面的挑战。

“形而上者谓之道，形而下者谓之器”（《易经·系辞》）。世间的万事万物，无论是新的事物还是旧的事物，我们都要通过表象去透析本质，唯有透析本质，方能掌握和推动事物的发展，新一代信息技术、数字化转型、数字政府建设等亦然。几千年来，人类社会一直面临的重大挑战是如何在不确定性的复杂环境中进行决策，从游牧社会、农业社会、工业社会到信息社会，这都是一个永恒的话题。克劳德·香农认为信息是用来减少随机不确定性的东西，信息的价值是确定性的增加，信息最重要的作用就是要减少不确定性而增加确定性。数字政府建设的本质就是在新一代信息技术的支撑下，在“数据+算法”所定义的世界中，化解复杂系统的不确定性，提升政府的治理水平，提高政府的服务能力。犹如人类社会几千年来面对不确定环境进行决策的进化史，这个本质的关键路径是实现从全面认知到整体智治，认知即数字政府对现实社会感触、理解、认识、知道的过程，智治即智能治理，是政府现代化治理体系的重要组成部分，也是政府职能健全发展的愿景目标。

“天下之事，闻者不如见者知之为详，见者不如居者知之为尽。”（南宋·陆游《书巢记》）。本书以 2019 年至 2021 年期间广西数字政府的实践创新为实际案例，开展数字政府建设的理论探索。广西数字政府建设遵循从全面认知到整体智治的发展理念，以复杂系统工程思维，提出并构建了“一云承载、一网通达、一池共享、一事通办、一体安全”的“五个一”数据治理模式，打造了“规划标准、政务云网、数据智能、工具应用、开放生态、安全运维”等六大数字政府新型基础设施，谋划和设计了一个数字政府大脑，形成“5+6+1”的创新应用支撑体系——“一核驱动”，建设了“一网通办、一网通查、一号响应、一网通管、一机应用”的“五个管用”核心应用体系，推动了广西数字政府在“*N* 个领域”的多维创新，由此构建起了“一核驱动、五个管用、多维创新”的广西数字政府建设模式，走出了一条广西政府的数字化转型之路。

“夫参署者，集众思，广忠益也。”（三国·蜀·诸葛亮《教与军师长史参军掾属》）。在这高速发展的创新时代下，在推进数字政府这一共同的伟大事业发展之中，我们既要善于总结经验教训，也要敢于听取多方意见建议，从而集思广益，更优、更好地推进事业的发展。编写本书的目的是总结我们曾经前行道路的探索实践经验，从而抛砖引玉，让广大从业人员、社会各界人士更好地了解数字政府建设的基本知识、重大意义和实施路径，结合广西数字政府建设的经验做法，与各界共同探讨数字政府建设工作思路。我们相信，在广大从业人员、社会各界的积极参与和共同努力下，我国数字政府建设一定能形成更大合力、取得更大成效。

需要特别说明的是，本书由作者自筹资金出版，不代表任何官方机构的意见，本书出版皆源于作者团队对数字政府建设事业的专业性热爱，希望对数字政府的建设进行系统性的思考、总结和归纳，并形成对数字政府建设的理论支撑，也是作者团队对曾经青春奋斗历程的纪念。

——陈杰浩，2022 年 3 月 5 日（惊蛰）

书于中国共产党广西壮族自治区委员会党校崇信园

前言

FOREWORD

本书提出数字政府建设的关键路径是实现从全面认知到整体智治，认知即数字政府对现实社会感触、理解、认识、知道的过程，智治即智能治理，是政府现代化治理体系的重要组成部分，也是政府职能健全发展的愿景目标。在此建设理论的支撑下，以广西数字政府的实践创新为实际案例，系统性地阐述了数字政府建设的思路、方法和举措等。本书分十章进行阐述，包括认识数字政府；一核驱动、五个管用、多维创新；“五个一”政务数据治理模式；“五个一”政务数据治理实践；“六大”新型基础设施；“一个”数字政府大脑；“五个管用”核心应用体系；*N* 个领域多维创新；“智桂通”移动开放生态体系；未来已来。

本书系统性地阐述了数字政府建设的理论凝练过程，以及实际的创新实践案例，能让广大从业人员、社会各界人士更好地了解数字政府建设的基本知识、建设理论和具体举措。

第 1 章：随着新一代信息技术的快速发展，加强数字政府建设成为推动国家治理体系和治理能力现代化的重要举措，是满足人民日益增长的美好生活需要、应对瞬息万变的国际局势、承受突如其来的风险考验的重要保障。第 1 章对数字政府的定义、核心特征、建设目标及意义进行详细阐述，分析国内外数字政府和泛数字政府领域的发展情况，剖析当前国内外数字政府的问题、经验和挑战，结合我国“十四五”规划内容，阐述我国数字政府建设的总体思路，并向各位读者介绍与数字政府相关的专业术语。

第 2 章：推动数字政府建设的关键在于利用大数据和人工智能等新一代信息技术，使政府具备从知识认知到智慧处理的能力，进而衍生出服务社会发展、提升政府治理能力的智能化应用，实现从全面认知到整体智治。第 2 章阐述了从全面认知到整体智治的理论基础、顶层设计和实施路径，并以广西数字政府建设为实践探索，将“从全面认知到整体智治”这一理念贯穿到数字政府的实际建设中，由此提出了“一核驱动、五个管用、多维创新”的数字政府发展模式。

第 3 章：从全面认知到整体智治的基础是数字政府对所管辖的人、事、物的准确、客观、全面的认知，即通过对政务数据的全面采集和系统性梳理，实现政府对所管辖物理世界的全面认知。因此，科学地开展政务数据治理，将海量繁杂的信息转化为可靠、可信、可用的数据资源，是推动政务智治的必经之路。第 3 章从政务数据的定义、特点和应用场景出发，阐述当前国内外政务数据治理的现状，分析政务数据治理对社会发展的重要意义，以及当前政务数据治理面临的问题和挑战，以广西的实际探索实践为例，介绍在开展政务数据治理过程中所采取的思路和措施，即“五个一”政务数据治理模式。

第 4 章：政务数据治理是一项具有高度复杂性的系统工程。纵向涉及信息化全生命周期的复杂性，横向涉及多部门业务协调的复杂性，对内涉及规划落地统筹的复杂性，对外涉及资金人才等要素制约的复杂性，整体涉及标本兼治统筹兼顾的复杂性。以广西探索实践为案例，按照“五个一”政务数据治理模式的设计，以“1+11+2+1”政务数据治理体系为核心，通过推动“三通”夯实数据治理的基础设施底座，加快推进全生命周期政务数据治理，破解专网林立、信息孤岛、数据缺乏有效治理和应用等现实问题。第 4 章将介绍“五个一”政务数据治理模式的发展过程、总体架构、具体内容和工作成效，详细阐述数据治理工作探索实践经验。

第 5 章：钱学森院士指出，“系统工程是组织管理系统的规划、研究、设计、制造、试验和使用的科学方法，是一种对所有系统都具有普遍意义的科学方法”①。数字政府是一个涉及多领域、多维度、多行业的复杂巨系统，要实现从全面认知到整体智治，保障数字政府这一复杂巨系统的科学规划和可持续发展，就必须以系统工程的思维和软件工程设计模式的理念，从更高的维度去谋划构建符合数字政府建设规律的新型基础设施体系，推动基础设施从对单一部门和单一业务支撑转向对数字政府的整体支撑，从而更好地满足未来数字政府建设和发展的需要。以广西的探索实践为例，以系统工程的思维和软件工程设计模式的理念，围绕数字政府建设的关键基础领域，通过打造“规划标准、政务云网、数据智能、工具应用、开放生态、安全运维”等“六大”基础设施，为各部门各行业提供集约化、体系化、规范化的基础设施支撑。第 5 章阐述了“六大”新型基础设施的定义、建设意义、建设思路、建设内容和成效等。

第 6 章：认识世界和改造世界是人类创造历史的两种基本活动。数字政府大脑作为数字政府观察世界、认识世界和改造世界的关键，是以软件定义世界的思路对现有的管理机制、体制重新再定义、再塑造的重大变革，是数字政府在大数据时代以人工智能技术创造人类新历史的重要举措。第 6 章阐述了数字政府大脑的定义及其对实现政府智治的重要意义，介绍了数字政府大脑的总体架构、建设内容和应用场景。

---

① 钱学森. 论系统工程[M]. 长沙：湖南科学技术出版社，1982.

第 7 章：老子曾言道，圣人无常心，以百姓之心为心。数字政府要贯彻“以人民为中心”的发展理念，以“大平台、大数据、大应用”集约、共享、生态的建设思想，建设源于群众、扎根群众并服务群众的服务型政府，打造以用为驱动的数字政府建设模式。第 7 章从“五个管用”核心应用体系的出发点开始阐述，分析“五个管用”核心应用体系对数字政府建设的重要意义，详细介绍“一网通办”“一网通查”“一号响应”“一网通管”“一机应用”的建设背景、建设意义、技术内容及所取得的阶段性成效。

第 8 章：习近平总书记曾指出，一个地方、一个企业，要突破发展瓶颈、解决深层次矛盾和问题，根本出路在于创新[①]。纵观社会发展历史，创新始终是推动一个国家、一个民族向前发展的重要力量，也是推动整个社会向前发展的重要力量。“问渠那得清如许，为有源头活水来”，对于数字政府这个“渠”来说，“多维创新”的核心目的就是深挖隐藏在各行各业里的“活水”，让其转化为数字政府持续发展的不竭动力。第 8 章详细阐述了“多维创新”的意义、总体思路、具体内容和应用案例。

第 9 章：数字政府在不断提升人民群众对美好生活期盼的同时，新的发展矛盾也日益凸显。为了化解当前数字政府建设过程中出现的矛盾，需要在数字政府的建设模式、架构模式、生态模式、内容融合、服务模式上进行深入思考。广西以“智桂通”项目作为建设契机、改革创新的试验田，第一次采用了“ABO 模式”开展数字政府建设，以寻求一条科学务实、良性发展的数字政府建设路径。第 9 章详细介绍了“智桂通”移动开放生态体系“开放、智能、生态”的设计理念，及以“1+1+1+1+5+*N*”为架构设计，构筑的全国首创集成“政用、商用、民用、客用”等全域数字化应用服务的移动开放生态体系。

第 10 章：随着“万物互联”和“元宇宙”等新形态、新概念的涌现，预示着现有社会形态即将跃迁到更高的层级，政府治理和服务模式也将迎来重大变革，第 10 章阐述了作者基于新技术的发展趋势对未来数字政府建设愿景的设想。未来，数字政府将不再是一套套孤立的系统，而是社会上所有的人、事、物共同构成的庞大体系，技术的发展将使社会上的一切要素都成为信息“传感器”，“全面认知”将使政府对社会动态的掌握能力产生质的飞跃。基于“全面认知”，推进政府实现“整体智治”，恰如人类从婴儿到成人，最终到先知、哲人的过程，从“计算”到“算计”，从“算盘”到“盘算”，从表象中发现本质，又从本质中推演出未来可能出现的表象。“整体智治”将不仅在于实现了政府智能治理全领域、全方

---

① 谱写新时代中原更加出彩的绚丽篇章（沿着总书记的足迹 · 河南篇），http://cpc.people.com.cn/n1/2022/0611/c64387-32443782.html[2022-08-30]。

位、全链条、全要素的覆盖，更在于超脱了时间的限制，让数字政府可知晓过去、可认清当下、可预见未来。从“全面认知”到“整体智治”，不仅是未来治理的终极愿景，也是缓和与调解社会矛盾、让社会发展的各个阶段得以平稳过渡、实现国家长治久安的技术手段。

目　录

CONTENTS

第1章 认识数字政府

CHAPTER 1

随着新一代信息技术的快速发展，加强数字政府建设成为推动国家治理体系和治理能力现代化的重要举措，也是满足人民日益增长的美好生活需要、应对瞬息万变的国际局势、承受突如其来的风险考验的重要保障。在2021（第十六届）中国电子政务论坛暨首届数字政府建设峰会上，第十二届全国政协副主席、国家电子政务专家委员会主任王钦敏指出数字政府是数字中国的重要组成部分和核心枢纽，也是建成数字中国的“牛鼻子”，见图1-1。[①]本章对数字政府的定义、核心特征、建设目标及意义进行详细阐述，分析国内外数字政府和泛数字政府领域的发展情况，剖析当前国内外数字政府的问题、经验和挑战，结合我国“十四五”规划内容，阐述我国数字政府建设的总体思路，并向各位读者介绍与数字政府相关的专业术语。

图1-1 以“建设数字政府，加快数字化发展”为主题的2021（第十六届）中国电子政务论坛暨首届数字政府建设峰会现场[②]

1.1 数字政府的概述

纵观世界工业革命发展历史，人类社会经历了以机械化、电气化、计算机和信

① 2021(第十六届)中国电子政务论坛暨首届数字政府建设峰会在广州召开, https//www.ccps.gov.cn/xrld/lj/ljhd/202112/t20211213_152284.shtml[2022-08-30]。

② 2021(第十六届)中国电子政务论坛11月底举行, http://m.news.cn/gd/2021-11/11/c_1128053843.htm[2022-08-30]。

息化技术为标志的三次工业革命。目前，第四次工业革命正在进行，见图 1-2。以新一代信息技术为主的科技革命和产业变革蓬勃兴起，并加速与各行各业深度融合，促进了生产力和生产关系变革，推动了经济社会全面数字化转型，对人类社会发展影响巨大。中国审时度势，提出了数字中国的重大战略，以数字化转型整体驱动生产方式、生活方式和治理方式变革，持续增强数字政府效能，更好激发数字经济活力，优化数字社会环境，营造良好数字生态。数字政府是数字中国建设的重要组成部分，加强数字政府建设是建设网络强国、数字中国的基础性和先导性工程。

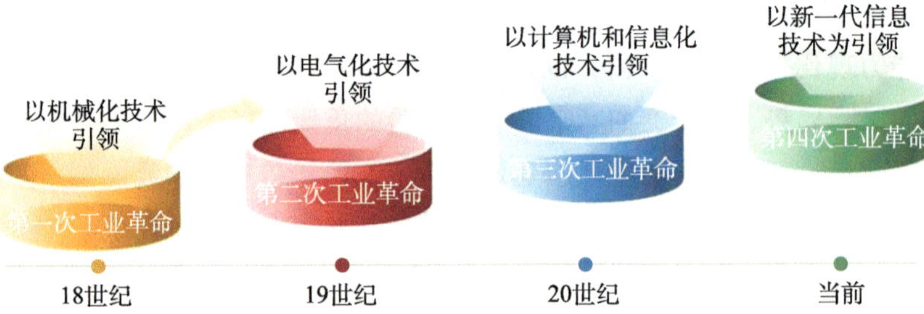

图 1-2　世界工业革命发展历程

在大数据、人工智能（artificial intelligence, AI）等信息技术的支撑下，人类社会正在进入“一切都被记录、一切都被分析”的大数据时代。智能手机和智慧应用仿佛成为现代人身体的“外带器官”，使生命体进化为可生产、携带、共享数据的“强信息人”。大数据时代背景下，面对人们日益增长的社会需求和数字化演变所带来的挑战，传统政府治理模式面临转型，数字政府作为一种新兴的政府管理与服务模式，成为各国争相布局的重要发展战略。

1.1.1　数字政府的定义

随着大数据时代的到来及 AI、量子通信、5G 等高新技术的飞速发展，国家治理方式面临转型，民众对政府的服务需求与日俱增，双方共同推动政府治理体系向数字化方向发展，数字政府的概念应运而生。

数字政府是一种以先进的信息技术手段为支撑，以提高政府治理体系和治理能力现代化水平为目的，注重政府信息公开透明和谋求数据共享红利的创新型政府服务模式。数字政府通过数字化思维、数字化理念、数字化战略、数字化资源、数字化工具和数字化规则，实现传统管制型政府模式向服务型政府模式的转变，为社会公众提供智能化政务服务，以更好发挥政府职能，建设人民满意的服务型政府，实现政府治理和社会发展的有机融合。

数字政府包含“政府”和“数字”两个主体，是大数据时代构建政府治理体系的阶段性创新产物。

一方面，数字政府的建设是运用先进数字化手段提升政府治理能力、重塑政府治理体系、推动政府现代化建设的重要实践。在新一代信息技术手段的支撑下，政府可以通过升级传统电子政务平台、构建一体化政务服务体系等路径，重构政府信息化管理架构、重塑政府职能部门工作流程、重建政府多部门协同工作机制，畅通跨层级、跨地域、跨系统、跨部门、跨业务的政务交互工作渠道，建立政务联络工作枢纽，全面提升政府在经济调节、市场监管、社会管理、公共服务、生态环境保护等多方面的履职能力。

另一方面，数字政府也是政府实现数据共享开放、打造数据智能应用、推动全面数字化发展的重要模式。政府掌握的政务数据中蕴含着涉及经济发展、社会民生的重要信息，数字政府建设需打造从数据采集、治理、存储、传输、监管、安全到应用的全生命周期数据管理体系，最大化挖掘数据价值，将数据红利应用于数字化建设的各个领域，促进应用创新发展，加速社会数字化发展进程，全面提升数据在生产生活、社会发展等领域的应用价值。

1.1.2 数字政府的核心特征

了解一项事务可以从它的特征入手，了解数字政府也不例外。本书从数字政府的构建过程、表现形式、政府职能这三个方面，对数字政府的核心特征进行系统性分析，见图 1-3。

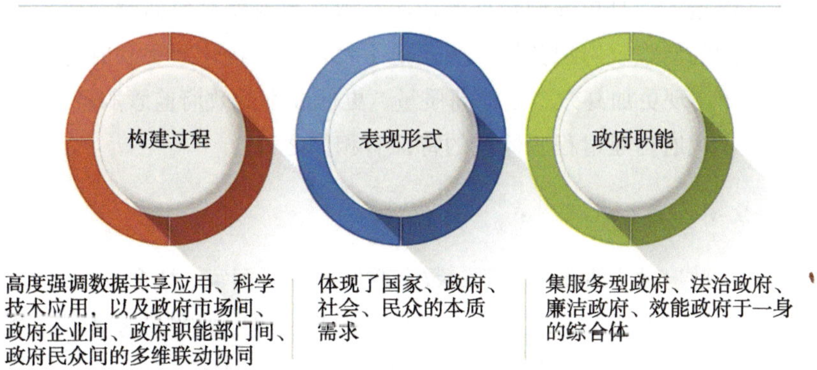

图 1-3 数字政府的核心特征

1. 数字政府的构建过程

从数字政府构建过程来看，数字政府驱动数据共享应用和科学技术应用，以及政府与市场间、政府与企业间、政府与民众间和政府内部各职能部门间的多维联动协同。

第一，驱动数据共享应用。数字政府作为数字化催生的新型政府治理模式，首要特征是将数据作为政府治理的核心要素。一方面通过数据的采集、归纳、分析、提炼等过程，为政府决策提供基础数据支撑服务，提高决策的科学性和智能性；另一方面通过向公众和社会各界合理化开放数据、鼓励数据共享等方式，引导社会各方力量共同挖掘数据价值。

第二，驱动信息技术应用。21 世纪是信息技术高速发展的新纪元，由于互联网、物联网的广泛铺设，加快促进了社会迈入大数据时代。而今以 AI、云计算、区块链、5G、量子通信为核心引领的新一代信息技术再次推动了社会的智能化发展，也为数字政府的建设提供了强有力的技术保障。数字政府需充分依托新一代信息技术，加快提升政府治理和服务的现代化水平。

第三，驱动多维联动协同。数字政府需通过线上线下配合改变传统政府运作的模式，通过引进社会、市场、企业、科研院所、高等院校等多方资源，搭建一体化政务服务平台，坚持“政府主导、市场参与”的原则，加快推进政务部门跨层级、跨部门、跨业务的多元化协同。通过构建全网络、全平台的政务服务支撑体系，打破时空限制，实现数据跨域关联、互通共享；通过打造意见反馈和监督评价体系，实现民众深度参与，提升人民满意度，建设人民满意的服务型政府。

中国互联网协会常务副理事长高新民指出，数字政府发展至今，与前期电子政务的主要区别体现在以下三点：一是充分应用新一代的信息通信技术，特别是以 5G 为代表的新一代网络基础设施，以及大数据、AI 等技术进行智能化、科学化的服务改造；二是更强调数据的作用，数字政府就是数据驱动或者数据要素起决定性作用的新型政府服务模式；三是平台化，平台化数字政府的特征是开放、汇聚，从而实现更加高效、更加高质量、更低成本的政府监管服务能力。①上述观点，与数字政府构建过程所体现的特征有相同之处。

2. 数字政府的表现形式

从数字政府的表现形式上看，数字政府体现了国家、社会及民众对社会治理、公共服务的核心需求。中共中央党校周文彰教授提出数字政府具有五个方面的特点，包括：信息化政府、管理网络化政府、办公自动化政府、政务公开化政府和运行程序优化的政府，见图 1-4。②

---

① 5G+数字政府 为城市赋能，https://baijiahao.baidu.com/s?id=1642350043326171259&wfr=spider&for=pc[2022-08-30]。

② 数字政府和国家治理现代化，https://www.ccps.gov.cn/bkjd/xzglgg/xgglgg2020_2/202002/t20200226_138286.shtml[2022-08-30]。

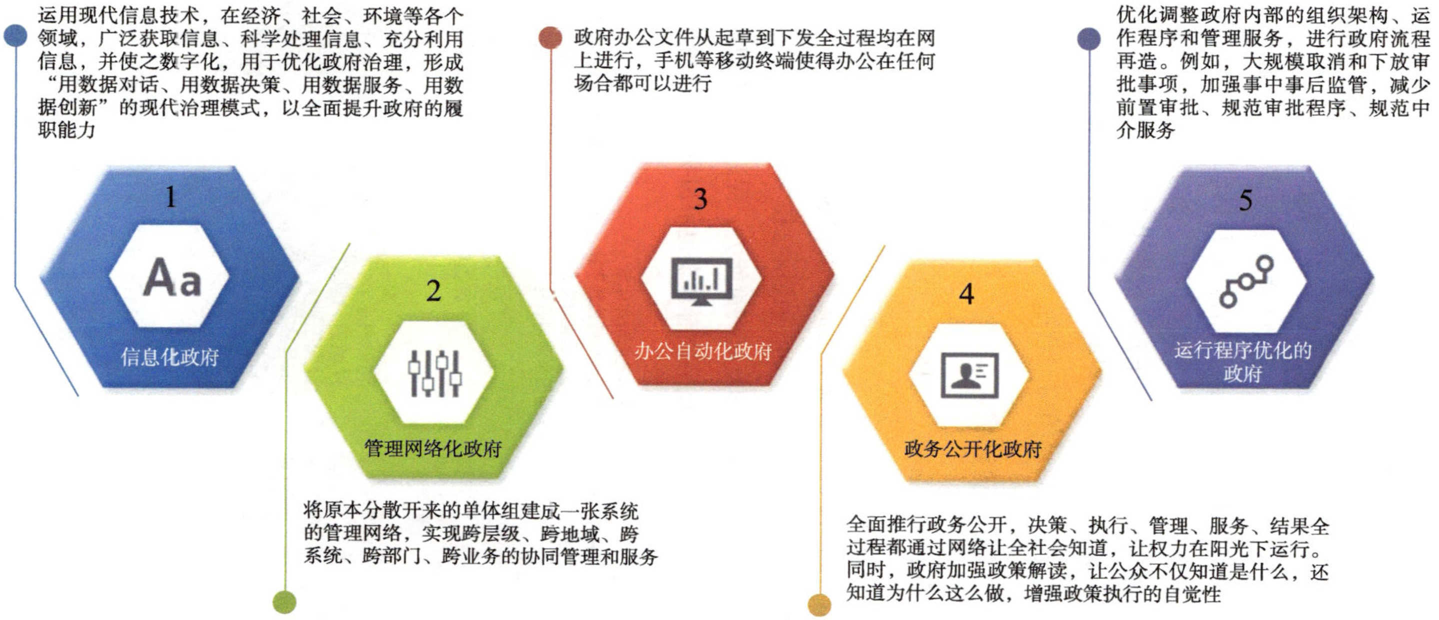

图 1-4　数字政府的五个特点

3. 数字政府的政府职能

从政府职能内容上来说，数字政府是集服务型政府、法治政府、廉洁政府、效能政府于一身的综合体。可以说数字政府是国家继电子政务、信息化政务之后，提出的更高层次的政府形态，它更强调政府职能的系统性、整体性与协同性。在数字政府发展的阶段中，政府建设的核心目标已经从转变政府职能升级为构建现代化政府治理体系，目标更加宏观。因此，数字政府的建设重心也从早期针对政府流程的梳理，逐渐转变为基于政务数据共享协同、开放利用及创新应用的顶层设计，从“用数据治理”向“对数据治理”延展，更加注重信息技术的智能化应用，这也是数字政府建设的核心特征。

1.1.3 数字政府的建设目标

数字政府的建设目标，既是面向现在，为满足人民日益增长的社会需求和构建政府现代化治理体系的需要；也是面向未来，实现政府智能治理，打造开放、融合、高效、透明、绿色、安全的服务型智慧政府。

数字政府的建设思路在于以新一代信息技术赋能政府治理，做好合理、规范的数字政府顶层设计，不断提升政府决策能力，促进政府组织形态优化，推动政府体制的智慧形态转型。因此，数字政府建设也可以分为三个阶段性目标，见图 1-5。

图 1-5 数字政府的建设目标及措施

1. 第一阶段建设目标：实现政府职能转变，以数据驱动政府更好地为人民服务，建设服务型政府

大数据时代在为社会带来便利生活的同时，也拉高了民众对于政府治理能力

的期待。近年来，民众对政府行政透明化、权力执行公开化、政民互动扩大化的呼声越来越高，希望参与社会治理决策、监督政府工作的意愿逐年攀升，且对政务信息公开、数据共享开放的需求越来越盛。这些期待为本阶段数字政府指明了建设思路，即以人民为中心，满足人民群众需求，推动政府从管制型向服务型转变，实现政务数据资源的共享与开放，优化公共服务布局，实现政务数据从群众中来，到群众中去，利用数字手段、数字思维、数字能力造福人民。

2. 第二阶段建设目标：重构政府治理体系，提高政府迎接新科技、新挑战、新困难的整体性应对能力，建设全能型政府

在世界形势深刻变化的进程中，应对重大挑战、抵御重大风险、克服重大阻力、解决重大矛盾是政府的重要职责。因此，政府必须时刻保持应对新挑战、新困难的能力。此阶段的数字政府建设，需要牢牢把握科学技术核心生产力，推动政府治理能力建设，提升国家应对重大危机事件的处理能力，全面构建有能力、有实力、有效力的现代化政府治理体系。2020 年初，面对全球突然肆虐的新冠疫情，中国率先运用大数据技术跟踪病毒传播路径，分析疫情状态与传播发展趋势，辅助政府做好疫情的群防群控，创造了“健康码”与“通信大数据行程卡”，有效地开展了疫情分析、人员管控、传播链分析等关键工作，同时助力全国各地复工复产，最大化降低了新冠疫情对经济社会发展造成的损害，并为世界各国抗击疫情积累了宝贵经验。这种在重大突发事件面前，能够为决策者提供科学依据、统筹调配的治理能力，正是建设全能型数字政府的核心意义。

3. 第三阶段建设目标：加快数字化转型，打造“政府大脑”，实现政府的智能治理，建设智能型政府

这一阶段目标也是数字政府建设的长期目标。数据的核心价值在于其所蕴含的知识体系，在 AI、大数据等高新技术的支撑下，程序可以取代人脑充分挖掘数据中蕴藏的有效信息，而通过相关科学技术构建的政府智慧化载体——“政府大脑”能够存储海量数据，并以高精度、高效率的计算能力和推理能力，加快从数据到信息，从信息到知识的转化提炼，实现以科学化政府决策、精准化社会治理、高效化公共服务为核心的政府智能治理形式，最终实现数字政府的整体智治，见图 1-6。智能型数字政府是目前科学技术手段支撑下数字政府建设的愿景。

1.1.4 数字政府的建设意义

《中华人民共和国国民经济和社会发展第十四个五年规划和 2035 年远景目标纲要》提出，迎接数字时代，激活数据要素潜能，推进网络强国建设，加快建设数字经济、数字社会、数字政府，以数字化转型整体驱动生产方式、生活方式和治理方式变

革，见图 1-7。[①]大数据时代的发展，要求我们加快数字化发展，建设数字中国。

图 1-6　新一代信息技术发展快速驱动政府的数字化转型升级

图 1-7　《中华人民共和国国民经济和社会发展第十四个五年规划和 2035 年远景目标纲要》

①中华人民共和国国民经济和社会发展第十四个五年规划和 2035 年远景目标纲要，http://www.gov.cn/xinwen/2021-03/13/content_5592681.htm[2022-08-30]。

当前，我国的数字政府建设已进入全面提升阶段，数字政府成为推进服务型政府建设的重要抓手、一体化政府建设的核心助推器、提升治理智能化水平的关键工具。数字政府重要的特质是“平台政府”，通过政务平台和一体化网络体系把政府与民众紧密联系在一起，民众通过政务平台享受政府提供的各类服务，并直接对政府机构及其工作人员进行评价和监督。“平台政府”的建设实现了政府的流程再造，提高了政府服务效率。①此外，数字政府的建设以数据为驱动，可营造良好数字生态，形成健全的数据要素市场机制，构建与数字经济发展相适应的政策和法律体系，引领数字经济和数字社会的发展。

1.2 数字政府的现状

数字政府的前身是电子政府，起源于1993年美国倡导实施的“信息高速公路计划”，时任美国副总统戈尔发起了一场名为“国家绩效考察”的运动，用以检视美国政府在管理和服务提供方面所存在的弊端，在这场运动中，戈尔提出了“构建电子政府”这一重要的改革方向。此后，世界各国陆续意识到数字产业对国家整体发展的推动作用，同时发现数字化对政府治理体系的转型有着重要应用意义，在世界范围内掀起了数字政府建设的热潮。

进入21世纪后，随着数字技术的飞速发展，数字政府的内涵、表现及能力也在发生变化。从数字政府演变过程看，可以将数字政府分为1.0模式、2.0模式和3.0模式，各模式的政府职能、创新特征、应用场景等都发生了深刻的变化，见表1-1。受技术、模式等因素影响，欧美国家先行实施了数字政府1.0模式，并在数字政府2.0模式发展建设上取得领先地位，而数字政府3.0模式刚刚开启，世界各国都处于探索建设阶段。②

由于不同的国家和地区存在着社会体制、政治经济和文化历史等各方面的差异，各国所提出的数字政府建设思路不尽相同。本书分别就国外、国内的数字政府建设状况及其他典型数字领域发展情况进行简要介绍，并分析建设过程中存在的问题和可供借鉴的思路。

1.2.1 国外数字政府的建设情况

在20世纪90年代，以美国为首的西方国家最早提出数字政府的概念，距今

① 人民财评：加快数字化发展，建设数字中国，http://ln.people.com.cn/n2/2021/0319/c400013-34630475.html[2022-08-30]。

② 何圣东，杨大鹏. 数字政府建设的内涵及路径——基于浙江“最多跑一次”改革的经验分析[J]. 浙江学刊，2018(5): 45-53.

表 1-1　数字政府模式差异对比

对比指标	数字政府 1.0	数字政府 2.0	数字政府 3.0
政府职能	服务，治理	服务、治理	服务、治理、赋能
创新特征	以互联网为传播工具、流程不变、履职方式不变	系统内数据共享，基于流程重组的履职方式创新	数据治理、数据赋能，履职方式创新、职能创新
应用场景	信息披露、需求申报、简单互动	线上线下融合的服务	线上线下融合的服务与治理，服务治理全覆盖的整体政府，互动便捷、预测精准
机构与权责调整	因信息传播需要产生少量机构内权责调整	有新设机构、有权责调整	机构重组、权责重组
运行过程产生数据	封闭数据	产生局部数据	产生大数据
政民关系	满意的服务	便捷、可评价的服务	可评价、可参与的服务，活力提升的超预期服务，多主体网络协同关系和谐
府效能	常规性效率	省时间、体验好	数据智能运用、数据驱动决策，精准、高效、赋能社会、关系优化
政府性质	效能政府	整体政府、服务政府	智慧政府、有为政府

已有 30 年发展历史，期间各国数字政府的探索创新从未停歇，且近 10 年来，在新一代信息技术的支持下，数字政府建设已经成为各国抢占新时代数据资源红利的主战场。目前，发达国家在数字政府建设方面主要围绕制定数字政府建设战略规划、建立首席信息官管理运行制度、深化政务数据开放和应用、注重政务数据融合与共享、借助 AI 技术打造智能化政府、颁布法令保护数据安全与公民隐私等方面开展创新实践。[①]其发展实践经验对于我国完善数据共享交换机制、运用高新技术提升政府治理体系和治理能力现代化水平等数字政府建设大有裨益。

1. 美国数字政府的发展历程

美国数字政府建设主要基于美国社会环境和公民需求，建设过程经历了实施《国家信息基础设施行动》的克林顿政府时期、实施以公民为中心的电子政务战略的小布什政府时期、实施开放的数字政府计划的奥巴马政府时期和颁布数字政府技术现代化法案的特朗普政府时期四个阶段，见图 1-8。

1）第一阶段：克林顿政府时期（1993~2000 年）

克林顿政府时期高度重视互联网的建设，敦促政府机构加快官网的设计和研发进程。1993 年，美国国家绩效评估委员会正式成立，首次提出构建“电子政府”（e-government），在政府中使用先进的信息网络技术。克林顿政府颁布了《国家

① 胡税根,杨竞楠. 发达国家数字政府建设的探索与经验借鉴[J]. 探索, 2021(1):77-86.

美国数字政府发展历程

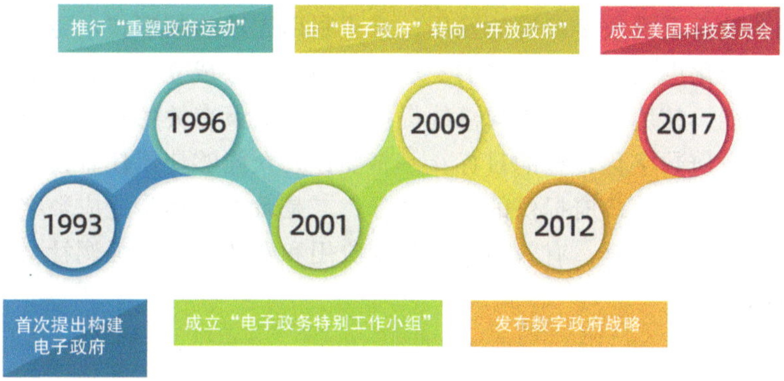

图 1-8　美国数字政府发展历程

信息基础设施行动》《全球信息基础设施行动计划》，加大了对信息基础设施的投资力度。1996 年，克林顿政府推行“重塑政府运动”，积极推行政务电子化，通过应用网络技术和通信技术推行政府的公共服务建设，实现政府机构的优化和政府行政绩效的提高。

2）第二阶段：小布什政府时期（2001~2008 年）

小布什政府提出了“电子政务”的概念，网站实现了从仅仅浏览信息到可以办事服务的转变，从“以信息技术为中心”转变为“以公民为中心”。2001 年，美国白宫管理与预算办公室宣布成立“电子政务特别工作小组”，并于 2002 年公布了《电子政务战略——简化面向公民的服务》，提出以公民为中心、以结果为导向、以市场为基础的三大原则，旨在提高政府的工作绩效、便于公民与联邦政府的互动、提升政府对公民的回应能力。

3）第三阶段：奥巴马政府时期（2009~2016 年）

奥巴马政府时期，主要推动政府采用最新的信息技术进行国家建设，如美国数字政府服务和 Data.gov 计划的推出，重点强调政务信息的公开，以及大数据及信息技术的应用，推动公平、透明、开放的美国数字政府建设。2009 年，奥巴马政府时期的数字政府战略由“电子政府”转向“开放政府”。2012 年，美国白宫发布了数字政府战略，旨在为美国公民提供更优质的公共服务，主要实现三个目标：一是让美国公民可以在任何时间、任何地点，使用任何设备获取所需的高质量的政府信息及数字服务；二是确保美国政府适应新的数字时代，抓住机遇，以智能、安全和经济的方式来采集、管理和应用数据；三是公开政府数据，激发国家创新活力，提升政务服务的质量。奥巴马政府在此时期高度重视大数据的应用，进而系统性地改造了传统政府治理手段及体系，促进了美国经济的快速增长。奥巴马政府时期所提出的数字政府战略是美国积极向数字经济、数字城市、数字治理和数字政府转型的重要标志。

4）第四阶段：特朗普政府时期（2017~2021 年）

特朗普政府重视数字政府的发展，希望利用先进的数字技术更好地提供公共服务和智能化决策。2017 年 5 月，美国科技委员会成立，旨在让政府数字化服务更加智能，使用信息技术向总统提供与政治决策有关的建议。特朗普政府时期，美国政府数字化转型的目标：一是要让公众能够使用任意设备，在任意时间、任意地点获取政府提供的优质服务；二是政府要逐步适应数字化的发展进程，能够经济、安全、有效地管理数据应用和资产；三是强调社会创新与对创新工具的采购。①

2. 英国数字政府的发展历程

英国于 2012 年颁布了《政府数字化战略》，2014 年颁布了《政府数字包容战略》，2015 年启动了“数字政府即平台”计划，这一系列举措取得了显著成效，助推英国政府获得 2016 年联合国电子政务调查评估第一名，成为 2016 年全球表现最为卓越的数字政府，见图1-9。英国数字政府的建设思路以“平台化”为核心，推动跨部门的整体业务转型，为民众提供一站式、一体化的在线服务。加强对数字人才的培养和数字文化氛围的烘托，建立良好的鼓励机制和政务人员职业发展引导，提升政府专业技术人员和数据人才的比例。注重对数据的分析、管理和应用，设立数据咨询委员会，统筹协调利用各政府部门的数据，推动政府数据业务的加速发展。

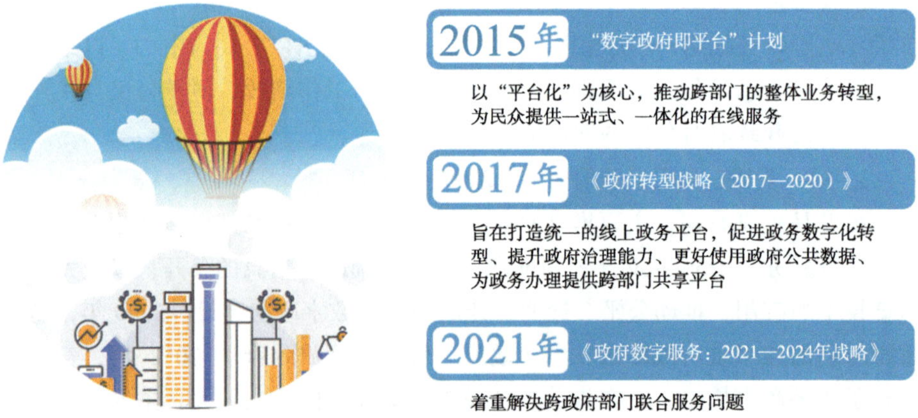

图 1-9　英国数字政府发展历程

2017 年英国政府出台了《政府转型战略（2017—2020）》，提出了五个主要目标：一是跨政府部门业务的整体转型，建立政府在线服务的标准，及时更新技术实施规范，改善用户体验，借鉴私营部门的经验，制定跨部门合作机制；二是提

① 姚水琼,齐胤植.美国数字政府建设的实践研究与经验借鉴[J].治理研究, 2019, 35(6): 60-65.

升人员技能、培育数字文化；三是优化业务工具、工作流程和管理模式，解决政府部门在技术应用、工作管理、采购管理等方面的差异性问题；四是更好地利用数据，通过共享开放政府数据、任命首席数据官、改进数据挖掘工具、建立数据安全体系等措施，实现数据的有效应用；五是建设共享平台、可重用的组件和业务系统。

英国最新出台的《政府数字服务：2021—2024 年战略》，要求英国在建设数字政府时，着重解决跨政府部门联合服务问题，并建立适用于所有人的单一数字身份，推出在线政务服务的单点登录服务，归口线上政府服务至统一平台。

3. 韩国数字政府的发展历程

韩国数字政府是以政府主导的模式开展建设的，无论韩国总统如何更迭，都能保证数字政府建设工作的稳定性。同时，强调信息共享和数据公开，鼓励民众通过智能设备参与政务服务，积极引进新兴信息技术推进数字政府建设，构建跨部门的系统平台，为民众提供无缝在线服务。韩国数字政府的建设经历了五个阶段，见图 1-10。

1）第一阶段：启动期（1979~1995 年）

20 世纪 70 年代后期，韩国政府开始推行政府业务的电算化，80 年代中期投入 2 亿美元启动“国家基础信息系统工程”，该工程覆盖了韩国政府的多个领域，促使政府简化了诸多办事流程，使公民能够不受时间、地域的限制获取各种文件，政府的办事效率得到提升。

2）第二阶段：基础期（1996~2000 年）

1996 年，韩国政府出台《促进信息化基本法》，为推进韩国政府各部门之间信息化发展提供了法律保障，投资 1313 亿美元建设“国家基础信息设施工程”，在大力发展基础设施的同时，建立相应的社会、文化的环境基础，开启了政府在国家生活中扮演信息提供角色的数字政府 1.0 时代。

3）第三阶段：成长期（2001~2007 年）

韩国数字政府特别委员会提出了 11 项数字政府的任务，建立了“一站式”的电子政务门户网站，向公众提供在线服务。

4）第四阶段：数字政府 2.0 时期（2008~2012 年）

韩国政府开始使用 Web2.0 技术，发布了“国家信息化基本规划”和“国家信息化实施规划（2009—2012）”，明确了电子政务发展方向和实施计划，2.0 时代政府角色表现为限制性地公开信息和参与民众互动。

5）第五阶段：数字政府 3.0 时期（2013 年至今）

2013 年 6 月，韩国政府根据建设透明的政府、有能力的政府、服务型政府的理念，宣布实施数字政府 3.0，启动了韩国数字政府建设的新范式。①

---

① 陈畴镛. 韩国数字政府建设及其启示[J]. 信息化建设, 2018(6): 30-34.

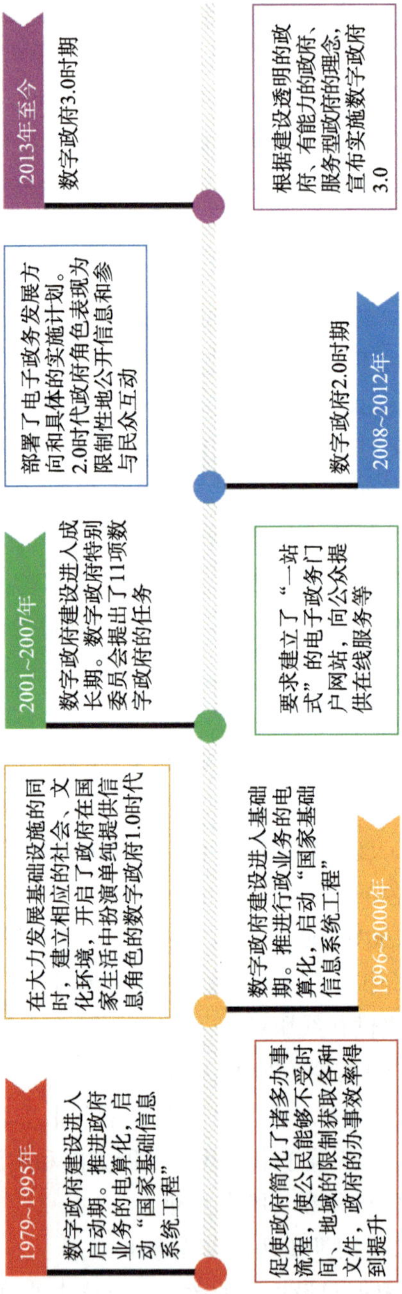

图 1-10 韩国数字政府发展历程

1.2.2 国内数字政府的建设情况

从新中国建设初期“一辆汽车、一架飞机、一辆坦克、一辆拖拉机都不能造”，到创造举世瞩目的社会主义现代化建设伟大成就，中国人民一路奋起直追、勇毅前行。在沧桑巨变中，我国数字政府的发展经历了“三金工程”“政府上网工程”的“政府信息化”阶段，两网、四库、“十二金”、“信息惠民”、“(新型)智慧城市”的“电子政务”阶段，目前数字政府建设进入全面提升阶段，在创新政府治理和服务模式、提升行政管理和服务效率、提高政府公信力和执行力等方面发挥的作用越来越明显。

党的十八大以来，在以习近平同志为核心的党中央掌舵领航下，新时代的中国乘势而上、奋楫前行，在风云激荡的时代画卷上书写了信息化发展的精彩篇章。

1. 我国数字政府的发展历程

从重要的政策文件发布节点来看，我国数字政府的发展历程可以分为以下三个阶段，见图1-11。

1）第一阶段：“政府信息化”阶段（1979~2001年）

20世纪70年代后期到80年代初，我国政府在电力、地震、气象、地质、人口等领域开始应用计算机辅助科学计算，这些主要是对计算能力的应用，还不足以支持政府管理。20世纪80年代中期，中央开始对经济、金融、铁道、电力等十多个关系国家经济命脉的国家级信息系统进行立项建设。1993年启动了“三金工程”，即金卡、金关、金桥工程。1999年提出了“政府上网工程”。由于当时中国尚未正式启用“电子政务”的概念，因此我们将这个阶段称为“政府信息化”阶段。

2）第二阶段：“电子政务”阶段（2002~2017年）

2002年，我国发布了《国家信息化领导小组关于我国电子政务建设指导意见》。同年，我国第一个国家信息化规划《国民经济和社会发展第十个五年计划信息化重点专项规划》正式颁布，自此之后信息化规划成为五年规划体系的重要组成部分。2006年，我国发布了《国家电子政务总体框架》，基本奠定了以后十多年电子政务建设的总体范畴。因此，我们将这个阶段称为“电子政务”阶段。该阶段根据典型政策或现象，又可以分为四个子阶段。

第一个子阶段是从2002年到2008年。在这期间，除上述提到的文件外，中共中央办公厅、国务院办公厅在2006年印发了《2006—2020年国家信息化发展战略》，旨在充分利用信息技术，开发利用信息资源，促进信息交流和知识共享，提高经济增长质量，推动经济社会发展转型。著名电子政务工程中的两网、四库、“十二金”等就起始于这个阶段，其大多是关系国民经济系统正常运行的重点行业信息化工程及政府内部基础设施建设，至今仍然是我国信息化建设的重要内容。

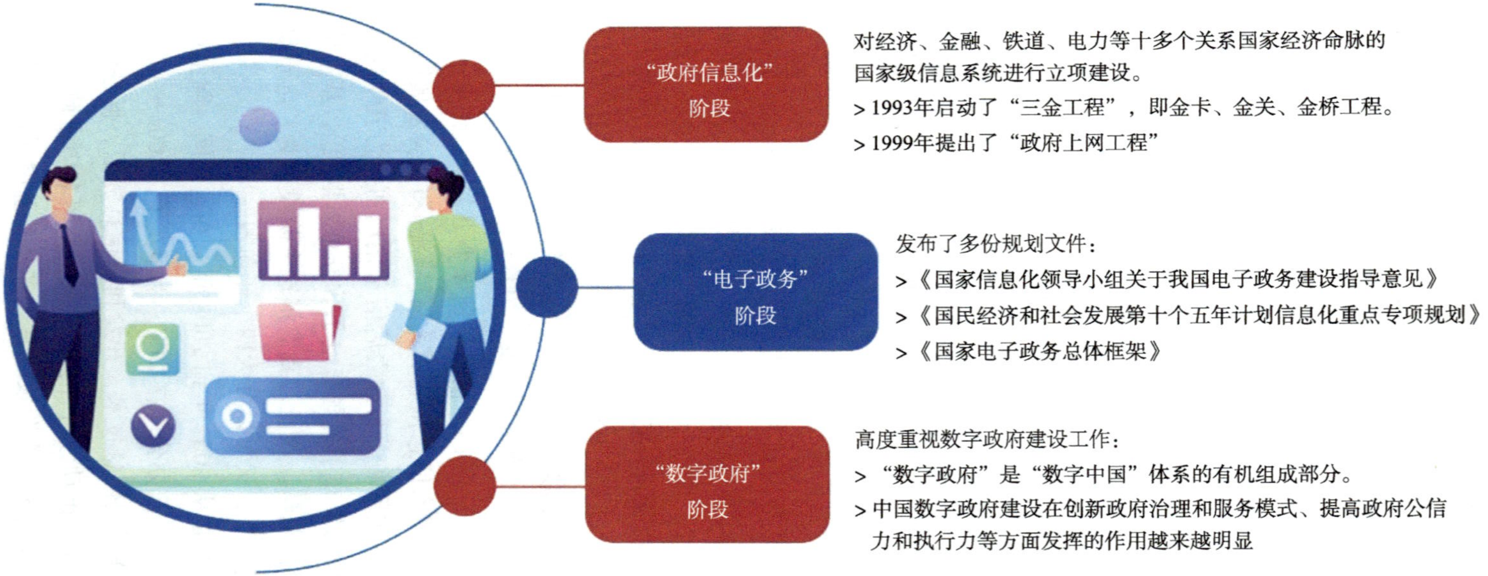

图 1-11　我国数字政府发展历程

第二个子阶段是从 2009 年到 2012 年。在此期间，除了政府自身建设和运营的电子政务系统之外，还出现了诸如政务微博、政务微信等一批可以承载政务信息服务的第三方平台，同时智慧城市、政府大数据、数据开放等概念也纷纷出现，各种技术创新“风起云涌”。尽管与传统电子政务有较大差别，但这些创新政务方式也都被纳入电子政务的广义范畴之中。其间，我国先后出台了《国家电子政务“十二五”规划》《国家发展改革委关于印发“十二五”国家政务信息化工程建设规划的通知》（发改高技〔2012〕1202 号）等文件，把提升政府履职能力和水平、深化行政管理体制改革、建设人民满意的服务型政府上升至国家战略的高度。

第三个子阶段是从 2013 年到 2014 年。党的十八大之后，成立中央网络安全和信息化领导小组及其办公室，将网络空间治理、大数据发展等提升到国家战略的高度。同时，一批由专业部委率先部署，之后逐步收拢为由国家发展和改革委员会牵头的跨部门地方试点项目，如“信息惠民”“（新型）智慧城市”等在全国铺开。

第四个子阶段是从 2015 年到 2017 年。中央在这个时期提出了“放管服”的改革思路，出台了《国务院办公厅关于印发“互联网+政务服务”技术体系建设指南的通知》（国办函〔2016〕108 号），见图 1-12。“放管服”与“互联网+”相互结合推出两个方向改革：一是围绕优化服务展开的“互联网+政务服务”；二是围绕放管结合展开的“互联网+监管”。

2016 年，《中华人民共和国国民经济和社会发展第十三个五年规划纲要》出台，提出要牢牢把握信息技术变革趋势，实施网络强国战略，加快建设数字中国，推动信息技术与经济社会发展深度融合，加快推动信息经济发展壮大。

2017 年是我国数字政府迈入发展新阶段的重要时期，国家发展和改革委员会正式印发《“十三五”国家政务信息化工程建设规划》作为规范和指导我国政务信息化工程建设的纲领性文件，对国家重大政务信息化工程建设进行了系统性设计，提出“基本形成满足国家治理体系与治理能力现代化要求的政务信息化体系，构建形成大平台共享、大数据慧治、大系统共治的顶层架构”。习近平同志在 2017 年底论述大数据国家战略时，指出要“加快建设数字中国”，同时要“运用大数据提升国家治理现代化水平”①。同时期中共中央网络安全和信息化委员会办公室、国家发展和改革委员会等部门联合印发了《关于开展国家电子政务综合试点的通知》，提出用两年时间让各试点地区电子政务统筹能力显著增强，基础设施集约化

① 习近平：实施国家大数据战略加快建设数字中国，http://www.xinhuanet.com/politics/2017-12/09/c_1122084706.htm[2017-12-09]。

水平明显提高。

中华人民共和国中央人民政府
www.gov.cn

简 | 繁 | EN | 注册 | 登录

国务院 总理 新闻 政策 互动 服务 数据 国情 国家政务服务平台

首页 > 信息公开 > 国务院文件 > 综合政务 > 电子政务

收藏 留言

索 引 号：	000014349/2016-00274	主题分类：	综合政务\电子政务
发文机关：	国务院办公厅	成文日期：	2016年12月20日
标 题：	国务院办公厅关于印发“互联网+政务服务”技术体系建设指南的通知		
发文字号：	国办函〔2016〕108号	发布日期：	2017年01月12日
主 题 词：			

国务院办公厅关于印发“互联网+政务服务”
技术体系建设指南的通知
国办函〔2016〕108号

各省、自治区、直辖市人民政府，国务院各部委、各直属机构：

《“互联网+政务服务”技术体系建设指南》（以下简称《建设指南》）已经国务院同意，现印发给你们，请结合实际统筹推动本地区本部门“互联网+政务服务”技术体系建设。

推进“互联网+政务服务”工作是党中央、国务院作出的重大决策部署。当前各地区各部门积极推进网上政务服务平台建设，开展网上办事，有效优化了政府服务、方便了企业和群众，为大众创业、万众创新营造了良好环境。但同时也存在网上政务服务内容不规范、服务不便捷，网上政务服务平台不互通、数据不共享，线上线下联通不畅，政务服务的标准化规范化程度不够高等问题。为此，需要进一步加强全国一体化的“互联网+政务服务”技术和服务体系整体设计，不断提升各地区各部门网上政务服务水平。

《建设指南》按照“坚持问题导向、加强顶层设计、推动资源整合、注重开放协同”的原则，以服务驱动和技术支撑为主线，围绕“互联网+政务服务”业务支撑体系、基础平台体系、关键保障技术、评价考核体系等方面，提出了优化政务服务供给的信息化解决路径和操作方法，为构建统一、规范、多级联动的“互联网+政务服务”技术和服务体系提供保障。

各地区各部门要按照《建设指南》要求，结合实际统筹推动本地区本部门网上政务服务平台建设，积极开展政务服务相关体制机制和应用服务创新，实施中遇到的新情况新问题要及时报告国务院办公厅。国务院办公厅负责《建设指南》落实工作的统筹协调、督促检查和评估评价，并围绕《建设指南》实施的主要内容和关键环节，组织有关地区和部门开展培训交流和试点示范。

国务院办公厅
2016年12月20日

相关报道
· 国务院办公厅印发《“互联网+政务服务”技术体系建设指南》

图解
· 图解：“互联网+政务服务”技术体系建设指南

解读
· 加强顶层设计 完善标准规范 促进“互联网+政务服务”持续健康发展
· 推进“三融五跨” 构建全国一体化“互联网+政务服务”技术和服务体系
· 服务驱动 技术支撑 构建高效便捷一体化政务服务体系
· 领会指南精神 把握关键环节 全面推进“互联网+政务服务”
· 落实《“互联网+政务服务”

图 1-12 《国务院办公厅关于印发“互联网+政务服务”技术体系建设指南的通知》

资料来源：http://www.gov.cn/zhengce/content/2017-01/12/content_5159174.htm[2023-03-09]

3）第三阶段：“数字政府”阶段（2018 年至今）

党的十九大以来，国家对于数字政府的建设工作高度重视。作为“数字中国”战略的有机组成部分，“数字政府”的概念受到了广泛关注，并从 2018 年开始，在广东、浙江、贵州等地迅速推广，地方有关规划相继出台，这个阶段被称为“数字政府”阶段。从华北平原到八闽大地，从“数字福建”、“数字浙江”到网络强国、数字中国，在长期的地方和中央领导工作实践中，习近平总书记始终准确把握信息时代脉动、敏锐感受时代声音、科学回答时代命题。在习近平总书记关于网络强国的重要思想指引下，一幅网络强国、数字中国建设的宏伟画卷正在新时代的中华大地上徐徐展开，并日渐绽放异彩。[①]

根据中国软件评测中心发布的《2019年中国数字政府服务能力评估总报告》和《政务数据质量管理调查白皮书》公布的内容，中国数字政府建设进入全面提升阶段，在创新政府治理和服务模式、提升行政管理和服务效率、提高政府公信力和执行力等方面发挥的作用越来越明显。现阶段国内数字政府建设已经初步具有统筹制度化、建设集约化、服务创新化、支撑技术化、应用数字化的“五化”特征，并进入了“五新”时代，见图1-13。

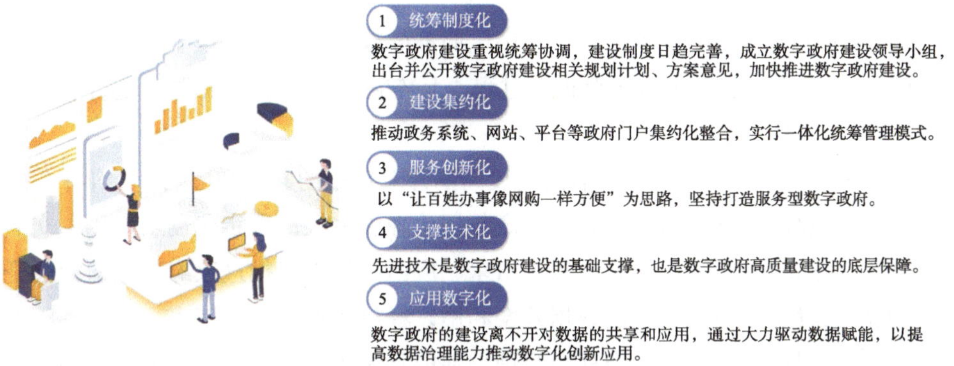

图1-13 数字政府建设的“五化”特征

（1）统筹制度化。现阶段国内数字政府建设重视统筹协调，建设制度日趋完善。截至2022年5月，全国有31个省级政府出台并公开了数字政府建设的相关规划计划、方案意见，加快推进数字政府建设。多个地区成立了数字政府建设领导小组，明确了政务数据统筹管理机构的工作职能。

（2）建设集约化。我国在初期电子政务发展和信息化建设基础上，推动了政务系统、网站、平台等政府门户集约化整合，实行一体化统筹管理模式。根据产业信息网发布的《2020年中国政府网站发展概况及未来发展趋势分析》，截至2020年12月，我国共有政府网站1.4万个，较2017年的3.7万个政府网站，通过集约化整合方式减少了2万多个政府网站。[②]此外，各地在建设云平台、政务应用APP等方面也遵循集约建设的原则，上海、浙江、陕西、广西等地统筹建设统一的电子政务云平台；福建、浙江、广西、广东等地统筹建成全省政务服务APP。

（3）服务创新化。国内各地以“让百姓办事像网购一样方便”为思路，坚持

① 浪淘天地入东流——习近平总书记指引我国信息化发展纪实，https://www.ccps.gov.cn/xtt/202206/t20220608_154062.shtml[2022-08-30]。

② 2020年中国政府网站发展概况及未来发展趋势分析[图]，https://www.chyxx.com/industry/202102/933311.html[2021-02-25]。

打造服务型政府。上海、浙江、广东及贵阳、佛山等地加快构建一体化政务服务体系，打通部门界限、优化业务流程，为企业群众提供集成服务；浙江、江西联合推进跨区域数据共享，实现身份证等 11 类电子证照的跨省互认；福建、广东等地开发集约化的移动端 APP 或微信小程序，实现政务服务“掌上办”“指尖办”。

（4）支撑技术化。先进技术是数字政府高质量建设的基础支撑和重要保障。全国各地大力深化技术创新，北京首都之窗“一网通查”搜索服务着力破解政务信息“找不到、找不快、找不准”问题；上海建立大数据联合创新实验室，汇聚多方数据资源，打通数据产、学、研、用的多维联通，在金融、医疗、交通等领域，形成了一系列创新成果，促进了民生服务的改善；浙江建设了全国首个区块链电子票据平台，实现了电子票据全过程“上链盖戳”，保证票据的真实性和唯一性，提高了监管效率。

（5）应用数字化。数字政府的建设离不开对数据的共享和应用。近年来，国内数字政府建设坚持数据赋能，以提高数据治理能力推动数字化创新应用。交通运输部、生态环境部等部门和广东、山东、广西等地不断推进政府数据向社会开放。上海、贵州等地积极推进数据开发利用，释放数据红利。南京、扬州、深圳等地积极运用数据应用，加强社会治理，辅助政府决策。但目前国内整体的数据治理成效较弱，数据开发和共享难的问题仍是制约数字政府发展的瓶颈。

数字政府的“五新”时代指的是新阶段、新抓手、新实践、新要求、新能力。

（1）新阶段。数字政府建设进入引领数字经济、数字社会、数字城市、美丽乡村、特色小镇、未来社区、数字企业等协同发展的新阶段。

（2）新抓手。数字政府建设的主要抓手从“互联网+政务”向“数字政务”转变。

（3）新实践。数字政府迎来全面数字化转型、全局数字化改革等探索实践，数字政府概念不断延展。

（4）新要求。运用数字化技术、数字思维、数据认知等能力对体制机制、组织架构、方式流程、手段工具等数字政府建设的方方面面进行全方位、系统性重塑。

（5）新能力。在新的国际、经济、社会发展形势下，对政府的统筹协同、促进生产力发展、社会治理、数据资源配置等全局发展的能力提出了更高要求。①

此外，国内数字政府机构建设方面也取得了长足进展。党的十九届三中全会作出了深化党和国家机构改革的决定，提出要充分利用信息化技术手段，提高政

① 重磅丨第三届（2021）数字政府建设风向指数报告隆重发布，面向 31 个省级样本 293 个地级市样本的研究结果出炉，https://www.govmade.cn/news/20211124/648280708028039168.html[2022-08-30]。

府履职能力。在此指导下，各地结合《中华人民共和国国民经济和社会发展第十四个五年规划和 2035 年远景目标纲要》《促进大数据发展行动纲要》等战略规划推进新一轮省级机构改革工作。但是，在数字政府建设工作百花齐放的同时，东西部地区在基础设施、政务服务质量、新技术应用等方面仍有差距，各地仍存在数据壁垒、顶层设计不足等重点问题。

2. 我国数字政府的建设成效

党的十八大以来，党中央、国务院从推进国家治理体系与治理能力现代化建设的全局出发，就加快推进数字政府建设作出一系列重大部署。各地区各部门坚持技术赋能与业务协同并重，同步推进“放管服”改革与数字政府建设，取得了显著成效。

（1）数字平台建设成效显著。2019 年 9 月，全国一体化政务服务平台整体上线试运行，见图 1-14。2020 年 1 月，全国 34 个省级行政区（包括 23 个省、5 个自治区、4 个直辖市、2 个特别行政区）中，已有 31 个省级政府构建覆盖省、市、县三级以上的政务服务平台，至少 21 个地区实现了省、市、县、乡、村服务五级覆盖，政务服务“村村通”范围持续扩大。各地区各部门还进一步将覆盖范围广、应用频率高的政务服务事项向移动端延伸，通过平台化应用促进高水平联通，通过智能化应用促进高质量供给，通过移动化应用实现高效率推进。2019 年 9 月，初步完成了国家“互联网+监管”系统主体功能建设，各地区各部门也在加快建设本地区本部门的“互联网+监管”系统，推动与国家“互联网+监管”系统互联互通。2022 年 5 月 31 日，全国一体化政务服务平台上线试运行三周年，实

图 1-14　全国一体化在线政务服务平台国家政务服务平台官方网站

名用户超过 9.5 亿人，其中国家政务服务平台注册用户超过 5.8 亿人。

（2）线上服务内容日益丰富。国务院大力推动地方和部门数据资源共享与业务协同，明确了电子证照、电子印章、电子档案等电子材料的法律效力；各地各部门积极推进网上服务集中提供、数据资源集中共享，从高频政务服务事项入手，逐步推动“跨省通办”；各地因地施策推出“最多跑一次”“不见面审批”“一网通办” “全城通办”等改革举措。各类政务服务网上可办率超过 90%。全国省级行政许可事项实现网上受理和“最多跑一次”的比例达到 89.77%，平均承诺时限压缩超过 51%。企业登记和注销、税务办理、养老关系等事项基本实现了跨地区、跨部门协同办理。不见面审批、智能审批、扫码亮证、政策直达直享等创新实践不断涌现，助企纾困和激发市场活力，为稳住经济基本盘发挥了重要作用。《2020 联合国电子政务调查报告》显示，2020 年我国电子政务发展核心指标“在线服务指数”全球排名由 2018 年的第 34 位跃升至第 9 位，取得长足进步。

（3）持续深化“放管服”改革。运用信息化手段实施政务服务事项化管理、标准化发布、动态化运行，从最初政府权责清单到中介服务清单、企业投资负面清单和资金管理清单，清单管理范围不断拓展，负面清单不断缩减，实现“清单之外无权力、平台之外无审批”。加快推动智慧监管，建设“互联网+监管”系统，提高监管精准性和有效性。政务服务体系建设更加完备，国家、省、市、县、乡五级服务体系基本形成。2022 年，为加快推进政务服务标准化、规范化、便利化，更好满足企业和群众办事需求，印发了《国务院关于加快推进政务服务标准化规范化便利化的指导意见》（国发〔2022〕5 号），提出在 2022 年底前，国家、省、市、县、乡五级政务服务能力和水平显著提升；国家政务服务事项基本目录统一编制、联合审核、动态管理、全面实施机制基本建立；政务服务中心综合窗口全覆盖，全国一体化政务服务平台全面建成，“一网通办”服务能力显著增强，企业和群众经常办理的政务服务事项实现“跨省通办”。2025 年底前，政务服务标准化、规范化、便利化水平大幅提升，高频政务服务事项实现全国无差别受理、同标准办理；高频电子证照实现全国互通互认，“免证办”全面推行；集约化办事、智慧化服务实现新的突破，“网上办、掌上办、就近办、一次办”更加好办易办，政务服务线上线下深度融合、协调发展，方便快捷、公平普惠、优质高效的政务服务体系全面建成。

（4）推动了政府管理体系变革。31 个省（自治区、直辖市）根据党中央、国务院决策部署，均出台了数字政府建设专项规划或者在相关文件中专门阐述了数字政府建设要求，涌现出浙江“整体智治”、广东“数字政府”、上海“一网通办”、山东“数字强省”等丰富多彩的创新实践。在政府组织体系和职能优化过程中，为了适应数字政府建设要求，2018 年以来，各地区各部门结合新一轮政府机构改革，大力推进职能优化、协同高效的改革探索，政务服务和大数据统筹管理成为改革的重要亮点。[①]截至 2022 年 5 月，全国成立了 29 个省级政务服务或数据管理工作机构，对数据资源管理、政务服务、信息化等职责进行整合。

3. 先进省份数字政府的建设经验

在建设“数字中国”的愿景目标下，各省纷纷结合实际情况，依托优势产业探索开展数字政府建设工作，本书就浙江、贵州、广东三个数字政府建设代表性省份作简要介绍，见表 1-2。

表 1-2 代表性省份数字政府建设

时间	省份	改革内容	工作成效
2017 年	浙江	“最多跑一次”改革	政府职能明显简化，政务环境显著改善，为数字政府建设积累了极其宝贵的思想和作风转变方面的经验
2018 年	贵州	“一云一网一平台”体系建设	打造承载全省政务数据和应用的云上贵州“一朵云”，构建全省政务信息系统互联互通的政务服务“一张网”，建设全省政务服务和政务数据智能工作“一平台”，加快提升政府管理、社会治理和民生服务水平
2018 年	广东	“管运分离、政企合作”建设模式	充分发挥互联网技术优势，让数据多跑路，群众少跑腿，办事更省事，建成我国首个集成民生服务微信小程序“粤省事”

1）浙江“最多跑一次”改革

浙江省数据管理中心于 2015 年成立，统筹负责省内信息资源的整合开放和大数据产业发展，强化大数据建设发展的顶层设计。浙江省政府充分利用省内优越的企业资源，联合阿里云、支付宝、钉钉、高德等高新技术服务商，为政府端提供技术、产品、服务和资源，以系统化能力推动政府数字化升级。

实施“最多跑一次”改革以来，浙江省政府职能明显简化，政务环境显著改善。“最多跑一次”改革是以建设人民满意的服务型政府、促进治理体系和治理能力现代化为目标，从群众的实际需求出发，优化政务工作流程，提升服务办理效率，实现政务服务线上全流程办理，最大限度减少群众跑腿次数。同时，浙江省通过建设统一的政务咨询投诉举报平台，拓宽政府接收民众反馈的渠道，建立“统一接收、按责转办、限时办结、统一督办、评价反馈”的工作机制，以一个号码

① 江小涓.加强顶层设计 解决突出问题 协调推进数字政府建设与行政体制改革[J].中国行政管理,2021(12):9-11.

响应群众诉求。在执法监管方面，通过减少多头执法、重复检查等手段，形成“部门联合、随机抽查、按标监管”的“一次到位机制”，做到服务零距离、监管不扰民。

2）贵州“一云一网一平台”体系建设

贵州省“数字政府”的建设工作主要由贵州省大数据发展管理局承担，于 2018 年提出的“一云一网一平台”建设方案，旨在通过深化政务数据“聚通用”，打造承载政务数据和应用的云上贵州“一朵云”，构建政务信息系统互联互通的政务服务“一张网”，建设政务服务和政务数据智能工作“一平台”，形成向上连接国家平台、向下覆盖省、市、县、乡、村五级、纵向贯通、横向连通的“一云一网一平台”体系，加快提升政府管理、社会治理和民生服务的水平，见图 1-15。

图 1-15　贵州省政务数据“一云一网一平台”发布会

资料来源：贵州省政务数据“一云一网一平台”新闻发布会，https://dsj.guizhou.gov.cn/jdhy/xwfbh/201906/t20190619_10392659.html[2023-04-23]

在推进“一云一网一平台”体系建设工作中，贵州省大数据发展管理局提出了“一年见形象，两年出成效，三年全覆盖”的目标，并建立了“变‘分散规划’为‘统一规划’，变‘分散建设’为‘统一建设’，变‘政府直接投资’为‘统一购买服务’，变‘分散资金保障’为‘统筹资金保障’，健全监管机制”的“四变四统、健全监管”政务信息化建设工作新机制。

截至 2021 年，贵州省政务服务网覆盖省、市、县、乡、村五级 3631 个部门、18 737 个乡村的 58.8 万政务服务事项，省级政务服务事项网上可办率达到 100%，全省“零跑腿”事项达 19 388 项，累计政务服务事项办理 4230 万件。“云上贵州多彩宝”APP 累计向全省人民群众提供服务超过 2 亿人次，装机用户量突破 1300

万人，实名注册活跃用户超过 250 万人，实现实人认证、电子身份证、电子户口本、电子驾照（行驶证）、电子社保卡、社保、公积金、生育登记、交警类服务、全种类社保查询、购买客运票、生活缴费等 546 多项高频、热频政务民生服务事项掌上办理。

3）广东“管运分离、政企合作”建设模式

广东数字政府建设改革思路是以建设数字中国、智慧社会为导向，按照国家关于推进“互联网+政务服务”、政务信息系统整合共享和政务信息化工程建设规划等工作的要求，实现从单一系统建设向大数据集约平台建设转变，推进政务信息化建设体制改革，建成上接国家、下联市县、横向协同、纵向贯通的“管运分离”的数字政府。广东省构建“管运分离、政企合作”的数字政府建设管理新体制，一方面组建省政府政务服务数据管理局，负责数字政府的顶层设计、需求整合、组织实施、管理监督和实施指导；另一方面引入社会力量，发挥企业运营主体的作用，成立数字广东网络建设有限公司，承担需求响应、系统迁移、数据融合、基础设施建设维护、系统建设运营、技术标准制定等业务工作，在数字政府管理体制、建设模式和运行机制上进行大胆探索。同时，广东全面推进统一安全的政务云平台、数据资源平台、一体化网上政务服务平台建设，构建以数据为中心的数字政府统一平台，创建“省级统筹、整体联动、部门协同、一网通办”的“互联网+政务服务”体系，为数字政府建设提供整体支撑。

广东充分发挥互联网技术优势，让数据多跑路，群众少跑腿，办事更省事，建成了我国首个集成民生服务的微信小程序“粤省事”，于 2018 年 5 月 21 日正式上线，见图 1-16。“粤省事”微信小程序将分布在广东各业务部门中，办理业务量大、受众量广及群众重点关注的服务事项整合到全省统一的服务平台，不断提升用户体验，实现服务个性化、精准化和一站式“指尖办理”，随时随地为群众提供政务服务。同时，“粤省事”微信小程序还实现了省内通知提醒、政务咨询、投诉建议、政策解读等功能，实现政府与群众的无障碍沟通。

图 1-16　“粤省事”小程序

1.2.3 数字政府引领数字产业蓬勃发展

在数字政府的引领下，以 AI、云计算、区块链、5G 为代表的新一代信息技术与各领域的融合程度不断加深，产业变革加速兴起，数字金融、数字交通、数字医疗等新兴产业如同雨后春笋般蓬勃发展，推动传统产业向数字产业加速迈进。

1. 数字金融

数字金融是指将互联网及信息技术与传统金融服务业态相结合的新一代金融服务，我们日常使用的互联网支付、网上银行、网上贷款、网上保险、网上基金等都属于数字金融范畴。我国的数字金融行业自 2013 年起蓬勃发展，第三方支付、网上理财、电商平台等各种金融应用迅速在全国普及。2019 年天猫双 11 购物节成交总额为 2684 亿元；2020 年天猫双 11 购物节成交总额为 4982 亿元，2021 年网上商品交易总额为 9651.2 亿元，同比增长 12.22%。在 2022 年北京冬奥会期间，数字人民币试点覆盖 40 多万个场景，成为国际盛会上的一大亮点。同时，根据中国人民银行的数据，截至 2022 年 5 月，15 个省份的试点地区通过数字人民币累计交易笔数约 2.64 亿笔，金额约 830 亿元，支持数字人民币支付的商户门店数量达 456.7 万个。①

数字金融的高速发展得益于其满足了中小企业和低收入群体的低成本普惠金融需求，智能手机等智能设备的快速发展和相对宽松的监管环境也为其提供了发展空间。但同时作为数字化产业的一员，数字金融也面临着技术瓶颈、业务转型、法律缺失等方面的阵痛，仍处于探索和完善的初期阶段。目前，数字金融的发展重心聚焦于构建正规化监管体系、规避数字化风险和探索智能投顾（即机器人理财）、流通数字货币等新兴领域，在大数据技术的不断发展下，具有很广泛的发展空间。

2. 数字交通

数字交通是数字经济发展的重要领域，是以数据为关键要素，促进物理和虚拟空间的交通运输活动不断融合、交互作用的现代交通运输体系。从运输管理角度看，数字交通依托互联网技术与传统交通方式的深度融合，来提升交通运输管理能力，提供智能、精准、个性化的交通服务；从车辆管理角度看，数字交通全面采集公用车、私家车、网约车、共享单车等各类车辆的数据，充分利用大数据、AI 等技术预测车辆使用情况，模拟车辆运行轨迹，辅助车辆管理决策；从物流调

① 全球央行数字货币发展提速（国际视点），http://finance.people.com.cn/n1/2022/0729/c1004-32488802.html[2022-07-29]。

度角度看，数字交通建设智能公路、智能港口，开通数字航道、智能公交等物流信息平台，科学合理提供高效物流方案，推行智能化物流服务。

自党的十九大提出建设“网络强国、交通强国、数字中国”战略部署以来①，交通运输部发布了《数字交通发展规划纲要》，以“创新引领、数据赋能、共建共享、融合发展”为数字交通发展的核心原则，以构建数字化采集体系、网络化传输体系、智能化应用体系为主要抓手，计划到2025年实现交通运输基础设施和运载装备全要素、全周期的数字化升级；到2035年建成天地一体的交通控制网，奠定我国数字交通产业整体竞争能力全球领先地位。

3. 数字医疗

数字医疗是把现代计算机技术、信息技术应用于整个医疗过程的一种新型的现代化医疗方式，是公共医疗的发展方向和管理目标。数字医疗的兴起伴随着先进技术的发展，从最传统的望闻问切到心电图、脑电图等疾病表征的可视化，从电子计算机断层扫描（computed tomography，CT）、彩超等医学影像呈现到3D建模、病源共享的数据模拟，数字医疗不仅在医疗设备上极大丰富了医生诊断病情的方法，还可以通过构建历史病例库、疾病交流平台、病人诊疗档案等方式，提高医生诊断的准确率，减少医疗事故，实现医疗设备和医疗专家的资源共享。

我国《新一代人工智能发展规划》提出通过推广AI治疗新模式新手段、建立快速精准的智能医疗体系、探索智慧医院建设、开发人机协同的手术机器人和智能诊疗助手等推动医疗行业的数字化转型，为数字医疗发展指明了方向。此外，随着云计算、物联网、AI等技术的发展，建立涵盖医院、医生、病人、疾病等医疗信息的国家级数字医疗平台，基于实时影像传输和三维建模技术，研发异地人机协同式的手术诊疗成为可能。数字医疗能够真正实现跨地域、跨时区的就医问诊，对于获取最优化医疗方案，推动整个医疗体系从检测、诊断、药物研发到医疗管理体制的整体变革具有重要作用。

1.3 数字政府的问题、经验和挑战

数字政府建设是一项覆盖面广、统筹难度大的复杂系统工程。在政府管理形态发展建设的历程中，各地政府根据本地实际情况，推行的数字政府建设规划有所差异，部分规划缺少前瞻性的统筹考虑，导致各地电子政务水平不一、建设规

① 习近平：决胜全面建成小康社会 夺取新时代中国特色社会主义伟大胜利——在中国共产党第十九次全国代表大会上的报告，http://www.gov.cn/zhuanti/2017-10/27/content_5234876.htm[2023-03-10]。

划统筹性差等问题。近年来，政府服务水平难以充分满足民众需求，加之数据成为第五类生产要素，民众意愿与政府服务水平不匹配、数据难治理等问题也随之凸显出来。经过对国内、国外优秀数字政府建设的案例分析，我们也总结了部分优秀的建设经验，包括通过建立高规格统筹管理的机构，对数字政府建设工作进行“一揽子”统筹管理，发挥专家学者智库作用，对数字政府的顶层设计进行合理规划，推动市场主体广泛参与建设。然而在高新技术飞快发展的今天，随着“智治政府”“元宇宙”等新形态、新概念的不断提出，数字政府的建设也面临着周期、价值、革新及安全等各方面的挑战。

1.3.1 数字政府建设的共性问题

各个国家的电子政务发展基本都是从各部门独立建设、分散管理的政务系统开始，到统筹整合跨层级、跨部门、跨业务的系统，再到构建无缝连接的一体化政务网络系统，从而实现协同办公，进而实现数字化智能应用。因此，在数字政府建设发展进程中各国都面临电子政务水平不一、建设规划统筹性差、数据治理困难重重、民众需求日益增长等共性问题，见图 1-17。

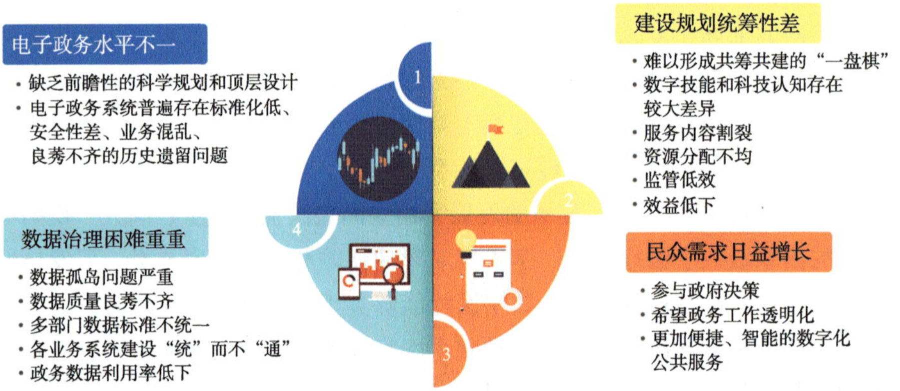

图 1-17 数字政府建设共性问题

1. 电子政务水平不一

各地在进行数字政府探索和尝试的过程中，普遍以原有的分散的电子政务系统为基础，引入现有的信息技术手段进行改建，因此各地电子政务发展水平是建设数字政府的重要基础。由于早期缺乏前瞻性的科学规划和顶层设计，各地电子政务系统普遍存在标准化低、安全性差、业务混乱、良莠不齐等历史遗留问题，这不仅导致各地在进行系统整合升级时面临巨大的技术难题，更为数字政府的统筹建设留下隐患。

2. 建设规划统筹性差

由于缺少高水平的统筹规划和顶层设计，各部门进行自身数字化改造探索和建设尝试的过程犹如九龙治水，碎片化建设现象层出不穷，全局难以形成共筹共建的“一盘棋”工作格局。国家、省、市、县等不同层面的政府部门数字化技能和科技认知存在较大差异，对政策规划的理解力和执行力参差不齐，没有建立起有效的行业级一体化管理体系，导致服务内容割裂、资源分配不均、监管低效等问题，严重阻碍了数字政府的建设进程。

3. 数据治理困难重重

各地区各部门信息化建设先后经历了以网络建设为中心和以系统建设为中心的独立发展时期，导致不同单位的网络不连通、信息系统不共享互换、业务流程与应用功能相互脱节的信息孤岛现象，主要体现在以下三个方面：一是数据孤岛，由于来自不同渠道的信息与数据的定义和采集不一致，不能实现标准化操作，各业务系统数据重复输入，系统间信息不共享；二是业务孤岛，业务系统的服务功能存在重复，难以实现一个完整的业务流程在各系统间的顺畅流转，导致业务协同效率低；三是管理体系孤岛，各部门管理视角不同，导致各部门间难实现统一数据标准和共享规范。[①]这些因素都在客观上导致了数据治理困难重重、政务数据利用率低下、数据红利挖掘困难、数字化改革难以推进等问题。

4. 民众需求日益增长

随着移动互联网、云计算、大数据、物联网、AI 等技术的发展，各种基于信息技术的创新应用不断在社会生活中涌现，便捷、优质、高效的在线商业服务已经融入民众的日常生活。智能手机的广泛应用使得民众本身已经成为可生产、携带、共享海量信息的“强信息人”，这意味着政府在开展公共服务时必须转变思维，合理运用民众身上的数字标签，迎合社会深层次的数字化变革。同时，由于社会发展程度和教育水平不断提高，民众参与政府决策、希望政务工作透明化的需求越发强烈，由此对政府数字化服务提出了更高的要求，即必须满足公众的现代化需求，提供更加便捷、智能的数字化公共服务。

根据近年来国内各大智库对数字政府建设的状况研究，民众对数字政务服务的满意度显著提升，但供需契合度不高的问题仍然突出。一是供需不匹配，大数据、AI 等数字化技术应用与企业和群众的切实需求不匹配，在民生重点领域应用

---

① 国脉研究院：关于“十四五”数字政府建设问题的几点思考，http://www.echinagov.com/news/283649.htm[2022-08-30]。

还有提升空间；二是政务公开的广度和深度与公众期望还有较大差距，政务信息管理的完整性和规范性有待加强；三是政府与民众的互动渠道不顺畅，从民众与政府互动的渠道、形式、时效等方面来看还是“形式大于实质”。①

1.3.2 数字政府建设的优秀经验

尽管数字政府建设进程中存在着诸多问题，但国内外对数字政府建设的探索实践也积累了不少优秀的经验。我们在对国外先进国家数字政府发展历程、我国数字政府发展历程，以及我国先进省份的实践模式进行详细分析，总结了数字政府建设一些宝贵经验，包括建立高规格统筹管理机构、成立专家技术支撑智库、完善政府数字化顶层设计等，见图 1-18。

图 1-18 数字政府建设优秀经验

1. 建立高规格统筹管理机构

将数字政府建设作为一项政府职能转变、政务服务数字化的专项工作，建立从中央到地方统筹联动的数字政府管理体制，明确各地区各部门职责，形成纵向联动、横向协同、整体推进的格局，通过选调政务业务专家和高级技术人才，成立统筹管理机构，专项负责数字政府顶层规划，统筹各方资源，协同各地区各部门开展数字政府创新创造。

2. 成立专家技术支撑智库

以专业的人干专业的事为原则，引入数字化建设相关的行业专家、学者、优

① 重磅 | 第三届（2021）数字政府建设风向指数报告隆重发布，面向 31 个省级样本 293 个地级市样本的研究结果出炉，https://www.govmade.cn/news/20211124/648280708028039168.html[2022-08-30]。

质企业家等科技人才和管理者，成立专家技术支撑智库，为数字政府顶层规划出谋划策，解决数字政府建设进程中面临的数据调度、安全保障等技术问题，同时为公职人员提供高水平技术培训服务，整体提升政府部门对数字政府建设的理解力和执行力，在政府内部广泛培养“互联网+”的思维理念和数字化思维模式，实现数字技术和政府职能体系的深度融合。通过共享研究报告和实践成果传播交流，逐步形成一套可推广的数字政府建设模式，建立全国乃至国际范围的学术共同体，共同完善相关理论和研究。

3. 完善政府数字化顶层设计

数字政府顶层设计是建设工作的“主心骨”，确定了数字政府建设过程的方式方法，也决定了数字政府建设成果的天花板。在顶层设计中，应以“大平台、大数据、大系统”作为数字政府总体发展思想，以集约建设为原则，推动共性基础设施平台统筹建设，避免重复建设；以整合共享为目标，整合优化现有公共基础支撑资源，最大化提升数字政府基础设施应用效能；以标准开放为目的，制定统一规范标准体系，指导数字政府重大工程建设及运营工作，形成行之有效的数字政府顶层设计。

4. 加大数据治理和共享力度

在数据决定竞争力和创造力的大变革时代，政府必须牢牢抓住数据生产要素这个关乎全局发展的战略因素，大力开展数据治理，制定数据规范标准体系，明确数据权责划分，推动“数据+算法”的全方位融合，并在保障数据安全的前提下，打通多级数据调度通道，彻底打破数据壁垒，实现数据的全局共享。

5. 推动政府主导、市场参与

国家信息化专家咨询委员会委员汪玉凯指出，政府是最大公共数据源。应以政务数据为枢纽，打通与社会数据、企业数据之间的壁垒，通过借助社会力量，加强政企间合作，合理引导和鼓励市场各方资源参与数据开发利用，搭建国家级、省市级数据开放和交易平台，鼓励社会各界在数据平台上进行多样化、创造性的深耕，充分挖掘数据价值，实现互惠互利，共同发展。

6. 推行以评促建、以用促建

数字政府建设的根本是为人民服务。数字政府建设的管理单位必须高度重视群众对建设成效的意见反馈，搭建便民利民的意见反馈渠道，从群众的实际需求出发，广泛收集、研究、讨论、采纳群众意见。同时，数字政府的实用性是其建设成效的关键指标体现，因此要对数字化政府在行政效能提升、数据开放共享、意见有效回应等方面设计科学合理的指标体系，全方面考核数字政府的建设及应用情况，健全以评促建、以用促建的全流程监督评价考核体系，形成数字政府建设的良性循环。

1.3.3 数字政府建设面临的挑战

数字政府建设依赖于先进技术的发展和应用，而技术的发展应用对于现代社会来说是一把“双刃剑”。一方面，技术可以实现人类的创新想法，满足社会发展进步的需要，正向推动政府治理体系的完善和创新；另一方面，由于可能存在技术不成熟、技术滥用、监管不力、技术瓶颈等各项因素，数字政府建设面临潜在的风险和挑战。数字政府建设面临的挑战主要表现在以下几点，见图 1-19。

技术变更挑战　　服务转型挑战　　组织革新挑战　　数据安全挑战

图 1-19　数字政府建设面临的挑战

1. 技术变更挑战

由于信息技术不断更新迭代，数字政府建设呈现为不断升级的动态过程。数字政府建设的起点是基于初期 Web 技术的办公自动化，随着互联网技术的广泛应用，数字政府进入以网络技术为支撑的在线政务服务阶段。今天，在大数据和 AI 技术的支持下，数字政府迈入智能化、智慧化的服务新阶段。未来，在“元宇宙”等新概念、新思想的不断发展下，数字政府需要做好面对技术架构变更、服务模式优化等技术变更挑战。

2. 服务转型挑战

为人民服务是党的根本宗旨，数字政府的建设是为了适应时代需求，为民众提供更优质、便捷、智能的政务服务。因此，对数字政府建设成效的考虑必须包含服务质量、应用的公众参与度、服务的均衡度、政民关系等。然而，由于数字政府具有以技术驱动政务服务革新的特性，数字政府的建设及政府服务从传统型向数字化过渡，极易造成潜在的服务转型风险，即由于对民众需求把握不准确、政务服务转型缓慢等，部分公众对数字政府的接受程度低，公共服务不能直击民众切实需求，对不同年龄、收入、受教育程度的服务主体无法提供均衡服务，数字化、非接触式政务服务容易造成政民关系疏离，存在破坏政府和公众之间的交往印象等问题。

3. 组织革新挑战

数字政府建设是对传统政府组织架构的一次革新。在组织结构方面，数字政府通过建设一体化政务服务平台、数据共享交换平台打破了原有受时空地域限制的政府服务模式，强调信息共享和管理过程的互动性，实现了政府组织结构的横向打通、纵向延伸。在服务体系方面，数字政府强调建设服务型政府，充分采纳民众意见建议，推行“以评促建、以用促建”的一体化监管评价体系。在知识管理方面，数字政府要求工作人员具有更高的专业技能，能够熟练使用各项信息化平台，实现多部门协同管理，满足人民日益增长的政务服务需求。在建设模式方面，受政府定位和职能的限制，数字政府依赖的先进技术普遍掌握在以互联网技术（information technology，IT）企业为代表的承包商中，而政府部门与承包商之间的管理制度、工作方式方法等在短时间内难以充分相互适应，使得建设过程中存在控制权不明确、监管缺失等问题。

随着数字政府的建设，政府内部面临来自组织结构、职责体系、知识管理、建设模式等多方面的整合需求。如何打破现有的经过长期磨合趋于稳定的治理结构，完成技术和组织的有机融合，构建数字政府所需的新型治理体系，是数字政府建设必须应对的挑战之一。

4. 数据安全挑战

数字政府建设核心是对数据的开发和利用，政府数据来源广泛、种类丰富，且与每个公民的生产生活息息相关，甚至涉及国家重大工程项目、重大战略计划和重点发展领域。在数据采集、传输、共享、开放的过程中，如何确保数据安全、保护国家机密、维护公民隐私，是数字政府建设必须考虑的核心问题。其中面临的挑战不仅包括从技术角度实现物理层面、网络层面、系统层面、应用层面的数据安全保护，更涉及组织管理角度隐私意识、保密意识、法律意识等方面的数据安全管理。一旦发生数据泄露、隐私曝光等问题，公众对数字政府的信心将大幅下滑，国家安全可能面临重大挑战，并且可能伴随难以估量的经济损失。

1.4 我国数字政府的发展规划

1.4.1 “十四五”规划对数字政府的建设要求

《中华人民共和国国民经济和社会发展第十四个五年规划和 2035 年远景目

标纲要》提出，迎接数字时代，激活数据要素潜能，推进网络强国建设，加快建设数字经济、数字社会、数字政府，以数字化转型整体驱动生产方式、生活方式和治理方式变革。其中，明确了关于提升数字政府建设水平的工作要求，包括加强公共数据开放共享、推动政务信息化共建共用、提高数字化政务服务效能等，见图 1-20。

图 1-20 “十四五”数字政府规划

1. 加强公共数据开放共享

建立健全国家公共数据资源体系，确保公共数据安全，推进数据跨部门、跨层级、跨地区汇聚融合和深度利用。健全数据资源目录和责任清单制度，提升国家数据共享交换平台功能，深化国家人口、法人、空间地理等基础信息资源共享利用。扩大基础公共信息数据安全有序开放，探索将公共数据服务纳入公共服务体系，构建统一的国家公共数据开放平台，优先推动企业登记监管、卫生、交通、气象等高价值数据向社会开放。开展政府数据授权运营试点，鼓励第三方深化对公共数据的挖掘利用。

2. 推动政务信息化共建共用

加大政务信息化建设统筹力度，健全政务信息化项目清单，持续深化政务信息系统整合，布局建设执政能力、依法治国、经济治理、市场监管、公共安全、生态环境等重大信息系统，提升跨部门协同治理能力。完善国家电子政务网络，集约建设政务云平台和数据中心体系，推进政务信息系统云迁移。加强政务信息化建设快速迭代，增强政务信息系统快速部署能力和弹性扩展能力。

3. 提高数字化政务服务效能

全面推进政府运行方式、业务流程和服务模式的数字化智能化。深化“互联网+政务服务”理念，完善全流程一体化政务服务平台功能。加快构建数字技术辅助政府决策机制，提高基于高频大数据精准动态监测预警水平。强化数字技术在公共卫生、自然灾害、事故灾难、社会安全等突发公共事件应对中的运用，全面提升预警和应急处置能力。①

1.4.2 “十四五”我国数字政府的总体思路

2022 年 4 月 19 日，习近平主持召开中央全面深化改革委员会第二十五次会议，审议通过了《国务院关于加强数字政府建设的指导意见》等文件，习近平在主持会议时强调，要全面贯彻网络强国战略，把数字技术广泛应用于政府管理服务，推动政府数字化、智能化运行，为推进国家治理体系和治理能力现代化提供有力支撑，见图 1-21。②

图 1-21 《国务院关于加强数字政府建设的指导意见》

会议指出，加强数字政府建设是创新政府治理理念和方式的重要举措，对加快转变政府职能，建设法治政府、廉洁政府、服务型政府意义重大。党的十八大以来，党中央围绕实施网络强国战略、大数据战略等作出一系列重大部署，各方面工作取得新进展。要把坚持和加强党的全面领导贯穿数字政府建设各领域各环节，坚持正确政治方向。要把满足人民对美好生活的向往作为数字政府建设的出发点和落脚点，打造泛在可及、智慧便捷、公平普惠的数字化服务体系，让百姓

① 中华人民共和国国民经济和社会发展第十四个五年规划和 2035 年远景目标纲要，http://www.gov.cn/xinwen/2021-03/13/content_5592681.htm[2023-03-10]。

② 坚持人民至上 践行服务宗旨 制度与技术双向赋能数字政府建设，http://www.gov.cn/xinwen/2022-08/26/content_5706934.htm[2023-03-10]。

少跑腿、数据多跑路。要以数字化改革助力政府职能转变，统筹推进各行业各领域政务应用系统集约建设、互联互通、协同联动，发挥数字化在政府履行经济调节、市场监管、社会管理、公共服务、生态环境保护等方面职能的重要支撑作用，构建协同高效的政府数字化履职能力体系。要强化系统观念，健全科学规范的数字政府建设制度体系，依法依规促进数据高效共享和有序开发利用，统筹推进技术融合、业务融合、数据融合，提升跨层级、跨地域、跨系统、跨部门、跨业务的协同管理和服务水平。要始终绷紧数据安全这根弦，加快构建数字政府全方位安全保障体系，全面强化数字政府安全管理责任。①

2022 年 6 月 23 日，正式印发《国务院关于加强数字政府建设的指导意见》，就主动顺应经济社会数字化转型趋势，充分释放数字化发展红利，全面开创数字政府建设新局面作出部署。

1. 加强数字政府建设的工作目标

《国务院关于加强数字政府建设的指导意见》提出数字政府建设的两个阶段工作目标，到 2025 年，与政府治理能力现代化相适应的数字政府顶层设计更加完善、统筹协调机制更加健全，政府数字化履职能力、安全保障、制度规则、数据资源、平台支撑等数字政府体系框架基本形成，政府履职数字化、智能化水平显著提升，政府决策科学化、社会治理精准化、公共服务高效化取得重要进展，数字政府建设在服务党和国家重大战略、促进经济社会高质量发展、建设人民满意的服务型政府等方面发挥重要作用。到 2035 年，与国家治理体系和治理能力现代化相适应的数字政府体系框架更加成熟完备，整体协同、敏捷高效、智能精准、开放透明、公平普惠的数字政府基本建成，为基本实现社会主义现代化提供有力支撑。②

2. 加强数字政府建设的重点任务

《国务院关于加强数字政府建设的指导意见》明确了数字政府建设工作中，在数字化履职能力体系、安全保障体系、制度规则体系、数据资源体系、平台支撑体系、引领驱动数字化发展、加强党对数字政府建设工作的领导等七个方面的重点任务，为我国数字政府建设工作点亮了前进的“灯塔”。

1）构建协同高效的政府数字化履职能力体系

通过全面推进政府履职和政务运行数字化转型，统筹推进各行业各领域政务

---

① 习近平主持召开中央全面深化改革委员会第二十五次会议，http://www.gov.cn/xinwen/2022-04/19/content_5686128.htm[2023-03-10]。

② 国务院关于加强数字政府建设的指导意见，http://www.gov.cn/zhengce/content/2022-06/23/content_5697299.htm[2023-03-10]。

应用系统集约建设、互联互通、协同联动，创新行政管理和服务方式，全面提升政府履职效能。

在提升经济调节能力方面，将数字技术广泛应用于宏观调控决策、经济社会发展分析、投资监督管理、财政预算管理、数字经济治理等方面，全面提升政府经济调节数字化水平；同时，充分发挥国家规划综合管理信息平台作用，强化经济运行动态感知，促进各领域经济政策有效衔接，持续提升经济调节政策的科学性、预见性和有效性。

在提升市场监管能力方面，充分运用数字技术支撑构建新型监管机制，加快建立全方位、多层次、立体化监管体系，实现事前事中事后全链条全领域监管，以数字化手段提升监管精准化水平，以一体化在线监管提升监管协同化水平，以新型监管技术提升监管智能化水平，以有效监管维护公平竞争的市场秩序。

在提升社会管理能力方面，推动社会治理模式从单向管理转向双向互动，从线下转向线上线下融合，着力提升矛盾纠纷化解、社会治安防控、公共安全保障、基层社会治理等领域数字化治理能力。

在提升公共服务能力方面，持续优化全国一体化政务服务平台功能，全面提升公共服务数字化、智能化水平，提供优质便利的涉企服务，拓展公平普惠的民生服务，打造泛在可及的服务体系，不断满足企业和群众多层次多样化服务需求。

在提升生态环境保护能力方面，全面推动生态环境保护数字化转型，提升生态环境承载力、国土空间开发适宜性和资源利用科学性，推动绿色低碳转型，更好支撑美丽中国建设。

在提升政务运行效能方面，加快推动数字机关建设，建立健全大数据辅助科学决策机制，统筹推进决策信息资源系统建设，充分汇聚整合多源数据资源，拓展动态监测、统计分析、趋势研判、效果评估、风险防控等应用场景，全面提升政府决策科学化水平；深化数字技术应用，创新行政执行方式，切实提高政府执行力；同时，以信息化平台固化行政权力事项运行流程，推动行政审批、行政执法、公共资源交易等全流程数字化运行、管理和监督，促进行政权力规范透明运行。

在提升政务公开水平方面，推动公共平台智能集约发展，优化政策信息数字化发布，发挥政务新媒体优势做好政策传播，紧贴群众需求畅通互动渠道。

2）构建数字政府全方位安全保障体系

全面强化数字政府安全管理责任，落实安全管理制度，加快关键核心技术攻关，加强关键信息基础设施安全保障，强化安全防护技术应用，切实筑牢数字政府建设安全防线。

要强化安全管理责任，各地区各部门按照职责分工，统筹做好数字政府建设安全和保密工作，落实主体责任和监督责任，构建全方位、多层级、一体化安全防护体系，形成跨地区、跨部门、跨层级的协同联动机制。建立数字政府安全评估、责任落实和重大事件处置机制，加强对参与政府信息化建设、运营企业的规范管理，确保政务系统和数据安全管理边界清晰、职责明确、责任落实。

要落实安全制度要求，建立健全数据分类分级保护、风险评估、检测认证等制度，加强数据全生命周期安全管理和技术防护。加大对涉及国家秘密、工作秘密、商业秘密、个人隐私和个人信息等数据的保护力度，完善相应问责机制，依法加强重要数据出境安全管理。加强关键信息基础设施安全保护和网络安全等级保护，建立健全网络安全、保密监测预警和密码应用安全性评估的机制，定期开展网络安全、保密和密码应用检查，提升数字政府领域关键信息基础设施保护水平。

要提升安全保障能力，建立健全动态监控、主动防御、协同响应的数字政府安全技术保障体系。充分运用主动监测、智能感知、威胁预测等安全技术，强化日常监测、通报预警、应急处置，拓展网络安全态势感知监测范围，加强大规模网络安全事件、网络泄密事件预警和发现能力。

要提高自主可控水平，加强自主创新，加快数字政府建设领域关键核心技术攻关，强化安全可靠技术和产品应用，切实提高自主可控水平。强化关键信息基础设施保护，落实运营者主体责任。开展对新技术新应用的安全评估，建立健全对算法的审核、运用、监督等管理制度和技术措施。

3）构建科学规范的数字政府建设制度规则体系

以数字化改革促进制度创新，保障数字政府建设和运行整体协同、智能高效、平稳有序，实现政府治理方式变革和治理能力提升。

以数字化改革助力政府职能转变，充分发挥数字技术创新变革优势，优化业务流程，创新协同方式，推动政府履职效能持续优化。加快建设全国行政许可管理等信息系统，实现行政许可规范管理和高效办理，推动各类行政权力事项网上运行、动态管理。强化审管协同，打通审批和监管业务信息系统，形成事前事中事后一体化监管能力。充分发挥全国一体化政务服务平台作用，促进政务服务标准化、规范化、便利化水平持续提升。

创新数字政府建设管理机制，明确运用新技术进行行政管理的制度规则，推进政府部门规范有序运用新技术手段赋能管理服务。推动技术部门参与业务运行全过程，鼓励和规范政产学研用等多方力量参与数字政府建设。

完善法律法规制度，推动形成国家法律和党内法规相辅相成的格局，全面建设数字法治政府，依法依规推进技术应用、流程优化和制度创新，消除技术歧视，保障个人隐私，维护市场主体和人民群众利益。同时，持续抓好现行法律法规贯彻落实，细化完善配套措施，确保相关规定落到实处、取得实效。

健全标准规范，推进数据开发利用、系统整合共享、共性办公应用、关键政务应用等的标准制定，持续完善已有关键标准，推动构建多维标准规范体系。加大数字政府标准推广执行力度，建立评估验证机制，提升应用水平，以标准化促进数字政府建设规范化。研究设立全国数字政府标准化技术组织，统筹推进数字政府标准化工作。

开展试点示范，坚持加强党的领导和尊重人民首创精神相结合，坚持全面部署和试点带动相促进。立足服务党和国家工作大局，聚焦基础性和具有重大牵引作用的改革举措，探索开展综合性改革试点，为国家战略实施创造良好条件。

4）构建开放共享的数据资源体系

加快推进全国一体化政务大数据体系建设，加强数据治理，依法依规促进数据高效共享和有序开发利用，充分释放数据要素价值，确保各类数据和个人信息安全。

在创新数据管理机制方面，强化政府部门数据管理职责，明确数据归集、共享、开放、应用、安全、存储、归档等责任，形成推动数据开放共享的高效运行机制；同时，建立健全数据质量管理机制，完善数据治理标准规范，加强对政务数据、公共数据和社会数据的统筹管理，加快构建标准统一、布局合理、管理协同、安全可靠的全国一体化政务大数据体系。

在深化数据高效共享方面，建立全国标准统一、动态管理的政务数据目录，实行“一数一源一标准”，实现数据资源清单化管理；充分发挥全国一体化政务服务平台的数据共享枢纽作用，持续提升国家数据共享交换平台支撑保障能力，有序推进国务院部门垂直管理业务系统与地方数据平台、业务系统数据双向共享。

在促进数据有序开发利用方面，构建统一规范、互联互通、安全可控的国家公共数据开放平台，分类分级开放公共数据，有序推动公共数据资源开发利用，推进社会数据“统采共用”，提升各行业各领域运用公共数据推动经济社会发展的能力。

5）构建智能集约的平台支撑体系

强化安全可信的信息技术应用创新，充分利用现有政务信息平台，整合构建结构合理、智能集约的平台支撑体系，适度超前布局相关新型基础设施，全面夯实数字政府建设根基。

强化政务云平台支撑能力，依托全国一体化政务大数据体系，统筹整合现有政务云资源，构建全国一体化政务云平台体系，实现政务云资源统筹建设、互联互通、集约共享。

提升网络平台支撑能力，强化电子政务网络统筹建设管理，在推动骨干网扩容升级、提高电子政务外网移动接入能力、统筹建立安全高效的跨网数据传输机制等方面下功夫，促进高效共建共享，降低建设运维成本。

加强重点共性应用支撑能力，推进数字化共性应用集约建设。依托身份认证国家基础设施、电子证照共享服务体系、统一财政电子票据政务服务平台等基础设施资源，完善线上线下一体化统一身份认证体系，推动电子证照扩大应用领域和全国互通互认及财政电子票据跨省报销等工作的落地实施。

6）以数字政府建设全面引领驱动数字化发展

围绕加快数字化发展、建设数字中国重大战略部署，持续增强数字政府效能，更好激发数字经济活力，优化数字社会环境，营造良好数字生态。

在助力经济发展方面，以数字政府建设为牵引，拓展经济发展新空间，提升社会服务数字化普惠水平，创新基于新技术手段的监管模式，壮大数据服务产业，以此培育经济发展新动能，提高数字经济治理体系和治理能力现代化水平。

在引领数字社会建设方面，推动数字技术和传统公共服务融合，着力普及数字设施、优化数字资源供给，推进智慧城市、数字乡村建设，推动数字化服务普惠应用。

在营造良好数字生态方面，建立健全数据要素市场规则，完善数据要素治理体系，加快建立数据资源产权等制度，强化数据资源全生命周期安全保护，推动数据跨境安全有序流动。

7）加强党对数字政府建设工作的领导

以习近平总书记关于网络强国的重要思想为引领，始终把党的全面领导作为加强数字政府建设、提高政府管理服务能力、推进国家治理体系和治理能力现代化的根本保证，坚持正确政治方向，把党的政治优势、组织优势转化为数字政府建设的强大动力和坚强保障，确保数字政府建设重大决策部署贯彻落实。

要加强组织领导，加强党中央对数字政府建设工作的集中统一领导，各级党委要切实履行领导责任，及时研究解决影响数字政府建设重大问题。各级政府要在党委统一领导下，履行数字政府建设主体责任，谋划落实好数字政府建设各项任务，主动向党委报告数字政府建设推进中的重大问题。各级政府及有关职能部门要履职尽责，将数字政府建设工作纳入重要议事日程，结合实际抓好组织实施。

要健全推进机制，建立由国务院领导同志担任组长的数字政府建设工作领导小组，统筹指导协调数字政府建设。各地区各部门要建立健全数字政府建设领导协调机制，强化统筹规划，明确职责分工，抓好督促落实，保障数字政府建设有序推进。发挥我国社会主义制度集中力量办大事的政治优势，建立健全全国一盘棋的统筹推进机制，最大程度凝聚发展合力，更好服务党和国家重大战略，更好服务经济社会发展大局。

要提升数字素养，着眼推动建设学习型政党、学习大国，搭建数字化终身学习教育平台，构建全民数字素养和技能培育体系。把提高领导干部数字治理能力作为各级党校（行政学院）的重要教学培训内容，持续提升干部队伍数字思维、数字技能和数字素养，创新数字政府建设人才引进培养使用机制，建设一支讲政治、懂业务、精技术的复合型干部队伍。深入研究数字政府建设中的全局性、战略性、前瞻性问题，推进实践基础上的理论创新。成立数字政府建设专家委员会，引导高校和科研机构设置数字政府相关专业，加快形成系统完备的数字政府建设理论体系。

要强化考核评估，建立常态化考核机制，将数字政府建设工作作为政府绩效考核的重要内容，考核结果作为领导班子和有关领导干部综合考核评价的重要参考。建立完善数字政府建设评估指标体系，树立正确评估导向，重点分析和考核统筹管理、项目建设、数据共享开放、安全保障、应用成效等方面情况，确保评价结果的科学性和客观性。①

1.4.3 近年我国数字政府领域的重点政策

随着数字政府建设工作的不断深入，为解决前期数字政府建设缺乏顶层规划而出现的各种问题，中央及地方政府在加快推动数字政府建设的进程中，不断丰富政策指导，如中共中央网络安全和信息化委员会印发了《“十四五”国家信息化规划》、工业和信息化部发布了《“十四五”大数据产业发展规划》及广西壮族自治区数字广西建设领导小组印发了《关于印发全面推进广西数字政府建设三年行动实施方案（2021—2023年）的通知》等，确保数字政府建设工作的顺利开展。本书梳理了中央、地方等层面2021年以来出台的相关政策，我国数字政府领域重点政策汇总（表1-3）。

表1-3 我国数字政府领域重点政策汇总

序号	重点政策文件	文件内容	发布单位	发布时间
1	《“十四五”数字经济发展规划》	构建新发展格局，推动高质量发展，统筹发展和安全、统筹国内和国际，以数据为关键要素，以数字技术与实体经济深度融合为主线，加强数字基础设施建设，完善数字经济治理体系，协同推进数字产业化和产业数字化，赋能传统产业转型升级，培育新产业新业态新模式，不断做强做优做大我国数字经济，为构建数字中国提供有力支撑	国务院	2022年

① 国务院关于加强数字政府建设的指导意见，http://www.gov.cn/zhengce/content/2022-06/23/content_5697299.htm[2023-03-10]。

续表

序号	重点政策文件	文件内容	发布单位	发布时间
2	《“十四五”国家信息化规划》	到2025年，数字中国建设取得决定性进展，信息化发展水平大幅跃升。数字基础设施体系更加完备，数字技术创新体系基本形成，数字经济发展质量效益达到世界领先水平，数字社会建设稳步推进，数字政府建设水平全面提升，数字民生保障能力显著增强，数字化发展环境日臻完善	中共中央网络安全和信息化委员会	2021年
3	《“十四五”推进国家政务信息化规划》	坚持“大平台、大数据、大系统”一张蓝图绘到底，以服务市场主体和便利广大群众为重点，统筹推进重大政务信息化工程建设，综合运用新技术新理念新模式提升治理能力、优化公共服务、推动高质量发展、满足人民期盼，推进数字政府建设，形成与数字经济发展相适应的数字治理能力，带动促进数字社会建设，有力支撑国家治理体系和治理能力现代化	国家发展和改革委员会	2021年
4	《“十四五”大数据产业发展规划》	到2025年，大数据产业测算规模突破3万亿元，年均复合增长率保持在25%左右，创新力强、附加值高、自主可控的现代化大数据产业体系基本形成。数据要素价值评估体系初步建立，要素价格市场决定，数据流动自主有序，资源配置高效公平，培育一批较成熟的交易平台，市场机制基本形成。关键核心技术取得突破，标准引领作用显著增强，形成一批优质大数据开源项目，存储、计算、传输等基础设施达到国际先进水平	工业和信息化部	2021年
5	《国务院关于开展营商环境创新试点工作的意见》	经过三至五年的创新试点，试点城市营商环境国际竞争力跃居全球前列，政府治理效能全面提升，在全球范围内集聚和配置各类资源要素能力明显增强，市场主体活跃度和发展质量显著提高，率先建成市场化法治化国际化的一流营商环境，形成一系列可复制可推广的制度创新成果，为全国营商环境建设作出重要示范	国务院	2021年

续表

序号	重点政策文件	文件内容	发布单位	发布时间
6	《全国一体化政务服务平台移动端建设指南》	从国家层面对移动政务服务平台建设作出总体规划部署，有效促进移动政务服务资源整合和平台集约化建设，推进各地区各部门移动端建设标准化、规范化建设和互联互通，为进一步增强数字政府效能，推动数字政府改革打下坚实基础	国务院	2021年
7	《物联网新型基础设施建设三年行动计划（2021—2023年）》	行动计划坚持问题导向和需求导向，以支撑制造强国和网络强国建设为目标，打造支持固移融合、宽窄结合的物联网接入能力，加速推进全面感知、泛在连接、安全可信的物联网新型基础设施。行动计划提出了四大行动12项重点任务。一是开展创新能力提升行动，聚焦突破关键核心技术，推动技术融合创新，构建协同创新机制。二是开展产业生态培育行动，聚焦培育多元化主体，加强产业聚集发展。三是开展融合应用创新行动，聚焦社会治理、行业应用和民生消费三大应用领域，持续丰富多场景应用。四是开展支撑体系优化行动，聚焦完善网络部署、标准体系、公共服务、安全保障，完善发展环境	工业和信息化部、中共中央网络安全和信息化委员会办公室、科学技术部、生态环境部、住房和城乡建设部、农业农村部、国家卫生健康委员会、国家能源局	2021年
8	《交通领域科技创新中长期发展规划纲要（2021—2035年）》	以构建适应交通强国需要的科技创新体系为主线，以科技研发应用为重点，以科技创新能力建设为基础，以营造创新政策制度环境为保障，全面提升交通运输科技创新发展水平，支撑加快建设科技强国、交通强国	交通运输部、科学技术部	2022年
9	《全国一体化大数据中心协同创新体系算力枢纽实施方案》	统筹围绕国家重大区域发展战略，根据能源结构、产业布局、市场发展、气候环境等，在京津冀、长三角、粤港澳大湾区、成渝，以及贵州、内蒙古、甘肃、宁夏等地布局建设全国一体化算力网络国家枢纽节点，发展数据中心集群，引导数据中心集约化、规模化、绿色化发展	国家发展和改革委员会、中共中央网络安全和信息化委员会办公室、工业和信息化部、国家能源局	2021年

续表

序号	重点政策文件	文件内容	发布单位	发布时间
10	《长三角 G60 科创走廊建设方案》	以市场化、法治化为导向，以“科创+产业”为抓手，以高标准创新能力建设为支撑，促进长三角基层加强合作和跨行政区域协调联动，着力打造科技创新策源地，着力打造世界级产业集群，着力打造产城融合典范，着力打造一流营商环境，形成资金共同投入、技术共同转化、利益共同分享的协同创新共同体，建成科技和制度创新双轮驱动、产业和城市一体化发展的先行先试走廊	科技部、国家发展和改革委员会、工业和信息化部、人民银行、中国银行保险监督管理委员会和中国证券监督管理委员会	2021 年
11	《北京市“十四五”时期智慧城市发展行动纲要》	行动纲要提出六大主要任务，包括夯实智慧基础、便利城市生活、提高政务效能、促进数字经济发展、保障安全稳定、强化领域应用等	北京市经济和信息化局	2021 年
12	《上海城市数字化转型标准化建设实施方案》	通过研制实施一批能用、管用、好用的数字化转型标准，构建具有系统性、协调性、开放性的城市数字化转型标准体系，为打造具有世界影响力的国际数字之都提供标准支撑	上海市人民政府	2022 年
13	《浙江省数字政府建设“十四五”规划》	《规划》具体部署了六大主要任务，包括建立整体高效的运行管理体系、构建优质便捷的普惠服务体系、创新全局智慧的协同治理体系、打造公平公正的执法监管体系、完善开放共享的数据治理体系、提升智能安全的技术支撑体系。围绕主要任务，我省将打造一体化智能化公共数据平台，推动“浙政钉”“浙里办”“互联网+监管”等重点应用的优化升级。提出到 2025 年我省基本建成“整体智治、唯实惟先”的现代政府，省域治理现代化先行示范作用显现	浙江省人民政府	2021 年

续表

序号	重点政策文件	文件内容	发布单位	发布时间
14	《江苏省“十四五”数字政府建设规划》	以“苏服办”统一入口建设为牵引，打造江苏政务的亮丽品牌；以一体化政务服务、一体化在线监管为驱动，以一体化大数据中心为基座，构建江苏数字政府“一体两翼”基础框架；以数字政务、数字社会、数字生态等三大运行体系建设为导向，强化整合、贯通、共享、联动，着力推动跨地区跨部门跨层级的业务协同和数字赋能，推行政务服务一件事通办、社会治理一类事统办、政务运行一体事联办改革；以新技术应用为支撑，不断提高政务效率和治理效能，努力让政务服务更便利、社会治理更精准、政务运行更高效、数字社会更美好、数字生态更健康，形成具有时代特征、江苏特色、人民满意的数字政府	江苏省人民政府	2021年
15	《广东省数字政府改革建设“十四五”规划》	《规划》明确，2025年全面建成“智领粤政、善治为民”的“广东数字政府2.0”，努力实现“五个全国领先”——政务服务水平全国领先；省域治理能力全国领先；政府运行效能全国领先；实现数据要素市场化改革全国领先；基础支撑能力全国领先，让改革发展成果更多更公平惠及全体人民	广东省人民政府	2021年
16	《广西壮族自治区数字广西建设领导小组关于印发全面推进广西数字政府建设三年行动实施方案（2021—2023年）的通知》	为加快推进数字广西和中国—东盟信息港建设，以破解各类群体的刚需应用和解决痛点问题为导向，突出协同化、一体化、数字化、智能化，大力整合优化政府部门与社会的现有成熟资源，充分利用云计算、大数据、物联网、人工智能和区块链等先进技术，打造广西数字政府“一核驱动、五个管用、多维创新”的发展新模式，加快推进政府数字化转型，持续优化全区营商环境，探索多领域创新融合应用	广西壮族自治区数字广西建设领导小组	2021年

1.5 数字政府的相关术语

数字政府建设是随着信息技术的不断发展聚力而成的新的产物，涉及网络、云计算、信息系统、数据、AI、网络安全等方面的技术，下面对相关专业术语进行简要介绍（图 1-22）。

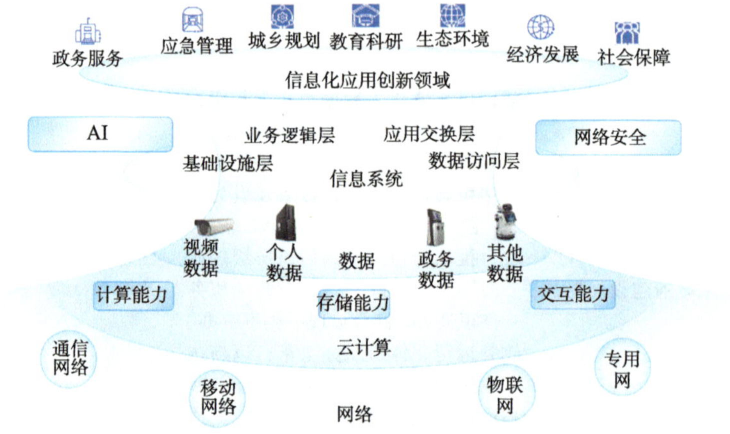

图 1-22　数字政府相关术语层级分布图

1.5.1　网络

1. 网络的定义

网络是信息传输、接收、共享的虚拟平台，通过它把各个点、面、体的信息联系到一起，从而实现这些资源的共享。网络包括通信网络、移动互联网、虚拟专用网、物联网等概念。

（1）通信网络。通信是人与人之间通过某种媒体进行的信息交流与传递。网络是用物理链路将各个孤立的工作站或主机相连在一起组成的数据链路。通信网络是指将各个孤立的设备进行物理连接，实现人与人、人与计算机、计算机与计算机之间进行信息交换的链路，从而达到资源共享和通信的目的。

（2）移动互联网。移动互联网是移动和互联网融合的产物，继承了移动随时、随地、随身和互联网开放、分享、互动的优势，是一个全国性的、以宽带网络协议（Internet protocol，IP）为技术核心的，可同时提供话音、传真、数据、图像、多媒体等高品质电信服务的新一代开放的电信基础网络，由运营商提供无线接入，互联网企业提供各种成熟的应用。

（3）虚拟专用网（virtual private network，VPN）。虚拟专用网是指一种建立在公众网络上的网络。该网络在安全、管理及功能等方面拥有与专用网络相同的特点，是原有专线式企业专用广域网络的替代方案。

（4）物联网。物联网是指通过信息传感器、射频识别技术、全球定位系统、红外感应器、激光扫描器等各种装置与技术，实时采集任何需要监控、连接、互动的物体或过程，采集其声、光、热、电、力学、化学、生物、位置等各种需要的信息，通过各类可能的网络接入，实现物与物、物与人的泛在连接，实现对物品和过程的智能化感知、识别和管理。物联网是一个基于互联网、传统电信网等的信息承载体，它让所有能够被独立寻址的普通物理对象形成互联互通的网络。在大数据应用中，物联网是指利用具有感知、通信与计算能力的智能物体自动获取物理世界的各种信息，将所有能够独立寻址的物理对象互联起来，实现全面感知、可靠传输、智能处理，构建人与物、物与物互联的智能信息服务系统。

2. 网络分类

按照覆盖范围，网络可分为局域网和广域网。

局域网（local area network）是结构复杂程度最低的计算机网络。局域网仅是在同一地点上经网络连在一起的一组计算机。局域网通常挨得很近，它是如今应用最广泛的一类网络。

广域网（wide area network）是影响广泛的复杂网络系统，广域网又称外网、公网，是连接不同地区局域网或城域网计算机通信的远程网，通常跨接很大的物理范围，所覆盖的范围从几十公里到几千公里，它能连接多个地区、城市和国家，或横跨几个洲并能提供远距离通信，形成国际性的远程网络。广域网并不等同于互联网。

3. 网络的特性

（1）资源共享。网络的主要功能就是资源共享。共享的资源包括软件资源、硬件资源及存储在公共数据库中的各类数据资源。网上用户能部分或全部共享这些资源，使网络中的资源能够互通有无、分工协作，从而大大提高系统资源的利用率。

（2）快速传输信息。分布在不同地区的计算机系统，可以通过网络及时、高速地传递各种信息、交换数据、发送电子邮件，使人们之间的联系更加紧密。

（3）提高系统可靠性。在网络中，计算机之间是互相协作、互相备份的关系，以及在网络中采用一些备份的设备和一些负载调度、数据容错等技术，使得当网络中的某一部分出现故障时，网络中其他部分可以自动接替其任务。因此，与单机系统相比，计算机网络具有较高的可靠性。

（4）进行分布式处理。在网络中，还可以将一个比较大的问题或任务分解为若干个子问题或任务，分散到网络中不同的计算机上进行处理计算。这种分布处理能力在进行一些重大课题的研究开发时是卓有成效的。

1.5.2 云计算

1. 云计算的定义

云计算是一种通过网络将可伸缩、弹性的共享物理和虚拟资源池以按需自服务的方式供应和管理的模式。

2. 云计算的关键特征

（1）广泛的网络接入。云计算具有可通过网络，采用标准机制访问物理和虚拟资源的特性。这里的标准机制有助于通过异构用户平台使用资源。基于这个关键特性，用户可以更方便地访问物理和虚拟资源，可以从任何网络覆盖的地方，使用各种客户端设备，包括移动电话、平板、笔记本和工作站访问资源。

（2）可度量的服务。通过对云服务的可计量的交付实现对使用量的监控、控制、汇报和计费，可优化并验证已交付的云服务。这个关键特性强调客户只需对使用的资源付费。从客户的角度看，云计算为用户带来了价值，将用户从低效率和低资产利用率的业务模式转变到高效率模式。

（3）多租户。通过对物理或虚拟资源的分配实现多个租户及他们的计算和数据彼此隔离和不可访问的特性。在典型的多租户环境下，组成租户的一组云服务用户同时也属于一个云服务客户组织。在某些情况下，尤其在公有云和社区云部署模型下，一组云服务用户由来自不同客户的用户组成。一个云服务客户组织和一个云服务提供者之间也可能存在多个不同的租赁关系。这些不同的租赁关系代表云服务客户组织内的不同小组。

（4）按需自服务。云服务客户能够按需地配置计算能力。这个关键特性强调云计算为用户降低了时间成本和操作成本，因为该特性赋予了用户无须额外的人工交互，就能够在需要的时候做需要做的事情的能力。

（5）快速的弹性和可扩展性。物理或虚拟资源能够快速、弹性，有时是自动化地供应，以达到快速增减资源目的的特性。对云服务客户来说，可供应的物理或虚拟资源无限多，可在任何时间购买任何数量的资源，购买量仅仅受服务协议的限制。这个关键特性强调云计算意味着用户无须再为资源量和容量规划担心。对客户来说，如果需要新资源，新资源就能立刻自动地获得。资源本身是无限的，资源的供应只受服务协议的限制。

（6）资源池化。将云服务提供者的物理或虚拟资源集成起来服务于一个或多个云服务客户的特性。这个关键特性强调云服务提供者既能支持多租户，又通过抽象对客户屏蔽了处理复杂性。对客户来说，他们仅仅知道服务在正常工作，但是他们通常并不知道资源是如何提供或分布的。资源池化将原本属于客户的部分工作，如维护工作，移交给了提供者。需要指出的是，即使存在一定的抽象级别，用户仍然能够在某个更高的抽象级别指定资源位置（如国家、省或数据中心）。

3. 云部署模型

云部署模型指的是根据对物理或虚拟资源的控制和共享方式组织云计算的方式，包括以下几点。

公有云是云服务可被任意云服务客户使用，且资源被云服务提供者控制的一种云部署模型。公有云可由企业、研究机构、政府组织或几者联合拥有、管理和运营。公有云在云服务提供者的场内。对特定的云服务客户来说，公有云是否可用还需考虑管辖区的法规。如果参与公有云有限制的话，也是非常少的，因此公有云的边界很宽。

私有云是云服务仅被一个云服务客户使用，且资源被该云服务客户控制的一类云部署模型。私有云可由云服务客户自身或第三方拥有、管理和运营。私有云可在云服务客户的场内或场外。云服务客户出于自身利益考虑，还可为其他参与方授权访问。私有云的客户只局限于某个组织，所以私有云的边界很窄。

混合云是至少包含两种不同的云部署模型。组成混合云的部署模式仍然是独立的实体，但是这些独立的实体通过一定技术绑定起来。这些技术能实现互操作性、数据可移植性和应用可移植性。混合云可由组织自身或第三方拥有、管理和运营。混合云可在云服务客户的场内或场外。混合云代表了以下场景：需要两种不同部署模式之间进行交互，且需要通过适当的技术联系起来。

1.5.3 信息系统

1. 信息系统的构成

信息系统（information system）是由计算机硬件、网络和通信设备、计算机软件、信息资源、信息用户和规章制度组成的以处理信息流为目的的人机一体化系统。其结构由基础设施层、资源访问层、业务逻辑层、应用交互层构成。

基础设施层：由支持信息系统运行的云服务、算力硬件、网络和系统软件组成。

数据访问层：包括各类结构化、半结构化和非结构化的数据信息，以及实现信息采集、存储、传输、存取和管理的各种数据资源管理系统。

业务逻辑层：由实现各种业务功能、流程、规则、策略、算法等应用业务的一组信息处理代码构成。

应用交互层：是通过人机交互等方式，将业务逻辑和资源紧密结合在一起，并以多媒体等丰富的形式向用户展现信息处理的结果。

2. 当前主流系统形式的介绍

Web 系统。Web 系统是一种采用 B/S 架构，可以通过 Web 访问的应用程序，其是由完成特定任务的各种 Web 组件（components）构成的，并通过 Web 将服务展示给外界。在实际应用中，一个完整的 Web 应用程序所需的最基本的组成部分包括 Web 应用程序、Web 服务器、客户端浏览器、超文本传输协议（hyper text transfer protocol，HTTP）。其运行原理是 Web 服务完成 Web 应用程序的部署，并通过 HTTP 网络协议向客户端浏览器传输 Web 应用程序的网页；客户端浏览器向用户呈现 Web 应用程序的网页并支撑用户操作，并通过 HTTP 网络协议建立起 Web 应用程序与 Web 服务器间的操作交互。常见的 Web 系统技术组件包括超文本标记语言（hypertext mark-up language，HTML）、层叠样式表(cascading style sheets，CSS)、超文本预处理器（hypertext preprocessor，PHP）、Java 服务器页面（Java server pages，JSP）等。

APP。APP 是 application 的缩写，是指安装在智能手机上的软件，为用户提供更丰富的使用体验。手机软件的运行需要有相应的手机系统，市场常用的手机系统包括苹果公司的 iOS、谷歌公司的 Android（安卓）系统等。

小程序。小程序是一种不需要下载安装即可使用的应用，它实现了应用“触手可及”的梦想，用户扫一扫或者搜一下即可打开应用。小程序框架具有很多优势，它解决了Web开发环境中单线程渲染阻塞、资源加载、安全管控等问题。从技术角度上来说，小程序提供了快速加载能力、原生应用体验、平台内的数据开放、高效简易的开发等能力。随着小程序平台的发展，第五代超文本标记语言（hypertext markup language 5，HTLM5，简称H5）通过标准化开发和代理，重新被应用在小程序平台当中，这也为大量的H5应用在之后的发展提供了解决思路。

1.5.4 数据

1. 数据的定义

数据是信息的可再解释的形式化表示，以适用于通信、解释或处理。

2. 数据的相关概念

元数据是关于数据或数据元素的数据（可能包括其数据描述），以及关于数据拥有权、存取路径、访问权和数据易变性的数据。元数据又包含核心元数据、数据字典等子概念。其中，核心元数据是元数据内容的最小子集，通常用于编制资源目录；数据字典是一种包含元数据的数据库。

数据元素是一种建立在论域对象与代表这些对象的字之间，视为一个初等单元的命名的联系。这种性质的联系由一种对象集、一个字集和一个对象和字对的关系集合，其中的对象和字取自各自的集。该对的集合表示对象集的所有元素与字集的同等数目的元素之间的一一对应。

数据库是支持一个或多个应用领域，按概念结构组织的数据集合，其概念结构描述这些数据的特征及其对应实体间的联系。

数据挖掘从大量、有时是不完全的、模糊的实际应用数据中提取出隐含在其中的、事先不为人知道的，但又是潜在有用的信息和知识的过程，又称数据库中的知识发现。数据挖掘有助于发现业务发展的趋势、揭示已知的事实、预测未知的结果。

数据仓库是一种用以支持管理决策制定过程，面向主题，涵盖不同时期的、集成而稳定的数据集合。把信息加以整理归纳，并及时提供给相关的管理决策人员，是数据仓库的根本任务。数据仓库的工作流程一般包括收集数据、过滤数据、存储数据，以及把数据应用于分析、研究等应用程序。

3. 大数据的定义

大数据是指具有体量巨大、来源多样、生成极快且多变等特征并且难以用传统数据体系结构有效处理的包含大量数据集的数据。大数据拥有四个特征：①体量（volume），构成大数据的数据集的规模；②多样性（variety），数据可能来自多个数据仓库、数据领域或多种数据类型；③速度（velocity），单位时间的数据流量；④多变性（variability），大数据其他特征，即体量、速度和多样性等特征都处于多变状态。随着发展，大数据逐渐演变为一种基于新的处理模式而产生的具有强大的决策力、洞察力及流程优化能力的多样性的、海量的且增长率高的信息资产。

1.5.5 AI

AI是研究、开发用于模拟、延伸和扩展人的智能的理论、方法、技术及应用系统的一门新的技术科学，属于是计算机科学的一个分支，它企图了解智能的实质，并生产出一种能以人类智能相似的方式做出反应的智能机器，该领域的研究包括机器人、语言识别、图像识别、自然语言处理和专家系统等。

1. AI的定义

尼尔逊教授对AI下了这样一个定义：“AI是关于知识的学科——怎样表示知识及怎样获得知识并使用知识的科学。”美国麻省理工学院的温斯顿教授认为：“AI就是研究如何使计算机去做过去只有人才能做的智能工作。”这些说法反映了AI

学科的基本思想和基本内容，即 AI 是研究人类智能活动的规律，构造具有一定智能的人工系统，研究如何让计算机去完成以往需要人的智力才能胜任的工作，也就是研究如何应用计算机的软硬件来模拟人类某些智能行为的基本理论、方法和技术。

2. AI 的特点

2017 年 7 月 21 日，国务院新闻办公室举行国务院政策例行吹风会时重点介绍了《新一代人工智能发展规划》的编制情况。科技部副部长李萌在回答记者提问时表示，经过 60 多年的演进，AI 出现了一些新特点，它呈现出深度学习、跨界融合、人机协同、群智开放和自主智能的新特点。新一代的 AI 主要是大数据基础上的 AI。

AI 具有以下五个特点：一是从人工知识表达到大数据驱动的知识学习技术；二是从分类型处理的多媒体数据转向跨媒体的认知、学习、推理，这里讲的“媒体”不是新闻媒体，而是界面或者环境；三是从追求智能机器到高水平的人机、脑机相互协同和融合；四是从聚焦个体智能到基于互联网和大数据的群体智能，它可以把很多人的智能集聚融合起来变成群体智能；五是从拟人化的机器人转向更加广阔的智能自主系统，如智能工厂、智能无人机系统等。

国际普遍认为 AI 有三类：弱 AI、强 AI 还有超级 AI。弱 AI 就是利用现有智能化技术，来改善我们经济社会发展所需要的一些技术条件和发展功能；强 AI 阶段非常接近于人的智能，这需要脑科学的突破，国际上普遍认为这个阶段要到 2050 年前后才能实现；超级 AI 是脑科学和类脑智能有极大发展后，AI 就成为一个超强的智能系统。从技术发展看，从脑科学突破角度发展 AI，现在还有局限性。《新一代人工智能发展规划》中的新一代 AI，是建立在大数据基础上的，受脑科学启发的类脑智能机理综合起来的理论、技术、方法形成的智能系统。

跟以往相比，新一代 AI 不但以更高水平接近人的智能形态存在，而且以提高人的智力能力为主要目标来融入人们的日常生活。比如，跨媒体智能、大数据智能、自主智能系统等。在越来越多的一些专门领域，AI 的博弈、识别、控制、预测甚至超过人脑的能力，如人脸识别技术。新一代 AI 技术正在引发链式突破，推动经济社会从数字化、网络化向智能化加速跃进。

1.5.6 网络安全

网络安全（cyber security）是指网络系统的硬件、软件及其系统中的数据受到保护，不因偶然的或者恶意的原因而遭受到破坏、更改、泄露，系统连续可靠正常地运行，网络服务不中断。

1. 网络安全的特征

安全的五个属性包括保密性、完整性、可用性、可控性和不可抵赖性。

保密性是指使信息不泄露给未授权的个人、实体或过程或不使信息为其所利用的特性。这些信息不仅包括国家机密，也包括企业和社会团体的商业机密和工作机密，还包括个人信息。人们在应用网络时很自然地要求网络能提供保密性服务，而被保密的信息既包括在网络中传输的信息，也包括存储在计算机系统中的信息。

完整性是表明没有遭受以未授权方式导致更改或破坏的性质，即信息在存储或传输过程中保持不被修改、不被破坏和丢失的特性。数据的完整性是指保证计算机系统上的数据和信息处于一种完整和未受损害的状态，这就是说数据不会因为有意或无意的事件而被改变或丢失。除了数据本身不能被破坏外，数据的完整性还要求数据的来源具有正确性和可信性，也就是说需要首先验证数据是真实可信的，然后再验证数据是否被破坏。影响数据完整性的主要因素是人为的蓄意破坏，也包括设备的故障和自然灾害等因素对数据造成的破坏。

可用性是指根据授权实体的要求可访问和利用的特性。简单地说，就是保证信息在需要时能为授权者所用，防止由于主客观因素造成的系统拒绝服务。例如，网络环境下的拒绝服务、破坏网络和有关系统的正常运行等都属于对可用性的攻击。

可控性是人们对信息的传播路径、范围及其内容所具有的控制能力，即不允许不良内容通过公共网络进行传输，使信息在合法用户的有效掌控之中。

不可抵赖性是证明某一动作或事件已经发生，以使事后不能抵赖这一动作或事件的能力，即所有参与者都不能否认和抵赖曾经完成的操作和承诺。简单地说，就是发送信息方不能否认发送过信息，信息的接收方不能否认接收过信息。利用信息源证据可以防止发信方否认已发送过信息，利用接收证据可以防止接收方事后否认已经接收到信息。数据签名技术是解决不可否认性的重要手段之一。

2. 网络安全相关术语

数字证书是一种符合用于网络空间的身份证明的电子文件。数字证书持有者有两个密钥（数字串）：一是私钥，仅由持有者拥有，用于签署发出的消息和解密送来的消息；二是公钥，由任何人使用，用于加密发送到特定用户的数据。

数字认证是为确保信息的安全并实现可信任的事务处理，通过使用数字证书建立起来的一套严密的身份认证机制。数字认证技术可有效地解决敏感数据被窃取、删除或篡改，机密信息被公开，非法访问，用户身份被冒充，抵赖等问题。

证书认证机构（Certification Authority，CA）是负责创建和分配证书，受用户信任的权威机构。用户可以选择该机构为其创建密钥。

访问控制。一种确保资源只能由得到授权的实体以所授权方式使用的手段。

入侵检测系统（intrusion detection systems，IDS）是在信息技术系统和网络中，一种用于辨识某一已经尝试、正在发生或已经发生的入侵行为，并可能对其做出响应的技术系统。

安全审计是对系统的记录与活动的一种独立评审考查，其目的在于检验系统控制的适当性，确保符合既定的安全策略与操作规程，检测安全上的违规事件，并在控制、安全策略、规程三个方面，对有必要的改变提出建议。

1.6 小结

随着新一代信息技术的快速发展，数字政府成为提升政府治理体系和治理能力现代化水平发展过程中的必然产物，其注重政府信息公开透明和谋求数据共享红利，着力打造创新型政府服务模式，是满足人民日益增长的美好生活需要、应对瞬息万变的国际局势、承受突如其来的风险考验的重要基础。国外发达国家将建设数字政府作为本国发展的重大战略，期望以此抢占国际先机。我国提出加快建设数字中国，运用大数据提升国家治理现代化水平，全国各地正积极探索数字政府建设模式。但由于电子政务发展水平不一、建设规划统筹性差等问题客观存在，加之数字政府发展理念的各不统一，数字政府建设之路任重而道远。

第 2 章 一核驱动、五个管用、多维创新

CHAPTER 2

推动数字政府建设的关键在于利用大数据和 AI 等新一代信息技术，使政府具备从知识认知到智慧处理的能力，进而衍生出服务社会发展、提升政府治理能力的智能化应用，实现从全面认知到整体智治。本章阐述了从全面认知到整体智治的理论基础、顶层设计和实施路径，并以广西数字政府建设为实践探索，将“从全面认知到整体智治”这一理念贯穿到数字政府的实际建设中，由此提出了“一核驱动、五个管用、多维创新”的数字政府发展模式。

2.1 认知与智治

2.1.1 什么是认知

认知是指人们获得知识或应用知识的过程，这是人的最基本的心理过程。它包括感觉、知觉、记忆、思维、想象和语言等。人脑接受外界输入的信息，经过大脑的加工处理，转换成内在的心理活动，进而支配人的行为，这个过程就是信息加工的过程，也就是认知过程。①

本书中所说的“认知”，特指政府对现实社会运转运行的感知、理解、认识、总结的过程，是政府基于政务数据中蕴含的海量信息，运用大数据、AI、区块链等技术手段对信息进行加工，提炼出有效知识的过程。政府的认知能力与政务数据的规模、质量及智能处理技术息息相关，正如人通过视觉、听觉、味觉、嗅觉、触觉等感官能力实现对现实社会的认知，政府也是通过四通八达的“感官系统”完成对现实社会的认知的，如通过气象卫星进行天气预报与卫星通信；通过商场和街道遍布的视频监控进行实时监控；通过税收、财政、土地、水利、人口、公安等部门的政务数据了解社会运行状态等。

随着科学技术的飞速发展和智能设备的广泛应用，我们每个人已经成为可生产、携带、共享数据的“强信息人”，并作为一个个移动的数字化要素，共同组成

① 彭聃龄．普通心理学[M]．北京：北京师范大学出版社，2010.

了巨大、复杂的数字社会系统，成为政府实现认知过程的重要触点。与之相伴的，政府对世界的认知也逐渐从个体认知、单一领域认知，慢慢衍生为宏观的整体认知。在这个数字化支撑的庞大认知系统中，每个参与者充分发挥个体的积极性、主动性和创造性，不断将更多种类、更多方面、更多领域的数据进行有效融合，加速提炼成为信息和知识，在系统整体知识储备的基础上，更进一步加深政府对现实社会的全面认知。

2.1.2 什么是智治

智能推荐给人们的生活带来了极大的便利，如我们在淘宝、京东、拼多多等电商平台上购物，会自动收到可能感兴趣的商品推荐；又如我们在微博、知乎、今日头条等资讯平台浏览文章信息，系统会自动推荐你可能感兴趣的相关话题。智能推荐系统是 AI 技术在日常生活中的具体应用，其本质是应用大数据和 AI 技术，对人们日常生活中产生的数据进行智能计算与推演，达到从已知推测未知、从已有推断所需、从特性推演共性的效果，其核心在于对已知数据进行深度挖掘。而当大数据与 AI 等先进技术与政府治理相融合，就产生了“智治”这一概念。

智治即智能治理，是政府治理体系现代化的内在要求，也是政府职能健全发展的目标。智治既是目标，也是方法。过去碎片化、分割式的政府服务和组织方式，已不能满足现阶段国家和民众对政府服务的需求，政府迫切需要建立起统一、整体的政府形态，以此来提供数字化、一体化、智能化的优质服务。政府智治是智能决策、智能办公、智能服务、智能监管等智能应用的有效结合，是大数据与 AI 技术在政府治理领域的深入发展，是政府将数字技术广泛运用于提升政府的治理能力和治理水平。政府智治包含三个关键要素，一是政府的数字化转型，即广泛应用数字技术推动政府公共治理活动向电子化、数字化方向发展，依托政府掌握的数据基础进行科学分析，实现有效治理；二是政府治理的整体化实践，推动政府内部的流程整合，扩大政府与社会其他主体的接触面，实现政府作为一个整体回应公共治理需求的目标；三是对民众需求的精准化、高效化回应，推动公共治理行为及时、准确地回应公共治理需求，如图 2-1 所示。

综合而言，智治通过应用智能技术，可以帮助政府切实掌握社会需求，全面了解民众的诉求，减少治理供给与治理需求之间的信息不对称，不断提升政府治理的精准度和效率，提高民众对政府的满意度，促进政务服务流程优化升级，真正建成服务型数字政府。

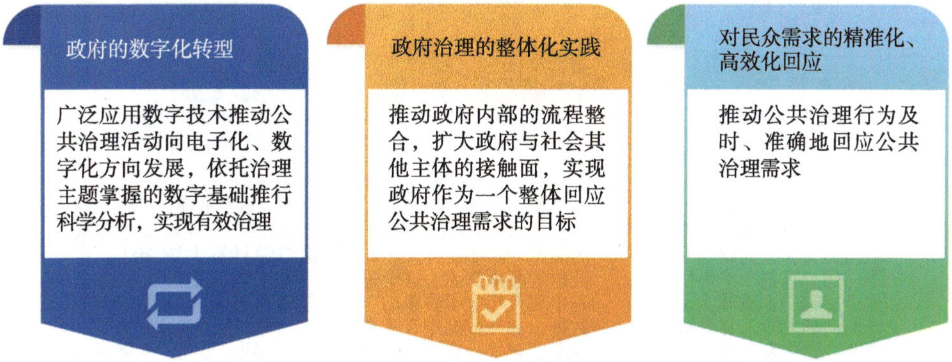

图 2-1　智治三个关键要素

2.2　从全面认知到整体智治

2.2.1　从全面认知到整体智治的理论基础

认知是智治的基础准备，智治是认知的终极目标，而从全面认知到整体智治却需要一个漫长的过程。以人类来说，婴儿呱呱坠地是人类对世界认知的起点，初期父母不断向婴儿说话，试图和婴儿进行沟通交流，直到婴儿喊出第一句“爸爸”“妈妈”。这个过程的本质其实是父母不断向婴儿输入有效数据，婴儿在脑力发育的支持下，学会存储和调度这些数据，逐渐理解眼前看到的人像、耳朵听到的声音，识别自己的父母并运用嘴巴发出声音，这个时期的婴儿完成了从 0 到 1 的飞跃，但还不是智慧的。接下来，婴儿会进入高速的学习期，学会使用身体的更多器官，模仿大人的语言动作和行为模式，并随着时间的推移、身体的不断发育，逐步开始学习数学、语文、英语等各项知识。这个过程中婴儿接收了更多的数据，并在数据中有选择地形成记忆，有了自己的思维方式，这个时期的人类懂得“1+1=2”，但还并不是智慧的。对于人类的成长来说，接收数据输入的认知过程是从未间断的，直到有一天人类不甘于模仿、重复，开始了自发推理，不仅了解“1+1=2”，还可以根据乘法口诀计算大数乘法，在面对未知问题时可以有条理地通过阅读书籍、上网查询等途径主动获取知识、解决问题。至此，人类成为具有智慧的生命体，见图 2-2。

在人类从全面认知到整体智治的这整个过程中，有三个核心要素：一是人类生理意义上的身体构造，包括眼、耳、口、鼻、四肢、大脑等千万年来进化的产物，是智慧生命体的物理支撑；二是前人留下的不断进步和提炼的学习方法、模型、工具，是智能生命体进行推理、演绎的理论支撑；三是人类成长需要源源不断接收有效数据，从最初的被动接收，逐步发展为主动学习，并具备辨别真伪、

婴儿呱呱坠地是人类对世界认知的起点，初期父母不断向婴儿说话，试图和婴儿进行沟通交流，直到婴儿喊出第一句“爸爸”“妈妈”。这个过程的本质其实是父母不断向婴儿输入有效数据，婴儿在脑力发育的支持下，学会存储和调度这些数据，逐渐理解眼前看到的人像、耳朵听到的声音，识别自己的父母并运用嘴巴发出声音，这个时期的婴儿完成了从0到1的飞跃

婴儿会进入高速的学习期，学会使用身体的更多器官，模仿大人的语言动作和行为模式，学习数学、语文、英语等各项知识。这个过程中婴儿接收了更多的数据，并在数据中有选择地形成记忆，有了自己的思维方式，这个时期的人类懂得“1+1=2”，但还并不是智慧的

人类不甘于模仿、重复，开始了自发推理，不仅了解“1+1=2”，还可以根据乘法口诀计算大数乘法，在面对未知问题时可以有条理地通过阅读书籍、上网查询等途径主动获取知识、解决问题。至此，人类成为智慧的生命体

图 2-2　从全面认知到整体智治的演变过程

区分好坏的意识和能力。

由此推知，实现政府治理从全面认知到整体智治，也需要三个核心要素：一是以先进科技构建政府智治所需的软硬件环境，搭建政府智治的总体框架；二是以算法、算力资源，智慧应用等构建成政府的学习和认知能力；三是以政务数据作为原料长期进行“喂养”，持续推动政府对社会的认知。现阶段，用于完成政府认知过程的软硬件配置和算法、算力研究日臻完善，实现智治的问题聚焦于如何获取海量的、高质量的、有价值的政务数据，也就是说，数据的获取是推动政府治理从全面认知到整体智治的关键要素。

在理清数据与认知、智治的关系后，我们还必须思考另一个问题：谁来扮演父母的角色？每一个婴儿由父母孕育，由父母引导培养，最终长成一个智慧的生命体。要实现整体智治，创造有智慧的政府，也必须有这样一个载体，总体牵引政府智慧能力的构建和优化。这个载体不仅要能调动巨大的软、硬件资源，提供构建政府智慧能力的基础设施，还要能提供构建政府智慧能力所需的最先进的学习与认知的核心算法，最重要的是必须具备提供海量数据的能力。因此，能够担任创造和训练智慧能力的“载体”这一角色的只有政府，且必须是具备数字化思维和能力的现代化数字政府。

在以政务数据为要素、数字政府为载体来实现政府治理从全面认知到整体智治的整体架构中，下层是以规范数据结构、打通数据通道、实现数据有序组织为手段的政务数据治理工作；中层在数字政府建设和支持下，以大数据和 AI 技术运用数据原料实现政府的认知训练过程；上层是以智能决策、智能办公、智能监管、智能应用为治理手段的政府智治应用。以数据治理推动政府认知，以认知过程构建政府的智能治理体系，将是未来一段时期指导我国数字政府建设的主流思想，见图 2-3。

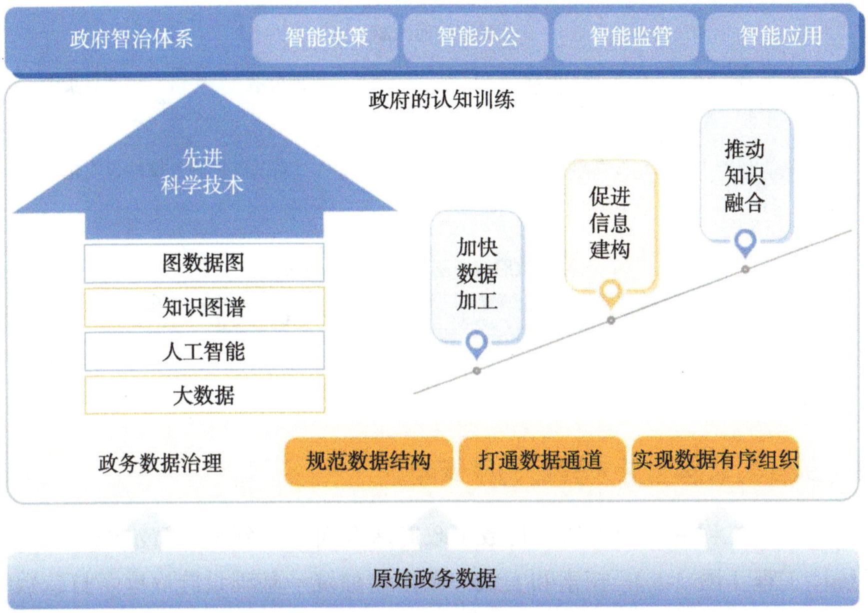

图 2-3 政府治理从全面认知到整体智治

2.2.2 从全面认知到整体智治的顶层设计

推动政府治理从全面认知到整体智治既是政府数字化的建设目标，也是实现政府治理体系和治理能力现代化的必经之路。

首先，实现政府智治需要从构建统一的基础设施支撑体系入手，通过推动云网基础设施、数据治理能力、安全保障措施的整合和统筹，打造数字政府统一基础设施支撑体系，支撑各行业各领域上层政务应用。

其次，依托统一基础设施底座构建“数字政府大脑”，将分散在各地各部门的数字政府基础设施资源和数据进行“物理分散、逻辑集中”的智能化调度，通过从数据到信息再到知识的转化提炼，满足各类上层政务应用的需求，实现数字政府统一基础设施支撑体系与上层开放应用生态圈的无缝衔接。

最后，将数字政府统一基础设施支撑体系的资源和能力有序开放给各级政府、市场主体及高校研究院等，围绕不同的业务场景进行创新创造，形成百花齐放的信息化建设新局面，推动经济社会的高质量发展，实现政府治理和经济社会发展的高质量数字化转型，见图 2-4。

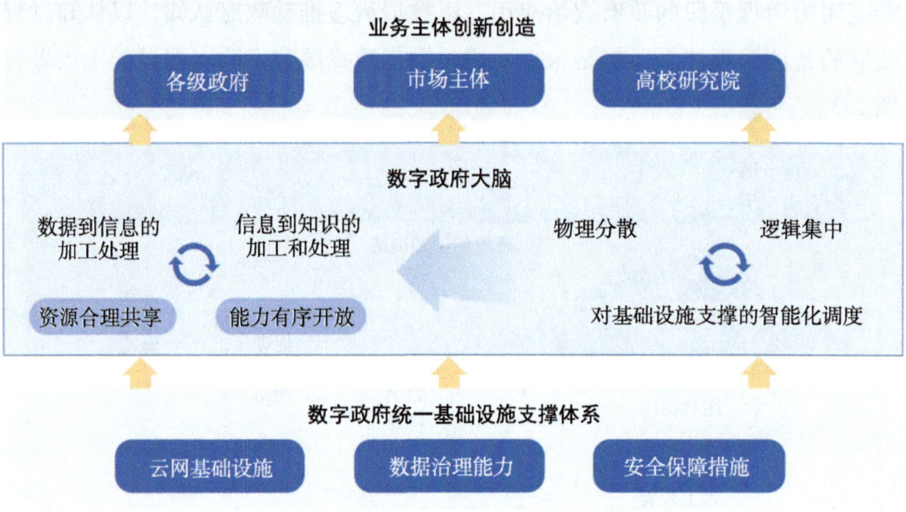

图 2-4　从全面认知到整体智治的顶层设计示意图

2.2.3　从全面认知到整体智治的实施路径

根据系统工程的组织方法，将数字政府从全面认知到整体智治的建设作为一项系统性工程（图 2-5），探索和实践一条由构建统一基础设施底座、打造数字政府大脑核心、提高政府治理能力现代化水平、推进全域多维应用创新等组成的整体性的实施路径（图 2-6）。

图 2-5　广西壮族自治区大数据发展局代表陈杰浩在“华为智慧政务峰会 2020”上作经验分享

图 2-6　从全面认知到整体智治的实施路径

1. 构建统一基础设施底座

推动数字政府智治的首要任务是构建数字政府的统一基础设施底座，即对数字政府的云、网、数据、安全、运维等基础设施资源进行整合集约和统筹治理，推动基础设施资源的跨层级、跨部门共享，强化政府对基础设施资源的统筹调度能力，最大程度提升基础设施的使用效率。

同时，结合数字政府的“大平台、大系统、大数据”的建设模式，围绕“规划标准、政务云网、数据智能、工具应用、开放生态、安全运维”等重点领域打造数字政府“六大”新型基础设施，夯实数字政府建设的共性基础支撑。

2. 打造数字政府大脑核心

数字政府大脑是实现政府智治必不可少的核心组成部件。与人类通过大脑对人体感官系统的感应进行处理、加工、存储、反馈等过程类似，数字政府大脑基于数字政府基础设施底座的资源，建设用于感知、处理、反馈整个社会信息的计算能力。

数字政府大脑利用政务数据进行反复的科学训练，不断促进知识的构建形成，丰富大脑的知识储备，相当于人对现实社会的感知、学习，对信息的处理，对知识的存储等过程。随着对数字政府大脑反复科学的训练，不断促进大脑的优化完善、推算演变，使其具备从知识认知到智慧处理的能力，相当于人对现实社会的认知到了一定的程度后，能够自主地处理各类事务。最后，将数字政府大脑的能力进行分工归类并对外提供服务，促进智能化应用的衍生发展，从而构建以智能决策为核心的智能治理体系，实现数字政府智治。

3. 提高政府治理能力现代化水平

实现数字政府智治的方向在于提高政府治理能力现代化水平，确保政府治理手段的合理与有效，促进政府部门间的工作协同，实现政府治理体系和治理能力现代化，不断满足人民群众的实际需求。首先是提升政府的治理水平，大数据时代下，政府的建设需要依托大数据、AI 等多种先进信息技术，对政府的管理流程、管理方式进行优化完善，对政府管理工具进行升级迭代，确保政府的有效治理；

其次是促进部门间的工作协同，数字政府的建设必须是多部门之间协同工作，形成统一合力推动建设工作；最后是围绕政务服务、政府网站、政府服务热线、执法监管和移动政务等关键领域，充分利用数字政府基础设施底座和数字政府大脑的资源及能力，持续优化和提升数字政府的公共服务能力，不断提高政府治理体系和治理能力现代化水平，打造以人民为中心的数字政府。

4. 推进全域多维应用创新

创新是推动数字政府智治可持续发展的必要动力，要推动各级政府部门利用数字政府基础设施底座和数字政府大脑的资源及能力，以行业需求为切入点，推动业务流程、服务模式等的多维创新，从各个业务场景上解决传统政府信息化服务和产品难以满足群众需求的问题，形成创新引领、百花齐放的政府信息化建设新局面。

2.3 数字政府建设的总体架构

2.3.1 一核驱动、五个管用、多维创新

广西数字政府建设遵循从全面认知到整体智治的建设理念，以满足各类群体的刚需应用和解决痛点问题为导向，基于“一云承载、一网通达、一池共享、一事通办、一体安全”的“五个一”数据治理模式所取得的成果，打造“规划标准、政务云网、数据智能、工具应用、开放生态、安全运维”六大数字政府新型基础设施，以人民为中心，推动全局服务应用整合汇聚，构建“一网通办、一网通查、一号响应、一网通管、一机应用”的“五个管用”核心应用体系，推动数字政府在“*N* 个领域”的多维创新，促进政府治理、社会发展和营商环境的全面提升，见图 2-7。

2.3.2 构建“一核驱动”的应用支撑体系

广西“一核驱动”的支撑体系是基于“五个一”政务数据治理的工作成果，创新创造涵盖“规划标准、政务云网、数据智能、工具应用、开放生态、安全运维”的六大新型基础设施，形成数字政府建设的统一基础设施底座，加之数字政府大脑对知识加工、智慧处理等能力的支撑，形成面向全局的广西数字政府“5+6+1”创新应用生态支撑体系，为广西全区各级数字政府提供统一的规划、数据与应用等支撑，见图 2-8。

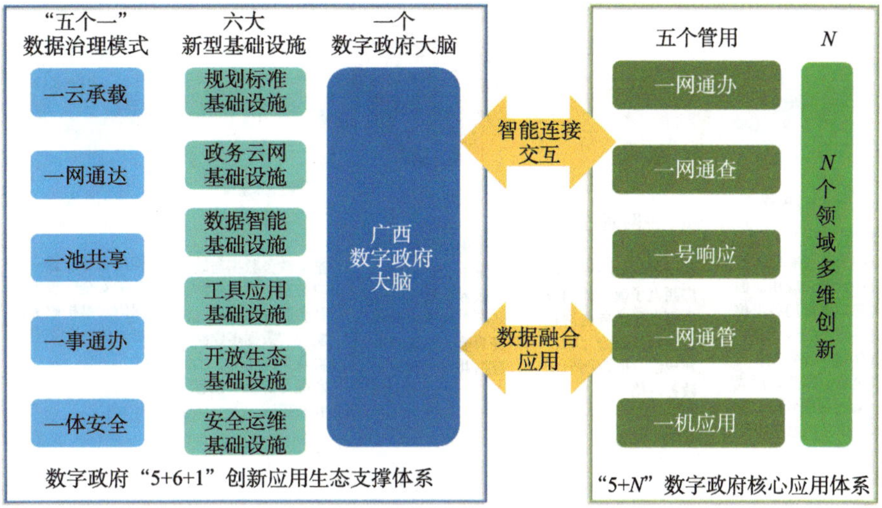

图 2-7　广西数字政府"5+6+1+5+N"发展新模式

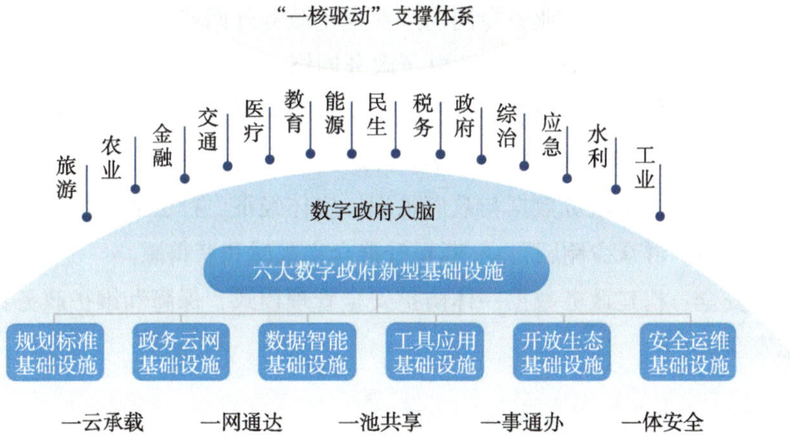

图 2-8　"一核驱动"支撑体系示意图

1. 构建"五个一"政务数据治理模式

广西以构建"一云承载、一网通达、一池共享、一事通办、一体安全"的"五个一"的政务数据治理新模式为目标，对数字政府建设实施云、网、系统、数据、应用一揽子建设规划，力争实现资源集约化调度、破除数据壁垒、打通系统连接、保障信息安全、发挥数据红利，为数字政府建设打下扎实的基础，见图 2-9。

广西"五个一"政务数据治理模式的具体目标为以下几点。

一云承载：建设壮美广西 · 政务云，承载全区所有非涉密政务数据和应用。

图 2-9 “五个一”政务数据治理模式

面向各地各部门各单位提供统一的云计算、云存储、云管控、云安全等云服务，形成一朵“物理分散、逻辑集中”的壮美广西·政务云。

一网通达：推动各类业务专网向广西电子政务外网或广西电子政务内网整合迁移或融合互联，建成统一的广西电子政务网络。

一池共享：构建物理分散、逻辑集中、资源共享的政务大数据资源体系，构筑大数据资源池，实现政务数据共享、开放。

一事通办：推动政务数据与政府治理、实体经济、社会服务深度融合，实现“数据多跑路、群众少跑腿”，不断提升群众幸福感和获得感。

一体安全：构建政务数据一体防护安全管理模式，保障和维护政务数据总体和动态安全。

2. 推动“六大”新型基础设施建设

“六大”新型基础设施的构建是以共享集约建设为基础，推动共性基础设施平台统筹规划，避免重复建设；以整合共享为支撑，整合优化现有公共基础支撑资源；以标准开放为核心，制定统一规范标准体系，指导数字政府重大工程建设及运营工作。“六大”新型基础设施涵盖了“规划标准、政务云网、数据智能、工具应用、开放生态、安全运维”等数字政府核心领域，形成了统一服务能力的支撑底座，为数字政府建设提供了智能化支撑，见图 2-10。

1）规划标准基础设施

规划标准基础设施是指导整个数字政府建设及运营的规范体系。通过构建完善的技术标准规范、数据标准规范、生态圈开放标准规范等体系，为数字政府的

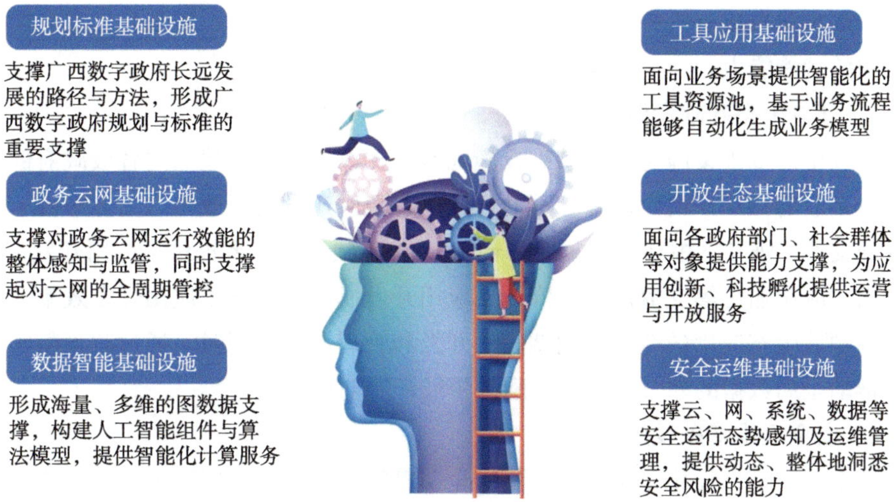

图 2-10　“六大”新型基础设施

专业名称、行业标准等给出明确的界定，并使用数字政府标准资源库对规划标准文件进行统一管理。统一的规划标准文件制定后，需要持续不断地开展标准的贯标和推广工作，对规划标准基础设施内容进行科普宣传，提升标准的应用率，为数字政府的长远发展提供规范基础和参照标准。

2）政务云网基础设施

政务云网基础设施是围绕“一张网、一朵云”的建设目标，依托广西所建设的多云共治平台、电子政务外网一体化运维管理系统等，形成对全区政务云网的管理与监控能力。同时加强对政务云网基础设施的精细化运营能力建设，逐步完善云资源灾备服务体系，强化云网资源的高可用性，为全区数字政府建设提供充足可靠的云网资源保障。

3）数据智能基础设施

数据智能基础设施是依托数字政府图数据库的数据和数字政府大脑知识认知服务能力，基于知识图谱、图数据库、AI、智能计算等技术建设的智能算法库、智能模型库，构建起对各类数据应用场景的支撑服务，并持续以创新应用为驱动，不断优化完善数字政府图数据库，为数字政府建设提供知识及认知服务，实现政府便民利企及管理效能的有效提升。

4）工具应用基础设施

工具应用基础设施的建设在于统筹整合全区基础支撑平台的服务能力，形成统一身份认证、统一电子证照、统一电子印章、智能表单、智能接口、动态模型等工具资源池，打造强大的自治区级共性能力支撑平台，将分散的、孤立的基础能力，逐步演进成有机的、整体的、统一的共性能力平台，不断强化工具应用基础设施的赋能能力。

5）开放生态基础设施

开放生态基础设施是依托基础设施底座的支撑能力，构建面向各级政府部门和所有企业的移动开放生态圈。移动开放生态圈所建设的开放生态支撑平台（包括管理支撑、研发支撑和服务集成平台等），为各领域开发者提供了应用开发、应用接入、应用输出等支撑能力，降低了应用开发成本，提升了应用开发效率，满足了各领域生态应用的全生命周期应用开发和管理需求。同时，通过政策鼓励方式，推动全局数据的融合应用，鼓励各领域开展创新创造。

6）安全运维基础设施

安全运维基础设施是基于"一体安全"管控中心及"云网边端"纵深防护体系、零信任无边界网络访问体系、应用和数据安全体系的"三体系"建设的数字政府安全及运维保障设施，以实现对云、网、系统、数据的全生命周期安全态势感知，为全区数字政府建设提供动态、精准的风险感知和安全防护能力。同时，建设数字政府重大工程的运维专区，为自治区数字政府重大工程（即"一网通办、一网通查、一号响应、一网通管、一机应用"等全区性平台）提供 7×24 小时的技术支撑和运维保障服务，不断加强一体运维保障能力的稳定支撑。

3. 建设"一个"数字政府大脑

为推动政府治理从全面认知到整体智治，谋划和设计了以全域感知体系（"感官系统"）、大脑神经主干（"核心处理器"）、大脑知识能力服务平台（"能力开放"）为核心的数字政府大脑总体架构，以期构建能感知、会思考、可进化、能开放的数字政府大脑，见图 2-11。

全域感知体系：全域感知体系是数字政府大脑建设的前提，全域感知体系通过对云、网、安全、政务资产、数据调度状态、数据应用情况、物联数据、互联网数据等多个维度的数据感知和迭代治理，将数字政府大脑所需的数据进行标准化治理后存入全域感知资源库，提供给数字政府大脑进行数据运算和处理，实现数字政府大脑能感知的建设目标。

大脑神经主干：大脑神经主干是大脑思考分析的核心，大脑神经主干能够基于各类知识融合支撑组件能力，进行相应的知识图谱构建和知识治理等工作，构建数字政府大脑的基础认知能力。在此基础上，大脑神经主干能够利用大脑智能计算平台的图挖掘计算、知识推理计算、智能服务计算等能力，对知识图谱进行持续修复和更新，不断补充和完善各类知识图谱，从而构建数字政府大脑的全面

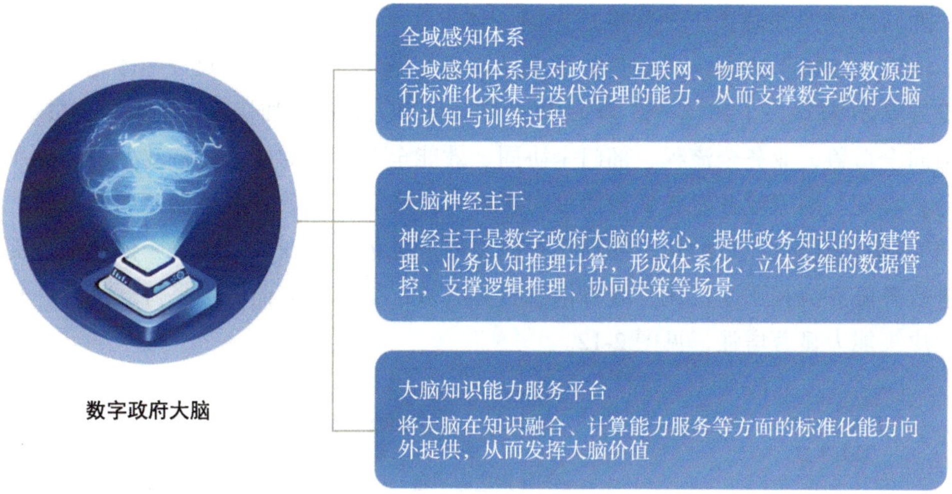

图 2-11　数字政府大脑建设内容

认知能力，实现数字政府大脑会思考、可进化的发展目标。

大脑知识能力服务平台：大脑知识能力服务平台是大脑能力对外开放的基础，大脑知识能力服务平台能够将大脑的各项资源和能力进行标准化封装，并通过统一门户对外共享大脑的知识和计算能力，为各行业各领域提供智能化支撑，推动构建数字政府开放生态圈，实现数字政府大脑能力开放共享的服务目标。

2.3.3　构建“五个管用”的核心应用体系

借鉴开放思维、平台思维、生态思维等互联网思维，围绕“政府搭平台，市场来建设”的思路，广西在探索数字政府建设之路上提出了构建“五个管用”重大数字政府应用体系这一创新性做法，旨在依托“五个管用”平台，引导和支持全区各单位探索构建数字政府应用生态体系，推动数字政府全域应用多维创新，加快推动政府治理体系和治理能力现代化建设。

“五个管用”重大数字政府应用体系即依托“一核驱动”支撑体系，以人民为中心，推动全局服务应用整合汇聚，强化一体平台支撑，确保群众“一网通办”的渠道管用；完善集约化平台建设，确保群众“一网通查”的通道管用；强化“12345”热线支撑，确保群众“一号响应”的桥梁管用；强化“互联网+监管”支撑，确保政府“一网通管”的手段管用；推动移动政务建设，确保全区“一机应用”的服务管用。

1. 强化一体化平台支撑，确保群众“一网通办”的渠道管用

要确保群众“一网通办”的渠道管用，必须建立起统一的政务服务应用体系。

广西落实《国务院关于加快推进全国一体化在线政务服务平台建设的指导意见》（国发〔2018〕27号）等文件的要求，印发实施了《广西数字政务一体化平台建设方案》(桂政发〔2018〕53号)，以办好一件事为标准，加快建设“纵向全贯通、横向全覆盖、业务全流程、部门全协同、效能全监管”的广西数字政务一体化平台，实现与国家政务服务平台深度对接融合，推动广西政务服务加速向数字化、网络化、智能化、自助化、移动化方向发展。并依托广西数字政务一体化平台促进政务服务流程不断优化，政务信息资源有效汇聚，政府监管水平持续提升，辅助决策能力显著增强，见图2-12。

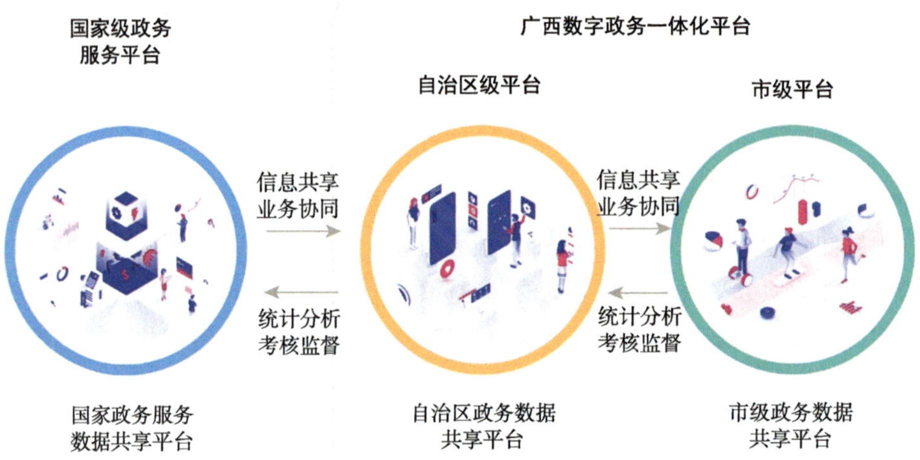

图2-12 广西数字政务一体化平台总体层级体系图

广西数字政务一体化平台层级体系由自治区级平台、市级平台组成。其中，自治区级平台是广西数字政务一体化平台的总枢纽，对上联通国家级政务服务平台，对下联通市级平台，实现了政务信息资源共享和业务协同。各市自建的市级平台遵循广西数字政务一体化平台总体架构进行建设，提供给市、县及县级以下的各个单位统一使用，市级平台通过与自治区级平台的互联互通，实现了跨地区、跨部门、跨层级的业务办理。

在建设内容层面，广西数字政务一体化平台主要包括政务服务门户、政务管理平台、业务办理系统、统一应用支撑和政务数据资源支撑体系五个部分。其中，政务服务门户是政务服务实施机构为自然人、法人和其他社会组织提供互联网和实体大厅政务服务的统一入口；政务管理平台是支撑政务服务部门开展政务服务事项管理、运行管理、监督考核等工作的平台；业务办理系统是支撑政务服务部门办理政务服务事项的应用系统，用来实现政务服务事项网上办理、全程记录、全程留痕、审批结果电子化及审批档案数字化；统一应用支撑包括统一身份认证、统一电子印章、统一电子证照等公共支撑能力，为全区政务服务业务系统提供统一的基础支撑；政务数据资源支撑体系由政务数据共享平台、基础资源信息库、主题信息库、业务信息库、决策分析信息库和政务数据开放系统等组成，为政务数据的互联互通和多源异构数据共享交换提供基础数据支撑。

2. 完善集约化平台建设，确保群众“一网通查”的通道管用

政府网站作为各级政府公开机构信息、发布政策支撑文件及宣传国内重大新闻的“网上门面”，既是政府服务水平的体现，也是政府管理的重要组成部分。党中央、国务院高度重视全国网络安全和信息化工作，2018 年印发了《政府网站集约化试点工作方案》（国办函〔2018〕71 号），以推进政府网站互联互通融合发展为目标，确定北京、广东、广西等 10 个省（自治区、直辖市）作为政府网站集约化建设试点地区。为确保群众“一网通查”的通道管用，广西积极贯彻落实党中央、国务院的工作部署，以试点工作为契机，按照国家制定的政府网站集约化建设的统一标准体系、统一技术平台、统一安全防护、统一运维监管的要求，推进数据融通、服务融通、应用融通。

（1）形成统一的标准规范。广西按照“标准先行”的原则，印发了《政府网站集约化平台建设标准》，明确了平台的建设规范、建设标准等内容，涵盖了身份认证、权限控制、公共服务及安全审计等各模块内容，确保了各项工作的有序开展。

（2）建设统一的集约化平台。广西政府网站集约化平台的建设采用区级统建模式，提供了站点管理、栏目管理、资源管理、权限管理；内容发布、互动交流；站内搜索、投诉举报、评价监督；运维监控、统计分析、安全防护等功能服务。

（3）构建统一的信息资源库。通过建设分类科学、集中规范、共享的全平台统一信息资源库，汇聚沉淀各级政府网站信息发布、便民办事、互动交流等栏目的信息数据，按照“先入库，后使用”原则，进行统一管理。同时，从用户需求出发，不断完善信息资源库，推动跨网站、跨系统、跨层级的资源相互调用和信息共享互认。

（4）建立统一的安全保障体系。严格落实网络安全法和关键信息基础设施安全保护有关要求，加强网络安全等级保护工作。一是充分利用各类安全设备，对可能攻击、侵入和破坏集约化平台的行为采取防范措施；二是将 IPv6（互联网协议第 6 版）改造与政府网站集约化工作一并部署、同步推进；三是建立应用级和数据级的安全保障体系；四是提供统一的入口，以集中的用户认证和权限控制避免数据信息遗失或被篡改；五是建立安全监测预警机制，实时监测集约化平台及平台上的政府网站运行状态；六是建设统一运维管理体系，保障集约化平台长期

稳定安全地运行。

3. 强化“12345”热线支撑，确保群众“一号响应”的桥梁管用

为确保群众“一号响应”的桥梁管用，需建立起统一的投诉、监督、举报的政务服务热线体系。广西积极落实简政放权、深化“放管服”改革等工作部署，改革职能部门对公众诉求事项自我受理、自我办理、自我监督、自我评价的传统模式，通过“12345”政府服务热线平台，推动各类热线整合归并，拓展热线创新应用，建立了以统一接收、按责转办、限时办结、统一督办、评价反馈为业务闭环流程的数字政府“一号响应”体系，打造广西数字政府总客服。

（1）建设“12345”政府服务热线平台。通过建设集咨询、投诉、求助、建议、举报等功能于一体的“12345”政府服务热线平台，构建电话、网站、微信、移动客户端等多媒体联动渠道，实现平台、服务的多元接入、实时对接、互联互通和协同办理，全面强化政府与群众间的互通、互信和互动。

（2）推动各类热线整合归并。按照“应合必合、应接必接”的原则，以“大热线对接、小热线融合、无热线联通、紧急类热线联动、网络渠道通办”等方式整合各类公共服务热线渠道，实现“一号响应”。

（3）拓展热线创新应用。通过推进“12345”政府服务热线与政务服务、综合治理、交通出行、城市管理等领域的融合，全面提升“12345”政府服务热线在各类政府事项查询、办理等方面的能力。

4. 强化“互联网+监管”支撑，确保政府“一网通管”的手段管用

“互联网+监管”依托新一代信息技术，实现互联网和监管业务的充分融合，建立起广西统一的“互联网+监管”支撑体系，构建集约、高效、透明的政府治理和运行模式。根据“互联网+监管”的总体建设要求，广西提出了自治区级“互联网+监管”系统建设的四个目标。

（1）建立“互联网+监管”标准体系。通过建立“互联网+监管”的业务标准、系统标准、数据标准、应用标准等标准规范，构建广西“一网通管”标准规范体系，实现统一监管业务执行标准、统一监管协同机制、统一监管数据规范、统一监管应用建设要求，逐步形成上联国家“互联网+监管”系统，横向联通各级各部门的“互联网+监管”融合体系，见图 2-13。

（2）构建“一网通管”核心驱动。依托自治区数据共享交换平台，构建以自治区“互联网+监管”系统为核心，各级“互联网+监管”系统互联互通的“一网通管”核心驱动体系，为全区各类监管工作提供统一服务应用支撑，实现全区监管规范化、精准化、联合化，见图 2-14。

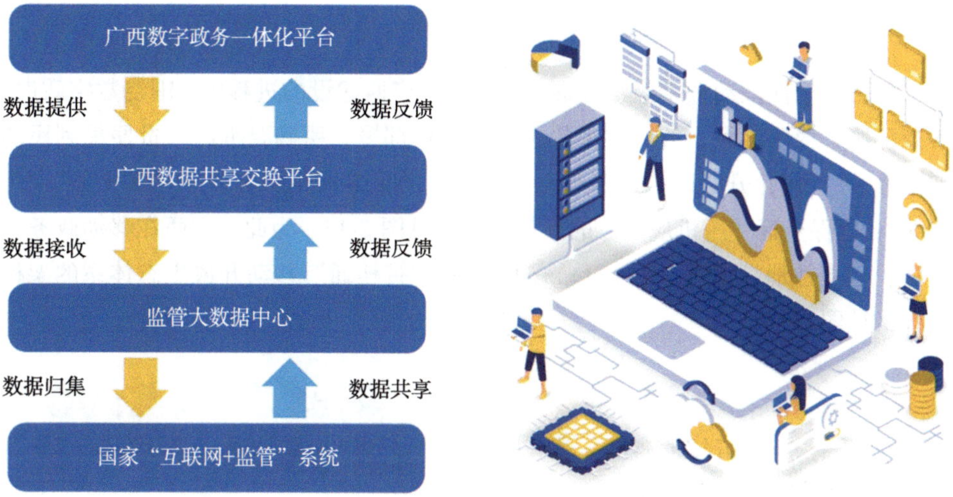

图 2-13　广西“互联网+监管”系统与国家系统的关系图

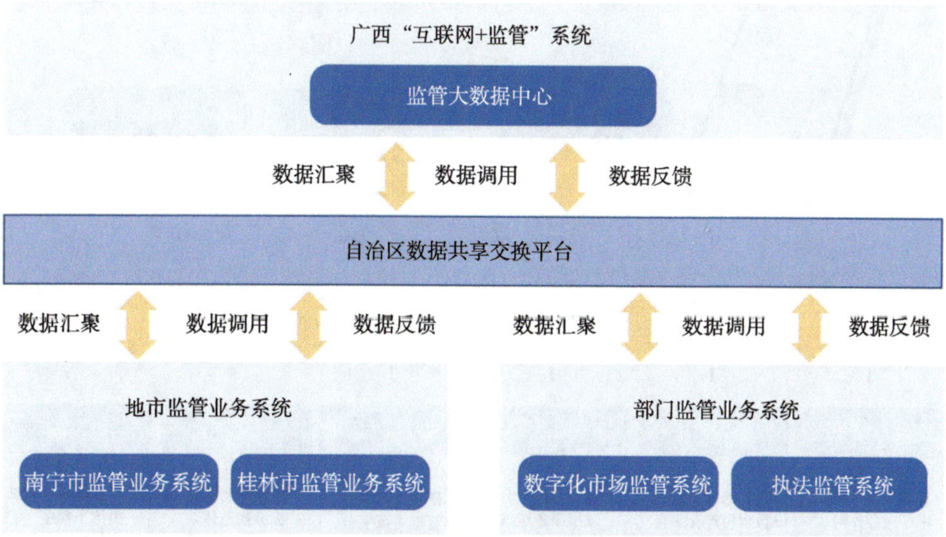

图 2-14　各级监管系统与自治区级监管系统关系图

（3）打造监管基础底座。打造监管事项“一张清单”、监管业务“一张网”、监管数据“一张图”三个监管基础底座，推动监管业务向标准明确、监管流程规范可控、监管数据全量汇聚的现代化转型，全面提升“互联网+监管”业务标准化能力、业务协同能力和数据支撑能力。

（4）打造智慧监管平台。运用大数据与 AI 等技术，集成全区非现场监管、风险预警、信用监管、效能评估等智慧监管资源，打造“一网通管”智慧监管平台，综合支撑全区各行业新型监管模式，为构建监管应用创新生态提供支撑保障。

5. 推动移动政务建设，确保全区“一机应用”的服务管用

广西在全面推动数字经济发展、加快数字广西建设的进程中，围绕数字政府、营商环境、便民利民、智慧旅游等提出了工作部署，明确要推出一批便民利民的“微改革”，优化升级政务服务移动平台，推动更多民生服务事项“掌上办”“跨省办”，确保全区“一机应用”的服务管用，见图 2-15。为此，广西在移动政务建设中，创新性地提出了“1+1+1+1+5+N”的“智桂通”移动开放生态体系的架构设计，见图 2-16。

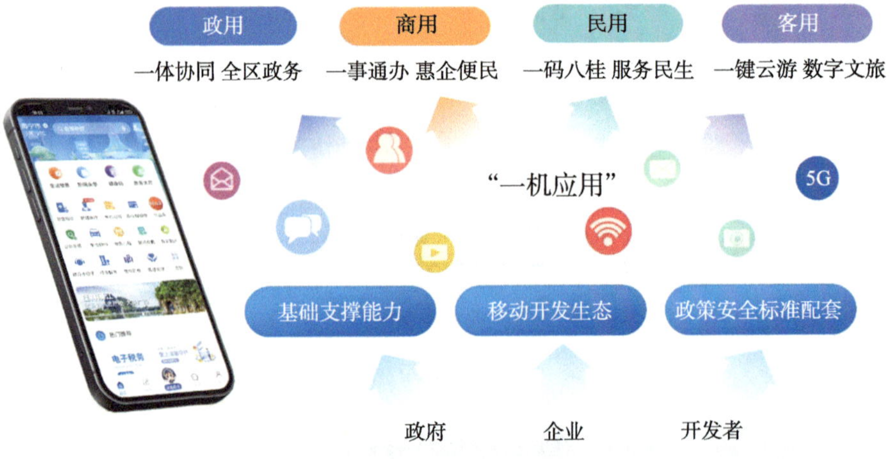

图 2-15　全区“一机应用”的服务管用

1	1	1	1	5	N
基础设施底座	数据运营中心	统一服务平台	移动开放生态圈	配套体系	移动终端入口
•壮美广西·政务云 •电子政务外网 •数据共享交换平台 •公共数据开放平台 •公共管理支撑 •公共软件支撑 •……	•数据治理平台 •数据资产化平台 •数据交易平台 •监管审计平台 •绩效评估系统	• 能力集成平台 • 政用服务矩阵 • 商用服务矩阵 • 民用服务矩阵 • 客用服务矩阵	• 研发支撑平台 • 管理支撑平台 • 服务集成平台	• 政策配套体系 • 标准规范体系 • 安全保障体系 • 运维管理体系 • 运营推广体系	• “智桂通”APP • 微信小程序 • 支付宝小程序 • 百度小程序 • 5G消息 • ……

底座是基础，终端是载体，数据是核心，应用是桥梁，开放是引擎

图 2-16　“智桂通”移动开放生态体系顶层设计

第一个“1”即 1 个基础设施底座。基于壮美广西·政务云、电子政务外网，丰富完善基础设施底座，建设移动政务的统一数据资源，包括业务库和支撑库；

建设移动政务的公共支撑体系，包括公共软件支撑和公共管理支撑。实现服务应用安全快速构建，基础设施按需智能调度。

第二个“1”即 1 个数据运营中心。成立“智桂通”数据运营中心，对“智桂通”移动开放生态体系的政务数据进行统一管理、运营、挖掘、增值和监管。强化数据融合应用能力，构建以数据分析为核心的产品运营体系。不断挖掘数据价值，推出一批高质量的数据产品，打造数据资源质量高、数据应用能力强、数据价值挖掘充分、数据监管全面覆盖的数据运营体系，加快培育广西政务数据要素市场。

第三个“1”即 1 个统一服务平台。建设政用、商用、民用、客用四大服务矩阵及基础设施能力集成平台，为广西的移动政务提供统一服务入口。

第四个“1”即 1 个移动开放生态圈。建设“智桂通”移动开放生态圈的管理支撑、研发支撑及服务集成平台。按照“平台+服务”运作模式，整合集约自治区各部门、各地市、第三方企业应用，为广西各领域提供更便利、更智能、更精准的服务。

“5”即 5 大配套体系。建设广西“智桂通”的政策配套体系、标准规范体系、安全保障体系、运维管理体系、运营推广体系，确保移动政务建设工作的规范性、标准性。

“*N*”即多个移动终端入口。以“智桂通”APP 为主，利用微信小程序、支付宝小程序、百度小程序、5G 消息等终端为牵引，引导各终端应用按标准规范接入“智桂通”移动开放生态圈，打造“广西政务”移动端体系。

2.3.4 推动“*N* 个领域”的多维应用创新

“*N* 个领域”的多维应用创新（图 2-17）主要是以“一核驱动”支撑体系作

图 2-17　*N* 个领域多维应用创新

为基础支撑，以“五个管用”重大数字政府平台为主要载体，以建立全域多维创新机制、推进数据要素融合应用、推进业务流程优化再造为手段，强化政府应用融合创新并推广试点应用，引导和支持全区各单位探索构建数字政府应用生态体系，推动数字政府全局应用多维创新，促进政府治理、社会发展和营商环境的全面提升。

2.4 小　　结

数字政府的全面认知是整体智治的基础准备，而整体智治是全面认知的愿景目标，其发展路径是一个漫长、复杂的过程。广西在推进数字政府向整体智治发展的过程中，从构建统一的基础设施底座入手，通过推动云网基础设施、数据、安全等能力的整合，统筹云、网、数据等基础资源和能力，创新打造数字政府六大新型基础设施，为各类上层应用提供统一基础能力支撑。在此基础上，通过构建一个能感知、会思考、可进化、能开放的数字政府大脑，实现对数据资源的加工、处理，推动从数据到信息，从信息到知识的过程，并形成大脑的开放能力，完成数字政府统一基础设施支撑体系与上层开放应用生态圈的无缝衔接。大力推动“N 个领域”的多维创新，全面推进政府智能决策、智能办公、智能服务、智能监管、智能应用，从而推进政府治理体系和治理能力的大变革，走出了一条符合广西实际的政府数字化转型之路。

第3章 “五个一”政务数据治理模式

CHAPTER 3

从全面认知到整体智治的基础是数字政府对所管辖的人、事、物的准确、客观、全面的认知，即通过对政务数据的全面采集和系统性梳理，实现政府对所管辖物理世界的全面认知。因此，科学地开展政务数据治理，将海量繁杂的信息转化为可靠、可信、可用的数据资源，是推动政务智治的必经之路。本章从政务数据的定义、特点和应用场景出发，阐述当前国内外政务数据治理的状况，分析政务数据治理对社会发展的重要意义，以及当前政务数据治理面临的问题和挑战，以广西的实际探索实践为例，介绍在开展政务数据治理过程中所采取的思路和措施，即“五个一”数据治理模式。

3.1 政务数据的介绍

3.1.1 政务数据的定义

不知不觉间，社会迈步进入了大数据时代，地铁、公交、广场、公园等地随处可见智能终端传感设备，微博、微信、知乎、论坛、直播等各式各样的社交网络应用，从最初的台式电脑到现在的便携式笔记本电脑，从传呼机到智能手机，数据的采集方式、利用方式不断升级革新，每个人都生活在数据交织的网络里，每时每刻都在用数据影响世界，也接受数据带来的影响。一个人从出生到死亡伴随着人口数据、健康数据、教育数据、医疗数据、婚配数据、财产数据的持续更新；一辆车从生产到报废伴随着技术数据、行驶数据、产权数据、保险数据的动态更迭；一个账号从注册到注销伴随着用户数据、交友数据、喜好数据、聊天数据的实时变化。数据就以这样无所不在、无所不入的方式，覆盖了社会的方方面面，组成了我们所生活的大数据时代。

在移动互联网、物联网、云计算等新一代电子信息技术的支撑下，政府的政务服务模式已经随着大数据时代的到来发生了转变。在以构建数字政府为目标的现代化新型政务服务模式中，政务数据作为关键的资源要素登上了政府治理演进发展的历史舞台，开始利用其蕴含的信息和知识，为政府治理创造价值。

政务数据是政府各级各部门在依法履行职能的过程中，采集和产生的各类数据资源。随着越来越多的智能终端、移动设备和软件应用的发展普及，社会每天生产的数据总量难以估计，海量的数据中包含了每个人每天的衣食住行、生产生活，甚至隐藏着个人潜在的兴趣爱好、交友网络和行为模式，进而汇聚转化为整个社会的发展需求，是辅助政府开展政务服务、社会治理的“绝佳原料”。在保障用户隐私和数据安全的前提下，充分利用政务数据进行开发和共享，借助 AI 和大数据分析技术，可以实现政府组织结构和工作流程的优化重组，打破传统政务服务受时间、空间限制的瓶颈，帮助政府建成现代化、体系化、平台化、精准化的政府治理体系。

3.1.2　政务数据的特点

要想充分发挥政务数据的价值，必须对政务数据有充分的认识。政务数据是大数据在政务治理方向的一个子集，因此政务数据同样具备大数据高容量（volume）、多样性（variety）、速度（velocity）及价值（value）四个 V 的全部特点（图 3-1）。

图 3-1　政务数据的特性

政务数据除了具有以上共同特性以外，还具有一些独特的特性。

（1）真实性。政务数据是在依法行政的许可下采集的，任何被采集对象有义务如实地填报各项调查数据，因此数据要求是真实准确的，并具有法律效力。

（2）原始性。政务数据不论是一次采集还是多次采集，均直接来源于企业或个人，都是最为原始可靠的数据采集。

（3）完整性。政府部门为了完成一项或几项工作开展数据采集工作，采集的目的和范围都是非常明确的，不可能因为数据采集缺失而影响工作，必须努力保证所采集到的数据对于该项工作的完成是完整的。

（4）公正性。政务数据采集所涉及的社会组织或个人，都必须履行义务接受采集，没有任何组织或个人可以随意拒绝，如国家开展的经济普查和人口普查。另外需要保证数据的安全性，非行政授权不可使用政务数据，不可以超范围使用政务数据。

（5）可持续性。政务数据可以根据业务需要定时、定期采集，如社保信息等。也可以根据需要经授权后随时获取，确保业务的持续性。

（6）可处理性。政务数据是政府部门为了履行行政职能而采集的，数据的内在关系是明确的，数据结构是合理的，是可以由机器自动处理的。

（7）可开放性。政务数据是政务部门在依法行政下获取的，政务数据属于民众，任何机构或组织和个人不得据为私有，在确保国家安全、组织或个人的隐私与利益不受侵害的前提下，可以依法开放。任何机构、组织和个人也有权向相关部门提出获得和使用政务数据的申请。①

政务数据的种种特性，决定了其对数字政府建设和政府治理的重要性，合理构建基于数据思维的数据体系，打通数据治理到数据应用和服务的渠道，不仅可以深化我们对世界的认知，变革传统的思维方式，更可以催化政府技术体系、管理体系、业务体系、服务体系的融合、优化与升级。

3.1.3 政务数据的应用

政务数据是数字政府建设的核心要素，数字政府建设的关键点是充分实现对政务数据的开发和利用。政务数据作为一项重要的战略资源，近年来从中央到地方都对这一领域高度重视。早在 2004 年，中共中央办公厅、国务院办公厅联合印发的《关于加强信息资源开发利用工作的若干意见》中要求，政务部门要结合工作特点和社会需求，主动为企业和公众提供公益性信息服务，积极向公益性机构提供必要的信息资源。这是中国政府最早关于向社会开放信息资源的政策表述，开启了政务数据开放共享应用的大门。

在数字政府建设方面，政务数据与建设服务型数字政府、全能型数字政府、智能型数字政府息息相关。一方面，政务数据是社会民生的最直观表达，其中蕴含的有效信息可以帮助政府了解民众最迫切的需求和社会最紧要的需要，可驱动政府决策范式向实时化、全景化转变，使政府的决策依据从少量“样本数据”转

① 中国电子政务年鉴（2013）——初探政务大数据，https://www.doc88.com/p-6354566523203.html?r=1[2022-08-30]。

为海量“全体数据”，帮助政府向以人民为中心的服务型政府转型；另一方面，对政务数据的深度挖掘和合理调度，将有效提升政府的综合治理能力，在重大事故、经济发展、生态治理、城市规划等领域提供科学的预测、分析、处理机制，提升政府治理质量，推动市场监管模式向精准化、协同化转变，帮助构建基于政务数据的现代化政府治理体系，最大化满足国家应对国内外各项挑战的战略需要；最后，政务数据又是建设智能型数字政府、实现智能治理的基本要素，是最广泛、最原始的认知“原料”。

在实际应用方面，政务数据可应用于政府治理的方方面面，如依托数据挖掘技术分析社会民生的发展需求，开展重大事项的预测、预警、舆论分析，辅助政府科学、精准决策；通过大数据和互联网的有机融合，建设基于数据分析的智能应用，提高政府公共服务能力和水平等。下面就几个典型的政务数据应用实例做简要介绍。

1. 政务数据助力城市规划

城市规划涉及气象地理、人文科技、经济产业等多个领域的协同。在实行城市规划前，可依托大数据分析技术，从已有的政务数据中获取有效参考信息，为城市建设规划提供智能的辅助决策。例如，通过对人口迁移率、出生率、死亡率等数据的综合分析，预测未来城市的人口数量及增长模式；通过对经济发展模型和产业建设等级的分析，预测未来城市经济发展重心；通过对煤矿、河流、天然气、太阳能等自然环境数据的分析，制订城市可行的公共服务建设方案，规划水电煤气、交通物流等服务设施。

2. 政务数据助力交通治理

通过对交通数据的采集、分析、预测，可以提前判断道路拥堵信息，有效缓解交通阻塞情况，并提供应对突发事件的解决方案，为城市交通的良性运转提供科学的决策依据。同时，通过智能交通系统提供交通拥堵提醒、疏散管理、公交到站监测、交通事故的应急调度、交通信息查询、个人私家车管理等服务，极大程度提高了民众的生活便捷度，也为政府的服务治理提供了有效支撑。

3. 政务数据助力公共安全

通过对公安、监管、环境等领域政务数据的分析预测，可以帮助政府及时发现治安事件、人为或自然灾害等，提高政府应对突发事件的处理解决能力，帮助政府第一时间科学合理调度救援物资。通过目前广泛铺设的监控设备，可及时采集社会公共场所的人员信息，并依托犯罪人员信息库，辅助公安系统在全国范围开展人员调查、逃犯追捕，快速打击违法行为，降低地区犯罪率，保障公共安全。

3.2 政务数据的价值

党中央、国务院高度重视政务数据治理、共享和融合应用工作，习近平总书记在十八届中央政治局第三十六次集体学习时强调，我们要深刻认识互联网在国家管理和社会治理中的作用，以推行电子政务、建设新型智慧城市等为抓手，以数据集中和共享为途径，建设全国一体化的国家大数据中心，推进技术融合、业务融合、数据融合，实现跨层级、跨地域、跨系统、跨部门、跨业务的协同管理和服务。[①]要推进政府治理体系和治理能力现代化，实现政府智治，必须利用海量、高质量的政务数据提高政府对社会民生的全面认知能力。

3.2.1 政务数据是各国竞相开发的战略资源

大数据时代，政务数据作为战略性资源的地位日益凸显。如何科学地开展政务数据治理，充分发挥数据资源的价值，对于持续增强政府决策和治理能力，提升国家综合国力尤为关键。2019 年，世界各国领导人齐聚达沃斯世界经济论坛，来自中国、南非、德国和其他国家的领导人在会议上出人意料地达成了一项共识，即迫切需要提高数据采集、使用和共享的透明度并制定相关指南。同时，2019 年二十国集团峰会将数据治理作为大会的中心议题。同年，美国白宫发布《联邦数据战略与 2020 年行动计划》，阐述了未来十年美国联邦政府的数据愿景和发展方向，意味着美国对于数据的重视程度继续提升。2020 年 2 月，欧盟公布《欧洲数据战略》，以数字经济发展为主要视角，阐述了欧盟在数据方面的核心政策措施和未来五年的投资计划。2020 年 9 月，英国发布《国家数据战略》，旨在强化对数据的使用，创建一个蓬勃发展、快速增长的数字行业，从而支撑国家经济从新冠疫情中复苏。此外，许多国际机构也在不断提高对大数据的重视程度，2020 年 4 月，世界银行呼吁各国政府、相关企业及学术界共同合作，通过大数据等技术手段应对新冠疫情所带来的危机。可以看出，对政务数据的管理和应用已成为当今世界主要国家和地区抢占新一轮科技发展高地的重要战略手段。

3.2.2 政务数据是我国全面发展的重要抓手

当前中国为把握新一轮新兴科技革命，实现由中国制造向中国创造转变，出

---

① 中共中央政治局就实施网络强国战略进行第三十六次集体学习，http://www.gov.cn/xinwen/2016-10/09/content_5116444.htm[2016-10-09]。

台了一系列大数据发展战略。近年来，中国密集出台了《促进大数据发展行动纲要》《“十四五”大数据产业发展规划》等一系列战略和方针政策，中共中央政治局先后就网络强国战略、大数据战略、AI发展现状和趋势、区块链技术、量子科技等数字化主题展开集体学习，见图3-2。2020年，印发了《中共中央 国务院关于构建更加完善的要素市场化配置体制机制的意见》，明确提出推进政府数据开放共享，提升社会数据资源价值，加强数据资源整合和安全保护等手段，加快培育数据要素市场，见图3-3。在2021年中国5G+工业互联网大会上，中共中央政治局委员、国务院副总理刘鹤作书面致辞，强调数据正在成为关键生产要素，要研究推进数据确权和分类分级管理，畅通数据交易流动，实现数据要素市场化配置，合理分配数据要素收益，见图3-4。

作为第三次信息技术革命再分配的产物，我国有29个省和31个重点城市成立了政务数据统筹管理机构，定位为政府的首席测试官（chief technology officer，CTO），统筹信息基础设施、数据及架构治理。其中，广西壮族自治区大数据发展局于2018年11月14日挂牌成立（图3-5），它承担着推进数字广西建设，统筹数字政府、数字经济、数字社会等领域建设，以及大数据领域人才队伍建设等方面的重要职责，标志着数字广西建设取得新进展、迈上新台阶，为广西高质量发展奠定了坚实基础。同时，为发挥大数据领域专家在数字广西建设各领域的重要作

图3-2 大数据发展的时代背景

1）2017政府工作报告，http://www.gov.cn/guowuyuan/2017zfgzbg.htm[2023-03-10]

2）习近平：决胜全面建成小康社会 夺取新时代中国特色社会主义伟大胜利——在中国共产党第十九次全国代表大会上的报告，http://www.gov.cn/zhuanti/2017-10/27/content_5234876.htm[2023-03-10]

中华人民共和国中央人民政府
www.gov.cn
简 | 繁 | EN | 注册 | 登录
国务院 总理 新闻 政策 互动 服务 数据 国情 国家政务服务平台
首页 > 政策 > 中央有关文件
收藏 留言

中共中央 国务院关于构建更加完善的要素市场化配置体制机制的意见

2020-04-09 19:00 来源：新华社 【字体：大 中 小】 打印

新华社北京4月9日电

中共中央 国务院
关于构建更加完善的要素市场化配置体制机制的意见
（2020年3月30日）

完善要素市场化配置是建设统一开放、竞争有序市场体系的内在要求，是坚持和完善社会主义基本经济制度、加快完善社会主义市场经济体制的重要内容。为深化要素市场化配置改革，促进要素自主有序流动，提高要素配置效率，进一步激发全社会创造力和市场活力，推动经济发展质量变革、效率变革、动力变革，现就构建更加完善的要素市场化配置体制机制提出如下意见。

六、加快培育数据要素市场

（二十）推进政府数据开放共享。优化经济治理基础数据库，加快推动各地区各部门间数据共享交换，制定出台新一批数据共享责任清单。研究建立促进企业登记、交通运输、气象等公共数据开放和数据资源有效流动的制度规范。

（二十一）提升社会数据资源价值。培育数字经济新产业、新业态和新模式，支持构建农业、工业、交通、教育、安防、城市管理、公共资源交易等领域规范化数据开发利用的场景。发挥行业协会商会作用，推动人工智能、可穿戴设备、车联网、物联网等领域数据采集标准化。

（二十二）加强数据资源整合和安全保护。探索建立统一规范的数据管理制度，提高数据质量和规范性，丰富数据产品。研究根据数据性质完善产权性质。制定数据隐私保护制度和安全审查制度。推动完善适用于大数据环境下的数据分类分级安全保护制度，加强对政务数据、企业商业秘密和个人数据的保护。

图 3-3 《中共中央 国务院关于构建更加完善的要素市场化配置体制机制的意见》中提出要加快推动培育数据要素市场

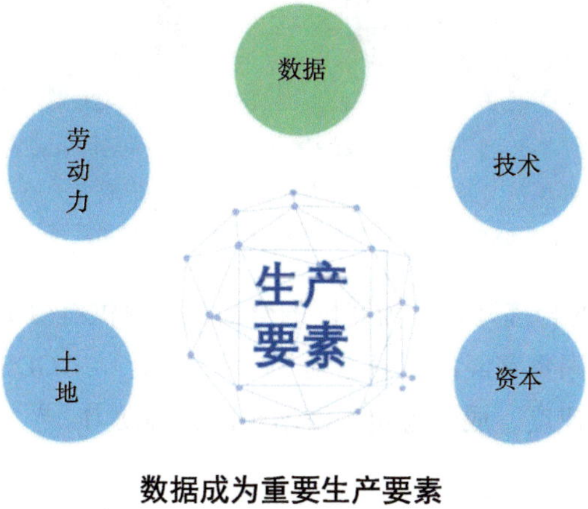

图 3-4 数据成为重要的生产要素

用，建立了数字广西建设智库，聘任行业内 117 名同志为数字广西专家咨询委员会及各专业委员会专家。中国科学院院士梅宏认为，我国实施大数据国家战略、建设数字中国恰逢其时。当前我国大数据事业发展“成果丰硕，短板仍在，势头强劲，前景光明”，下一阶段应加快全局性、体系性的数据资源建设，让政务数据和社会数据融合“点石成金”，从而加快数据共享开放，更好造福社会。

我国的全面发展离不开产业结构的升级转型，而政务数据中蕴含各行各业高质量发展的“金钥匙”。以经济领域为例，目前政府在宏观经济管理方面存在数据缺失，由于现有统计数据普遍基于抽样统计方法，对于经济形势和运作规律的把握具有较大的滞后性与局限性，难以全面、准确地判断经济发展趋势，易对政府的政策制定和宏观调控造成不利影响。政务数据的全面开发应用，可以依托大数据技术实现对全量政务数据的实时分析处理，依托海量的政务数据实时监测经济运行动态，揭示传统方法无法找到的经济指标之间的关联关系，预测经济运行趋势，科学评估政策实施效果，拉动经济健康快速发展。

图 3-5 广西壮族自治区大数据发展局挂牌成立

资料来源：广西壮族自治区大数据发展局挂牌成立（组图），http://dsjfzj.gxzf.gov.cn/dtyw/dtywlsgd/t664129.shtml[2023-03-10]

实现政务数据的合理开发，为我国的全面发展提供有效助力是政务数据的核心价值，2020 年中国数字经济规模达到 39.2 万亿元，占 GDP 比重达 38.6%，保持 9.7%的高位增长速度，成为稳定经济增长的关键动力。①

① 中国数字经济规模达 39.2 万亿元，https://baijiahao.baidu.com/s?id=1711967194684324091&wfr=spider&for=pc[2022-08-30]。

3.2.3 政务数据是数字政府建设的关键要素

聚焦数字政府建设方面，政务数据作为现阶段我国数量最庞大、价值含量最高的一类数据资源，已成为数字政府建设的关键要素。数字政府建设的核心是通过引进先进科学技术手段，重塑政府服务组织流程，打造数字化政府治理体系，为公众提供便捷、高效的政务服务。政务数据的合理应用是数字政府建设的重要组成部分，通过对政务数据的科学治理，面向公众开放数据资源，鼓励社会各界在一体化数据平台上开展创新创造，是数字政府服务社会进步发展的有效途径。同时，随着对政务数据的深度挖掘分析，必将从中获取有助于政府精准决策、智能治理的有效信息，实现政府决策从“定性决策”到“量化决策”的转变，最终实现“数据决策”“智能决策”。因此，政务数据也是驱动数字政府向智慧政府发展的核心力量。

3.3 政务数据治理的介绍

3.3.1 政务数据治理的定义

数据治理并不是一个新生事物，可以说，有数据的地方就存在数据治理，只不过数据应用的迅猛发展将它提到了一个新高度，作为一个独立的研究领域。数据治理的学术概念源于企业对数据资产的治理，被定义为：为有效地使用机构的结构化或非结构化信息资产而组织和实施政策、流程和标准的实践①。本书所指的数据治理特指对政府政务数据的治理行为。由于近年来各国普遍认识到政务数据对国家治理现代化进程的重要性，大力推动政务数据在政府管理服务中的应用，因此，政务数据治理成为现今各国争相探讨的重要议题。

宏观来说，政务数据治理是政府通过协调各方资源、调度多方技术手段、联合市场企业应用等多种力量，以更好实现政府数字化建设为目标，针对政务数据有效应用而采取的研究、实践、业务、管理活动等行为的总称。因此，数据治理绝不是对数据结构化、一致性的简单治理，而是要构建包括数据流通、数据服务、数据应用等一系列问题在内的综合治理体系，解决数据从产出到应用全生命周期中角色与责任、流程与规则、质量与效能等多个维度的问题。要解决以上问题，单纯依靠政府的规划管理或先进技术推动是不够的，必须要集聚政府和市场的双重力量。具体而言，政务数据治理包括技术治理和组织管理治理两个维度，既要从技术研究和工程实践角度出发，确立科学可行的技术架构，又要从组织管理上

---

① 黄璜.对“数据流动”的治理——论政府数据治理的理论嬗变与框架[J].南京社会科学,2018(2): 53-62。

着手构建统筹治理的理念体系。

在技术治理方面，数据治理可以理解为政府为提升政务数据质量、挖掘政务数据价值、推动数字化建设而开展的数据采集、数据清洗、数据调度、数据存储、数据安全防护、数据开放共享、数据智能分析等一系列技术操作的集合。可以说，数据治理的全生命周期都需要技术的大力支持，技术支持是数据治理的基础保障。

在组织管理治理方面，数据治理是全面考虑组织机构构建、治理方案顶层设计、治理服务支撑保障和政务数据应用实效的综合手段，涉及政府管理层面的协同配合。组织管理以构建政策制度体系、统筹管理体系、资源调度体系、监管督查体系为高效、高质开展数据治理提供服务支撑保障。

总之，政务数据治理是技术治理和组织管理治理的有机融合，两者相辅相成、缺一不可，共同构成了推动政府治理体系和治理能力现代化建设的核心内容。

3.3.2 政务数据治理的现状

随着数字经济的发展，政务数据已成为世界各国的重要生产要素和影响全球竞争力的重要战略资源。发达国家纷纷出台相关战略，将政务数据治理作为国家经济发展的核心竞争力，不断加快经济社会数字化进程，全力巩固领先优势，见表 3-1。以我国为代表的发展中国家也在以政务数据治理为突破口，抢抓数字政府建设机遇，从机构设置、政策制定、平台投入等方面持续发力，积极谋求掌握发展主动权。

表 3-1 国外政务数据治理做法

国家/地区	时间	工作内容	治理成果
美国	2012 年	正式发布《大数据研究和发展倡议》	该倡议书的发布，标志着大数据已经上升成为美国在计算服务领域的国家战略
	2014 年	发布《大数据：抓住机遇、守护价值》白皮书	报告鼓励使用数据推动社会进步，对美国大数据应用与管理的现状、政策框架和改进建议进行了集中阐述
	2019 年	发布《联邦数据战略与 2020 年行动计划》	以政府数据治理为主要视角，描述了联邦政府未来十年的数据愿景和 2020 年所要推行的关键行动
英国	2009 年	大力推进数据开放	开放重点依次经历了通过数据发布推动透明政府、促进数据流动发展、建设“政府即平台”
	2013 年	发布《英国数据能力发展战略规划》	使公民和消费者、企业界和学术界、公共部门和私营部门均从中获益
		从内阁直接组建政府数字服务局	负责数据治理和数字化的相关工作

续表

国家/地区	时间	工作内容	治理成果
英国	2020 年	发布《国家数据战略》	研究英国如何利用现有优势来促进企业、政府和公民社会对数据的使用，创造一个蓬勃发展的数字行业，促进经济发展
新加坡	2006 年	启动"智慧国 2015"	通过利用信息与网络科技，提升数码媒体与娱乐、教育与学习、金融服务、电子政府、保健与生物医药科学、制造与后勤、旅游与零售七大领域的数字化水平
	2015 年	公布"智慧国家 2025"十年计划	强调基于以人为本的连接、收集和理解三大理念，通过覆盖全岛的数据收集、连接和分析基础设施平台，根据所获数据预测公民需求，为公民提供更高质量的公共服务
	2018 年	推出"服务与数字经济蓝图"	利用新兴数字科技促进新加坡服务业的数字化转型
欧盟	2018 年	欧盟数据保护立法	出台《一般数据保护条例》； 正式通过《非个人数据自由流动条例》
	2020 年	公布《欧洲数据战略》	阐述了欧盟在数据方面的核心政策措施及未来五年的投资计划，以助力数字经济发展

1. 国外政务数据治理现状

1）美国联邦政府的数据治理

2012 年 3 月，美国白宫网站发布的《大数据研究和发展倡议》（Big Data Research and Development Initiative），提出实施大数据计划旨在帮助美国获得从海量复杂数据集中萃取知识的能力，借此提高国家应对急迫挑战的水平，大数据上升成为美国的国家战略。美国大数据治理的基本逻辑是"政府规范、市场主导"，即法律法规先行，市场自主参与。美国政府在大数据方面制定了完整严密的管理规则，且根据现实情况变化不断更新。同时，政府只投资科技研发，而将产业发展交由市场自主进行。

美国联邦政府的数据治理包括六大领域：数据开放、信息公开（自由）、个人隐私保护、电子政务、信息安全和信息资源管理。其中，每个领域的工作推进之前都通过立法进行规范约束，为数据治理工作建立了完备的制度保障体系，统筹指导工作推进。2014 年，美国政府组织评估小组对学术专家、产业代表、保护个人隐私的倡导者、人权团体、执法者，以及其他政府机构进行了调研，编写发布了《大数据：抓住机遇、守护价值》白皮书，阐述了美国大数据应用与管理的状况、政策框架和改进建议，旨在鼓励使用数据以推动社会进步和保护美国核心价值观念。2019 年，美国发布《联邦数据战略与 2020 年行动计划》，描述了美国联邦政府未来十年的数据愿景，并初步确定了各政府机构在 2020 年需要采取的关键行动，确立了美国政府机构使用联邦数据的长期框架协议。

2）英国大数据发展战略

自 20 世纪 90 年代起，英国历届政府和议会颁布出台了大量的法律、法规和行政命令，逐步形成了一套相对完整的数据治理政策体系。自 2009 年以来，英国各届政府都大力推进数据开放，提出了通过数据发布推动透明政府、促进数据流动发展、建设“政府即平台”等工作，旨在通过数据开放推动政府数字化转型。2013 年 10 月，英国商务、创新和技能部发布了《英国数据能力发展战略规划》，旨在使英国成为大数据分析行业的世界领跑者，并使公民和消费者、企业界和学术界、公共部门和私营部门均从中获益。为保障数据治理效果，英国政府从内阁直接组建政府数字服务局，作为引领英国政府数字化转型的核心部门，负责数据治理和数字化的相关工作。同时，数字服务局下设立了信息专员办公室、数字文化传媒体育部、国家档案馆、政府通信总部、国家网络安全中心等多个职能部门，形成了一套完整的政策体系和治理结构。2020 年 9 月 9 日，英国数字、文化、媒体和体育部发布了《国家数据战略》，提出了释放经济中的数据价值、确保促进增长和可信的数据体制、转变政府对数据的使用以提高效率并改善公共服务、确保数据所依赖的基础架构的安全性和韧性、倡导国际数据流动五项“优先任务”，研究英国如何利用现有优势来促进企业、政府和公民社会对数据的使用，发挥数据带来的作用，创建一个蓬勃发展、快速增长的数字行业，以促进经济发展，帮助英国经济从新冠疫情中复苏。

3）新加坡“智慧国”计划

新加坡是较早将政务数据应用于城市治理的亚洲国家，并且先后提出了“智慧国 2015”计划、“智慧国家 2025”十年计划，是世界首个拟将建成“智慧国”的国家。新加坡的数字化崛起得益于本国较为先进和完善的数据治理体系，早在 20 世纪 80 年代，新加坡就开始建立土地（地理信息）、人口、商业和公共安全四大数据中心，并建立了严格而清晰的数据开放规则，在政府数据开放平台公布了 8700 多个政府数据集，鼓励社会公众参与数据开放运动，激发社会创新力，全面推进空间信息共享。2006 年 6 月，新加坡启动了第 6 个信息化产业十年计划“智慧国 2015”，核心目标是通过利用信息与网络科技，提升数码媒体与娱乐、教育与学习、金融服务、电子政府、保健与生物医药科学、制造与后勤、旅游与零售七大经济领域的数字化水平。2015 年，新加坡发布全球首个智慧国家蓝图“智慧国家 2025”十年计划，强调基于“以人为本”的连接、收集和理解三大理念，通过覆盖全岛的数据收集、连接和分析基础设施平台，根据所获数据预测公民需求，为公民提供更高质量的公共服务。2018 年 11 月，新加坡提出利用新兴数字科技提升服务业的“服务与数字经济蓝图”，支持新加坡服务业相关企业的数字化转型，让企业不论大小都能从数字化转型中获益。

4）欧盟数据保护立法

作为世界上最大的经济共同体，欧盟在数据治理方面高度重视数据保护和数据的合法开放。对于个人数据，欧盟 2018 年出台了《一般数据保护条例》。该制度详细界定了个人数据的使用，划定了企业和经营者的数据使用权限，尤其针对大数据、云计算及 AI 等深度依赖数据处理的新业务进行了规范约束。对于非个人数据，欧盟 2018 年正式通过了《非个人数据自由流动条例》，该条例适用于个人数据以外的其他电子数据的处理行为，旨在保障非个人数据在欧盟境内的自由流动，并对数据本地化要求、主管当局的数据获取及跨境合作、专业用户的数据迁移等问题做了具体规定。欧盟数据保护方面的立法反映了其对数据保护、数据流转、数据开放问题的重视，同时也奠定了欧盟开发数据服务、实现数据物尽其用的基础。2020 年 2 月，欧盟委员会发布《欧洲数据战略》，阐述了欧盟未来五年实现数据经济所需的政策措施和投资策略，旨在创建一个面向世界开放的数据市场，利用数据促进经济增长、创造价值，同时最大限度地减少人为碳排放和环境破坏。

2. 我国政务数据治理现状

相比于发达国家，我国的政务数据治理工作起步较晚，至今还处于探索尝试阶段，尚未形成科学有效的通用治理模式。但我国对于政务数据治理工作高度重视，《中国政务数据治理发展报告（2020 年）》显示，我国在机构建设、政策制定、平台投入等多个方面大力开展数据治理工作，见表 3-2。

表 3-2 国内政务数据治理的建设内容

序号	建设方面	建设内容
1	机构建设	我国 34 个省级行政区（行政省、自治区、直辖市、特别行政区）中，已有 29 个设立了专门的数据管理机构
2	政策制定	《中华人民共和国数据安全法》《中华人民共和国个人信息保护法》《关键信息基础设施安全保护条例》《关于加强信息资源开发利用工作的若干意见》《国家电子政务总体框架》《关于运用大数据加强对市场主体服务和监管的若干意见》《促进大数据发展行动纲要》《政务信息资源共享管理暂行办法》《“十三五”国家信息化规划》《政务信息系统整合共享实施方案》等

续表

序号	建设方面	建设内容
3	法律法规	发布了《中国大数据法治发展报告（2018）》，从大数据法治理论研究、大数据立法、大数据监管现状、大数据司法实践现状等十个方面，呈现了中国大数据法治发展现状和面临的现实问题，为立法机关开展立法工作、政府机关制定有关政策提供了科学建议
4	平台投入	中国政府采购网 2017 年至 2020 年发布的招标文件中包含省级政务数据治理相关的平台和系统建设项目 2394 个，建设数量前三的省区市分别为北京市 254 项，广东省 207 项，广西壮族自治区 176 项

1）机构建设方面

十九届三中全会以来，我国 34 个省级行政区（行政省、自治区、直辖市、特别行政区）中，已有 29 个设立了专门的数据管理机构，专项负责数据开放共享、数据产业发展、数据安全保障、数据基础建设、数据资金管理等数据治理工作。同时，一些地方在实践的过程中不断探索完善，优化调整原有政务数据治理机构的职能设置，持续开展创新实践，见表 3-3。例如，北京市大数据中心于 2019 年 12 月正式揭牌成立，整合了原有的北京市信息资源管理中心等机构的力量，作为北京市经济和信息化局（北京市大数据管理局）下属的副局级事业单位，为北京市大数据行动计划的开展提供支撑。天津市大数据管理中心（天津市信息中心）于 2019 年 12 月底正式重组挂牌，以原有的天津市大数据管理中心（2018 年 7 月成立）为基础，整合分散在其他部门的信息服务机构，进行重新组建，归口天津市委网信办管理，统一负责市级信息化建设、运行管理和数据资源管理。这些做法呈现出整合机构、提升级别、明确职能、统筹建设的显著特征，总的来看都是在进一步加强政务数据治理机构的力量。①

表 3-3 已设立数据管理机构的省区市

序号	省区市	单位名称
1	北京市	北京市经济和信息化局（北京市无线电管理局、北京市大数据管理局、北京市国防科学技术工业办公室）
2	天津市	天津市大数据管理中心
3	河北省	河北省政务服务管理办公室
4	山西省	山西省行政审批服务管理局 山西省政务信息管理局
5	辽宁省	辽宁省大数据管理局
6	内蒙古自治区	内蒙古自治区大数据发展局
7	黑龙江省	黑龙江省政务大数据中心

①《中国政务数据治理发展报告（2021 年）》由清华大学公共管理学院与中国电子信息行业联合会联合发布，https://www.sppm.tsinghua.edu.cn/info/1004/5650.htm[2022-08-30]。

续表

序号	省区市	单位名称
8	吉林省	吉林省政务服务和数字化建设管理局
9	上海市	上海市政务服务和大数据管理局
10	江苏省	江苏省大数据管理中心
11	浙江省	浙江省大数据发展管理局
12	安徽省	安徽省数据资源管理局
13	福建省	福建省大数据管理局
14	江西省	江西省政务服务和大数据管理局
15	山东省	山东省大数据局
16	河南省	河南省大数据管理局
17	湖北省	湖北省政务服务和大数据管理局
18	湖南省	湖南省政务管理服务局
19	广东省	广东省政务服务管理局
20	广西壮族自治区	广西壮族自治区大数据发展局
21	海南省	海南省大数据管理局
22	四川省	四川省大数据中心
23	贵州省	贵州省大数据发展管理局
24	云南省	云南省政务服务管理局
25	重庆市	重庆市大数据应用发展管理局
26	陕西省	陕西省政务大数据局
27	甘肃省	甘肃省大数据管理局
28	青海省	青海省政务服务监督管理局
29	新疆维吾尔自治区	新疆维吾尔自治区政务服务和公共资源交易中心

2）政策制定方面

我国高度重视对政务数据治理工作的政策扶持。在国家层面，2004 年至 2022 年期间发布了《关于加强信息资源开发利用工作的若干意见》《国家电子政务总体框架》《关于运用大数据加强对市场主体服务和监管的若干意见》《促进大数据发展行动纲要》《关于促进和规范健康医疗大数据应用发展的指导意见》《政务信息资源共享管理暂行办法》《“十三五”国家信息化规划》《政务信息系统整合共享实施方案》《中华人民共和国数据安全法》《中华人民共和国个人信息保护法》《关键信息基础设施安全保护条例》《数据安全管理认证实施规则》《关于构建数据基础制度更好发挥数据要素作用意见》，明确了党和国家对实现政务数据有效管理和应用的一系列相关要求。在地方层面，我国 34 个省级行政区（行政省、自治区、直辖市、特别行政区）中，已有 31 个省级行政区（自治区、直辖市）从 2010 年起至今共出台了 125 份省级政府层面与政务数据治理直接相关的政策文件，尤其是

2016 年之后，各省对政务数据治理工作的重视达到空前高度，制定并发布政务数据治理的相关政策规范已成为我国各地政府的普遍做法，“数据共享”“互联互通”“协同整合”成为数据治理的关键词，为我国全面实现政务数据治理营造了良好的政策环境，见表 3-4。

表 3-4　数据治理相关政策文件

序号	政策文件名称	政策文件要点
1	《关于运用大数据加强对市场主体服务和监管的若干意见》（国办发〔2015〕51 号）	以社会信用体系建设和政府信息公开、数据开放为抓手，充分运用大数据、云计算等现代信息技术，提高政府服务水平，加强事中事后监管，维护市场正常秩序，促进市场公平竞争，释放市场主体活力，进一步优化发展环境
2	《促进大数据发展行动纲要》（国发〔2015〕50 号）	推动大数据发展和应用在未来 5 到 10 年逐步实现“打造精准治理、多方协作的社会治理新模式，建立运行平稳、安全高效的经济运行新机制，构建以人为本、惠及全民的民生服务新体系，开启大众创业、万众创新的创新驱动新格局”等目标
3	《关于促进和规范健康医疗大数据应用发展的指导意见》（国办发〔2016〕47 号）	大力推动政府健康医疗信息系统和公众健康医疗数据互联融合、开放共享，消除信息孤岛，积极营造促进健康医疗大数据安全规范、创新应用的发展环境，通过“互联网+健康医疗”探索服务新模式、培育发展新业态，努力建设人民满意的医疗卫生事业
4	《政务信息资源共享管理暂行办法》（国发〔2016〕51 号）	加快推动政务信息系统互联和公共数据共享，增强政府公信力，提高行政效率，提升服务水平，充分发挥政务信息资源共享在深化改革、转变职能、创新管理中的重要作用
5	《政务信息系统整合共享实施方案》（国办发〔2017〕39 号）	紧紧围绕政府治理和公共服务的改革需要，以最大程度利企便民，让企业和群众少跑腿、好办事、不添堵为目标，加快推进政务信息系统整合共享，按照“内外联动、点面结合、上下协同”的工作思路，一方面着眼长远，做好顶层设计，促进“五个统一”，统筹谋划，锐意改革；另一方面立足当前，聚焦现实问题，抓好“十件大事”，重点突破，尽快见效
6	《广东省政务数据治理专项规划（2019—2020 年）》（粤办函〔2019〕295 号）	以数据治理为支点，推动“数字政府”改革建设向纵深发展
7	《广西壮族自治区数字广西建设领导小组办公室关于印发广西政务数据治理实施方案的通知》（桂数广办发〔2020〕13 号）	持续深化广西政务数据资源管理与应用改革，全面推进政务数据治理，构建一云承载、一网通达、一池共享、一事通办、一体安全的“五个一”政务数据治理新模式，加快培育数据要素市场，提升政府治理体系和治理能力现代化水平

3）法律法规方面

数据治理的核心目标是推动数据的创新应用，发挥数据价值。然而，相对于目前国内大数据产业蓬勃发展局面，大数据法治建设相对滞后，数据安全、隐私保护、国家机密等与政务数据息息相关的问题面临严峻挑战。现阶段，我国已经充分认识到对政务数据的治理必须配套出台政策法规，进行规范性的约束，让大数据应用在法治的轨道上安全长远发展。我国第二届大数据法治峰会发布的《中国大数据法治发展报告（2018）》从大数据法治理论研究、大数据立法、大数据监管现状、大数据司法实践现状、政府数据开放共享、企业大数据应用法治现状、公民保护个人数据法治意识现状、大数据交易中心现状、中国大数据法治现存问题及大数据法治发展指数等十个方面，暴露出中国大数据法治发展现状和面临的现实问题，为立法机关开展立法工作、政府机关制定有关政策提供了科学建议。

《中华人民共和国个人信息保护法》是我国首部针对个人隐私保护的法律，2021 年 11 月 1 日起实施。在法律渊源上，《中华人民共和国个人信息保护法》将个人信息保护上溯至宪法。在立法目的上，将“保护个人信息权益”和“促进个人信息合理利用”作为并行的规范目标。在规范主体上，将“个人信息处理者”作为主要义务人，将“接受委托处理个人信息的受托人”作为辅助人，承担一定范围内的个人信息安全保障义务。在保护程度上，对于未成年人的个人信息、特定身份、行踪轨迹、生物识别等予以更高力度的保护。在适用场景上，对于“差别化定价”“个性化推送”“公共场所图像采集识别”等社会反映强烈的问题，予以专门规制。在监管体制上，采取了“规则制定权相对集中，执法权相对分散”的架构，由国家网信部门统筹协调有关部门制定个人信息保护的具体规则、标准，国务院有关部门在各自职责范围内负责个人信息保护和监督管理工作。[①]《中华人民共和国个人信息保护法》确立了以人民为中心的个人信息保护理念与法治规则，是保障个人信息权益乃至宪法性权利的基本法，标志着与我国网络大国、数字大国相匹配的制度建设逐步走向成熟。

2021 年 9 月 1 日，《中华人民共和国数据安全法》《关键信息基础设施安全保护条例》正式施行。其中，《中华人民共和国数据安全法》体现了总体国家安全观的立法目标，聚焦数据安全领域的突出问题，确立了数据分类分级管理，建立了数据安全风险评估、监测预警、应急处置和数据安全审查等基本制度，并明确了相关主体的数据安全保护义务，这是我国首部数据安全领域的基础性立法。《关键信息基础设施安全保护条例》是我国首部专门针对关键信息基础设施安全保护工作的行政法规，为开展关键信息基础设施安全保护工作提供了基本遵循法规，为加强关键信息基础设施安全保护工作提供了重要法治保障，对维护国家安全、保

① 专家解读 | 个人信息保护法的深远意义：中国与世界，http://www.cac.gov.cn/2021-08/25/c_1631491542896651.htm?ivk_sa=1024609v[2021-08-25]。

障经济社会健康发展、维护公共利益和公民合法权益具有重大意义。

4）平台投入方面

要实现政务数据的流通和共享必须依托政府数据平台和软件系统。中国政府采购网 2017 年至 2020 年发布的招标文件中包含政务数据治理相关的平台建设项目共计 2394 个，建设数量前三的省区市分别为北京市（254 项）、广东省（207 项）、广西壮族自治区（176 项）。各省兴建的政务数据平台，从职能分布情况看，分散于财税、社保、交通、卫生健康等 23 个不同的领域，财税领域相关平台的数量最多，为 275 项，占总量的 15.1%。此外，政务数据平台的服务主体与该地区的特色职能、优势产业相吻合，可见我国的数据治理是以数据应用为驱动的治理模式，数据治理为数据应用和价值创造提供基础服务保障。

综合而言，国内开展数据治理工作主要聚焦于优化数据质量、发掘数据价值、保障数据安全、促进数据共享开放四个方面，各地广泛开展了具有自身特色的数据治理，全国数据治理工作迈出了重要一步。

3. 部分省份对政务数据治理的探索

1）广东对政务数据治理的探索

广东作为国内最早成立大数据管理局，率先开展省内政务数据治理工作的省份之一，相继出台了《广东省大数据发展规划（2015—2020 年）》《广东省“互联网+”行动计划（2015—2020 年）》《广东省云计算发展规划（2014—2020 年）》《广东省政务数据治理专项规划（2019—2020 年）》《广东省数字政府改革建设“十四五”规划》等规划文件，从数据驱动、“互联网+”等方面推动省内的数据治理工作。

数据统筹方面，广东针对政府公共信息资源存储独立、管理分散的情况，提出了建设安全一体的政务云平台，推动业务单位系统迁移上云，打破现存网络孤岛、机房孤岛、数据孤岛，实现数据的统筹管理。数据共享方面，广东以搭建大数据平台的方式打通数据与税务治理、农业生产、医疗监管等领域的交换通道，分别从全省层面和垂直行业实现了数据的全方位融合共享。数据开放方面，广东提出“数据统筹整合政务资源、业务统筹提质社会治理与服务、数据统筹开放促进创新发展”的发展思路，已基本建成地图库、法人库、人口库、政务库、城市环境库、产业经济库、决策分析库等基础数据库，实现政务数据向社会有序开放和应用。

2）浙江对政务数据治理的探索

2015 年，浙江成立省级数据管理中心，出台了《浙江省促进大数据发展实施计划》，以公共数据整合、共享、开放为切入点，统筹开展数据治理。

在数据整合方面，以搭建浙江全省统一、共建共享的政府数据基础设施平台，构建基础信息数据库，统筹数据基础设施建设等方式完成数据治理基础支撑。在数据共享、开放方面，建立公共数据资源开放目录，完善数据政策法规支撑，并在 2015 年 9 月率先上线浙江政府数据开放平台，截至 2023 年 3 月，该平台可提供 26 261 个数据集、144 884 个数据项，总计 1110.2 亿条数据，开放 12 934 个应用程序编程接口（application on programming interface，API），支持多种格式的查询、浏览、下载或利用接口进行二次开发。在数据应用方面，浙江围绕社会治理、经济监测、公共服务等政府职能领域构建大数据应用支撑体系，鼓励技术研发和数据普及化应用，依托省内优质企业资源营造了良好的数据应用创新氛围。

2018 年，浙江出台了《浙江省数字化转型标准化建设方案（2018—2020 年）》，旨在建立健全权责明确、统一协调的数字化转型标准化工作机制，构建完善结构清晰、系统高效的数字化转型标准体系，制定实施一批具有先进水平的亟须标准，组织开展一批关键领域的标准化项目，打造形成一批可复制推广的标准化成果，通过业务、机制、流程的标准化促进政务数据的标准化治理。

3）贵州对政务数据治理的探索

贵州省大数据发展管理局是国内首个省政府直属的大数据治理机构，专项负责省内数据治理、大数据发展应用建设工作。

2016 年，贵州省发布了《贵州省大数据发展应用促进条例》《关于实施大数据战略行动建设国家大数据综合试验区的意见》《贵州省政务数据资源管理暂行办法》等文件，以建设全省政务数据统筹存储的云计算和大数据基础设施平台和规范全省政务数据资源管理为目标，推进政务数据资源“聚、通、用”，明确界定了政务数据的定义范围和责任主体，为全省政务数据目录梳理、规范化采集、统一存储、共享开放、安全管理和监督检查六个方面提供了工作思路和方法。

2019 年 5 月 26 日，贵州省政务数据“一云一网一平台”正式上线运行。通过建设“一朵云”（云上贵州系统平台）承载省、市、县政府部门全部应用系统，统揽贵州全省政府数据，实现了应用和数据“大集中”；通过建设“一张网”（政务服务网）联通省、市、县、乡、村五级政务服务，让数据通起来，在数据交换中产生价值；通过建设“一平台”（政务数据平台），打通各级各部门自建业务审批系统，建立数据调度机制，探索政府数据治理体系，率先建成全省数据调度平台，着力解决数据“互联互通难、信息共享难、业务协同难”等问题，实现跨层级、跨地域、跨部门的数据高效调度管理。

2020 年，发布《贵州省大数据标准化体系建设规划（2020—2022 年）》，系统性地谋划了大数据标准化建设及应用验证等相关工作，成为国内首份省级层面大数据标准化领域建设规划文件。

广东、浙江、贵州等地对政务数据治理的探索标志着数据治理已经成为一项独立的政府职能，在我国政府治理体系与能力现代化建设中发挥着重要作用。但从整体上看，国内的数据治理工作仍然处于起步阶段，全国各省发展参差不齐，一些在技术、资金、人才等多个方面享有优势的发达地区数据治理资源丰富、数据治理体系完善、数据治理能力发达，但发展较慢的地区由于缺乏相应的资源，数据治理体系尚未形成、数据治理能力较弱，距离构建全国一体化数据治理体系还存在不小的差距。

3.3.3 政务数据治理的问题

1. 缺乏顶层设计和统筹规划

造成如今数据治理各种纷繁复杂问题的根本原因在于政府信息化建设工作中长期以来缺乏系统性、科学性的顶层设计和统筹规划，导致各环节建设工作重复性、分散性、碎片化的现象层出不穷，不仅造成财政资金严重浪费，还使信息化建设条块分割、系统壁垒、数据孤岛等问题突出，见图 3-6。

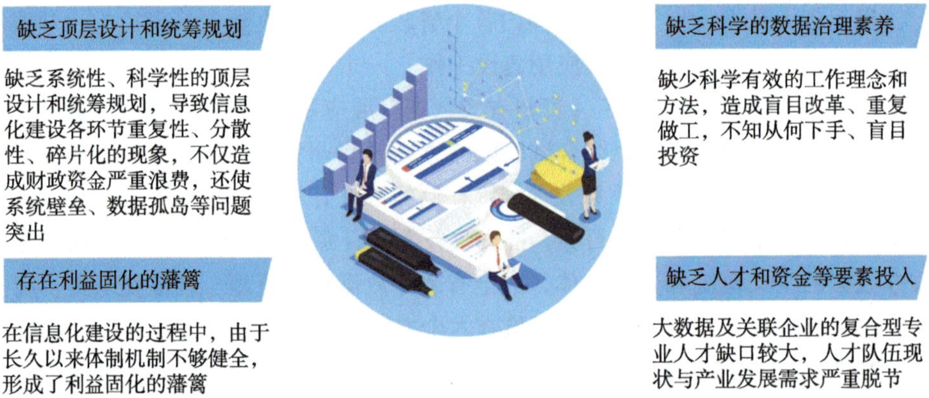

图 3-6 政务数据治理中存在的问题

2. 缺乏科学的数据治理素养

面对政务数据治理和共享中存在的问题，政府部门普遍存在“高度重视”，却“不愿改革”“不会改革”的现实问题。各部门在数据管理和应用等工作中，有加强政务数据治理的美好愿景和迫切需求，但缺少科学有效的工作理念和方法，造成盲目改革、重复做工，不知从何下手的困境。此外，各地推动政务数据治理的思维局限于希望通过数据治理实现经济创收，对数据治理的本质——提供数字政府实现智能治理的基础数据保障，这一理解不够深刻，造成数据治理成效不显著。

3. 存在利益固化的藩篱

在信息化建设的过程中，由于长久以来体制机制不够健全，形成了利益固化的藩篱。部分单位信息化建设习惯于全盘委托，甚至长期被特定公司把持或绑架，部门信息系统和数据放任由某些长期不作为的基层干部把持话语权，权力群体“权大利丰”，不愿革自己的命；获利群体“盆溢钵满”，不愿减自己的利；垄断群体“一股独大”，不愿破自己的垄。

4. 缺乏人才和资金等要素投入

国内政府部门信息化专业人才严重匮乏。当前大数据及关联企业的复合型专业人才缺口较大，人才队伍现状与产业发展需求严重脱节。以广西为例，部分厅局政务信息化的规划和技术细节严重依赖承建企业。此外，全国多数省份均面临资金投入不足、政策落实不到位等诸多问题和挑战。

3.4 政务数据治理模式的思考

3.4.1 充分考虑政务数据治理的复杂性

数据治理工作是一项具有高度复杂性的系统工程，要高效推进政务数据治理必须充分考虑数据治理的复杂性，做好政务数据治理的顶层规划，系统性推动各项工作的开展，见图 3-7。

图 3-7 政务数据治理的复杂性

1. 纵向涉及信息化全生命周期的复杂性

政务数据是信息化全生命周期的流通主体，从产生、存储到传输、利用，涉及政务信息化建设的每个环节。要实现数据治理，不能仅聚焦某个独立环节的治理，还必须从宏观角度统筹做好网、云、系统、数据、安全、应用等的一揽子全生命周期治理。

2. 横向涉及多部门配合协调的复杂性

数据治理的对象包括各级政府部门，在实施过程中涉及财政、审批、审计等业务体系，所涉及的业务部门众多，服务覆盖范围较广，同时可能存在政务数据权责不明、业务系统流通不畅，财政资金分配不均等问题，需要从更高维度进行科学谋划。

3. 对内涉及规划落地等多层面统筹的复杂性

数据治理关乎地区政治、经济、社会、科技等多层面的有机衔接，需要统筹解决组织管理、学术研究、顶层设计、工程实践等问题，综合考虑政策制度、民生发展、组织管理、技术力量、工程实践等各层面的资源要素配置，统筹建立政企合作和政府主导、市场参与的新型治理模式。

4. 对外涉及资金人才等要素制约的复杂性

数据治理离不开人才、资金等各类资源要素的坚实保障，离不开先进理念、改革思想和科技文化等营造的发展环境。推进政务数据治理，需要统筹好地区数字经济建设、专业人才引进培养、改革思想再解放、科技文化再创新等先期工作，夯实数据治理的基础，营造良好的氛围环境。

5. 整体涉及标本兼治统筹兼顾的复杂性

数据治理关乎“治用并行、标本兼治”的综合考虑，目前缺乏可借鉴的成熟模式。在短期内，需要把握好针对存量数据资源治理的治标问题，充分考虑各部门的数据应用需求，在保障数据供给的基础上逐步实现数据打通、汇聚和融合应用。从长期考虑，需要谋划好增量数据资源治理的治本问题，彻底破除旧有体系，从根源上解决政务数据的顽疾，并将存量、增量两个维度的治理在更高层面统一，实现标本兼治。

3.4.2 以系统工程思维推动政务数据治理

数据治理工作任重道远，我国综合国力飞速发展到今天，已经积累了充足的数据原料、资金、人才和技术储备，在信息高度发达和全球数据竞争的重大挑战面前，已经有实力统筹开展数字化建设。以系统工程思维全面推动政务数据治理，是充分调度现有资源，实现政务“一盘棋”治理的一剂良方，即将系统工程思维引入数据治理，利用大数据、AI、物联网等新技术，从政治、经济、技术、文化等多角度一体化考虑数据治理问题，以宏观视角构建政务数据治理体系，针对数据治理的痛点问题提出有效解决思路和可行性落地方案，形成科学规范的治理流程，为推动数据治理提供有力抓手。

3.4.3 做好政务数据治理顶层设计

政务数据治理是数字政府建设的基础工作，更是未来全面实现政府智治的关键工作，是一项时间跨度长、涉及领域广、参与群体多的系统工程，只有科学合理的顶层设计，才能综合调度各方资源，有序推进治理工作。数据治理的顶层设计必须全面考虑应用层面、管理层面、技术层面、资源层面、组织层面的复杂性，从推进数据基础设施建设到出台政策法规，从搭建数据治理技术框架到全方面调度资金、人才资源，从组织机构设置到数据的合理开放共享，从现阶段数据治理改革要点到未来实现政府智治总体规划。可以说，顶层设计是政务数据治理的大前提，是保障数据治理科学有序推进的核心工作。

3.4.4 制定系统性的标准规范体系

数据治理涉及跨层级、跨地域、跨系统、跨部门、跨业务的协同配合，要实现全面统一步调、有序执行，必须建立健全制度体系和标准规范。针对数据治理工作出台的政策法规必须明确各部门的权责划分，明确数据的管理、使用权限，明确工作步骤、方法、流程，同时配套健全的监督考评标准和信息公开、隐私保护方面的法律条款，为各级各部门协同开展数据治理工作提供全面指导。

3.4.5 鼓励和引导多元化技术发展

数据治理问题不仅是管理体系的问题，更是技术工程层面的问题。要解决数据治理中数据烟囱、信息孤岛、安全保障、数据共享、知识提取等一系列难点问题，必须有强有力的技术手段作为支撑。因此，开展数据治理要强化政府引领，鼓励科研机构、高校、企业共同参与大数据的技术创新。通过搭建一体化政务数据管理平台、数据开放共享平台，引进 AI、知识图谱等多种先进科学技术，提供政务数据从采集到应用全周期的可行性技术方案。

3.5 “五个一”的数据治理模式的设计

按照对政务数据治理的深入研究，以及对国内外政务数据发展的深入调研，广西探索构建了“一云承载、一网通达、一池共享、一事通办、一体安全”的“五个一”政务数据治理的新模式，走出了一条政务数据治理的可行之路。

3.5.1 一云承载，构建多云共治资源体系

1. “一云承载”的定义

“一云承载”即通过壮美广西·政务云承载广西全区所有非涉密政务数据和应用，面向各部门提供统一的云计算、云存储、云管控、云安全等云服务，形成一朵物理分散、逻辑集中的壮美广西·政务云，见图 3-8。

图 3-8 “一云承载”的示意图

2. “一云承载”的实施路径

1）全面推行“云长制”

在行业主管部门和设区市设立云长，并由主要负责人担任。云长主要负责本单位云工程及政务数据治理建设、制订本单位大数据应用和信息化发展规划、统筹推动本单位云工程建设和云资源的统一管理。

2）推进“多云共治”

制定出台政务云管理的顶层设计文件，明确以统一申请、统一分配、统一调度、统一监测、统一考核的“五个统一”为工作主线，按照统筹规划、分级管理、资源共享的建设管理原则，建设壮美广西·政务云多云共治平台，在理清广西各级部门所需的服务资源、计算资源、存储资源的基础上，对区内现有存量数据中心开展认定工作，并将通过认定的数据中心纳入壮美广西·政务云统一管理，构建形成广西政务云“多云共治”体系，实行云资源的共享共治，实现各地资源服务的统一

按需取用，加快解决当前云商众多、资源分散、重复建设、管控薄弱等问题。

3）建设多云管理平台

建设政务云多云管理平台，统筹推进全区内云资源调度整合工作，形成政务云统一入口，实现云资源统一申请、统一调度、统一监测、统一考核，以集约化思想规避资源浪费，摒除多级业务之间衔接的薄弱地带，为多样化的政务应用提供基础支撑。

3.5.2 一网通达，打破区内专网林立困局

1. “一网通达”的定义

“一网通达”即推动各类业务专网向广西电子政务外网整合迁移或融合互联，建成统一的广西电子政务网络，见图 3-9。

2. “一网通达”的实施路径

1）推动电子政务外网全区覆盖

构建向上连接国家政务外网，向下覆盖广西的区、市、县、乡镇，横向网络连接各级党委、人大、政府、政协、法院、检察院和其他政务部门的电子政务外网体系，实现对各级部门的统一网络支撑，满足政府日常业务运行的网络需求。

2）推动电子政务外网分类管控

基于各部门的业务及社会管理需求，将广西电子政务网络分为互联网区、公用网络区和专用网络区等功能区域，各区域之间实现逻辑隔离和边界安全防护。互联网区是各部门通过逻辑隔离手段，安全接入互联网的网络区域；公用网络区是各部门互联互通的网络区域；专用网络区是为特定安全需求的部门或业务设置的网络区域，与政务网络其他区域逻辑隔离。

3）推动非涉密业务专网融合互联

坚持联网通办是原则、孤网是例外，推动各非密专业系统专网向电子政务外网迁移整合，推动公用网络融合互联，加大互联网覆盖范围，以统一的政务网络为政府部门和社会提供服务。

3.5.3 一池共享，实现全区数据互联互通

1. “一池共享”的定义

“一池共享”即构建物理分散、逻辑集中、资源共享的政务大数据资源体系，构筑大数据资源池，实现政务数据共享、开放，见图 3-10。

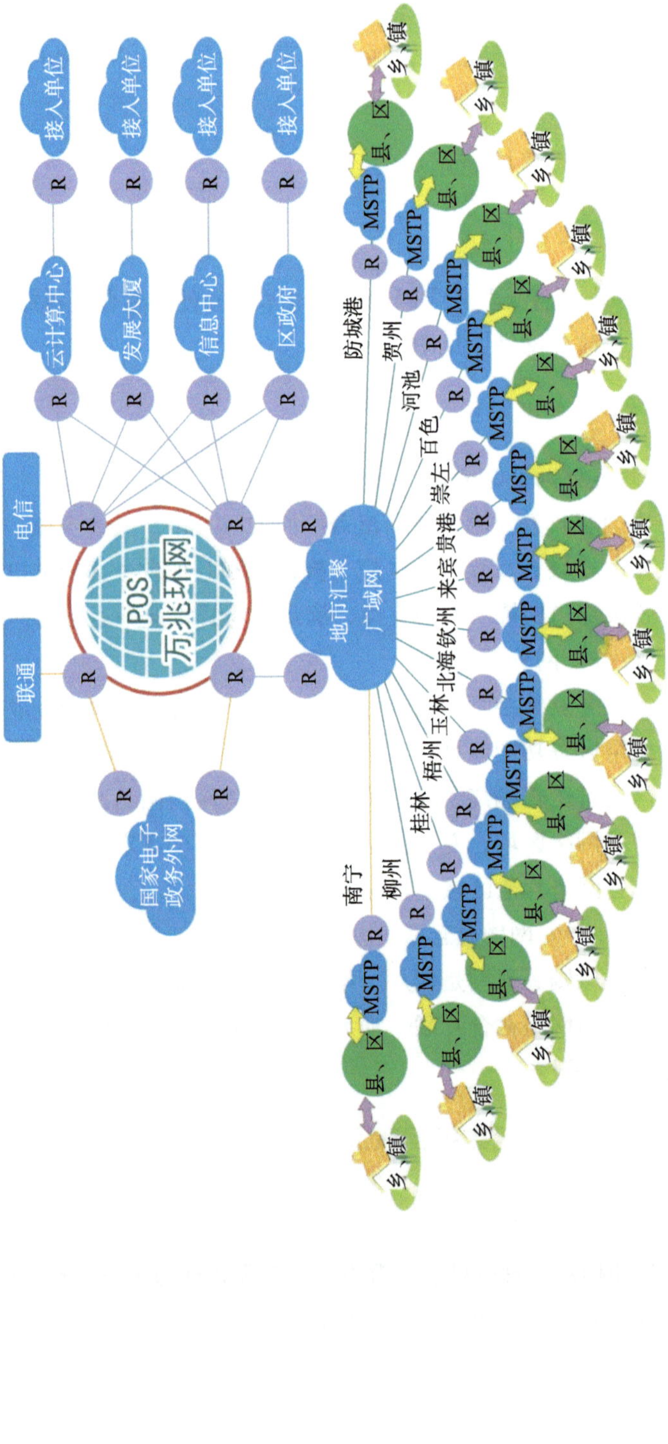

图 3-9 广西电子政务外网的架构图

多业务传送平台（multi-service transport platform, MSTP）

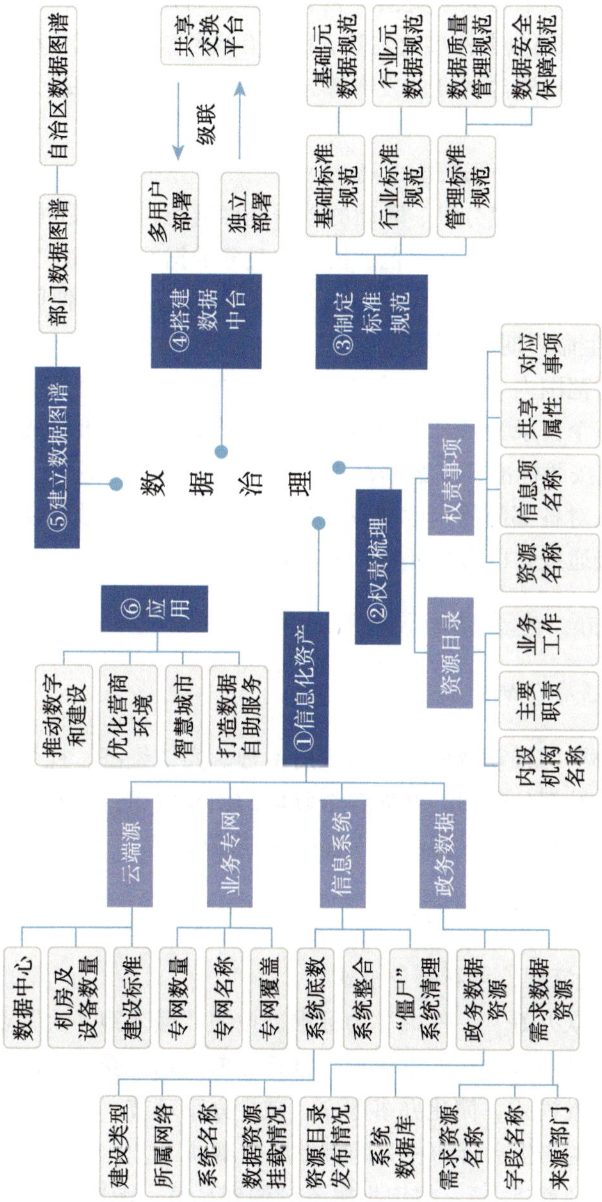

图 3-10 广西政务数据治理工作导图

2.“一池共享”的实施路径

1）建设统一数据资源池

建设自治区级的数据共享交换平台和公共数据开放平台，作为数据的“资源池”。推进各部门开展数据标准化治理，将现有政务数据规范化存储于各部门的存储资源中，建立数据资源调度的发布库，面向全区合理开放政务数据，保障各方对政务数据的按需取用。

2）构建全区数据调度通道

建设数据中台，构建分级、联动的数据调度通道，作为数据的“传送带”，实现全区发布库的逻辑互联，将规范、精准的政务数据及时送达“四面八方”，规避数据重复采集等问题，打造“民众少跑路，数据多跑路”的便民利民服务。

3）推动全生命周期数据治理

在广西全区范围内开展政务信息化资产普查，以数据资源的“应发布、可发布、已发布”三个目录为基础，整合国家、行业和地方标准形成数据治理标准体系，推动各单位按照标准开展数据治理工作。同时，制定数据治理考核评估体系，将工作任务纳入对各部门的年度绩效考核，并根据评估分数定期开展“红黑榜”通报和专项督查通报，以考核评估构建治理闭环。

3.5.4 一事通办，全面提升政府治理水平

1.“一事通办”的定义

“一事通办”即推动政务数据与政府治理、实体经济、社会服务等进行深度融合，发挥政务数据的价值，开展各个领域的创新应用，不断提升政府治理体系和治理能力现代化水平，提高群众幸福感和获得感。

2.“一事通办”的实施路径

1）优化再造流程，创新服务模式

以企业和群众办好“一件事”为标准，按照“最多跑一次”要求，推进服务事项归并整合，进一步优化办事流程，推行“前台综合受理、后台分类审批、综合窗口出件”审批模式，简化办事程序，减少办事环节，压缩办理时限。将企业生产经营、群众生产生活密切相关的审批服务事项“应上尽上、全程网办”。开展面向个人的事项“就近办”，将审批服务延伸到乡镇、街道、村（社区），实现就近能办、多点可办、少跑快办。推动一般事项“不见面”、复杂事项“一次办”。

2）打造高效便民的政务服务“一张网”

建设自治区、市、县、乡、村五级互联的一体化政务服务平台，政务服务事项均应纳入平台办理，推动更多便民服务事项通过互联网和移动端办理，提高网

上办事精细化水平，让办事更快捷、服务更优质。构建全区政务服务自助化网络，打造全区统一的政务服务 APP，推进服务事项 24 小时自助办理。

3）着力深化政务公开

凡是与政务服务改革有关的决策、措施都应依法纳入主动公开范畴，及时在政府网站等政务媒体公开。通过新闻发布会、在线访谈、印发宣传资料等方式，深入解读重大政策和改革措施，及时准确传递权威信息和政策意图。制定完善相关的主动公开目录，细化公开事项、内容、时限、载体、责任主体、监督渠道等。

4）推进统一政务咨询投诉举报平台建设

除 110、120、119 等紧急类和个别因专业性强、集成度高、咨询服务量大确需保留的热线外，将工商、质监、食品药品、价格、医疗卫生等其他领域的政务热线整合到统一的“12345”政务服务便民热线平台进行管理，建立集中管理、统一受理、按责转办、限时办结、统一督办、评价反馈、行政问责的运行机制，为群众提供统一的投诉、举报、咨询、建议等服务，见图 3-11。

图 3-11　“一事通办”的实施路径

3.5.5　一体安全，构建统一安全保障体系

1. “一体安全”的定义

“一体安全”即构建政务数据一体防护安全管理模式，覆盖网络、云、信息系统、数据等，全方位、多维度保障和维护政务数据总体和动态安全，见图 3-12。

2. “一体安全”的实施路径

1）完善数字政府安全顶层设计

以系统工程思维开展数字政府安全顶层设计，出台管理办法和地方条例，统

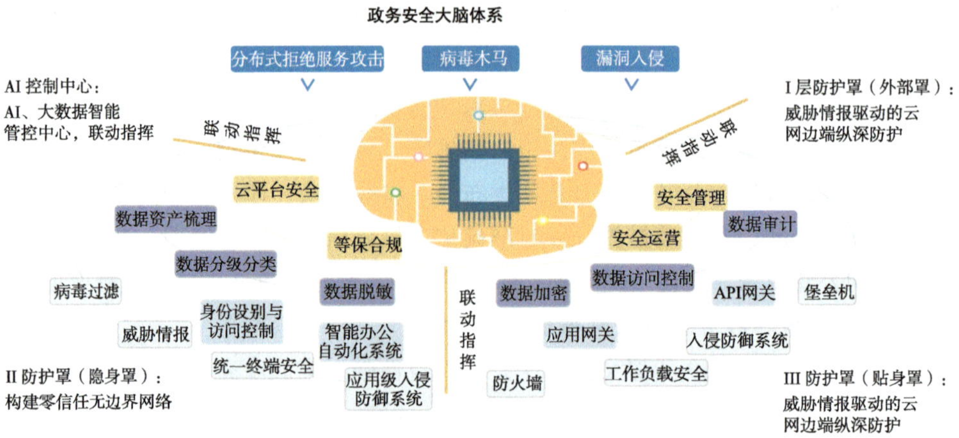

图 3-12 “一体安全”的架构图

筹数字政府一体安全建设工作，组织全区各级部门在安全总体顶层设计框架下开展政务信息安全规划、建设、维护和管理等工作。

2）构建“一个中心、三层防护”一体安全技术防护体系

基于 AI 和大数据等技术，建设数字政府“一体安全管控中心”，构建“云、网、边、端”基础设施纵深防护体系、“零信任无边界访问控制”内外防护体系和“以政务数据安全为核心的安全防护体系”三层防护体系，打造全方位、多层次、立体化的数字政府“一体安全”核心防护能力。

3）构建数字政府一体安全管理体系架构

按照“四步走”策略构建数字政府一体安全管理体系架构。第一步定规范，制定数字政府一体安全管理规范，夯实数据安全建设基础；第二步建制度，建立由安全策略、管理规范、操作手册、记录表单构成的数字政府一体安全管理制度；第三步强运营，构建数字政府安全运营及服务体系，将被动运维转向主动运营；第四步抓落实，针对数据安全管理工作落实情况，科学合理评估数据安全建设水平，为开展数据安全整改提供可靠依据，持续提升数字政府的安全管理能力。

3.6 小　　结

实现数字政府整体智治的基础是对社会各界的全面认知，而政务数据是实现全面认知的基础。随着数字时代的发展，政务数据作为重要生产要素，对数字政府建设的战略意义越发凸显，对政务数据的治理和运营增效成为世界各国经济社会发展的新动能。在这个大背景下，我国推动出台了多项重大战略，许多省份也在积极探索符合地方实际的政务数据治理路径，抢抓数据红利，牢牢把握发展主

动权。由于政务数据治理涉及多领域、多要素的统筹协调，具有高度的复杂性，必须从更全面的维度进行统筹谋划。为此，以广西探索实践为案例，通过对云、网、系统、调度、应用等信息化建设的全生命周期技术脉络进行统筹规划，打造了“一云承载、一网通达、一池共享、一事通办、一体安全”的“五个一”政务数据治理模式。

第4章 CHAPTER 4 “五个一”政务数据治理实践

政务数据治理是一项具有高度复杂性的系统工程，纵向涉及信息化全生命周期的复杂性，横向涉及多部门业务协调的复杂性，对内涉及规划落地统筹的复杂性，对外涉及资金人才等要素制约的复杂性，整体涉及标本兼治统筹兼顾的复杂性。以广西探索实践为案例，按照“五个一”政务数据治理模式的设计，以“1+11+2+1”政务数据治理体系为核心，通过推动“三通”夯实数据治理的基础设施底座，加快推进全生命周期政务数据治理，破解专网林立、信息孤岛、数据缺乏有效治理和应用等现实问题。本章将介绍“五个一”政务数据治理模式的发展过程、总体架构、具体内容和工作成效，详细阐述数据治理工作探索实践经验。

4.1 “五个一”政务数据治理模式的发展过程

4.1.1 政务数据治理的问题分析

如何做好数据治理工作的顶层规划，如何开展数据治理工作，以什么标准开展，期望实现什么目标，都是摆在数字政府建设前进道路的“荆棘”，而如何磨出一把砍断此类“荆棘”的“刀”，首要工作是摸底了解，以及对存在问题进行详细分析研究。数据治理存在共性问题，主要包括数据治理顶层规划不统一、云网系统规划建设较为分散、政务数据治理方法不够科学等。

1. 数据治理顶层规划不统一

前期开展的工作因缺乏系统、整体、科学的统筹规划，数据管理分而治之，数据治理工作更是毫无头绪，既未制定规范、合理的工作标准，也未形成协同、共享的工作思路，政务数据治理难以有效推进。

2. 云网系统规划建设较为分散

长期以来，各部门信息化基础设施重复建设现象较为严重，不仅造成了财政资金的浪费，还导致信息化建设条块分割、系统壁垒、数据孤岛等问题突出。跨部门、跨行业领域的信息化项目推进困难，资源利用率低、运行效益低等问题严重阻碍发展。分散在各部门中的政务云网基础设施运维难度大、标准不统一，导致服务水平参差不齐；业务系统之间的关系不清晰，政务数据治理工作开展困难。

3. 政务数据治理方法不够科学

由于缺少严谨统一的顶层设计和统筹规划，难以形成协同推进的“一盘棋”工作格局。同时，缺乏科学的政务数据治理方法论，各地区各部门对政务数据治理工作的理解力和执行力参差不齐，导致政务数据治理工作割裂、资源分配不均、监管低效、效益低下，数据的融合应用意识不强，应用能力较差，仅少部分地区和部门开展跨领域、跨部门、跨层级的数据融合应用。

4.1.2 政务数据治理的实践思路

2019 年，为有效“治疗”广西政务数据治理工作长期以来缺乏顶层设计和统筹规划、云网系统分散、数据治理推进困难等“疑难杂症”，广西全面推出了政务数据资源管理与应用改革，提出了“一云承载、一网通达、一池共享、一事通办、一体安全”的“五个一”政务数据治理的模式，结合发展实际，落实数据治理的顶层设计、治理基础、“治本”系列组合拳三项重点工作，见图 4-1。

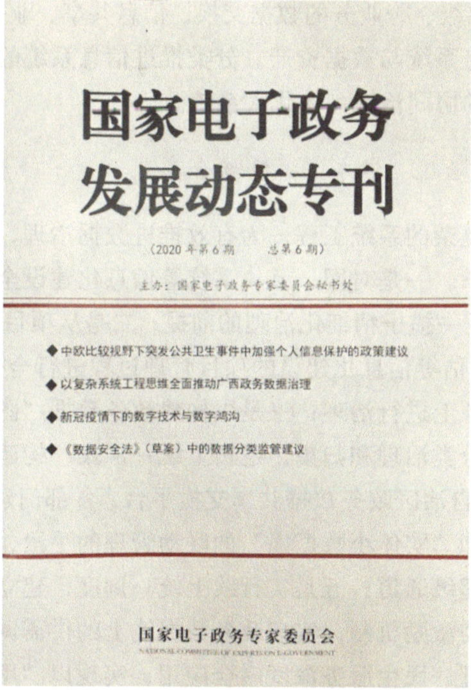
国家电子政务
发展动态专刊
（2020 年第 6 期　　总第 6 期）
主办：国家电子政务专家委员会秘书处
◆中欧比较视野下突发公共卫生事件中加强个人信息保护的政策建议
◆以复杂系统工程思维全面推动广西政务数据治理
◆新冠疫情下的数字技术与数字鸿沟
◆《数据安全法》（草案）中的数据分类监管建议
国家电子政务专家委员会

图 4-1　国家电子政务专家委员会专刊刊发《以复杂系统工程思维全面推动广西政务数据治理》

1. 做好政务数据治理顶层设计

数据治理作为一项兼具复杂性和长期性的工程，只有在科学合理的顶层设计指导下，才能综合调度各方资源。广西从体制、机制、标准上全面思考后，提出了“一云承载、一网通达、一池共享、一事通办、一体安全”的“五个一”数据治理模式，实现从数据的采集、加工到数据融合、应用的全环节系统性统筹规划，同时兼顾对存量政务数据的治理和增量政务数据的管理，为明确政务数据治理目标和方向奠定了基础。

2. 夯实政务数据治理基础

数据治理是信息化建设全生命周期的关键环节，要开展好政务数据的治理，必须对支撑数据流通和应用的网、云、系统等工程进行整合集约和统筹治理，在宏观上打造“一网、一云、一系统”的新局面，从而强化对数据的调度力，有效提高数据治理的效率。

首先，要坚持联网是原则、孤网是例外，推进各类业务专网向电子政务网的整合迁移和融合互联，实现自顶向下“一张网”全贯通；其次，要推进云资源集约化建设，打造统一规范、安全可靠、高效运转、多节点相互支撑的统一云平台，为各级各部门提供统一的云计算、云存储、云管控、云安全等服务；最后，要以跨地域、跨部门、跨层级、跨业务的数据交换、信息共享、业务协同服务为目标，统筹和整理各类型信息系统与数据资产，分类推进信息系统的整合和集约，构建上下联动、纵横协管的协同治理一体化大系统。

3. 打好政务数据治理“治本”系列组合拳

数据治理是一项复杂的系统工程，为有效推进数据治理，广西推出了六步骤的“治本”系列组合拳。一是对网、云、系统等信息化建设全生命周期技术环节统筹治理，这是对数据一揽子精细化治理的前提；二是从项目规划、预算、审批、建设、管理、运维到评估等信息化建设的项目管理过程进行全生命周期统筹治理，实现从信息化建设根源上进行治理；三是以构建政务数据“图谱”为目标，按照数据标准规范对数据分类治理和归集，逻辑上统一汇聚，构建全区数据的“逻辑大数据库”；四是建设自治区政务数据共享交换平台，各部门建立数据中台，形成对“逻辑大数据库”和“实体小数据库”的联动管理的手段，形成全区政务数据治理、调度及管控的超级通道；五是实行线上统一调度，建立线上审批机制、快速校核机制、数据供需激励机制，实现政务数据线上的供需调度；六是推动数据与实体经济、政府治理、民生服务深度融合应用，实现以“用”来驱动数据治理的可持续的良性循环。

4.2 “五个一”政务数据治理模式的总体架构

4.2.1 在顶层规划上，构建“1+11+2+1”体系

围绕政务数据治理建立起了“1+11+2+1”的体系架构，即 1 个改革方案、11 个配套文件、2 个基础平台、1 个创新治理模式，见图 4-2。

图 4-2 “1+11+2+1”数据治理基础体系

1 个改革方案：以自治区党委办公厅、自治区政府办公厅名义，印发了《广西政务数据资源管理与应用改革实施方案》。

11 个配套文件：围绕改革方案，自治区大数据发展局先后编制出台了云、网、系统、数据、安全等 11 个配套文件。其中，将《广西政务数据治理实施方案》作为存量政务数据资源管理与应用改革顶层设计的具体实施文件；将《广西政务信息化项目建设管理办法》作为增量政务数据资源管理与应用改革顶层设计的具体落地文件；最后通过《广西政务数据资源管理与应用改革评估指标》的指标评定，形成评估报告，实现改革推进工作的闭环管理。

2 个基础平台：以自治区政务数据共享交换平台、公共数据开放平台为基础支撑，不断强化全区数据共享开放、协同服务能力。

1 个创新治理模式：构建基于数据图谱的跨部门、跨云、跨库的数据治理与应用模式，在数据无须汇聚、落地的情况下，以物理分散、逻辑集中的创新模式实现了精准化、轻量化、可定制的数据调度服务，提升了数据再利用率，节约了数据融合应用成本。

4.2.2　在基础治理上，推进云、网、系统“三通”

要开展好政务数据的治理，就必须先将信息化建设的网络、数据中心、应用系统等基础治理好。以推动云通、网通、系统通的“三通”建设为路径，具体开展云、网、系统互联互通的专项攻坚行动，推进云、网、系统集约建设管理，加快解决数据孤岛、专网林立等问题，夯实全区政务数据治理工作的基础。

4.2.3　在数据治理上，实施全生命周期标准化治理

在实现“三通”的基础上，以“物理分散、逻辑集中、资源共享”为总体原则，制定全区数据治理标准规范，自上而下统筹推进全区数据治理，构建政务大数据资源池，绘成全区一张数据资源图谱，实现对政务数据“聚、治、管、用”的全生命周期治理。

4.3　“五个一”政务数据治理模式的具体内容

广西“五个一”数据治理模式以“1+11+2+1”数据治理体系为顶层规划，在基础治理上推进全区政务云、网、系统的摸底、认定、互联互通及集约共享，在数据治理上，实施政务数据“聚、治、管、用”的全生命周期治理，为广西打造一条符合数据治理工作开展及发展的创新特色之路，见图 4-3。

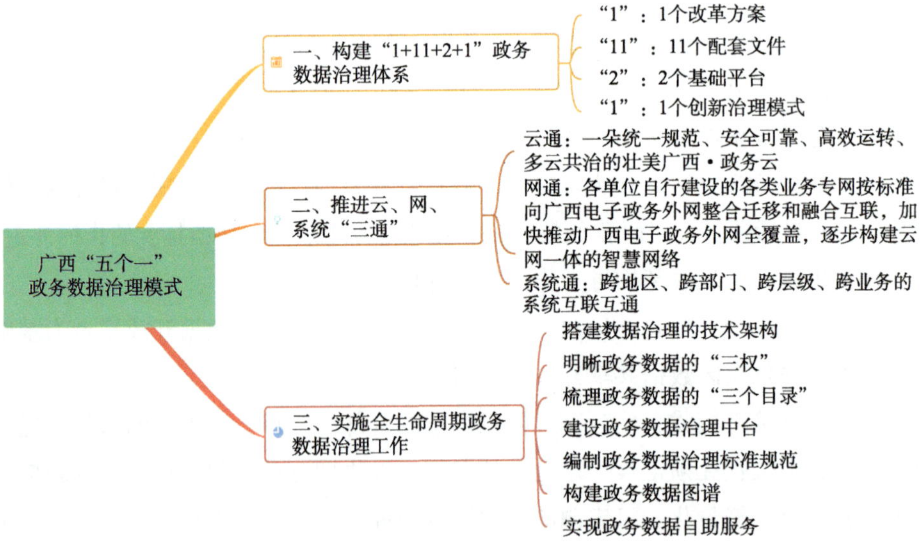

图 4-3　广西“五个一”政务数据治理模式思维导图

4.3.1 构建“1+11+2+1”政务数据治理体系

1. 1 个改革实施方案

《广西政务数据资源管理与应用改革实施方案》明确广西按照“一年初见成效，两年明显进展，三年整体覆盖”的目标，创新机制、整合资源、集中力量、统筹推动、上下联动，努力构建“五个一”政务数据治理新模式，见图 4-4。

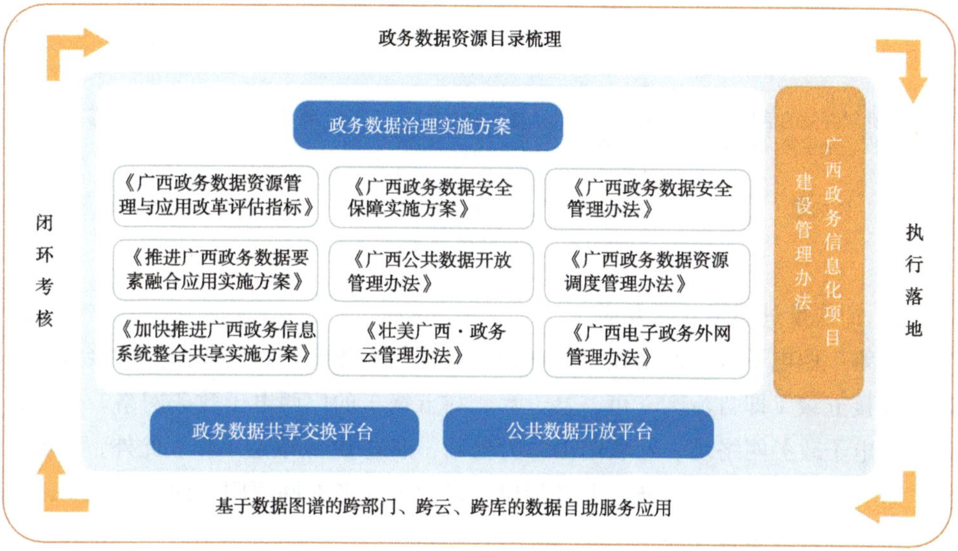

图 4-4 “1+11+2+1”数据治理体系

改革方案在顶层规划上，奠定了广西政务数据治理的总体方向，提出了以资源整合、信息共享、业务应用为着力点，建立由分散规划转变为统一规划、由分散安排转变为统筹安排、由传统审批转变为联合审批、由分散建设转变为统分结合的“四改四转”政务信息化建设新机制，构建“一云承载、一网通达、一池共享、一事通办、一体安全”的“五个一”政务数据治理模式的总体思路，制定了以下具体任务，为广西科学地开展政务数据治理工作奠定了基础，见图 4-5。

1）加快完成政务数据“聚通用”工作

A. 加快推进云资源集约管理

首先，通过开展政务信息化资产普查工作，梳理广西各单位存量基础设施资源的情况，建立数据中心、云平台、业务专网、互联网出口等基础设施资源清单；其次，在全区实行“多云共治”的协同工作标准，统筹存量的云平台、数据中心资源，按照子云认定的标准整合接入壮美广西·政务云统一管理；最后，依托壮美广西·政务云资源进行增量集约化建设，广西各地各部门原则上不再新建云平台和数据中心。

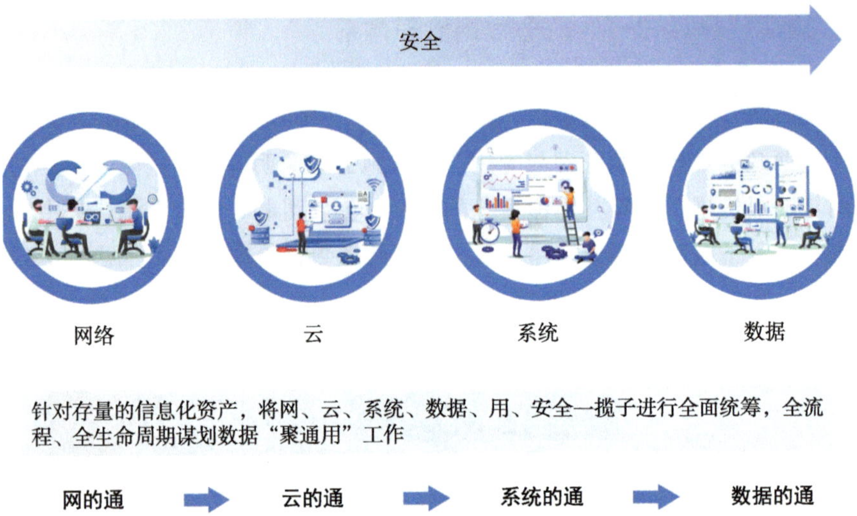

图 4-5 政务数据“聚通用”

B. 加快推进网络互联互通

统筹广西电子政务网络建设，加快整合部门业务专网，建成向上连接国家、向下连接五级（即自治区、市、县、乡、村五级）的广西电子政务网络。同时，以广西电子政务网络统一互联网出口为基础，推进 IPv6 改造工作。此外，要求广西各地各部门原则上不再新建业务专网，已建的业务专网原则上向广西电子政务网络整合迁移或融合互联。

C. 加快推进系统整合共享

以政务信息化资产普查工作为基础，摸清各单位信息系统家底后，分类推进信息系统整合共享，构建上下联动、纵横协管的协同治理机制。数据治理及共享平台集约方面，以数据共享交换平台、公共数据开放平台为支撑，建立物理分散、逻辑集中、资源共享的政务数据资源体系，实现政务数据的“大治理、大共享、大开放”的新局面。

政府网站平台集约方面。建设政府网站集约化平台，打通信息壁垒、推进集约共享，提升政府网站管理和服务能力，构建整体联动、高效惠民的网上政府。

政务服务集约方面。建设广西数字政务一体化平台，推动各地各部门各单位政务服务业务办理系统接入，构建纵横联通、业务协同、深度应用的政务服务大平台。

监管平台方面。建设“互联网+监管”平台，实现对监管的“监管”，构建统一规范、数据共享、协同联动的“互联网+监管”体系。

D. 加快构建数据资源统一目录

制定数据治理的统一标准，编制政务数据共享开放需求清单、责任清单和负面清单。广西各地各部门按照统一标准，对政务数据进行盘点清查，构建形成政务数据资源图谱，并以图谱为基础，实现政务数据共享、开放实行统一目录管理。

E. 加快构建数据管理统一渠道

广西各地各部门根据政务数据资源图谱，建立政务数据资源前置库，并与自治区政务数据共享交换平台级联，构建政务数据管理的统一渠道，实现跨地域、跨部门、跨层级的数据共享交换。此外，按照政务数据分类原则，建立健全政务数据审批、校核、激励、评价等管理机制。

F. 加快推进政务服务“一事通办”

按照政务服务“一网通办”的要求，明确自治区政务数据共享交换平台获取或核验的政务数据与纸质文书原件具有同等法律效力，深化政务数据在政务服务全过程的应用，推动政务服务事项全程网办，在更大范围内实现政务服务“一事通办”。

G. 加快推进数字化建设

充分挖掘政务数据价值，打造融合创新的政务数据应用开放平台，引导和鼓励各类企业、技术力量和社会资本在平台上创新创造，构建政务数据开放应用生态圈。立足中国—东盟信息港建设（跨境）流通应用，探索构建以竞价为驱动的数据交易体系，培育数据交易市场。

2）建立“四改四转”政务信息化建设新机制

改革规划机制，加快推进由分散规划转变为统一规划。编制自治区本级政务信息化建设五年规划及年度计划，经数字广西建设领导小组办公室组织评审论证后，报自治区人民政府批准实施。对未列入年度计划但有特殊需求的，按程序报自治区人民政府批准后，补入当年计划。

改革资金机制，加快推进由分散安排转变为统筹安排。编制自治区本级政务信息化项目建设和运维年度预算，经数字广西建设领导小组办公室组织审核后，根据数字广西建设有关资金规模及财政投资评审结论统筹安排项目建设和运维年度预算。实行政务信息化项目建设和运维资金全过程绩效管理。

改革审批机制，加快推进由传统审批转变为联合审批。编制自治区本级项目建设和运维年度方案，经数字广西建设领导小组办公室组织自治区有关部门联合审批后实施。

改革建设机制，加快推进由分散建设转变为统分结合。除国家另有规定外，自治区信息中心作为自治区本级基础设施资源项目、公共应用支撑平台、共性应用系统的统一业主单位，自治区各部门各单位作为本行业专业应用系统的业主单位，负责实施项目建设、运维、服务采购和管理工作。在自治区统一规划、统一标准的基础上，各行业专业应用系统要严格落实共建共享的要求，在网络层面要依托广西电子政务网络建设，在算力和存储资源层面要依托壮美广西 · 政务云建设，在数据层面要依托自治区政务数据共享交换平台建设，在业务层面要依托全区公共应用支撑平台和共性应用系统建设。鼓励通过购买服务方式开展项目建设和运维，见图 4-6。

图 4-6 “四改四转”政务信息化建设新机制

3）完善安全保障体系

（1）完善安全可控防护体系。强化安全能力建设，使用符合国家要求的密码技术产品，优先采用安全系数高的软硬件产品、系统和服务，确保安全可控。支持大数据安全技术创新，依托关键核心技术，推动形成大数据安全产品研发、生产和应用的大数据安全产业链。

（2）完善安全预警联动体系。建立全区统一的政务数据安全情报共享、安全监测预警与信息通报工作机制，健全政务数据安全应急处置机制，建设统一的政务数据安全监管平台，监测政务数据安全状况，发布政务数据安全监测预警信息，统筹协调政务数据安全事件处置。

（3）完善安全责任体系。建立政务数据安全保障工作协调机制，落实政务数据安全责任制，保障政务数据全生命周期安全。政务数据生产单位承担本单位政务数据源的安全责任，自治区政务数据共享交换平台和自治区公共数据开放平台的管理单位承担政务数据共享、开放过程中的管理安全责任，政务数据使用单位承担所授权使用数据的安全责任。

2. 11 个改革配套文件

11 个配套文件是围绕推进落实《广西政务数据资源管理与应用改革实施方案》工作需要而出台的相应业务规范、标准，涵盖了政务云网基础设施标准、信息系统统筹建设标准、政务数据管理标准，以及信息化项目管理全生命周期管理等内容，为广西的政务数据资源管理与应用改革工作保驾护航（表 4-1）。

表 4-1 “11”个改革配套文件作用

序号	文件名称	文件作用
1	《广西政务数据治理实施方案》	实施方案提出了一套科学的政务数据治理方法论，奠定了广西存量政务信息化资产治理的总体方向，为其他配套文件的实施落地提供了有效的抓手
2	《广西电子政务外网管理办法》	管理办法针对广西存在的专网林立、相互隔离、数据无法有效传输等问题，规范推动全区各部门非涉密业务专网向广西电子政务外网迁移整合，进一步提升了全区电子政务基础设施集约化建设水平，提高了网络资源使用效率，在基础设施层面实现了“一网通达”
3	《壮美广西·政务云管理办法》	管理办法针对广西数据中心林立、建设运维标准不统一、服务运行效率参差不齐、缺乏有效管理、存在安全隐患等问题，规范推动全区各部门数据中心向壮美广西·政务云迁移整合，进一步加强全区电子政务基础设施集约化建设水平，提高政务云资源使用效率，提升政务云服务质量，在基础设施层面实现“一云承载”
4	《加快推进广西政务信息系统整合共享实施方案》	实施方案通过明确的整合任务，有序推进全区信息系统整合工作，有效解决广西因信息化建设缺乏系统性、科学性的顶层设计而造成的信息孤岛、数据烟囱、重复建设和资源浪费等问题，为构建上下联动、纵横协管的协同治理机制，实现“一事通办”夯实了基础
5	《广西政务数据资源调度管理办法》	管理办法通过构建数据管理统一渠道，致力于解决广西数据孤岛、信息烟囱、块数据应用水平不高等问题，实现跨地域、跨部门、跨层级的数据共享交换，进一步加强和规范广西政务数据资源编目、采集、共享、开放、应用和安全管理，促进政务数据深度开发利用，在数据层面实现“一池共享”
6	《广西公共数据开放管理办法》	管理办法明确通过各地各部门创新数据开放和应用，鼓励公民、法人和其他组织对数据资源进行研究、分析和挖掘，利用数据资源创新产品、技术和服务，有力提升了政府治理能力和公共服务水平，有效推动了广西数字经济发展
7	《推进广西政务数据要素融合应用实施方案》	实施方案进一步明确了加快培育数据要素市场，推动政务数据融合应用，建设“政府大脑”，构建政务数据开放应用生态圈，探索跨境数据交易机制，助推数字广西高质量发展
8	《广西政务数据安全管理办法》	管理办法明确了要加强广西政务数据安全管理，通过建立健全政务数据一体安全保障体系，预防政务数据安全事件发生
9	《广西政务数据安全保障实施方案》	推进解决目前政务数据资源管理与应用过程中安全管理责任不清、水平不一、体系不全、风险较高等问题，从而实现“一体安全”
10	《广西政务数据资源管理与应用改革评估指标》	通过评估指标的落实，确保全区政务数据资源管理与应用改革方案推进落地，形成完整工作闭环，以评促建、以评促改、以评促管、以评促发展，将改革方案中的每项重点任务和目标分解细化为评估项，以督办考核的方式驱动改革落地生效，确保执行不走偏、贯彻不走样
11	《广西政务信息化项目建设管理办法》	管理办法立足于规范广西政务信息化建设管理，构建广西政务信息化项目统筹协调管理机制

1)《广西政务数据治理实施方案》

实施方案通过开展政务数据治理试点工作，构建统一的政务数据资源管理渠道，为在全区实现政务数据治理全覆盖形成可复制、可推广的制度创新成果；明确建成全区一张政务数据资源图谱，初步构建“数据+生态”开放应用生态圈，基本实现“五个一”政务数据治理新模式，基本建成数据要素市场。

2）《广西电子政务外网管理办法》

管理办法明确了广西各级各部门关于电子政务外网管理的工作职责，制定了非涉密业务专网与电子政务外网的整合迁移标准和流程，明确了电子政务外网的安全管理要求、运维工作要求等。

3）《壮美广西·政务云管理办法》

管理办法规范了广西各单位数据中心的使用管理、运维管理、安全管理和评价管理等要求，包括自建数据中心的标准，自建数据中心的认定流程，自建数据中心的迁移要求，租用第三方数据中心的迁移要求；规范了云资源的使用，明确云资源的申请、受理、评估、审核、测试、开通、变更和终止环节；明确了自治区信息中心和使用单位对政务云的运行维护管理要求；明确了政务云的信息安全原则、安全防护工作要求、安全定级要求和安全管理要求；明确了政务云的考核方式，用户单位和管理部门的评价内容。

4）《加快推进广西政务信息系统整合共享实施方案》

实施方案着力解决全区政务信息系统存在的信息孤岛、数据烟囱、重复建设和资源浪费等问题，以资源整合、信息共享、业务应用为着力点，加快推进全区政务信息系统整合共享，建设全区整体的“大平台、大数据、大系统”。

5）《广西政务数据资源调度管理办法》

管理办法规范了自治区政务数据共享交换平台和公共数据开放平台的管理、数据目录和数据资源管理、数据调度管理、数据安全管理、监督检查等方面的要求；规范了自治区和市级数据共享交换平台、公共数据开放平台的规划、建设、标准、使用和运维保障管理；形成了政务数据资源采集、加工、存储等全链条管理，以及政务数据共享、开放的分类标准、调度流程、协调机制和责任边界划分；明确了主管部门、数据提供部门、数据使用部门（主体）所承担的安全责任等。

6）《广西公共数据开放管理办法》

管理办法进一步规范了自治区公共数据开放和应用，提升了政府治理能力和公共服务水平；通过明确公共数据的定义、公共数据开放工作的原则、各部门职责和管理分工等，指导全区各级各部门有序推进公共数据开放工作；还明确了自治区公共数据开放平台是管理自治区公共数据开放目录，覆盖自治区、市、县、乡、村五级数据资源，支撑自治区公共数据开放的统一通道，各地各部门各单位应通过自治区公共数据开放平台开放数据，原则上不再建设独立的数据开放平台；建立起全区各级大数据主管部门牵头，各级行业主管部门协同推进的协作体系，大力推动了全区各级政府部门公共数据开放工作、有效提升了公共数据开放的支撑能力。

7）《推进广西政务数据要素融合应用实施方案》

实施方案通过全面推进“一事通办”、探索数据交易机制等措施，提高政府便民服务水平，提升政府决策理政能力，培育繁荣数字产业生态，推动数据要素流通，全方位促进政务数据要素的融合应用。

8）《广西政务数据安全管理办法》

管理办法遵循“谁提供、谁负责，谁流转、谁负责，谁使用、谁负责”的原则，明确各部门关于政务数据安全管理的责任和工作边界，明确各级各部门的政务数据安全管理工作要求，保障政务数据的全生命周期安全。

9）《广西政务数据安全保障实施方案》

实施方案通过建立全区政务网络安全监测、预警和应急响应联动机制，完善网络安全应急联动体系；健全数据安全标准体系，持续完善政务数据安全技术与管理并重的安全体系，实现物理环境、通信网络、区域边界、计算环境、管理中心、管理制度、管理机构、管理人员、建设管理和运维管理的“一体安全”模式。

10）《广西政务数据资源管理与应用改革评估指标》

评估指标通过建立覆盖数据治理全生命周期的考核评估指标监督工作体系，以绩效考核和专项督查为抓手，以精细化的考核评估全面推进政务数据治理工作，辅助开展培训、精准服务等指导工作，构建政务数据治理工作的闭环管理。指标体系所涉及的内容均来自改革方案及上述配套文件，是确保全区政务数据资源管理与应用改革推进落地的“指挥棒”。

11）《广西政务信息化项目建设管理办法》

管理办法从规划管理、项目前期工作管理、建设和资金管理、监督管理等几个方面提出具体要求，实现对增量政务信息化资产的规范性管控。一是通过政务信息化建设规划统筹项目建设方向、重点内容，项目建设需联合审批，并编制年度投资计划报政府审定后实施。有效解决各部门分散建设、重复投资问题，提升信息化项目投资绩效水平。二是将推动政务信息系统跨部门跨层级互联互通、信息共享作为主线贯穿始终。从项目规划、申报、实施、验收直至后续的运维资金支持，全过程强化资源共享。三是建立政务信息化建设管理的协商机制，在规划和年度计划编制、竣工验收、监督管理、绩效评价等环节均体现多部门参与，进一步加强了项目建设投资全过程的联动管理。四是在简化优化项目申报和审批流程的基础上，进一步完善项目后续监督检查、审计、后评价，以及绩效评价等事中、事后监管措施和要求。科学的效能评价将进一步提升工程建设社会和经济效益，促进建设单位提升管理能力。

3. 2 个基础公共平台

数据治理工作的基础支撑之一即统一的数据共享及开放平台。广西通过构建全区统一、多级互联的 2 个基础公共平台——政务数据共享交换平台和公共数据开放平台，实现数据的全区互联和调度，为数字政府的数字化应用推广和民生服务奠定了基础，见图 4-7。

图 4-7　广西壮族自治区政务信息共享网站（数据截至 2022 年 5 月底）

1）政务数据共享交换平台

政务数据共享交换平台具有跨层级、跨地域、跨系统、跨部门、跨业务的数据调度能力，是实现广西政务数据统筹调度的唯一通道，全区各部门均可在平台上发布资源目录、挂载数据资源，为其他部门提供数据服务，是广西政务数据资源的“大集市”。

2）公共数据开放平台

公共数据开放平台的功能与政务数据共享交换平台基本一致，它是以共享交换平台已发布、挂载的数据资源为基础，将其中能开放给社会公众使用的资源通过统一门户提供出来，一方面可满足社会对政府数据资源的部分需求，另一方面也促进了数据融合应用的发展。

4. 1 个数据应用创新模式

为解决数字政府建设过程中存在的信息孤岛、专网林立、政务数据调度难、融合难等突出问题，广西提出了基于知识图谱的跨部门、跨云、跨库的数据资源融合应用的技术创新。通过充分利用知识图谱和图数据库等技术，构建元数据和业务数据图谱，结合自然语言分析技术（Bi-LSTM-CRF 算法等）和全文索引技术（Solr 等），构建了广西特色的数据应用创新模式——基于全区政务数据资源图谱的跨部门、跨云、跨库数据自助服务。它以数据图谱为手段，通过物理分散、逻辑集中的管理模式，在数据无须汇聚、落地的情况下，数据需求部门通过数据自助服务，可精准地申请数据以满足数据共享需求。而数据自助服务封装的数据服务接口不仅可以给自己提供服务，其他部门也可对该接口进行调用，图 4-8 为数据自助服务的数据整合示例。

图 4-8　数据自助服务的数据整合示例

数据应用创新模式通过在数据清洗、知识融合和服务方式方面的创新，实现了精准化、轻量化、可定制的跨部门、跨云、跨库数据调度服务，提升了政务数据再利用率，节约了数据融合应用成本，切实保障了数据调度的安全性。

数据清洗创新模式通过自然语言分析处理，对原始数据进行获取及清洗，基于 Bi-LSTM-CRF 模型、N-Gram 语言模型、条件随机场算法及隐马尔可夫模型，创新研发了自然语言分析处理模块，将结构化数据内容中的缺失数据、错误数据、脏数据通过自然语言分析处理模块及政务核心词库进行处理，完成信息补充、修正和清除，保证数据与对应的数据模型的定义相符合。同时，将数据表格、数据文本等半结构化数据及非结构化数据进行整理。

知识融合创新模式通过综合采取自然语言处理技术进行信息抽取和知识融合，构建数据图谱所需的三元组数据模型。首先，引入 Ansj_Seg 分词模块及全文索引技术（Elasticsearch、Solr 等），结合光学文字识别（optical character recognition，OCR）、语义识别等技术，对半（非）结构型数据中的内容进行处理，将其转换为结构型数据；其次，通过实体本体模型、业务条理本体模型对数据实体、关系、属性进行抽取，构建知识图谱所需的三元组数据模型；最后，依据政务核心词库、文本同义词库、第三方知识库等消除知识图谱中实体之间的歧义，并删除冗余和错误的概念，提高知识图谱关系识别的准确性和逻辑性，在良好的数据质量基础上，开展数据融合操作，扩展数据感知神经节点。

服务方式创新模式基于三元组数据模型构建数据图谱，实现跨部门、跨云、跨库的政务数据资源精准化、轻量化、可定制化自助调度。首先，依托 JanusGraph 开源图数据库及 Apache Hadoop 应用程序框架，完成三元组模型向图数据模型的转化。其次，基于图数据模型，构建全区政务数据图数据库模型，搭建多维立体空间的广西政务数据图数据库，实现全区政务数据“一张图”，全面、清晰地展现全区各单位的政务数据资源情况，支撑全区图数据的分析、报告和 ETL（extract-transform-load，抽取、转换、加载），同时为不同区域、不同领域的数据资源调度需求提供基础。最后，需求部门通过数据资源图谱查阅到分布在不同部门、不同云资源上、不同类型数据库中的数据资源，通过数据自助服务功能对跨部门、跨云、跨库的多个数据资源进行整合、比对和分析，并自动封装形成一个服务接口对外提供数据服务。

4.3.2 推进云、网、系统“三通”

1. “三通”的定义

1）云通

云通是推进云资源集约化建设，打造一朵统一规范、安全可靠、高效运转、多云共治的壮美广西·政务云，整合接入其他行业云，并实现统一监测、统一考核的统筹管理，为各单位提供统一申请、统一分配、统一调度的云资源服务。

在管理机制上，自治区大数据发展局是壮美广西·政务云的主管部门，负责云资源的受理、审批、统筹、协调及管理；自治区信息中心负责云资源的评估、交付、分配、发放和收回；自治区各部门是壮美广西·政务云服务的用户单位，根据各自职责，协助做好壮美广西·政务云服务使用及安全管理工作。各地市可参考自治区模式开展本地市的云资源建设和管理工作。

2）网通

网通即坚持联网互通是原则，孤网是例外，推进各单位自行建设的各类业务专网按标准向广西电子政务外网整合迁移和融合互联，加快推动广西电子政务外网全覆盖，逐步构建云网一体的智慧网络。

在管理机制上，自治区大数据发展局是广西电子政务外网建设运维管理的主管部门。各级各部门是广西电子政务外网的接入单位，负责本单位电子政务外网的建设运维管理和应用工作。各市负责统筹协调推进本地区电子政务外网的建设运维管理和应用工作。

3）系统通

系统通即以系统整合、信息共享、业务应用为着力点构建“大平台、大数据、大系统”，以切实满足实际业务需求为目的驱动信息系统互联互通、业务协同、数据共享，避免数据和业务“两张皮”，减少在不同系统中的重复录入，构建深度应用、上下联动、纵横协管的协同治理大系统，实现跨层级、跨地域、跨系统、跨部门、跨业务数据互联互通。

2. “三通”的任务

1）摸清全区政务信息化资产家底

一是建设政务信息化资产管理系统，实现对网络、数据中心、信息系统等数据资产家底的信息登记、信息监控、统计分析，为摸清全区政务信息化资产提供工具抓手。

二是开展全区政务信息化资产普查，依托政务信息化资产管理系统对信息化资产进行逐项登记和审核，开展线下勘察和交叉互评，推进资产认定与备案，摸清全区非涉密数据中心、非涉密业务专网、非涉密信息系统、数据资源目录的底数，形成统一台账。

三是构建态势感知系统，基于政务信息化资产管理系统汇聚的云资源集约、网络互联互通、应用系统打通对接、数据资源目录和安全管理实时动态数据，构建全区资产态势感知一张图，实现对全区政务信息化资产全生命周期的动态感知、实时监控和统筹管理。

2）开展非涉密专网、数据中心的认定、互联互通和集约管理

一是开展非涉密专网、数据中心认定。各部门自查并制订工作计划，按照非涉密数据中心和业务专网认定标准提出认定申请；上级大数据主管部门受理认定申请，并组织技术评审工作小组开展评审工作，推进全区云网认定。

二是开展云网集约和互联互通的专项攻坚。非涉密业务专网互联互通。①推进网络互联互通，统筹广西电子政务网络建设，加快整合部门业务专网，建成向上连接国家、向下连接五级的广西电子政务网络；②建设广西电子政务网络统一互联网出口，推进 IPv6 改造；③各地各部门各单位原则上不再新建业务专网，已建的业务专网原则上向广西电子政务网络整合迁移或融合互联。

三是非涉密数据中心集约管理。①梳理整合存量基础设施资源，建立数据中心、云平台和互联网出口等基础设施资源清单，并制订本地区本部门非涉密信息系统迁移上云计划，加快推进自建数据中心认定、撤销和统筹利用；②实行“多云共治”，统筹存量的云平台、数据中心资源，按照子云认定的标准整合接入壮美广西·政务云；③依托壮美广西·政务云资源进行增量集约化建设，各部门各单位原则上不再新建云平台和数据中心，新建的行业云、市云要纳入壮美广西·政务云统一管理。

3）推进云网资源统筹管理

一是广西电子政务外网横向接入。加强财政资金统筹，强化电子政务外网统筹建设力度，由分散建设向共建共享的模式转变，按照“属地管理、就近接入、应接尽接、分步推进”的原则，扩大自治区、市、县级城域网横向网络覆盖，稳步推进全区各级各部门各单位及其二层机构接入电子政务外网，实现自治区、市、县、乡、村五级电子政务外网横向网络全覆盖，实现信息基础设施共建共享共用，避免各自为政、自成体系、重复投资、重复建设、资源浪费。

二是互联网出口撤销。已接入电子政务外网并租用互联网出口的单位，在合约到期后不再租用运营商的互联网出口，各地各部门各单位原则上不再新建和改扩建业务专网，不再单独建设或租用互联网出口，应充分利用已建的政务外网基础设施和使用本级政务外网统一互联网出口。各级财政部门原则上不再安排新建和改扩建业务专网建设与运行维护经费，不再为各部门各单位单独安排互联网出口建设和运行维护经费。

三是开展壮美广西·政务云和电子政务外网合规性检查。强化壮美广西·政务云和广西电子政务外网统筹建设力度，广西通过制订云网合规性检查方案，规范壮美广西·政务云和广西电子政务外网的建设运维管理。具体分为实操培训、自查整改、现场核查、核查整改、督导评估、整改提升六个主要阶段，确保政务云网高效安全运行。

四是加强壮美广西·政务云和电子政务外网运维管理。壮美广西·政务云和电子政务外网相关管理办法明确规定要强化运维管理，按照相关技术标准，对各级政务外网节点机房进行建设、升级扩容和运行维护。同时，组建政务外网专职运维团队，负责网络运行监控、故障处理等运行维护工作，确保政务外网全年不间断运行，鼓励以购买服务的方式组建运维团队。

4）围绕业务协同需要，开展业务系统的整合共享

一是建立健全系统对接工作机制。为有效解决“二次录入”现象，广西针对政务服务专业业务办理系统对接工作过程中事项不清、系统不清、底数不清等问

题，按照明确对接事项、明确对接模式、明确对接任务、明确对接人员、明确对接时限、明确对接完成标识的“六明确”原则，全面梳理了系统对接工作中的各项工作步骤、时间节点、完成标志，形成目标明确、步骤清晰的系统对接工作机制，加快推进系统对接工作。

二是精准施策推动系统对接。由于各单位信息化程度不一，业务结构也存在着较大的差别，因此在系统对接过程中需要根据各单位的实际情况“精准施策”。广西按照“2+6+*N*”（2个总协调人、6个系统对接服务小组、*N*个技术支撑团队）的模式组织成立政务服务系统对接专班，由6个系统对接服务小组专职制订对接方案、跟进系统对接完成情况解决对接过程中存在的问题，实现精准化的系统对接服务支撑。

三是有序开展系统对接工作。系统对接涉及事项梳理、业务流程、部门协调和技术对接等多个方面，具有业务和技术协调的高复杂性。为此自治区大数据发展局以“事项清、系统清、底数清和对接清”为出发点，以自治区数字政务一体化平台事项管理系统中的政务服务事项清单为统一标准，为各单位提供了标准一致、清晰全面的政务服务事项清单，并组织各地各部门录入和填报本单位政务服务事项所对应的系统类型、系统名称及覆盖层级等信息，确保了事项、系统和底数的“三清”；编制了《系统对接流程指引》等多项工作指导材料，引导各单位按照标准规范开展系统对接工作；通过对接情况每日汇总、对接进度公示等多方措施，有力保障系统对接工作有条不紊地推进，实现“对接清”。

4.3.3　实施全生命周期政务数据治理工作

全生命周期政务数据治理包括以下七个方面的内容：搭建数据治理的技术架构；明晰政务数据的“三权”；梳理政务数据的“三个目录”；建设政务数据治理中台；编制政务数据治理标准规范；构建政务数据资源图谱；实现政务数据自助服务，见图4-9。

1. 搭建数据治理的技术架构

1）数据治理技术平台架构

广西政务数据治理技术平台由自治区政务数据共享交换平台和各地各部门各单位数据中台构成。通过数据治理技术平台，可将分散存储在不同部门、不同云资源（自治区政务云、地市云、行业云）和不同数据库（MySQL、Hive、MPPDB、Oracle等）的政务数据统一标准、统一治理、统一管理、统一调度，形成跨部门、跨云、跨库的政务数据一池共享，实现全区数据资源逻辑集中管理和统一服务，见图4-10。

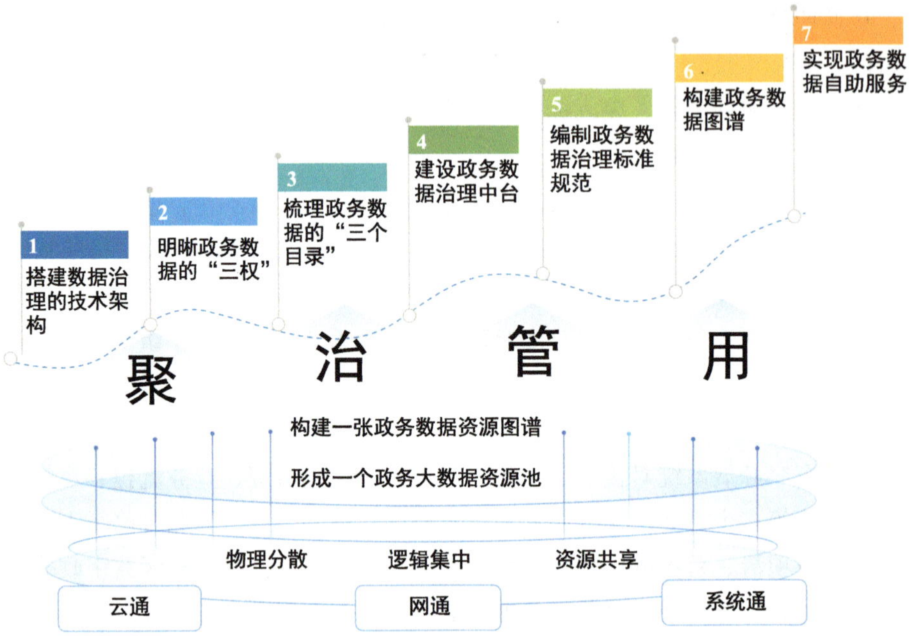

图 4-9 全生命周期政务数据治理示意图

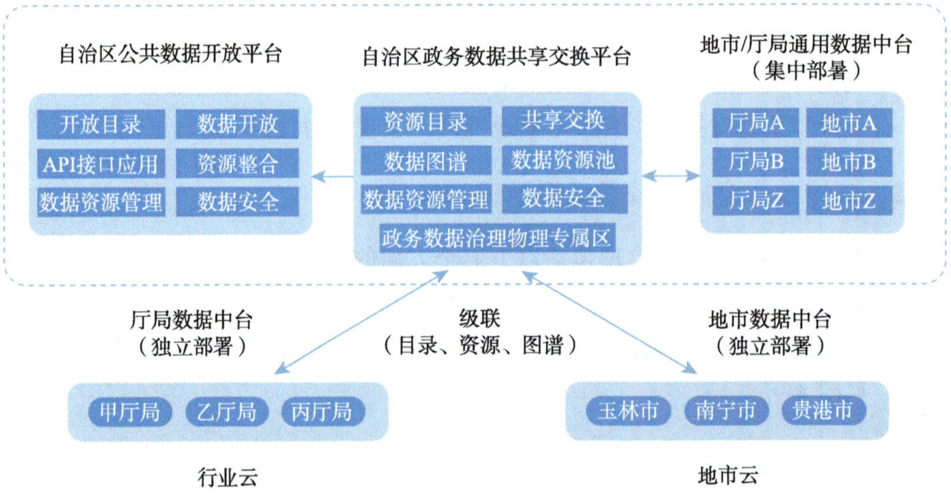

图 4-10 技术平台架构图

各部门数据中台均与自治区政务数据共享交换平台实现级联，分为独立部署和集中部署两种模式。独立部署数据中台由自治区部门、地市自行建设并部署在各行业云或地市云；集中部署数据中台由自治区大数据发展局提供软件系统并统一部署在自治区政务云。

政务数据治理工作以自治区政务数据共享交换平台、各部门数据中台为支撑，业务数据通过级联系统在两个平台间流转，见图 4-11。

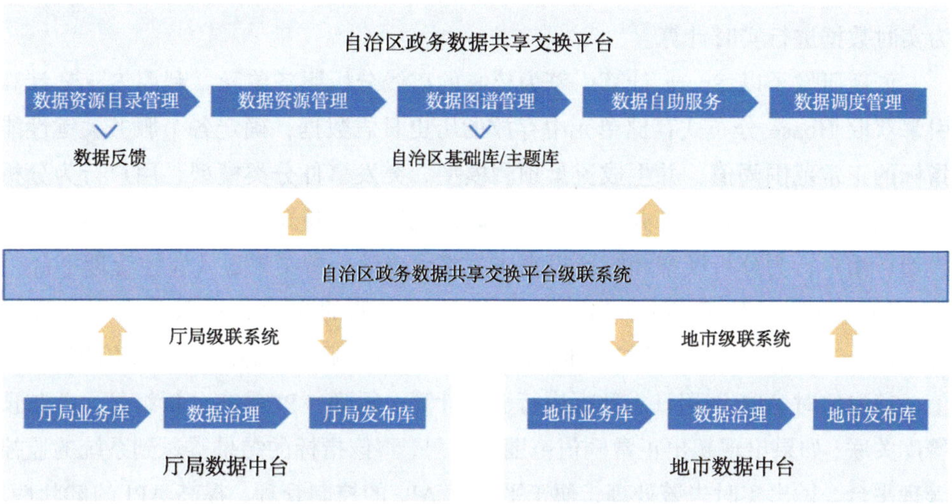

图 4-11 数据治理工作的数据流图

首先，各部门对存储在业务信息系统（生产系统）中的政务数据通过部门数据中台进行数据的汇聚和治理，形成部门数据资源发布库，在此基础上进行政务数据资源目录编制和数据资源图谱绘制；其次，部门数据中台通过级联系统对接至自治区政务数据共享交换平台，完成政务数据资源目录、政务数据资源图谱、数据标准和数据中台调度信息等数据交互，实现全区的数据图谱、数据资源的级联；最后，自治区政务数据共享交换平台实现政务资源目录整合、数据图谱绘制发布、数据自助服务和全区数据的统一调度。

2）数据共享交换关键技术

为解决全区政务数据资源集中调度和归并整合后海量数据流转效率低、服务平台常态化高并发等突出问题，构建统一高效、互联互通、安全可靠的数据资源服务体系，广西提出了基于大数据、AI 的开放数据 API 网关系统。系统创新攻克了数据流高速自动分发的政务数据共享交换关键技术，通过开发以流计算引擎为核心的 API 智能网关，实现对平台 API 调用日志的采集，利用分析单元、预测模型、回归算法等做智能分析与预测，有效地预测 API 的安全性、健壮性、准确性。

创新应用以 API 网关为核心的双路日志数据处理机制。首先，由 API 网关采用 Nignx 插件收集多维日志数据，将日志数据送到 Kafka 分布式发布订阅消息单元的 Kafka 消息队列之中。其次，Kafka 分布式发布订阅消息单元将带有日志数据的 Kafka 消息队列分成两路 Kafka 消息流：一路 Kafka 消息流直接存入 HBase 分布式存储单元中，利用 Logstash 接收 Kafka 流获取日志记录处理并固化，作为离线历史数据进行备份存储；另一路 Kafka 消息流发送到实时分析服务单元中，作为实时数据进行实时计算。

创新研发了以 Spark 计算引擎为核心的离线分析服务单元。利用 Spark 计算引擎获取 Hbase 分布式存储单元中存放的历史日志数据，确定各个服务关键性能指标的正常范围阈值，并生成流量预测模型、突发事件分类模型、用户行为分析模型和对应的统计报表，并将上述正常阈值范围和流量预测模型、突发事件分类模型、用户行为分析模型和统计报表作为离线统计分析结果送入监控管理平台。

创新研发了基于 SparkStreaming 流计算引擎的实时分析服务单元。通过 SparkStreaming 流计算引擎接收 Kafka 信息流，结合服务关键性能指标项的异常阈值，获取实时 API 调用日志数据进行流式计算，得到 API 状态分析结果，并与预警库关联，如果出现超出正常阈值范围的结果，将该指标的结果推送到系统的监控管理平台，做出实时告警处理，便于平台对 API 的控制管理，提高 API 的健壮性。

2. 明晰政务数据的“三权”

《广西政务数据资源管理与应用改革实施方案》明确规定了政务数据的“三权”，即所有权、管理权、使用权。其中，广西壮族自治区党委和政府依法拥有政务数据的所有权，授予大数据发展局行使政务数据所有权的职责，即统筹政务数据建设、管理和应用，统一调度政务数据；各级各部门是政务数据的生产单位，拥有政务数据的管理权，有义务和责任做好数据治理工作，并向自治区党委和政府无条件提供高质量的政务数据；各级各部门和人民有权申请使用政务数据，按需使用政务数据。

3. 梳理政务数据的“三个目录”

由自治区大数据发展局组织各地各部门理清职责事项清单，根据职责事项清单梳理出应发布的政务数据资源目录，根据信息化系统数据资产情况梳理可发布的政务数据资源目录，将可发布的政务数据资源目录与数据资源进行挂载后形成已发布的政务数据资源目录，见图 4-12。

1）政务数据资源目录梳理流程

政务数据资源目录梳理包含目录准备与实施、目录编制与管理两个阶段。

（1）目录准备与实施。由各地各部门明确政务数据资源目录梳理工作的领导机构和工作机制，负责政务数据资源目录的组织规划、编目审查等工作；明确政务数据资源目录的组织实施机构，负责具体数据资源调查、数据资源目录编制和

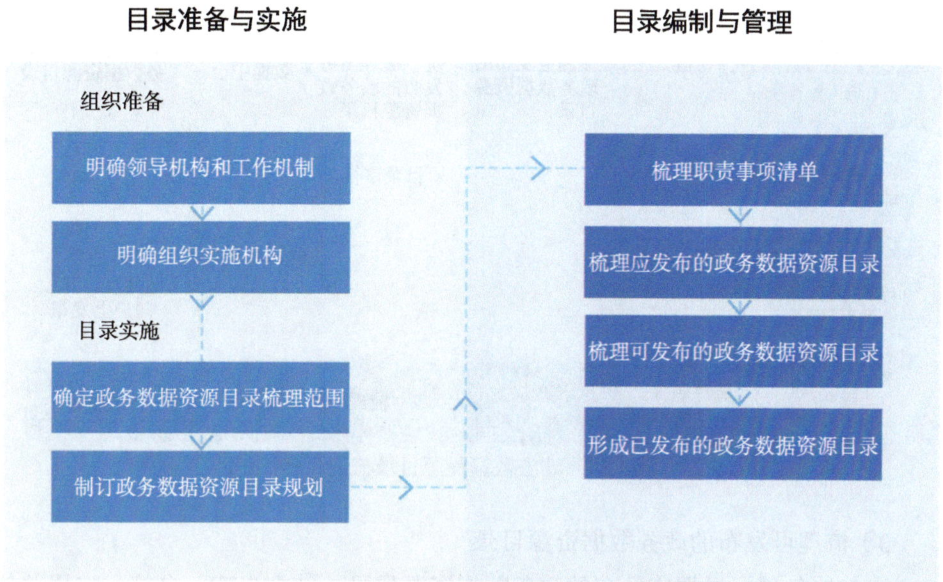

图 4-12　政务数据资源目录梳理工作流程图

维护更新等工作；各地各部门结合“三定”方案和工作开展情况，确定政务数据资源目录梳理范围（即具体梳理部门及其内设机构、直属单位），制订政务数据资源目录规划。

（2）目录编制与管理。由各地各部门依据目录规划，梳理各单位权责清单、政务服务事项清单和监管事项清单；组织开展各单位业务工作、信息系统及对应的数据资源情况调查，梳理应发布的政务数据资源目录；按照政务数据资源目录元数据要求，编制生成政务数据资源目录；通过部门或地市数据中台的目录管理功能，完成目录的编制和发布，形成已发布的政务数据资源目录，并对目录进行统一管理。

2）梳理应发布的政务数据资源目录

（1）职责事项清单梳理。由各地各部门结合本单位“三定”方案中的部门职责、权责清单、政务服务事项清单及监管事项清单等内容，梳理本部门的具体职责、依据职责而开展的工作、权责清单、政务服务事项及监管事项，并理清职责、工作、权责清单、政务服务事项及监管事项之间的关联关系，形成本部门的职责事项清单。

（2）形成应发布的政务数据资源目录。由各单位在梳理出的职责事项清单基础上，对政务数据资源进行全面摸底，通过理清在因履职而开展的工作过程中，产生并且以一定形式记录、保存的政务数据资源，明确各个资源的共享与开放属性，并与职责事项建立对应关系，形成本部门应发布的政务数据资源目录并通过本部门数据中台的政务数据资源目录功能录入应发布的政务数据资源目录，进行维护和管理，见图 4-13。

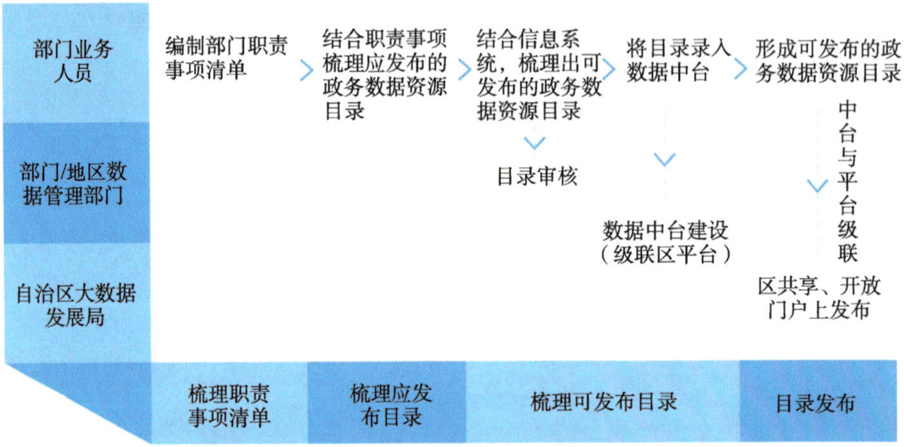

图 4-13　政务数据资源目录梳理步骤

3）梳理可发布的政务数据资源目录

由各地各部门根据应发布的政务数据资源目录，结合自建、自管、在用的信息系统情况，梳理出本部门实际可挂载的库表类、接口类或文件类政务数据资源，同时根据系统的库表结构，调整应发布政务数据资源目录的名称和信息项，梳理出可发布的政务数据资源目录，见图 4-14。

图 4-14　可发布的政务数据资源目录梳理步骤

4）挂载已发布的政务数据资源目录

由各地各部门根据可发布的政务数据资源目录的共享属性和开放属性，对政务数据资源目录进行分类分级，通过数据中台、政务数据共享交换平台和自治区数据开放平台的资源目录管理模块进行目录的发布与审核操作，并进行数据资源的挂载，形成已发布的政务数据资源目录，实现数据资源的跨地域、跨部门调用。

4. 建设政务数据治理中台

数据中台是政务数据治理的重要支撑，是保障数据的准确性、及时性和有效性的核心，是连接部门内业务系统和数据应用的综合数据资产管理平台，是实现全区数据资源管理、调度和应用的节点，见图 4-15。

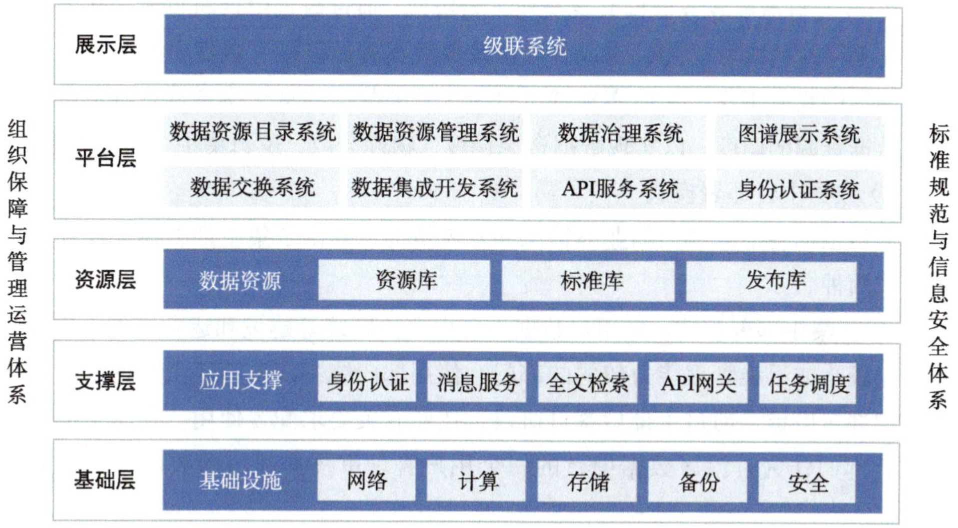

图 4-15 数据中台基本功能架构图

1）数据中台的基本功能

数据中台具备政务数据资源目录管理、数据汇聚、数据治理、数据资源发布库管理、政务数据资源图谱的绘制和展示发布、与自治区政务数据共享交换平台级联等六项基本功能。

（1）政务数据资源目录管理。通过数据中台可对应发布的、可发布的和已发布的政务数据资源目录进行新增、修改、删除、发布、下线、查询等全生命周期的管理。

（2）数据汇聚。通过数据中台可将分布在不同云、不同库中各类格式的政务数据资源，按照全量、增量等方式进行自定义汇聚，实现政务数据资源的统一管理。

（3）数据治理。通过数据中台可对各单位汇聚的政务数据资源按照统一的数据标准进行标准化处理，实现数据的标准化，以便数据能更容易地被理解；利用针对性的清洗、质检规则，识别问题数据，形成问题数据清单，并对问题数据按要求进行整改，以提升数据质量。

（4）数据资源发布库管理。通过数据中台可以建立数据资源发布库，汇聚各业务生产库的数据，将经过治理后形成的标准、准确的数据发布到各单位的政务数据资源发布库，以政务数据资源发布库的形式对外提供数据服务，以确保数据服务的质量。

（5）政务数据资源图谱的绘制和展示发布。基于数据中台的数据资源目录和数据资源，以及治理后形成的政务数据资源发布库，利用图数据库能力和数据图谱系统，可以绘制政务数据资源图谱并展示发布。

（6）与自治区政务数据共享交换平台级联。通过数据中台与自治区政务数据共享交换平台的级联功能，完成各单位政务数据资源目录、数据资源和政务数据资源图谱的级联工作，从而实现基于自治区政务数据共享交换平台对各单位数据中台数据资源的调度，以实现数据资源调度“物理分散，逻辑集中”的管理模式。

2）数据中台部署模式

广西根据各地各部门的业务情况和发展情况，提出了集中部署模式和独立部署模式两种。

（1）集中部署模式。多用户数据中台由自治区统筹建设和运营维护。适用于数据量较小或运维管理能力较弱的部门，使用部门统一向自治区大数据发展局提出集中部署申请，通过审批后签订协议，按照有关要求配置使用。在集中部署模式下，部门作为自治区数据中台的一个用户管理审核本部门的数据资源，见图4-16。

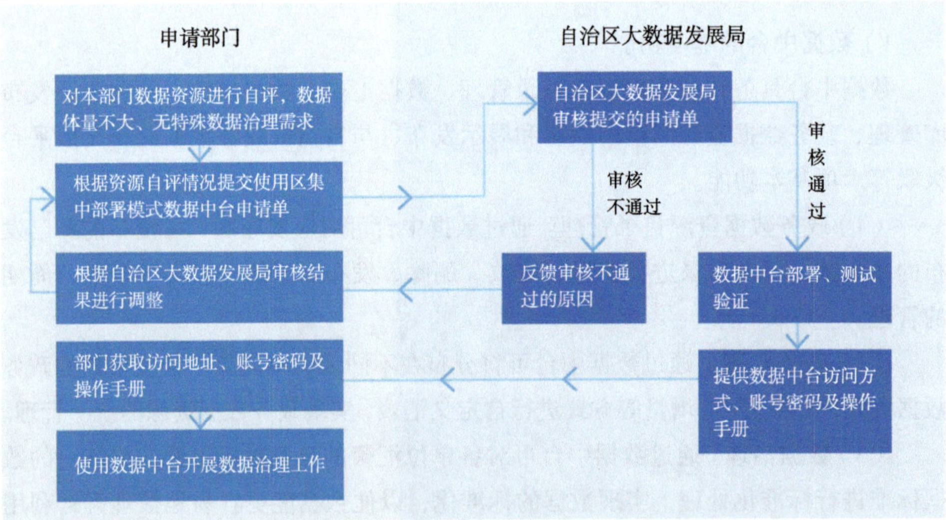

图 4-16　申请使用自治区数据中台流程图

（2）独立部署模式。适用于数据量较大且运维管理能力较强的部门或地市。独立部署数据中台需根据标准规范与自治区政务数据共享交换平台级联，实现标准化的数据共享和交换。独立部署模式的数据中台所需服务器、存储资源，可依托壮美广西·政务云进行建设，或已建行业云、地市云的部门可在本地环境按照自治区数据中台建设规范和级联对接标准规范建设，并且与自治区政务数据共享交换平台完成级联。

3）集中部署模式数据中台的功能

集中部署模式数据中台的功能包括：数据资源目录管理、数据集成、数据共享交换、数据治理、数据服务、平台级联、数据安全、数据资源管理等。各单位应安排专人负责数据中台的使用、维护和安全管理工作。

4）独立部署模式数据中台的级联对接标准

独立部署的数据中台需按照级联对接标准规范与自治区政务数据共享交换平台级联，能对数据进行治理、能支撑数据图谱展示、能支持数据对接调度。

级联对接是各独立部署数据中台按照平台级联规范，与自治区政务数据共享交换平台完成目录上下行、资源上下行、资源申请上下行、政务数据资源图谱上下行、数据标准上下行、任务调度上下行一系列级联对接，从而实现政务信息资源在自治区内跨部门、跨云、跨库的统一调度。

各地各部门根据实际数据需求，在自治区政务数据共享交换平台中进行政务数据资源目录的检索和申请。政务数据资源所属部门审批通过后，申请部门可将政务数据资源订阅到本部门政务数据资源发布库下行区，或通过政务数据资源图谱的数据自助服务系统进行数据资源的整合、比对和分析，按需生成统一接口，供本部门业务系统调用，见图 4-17。

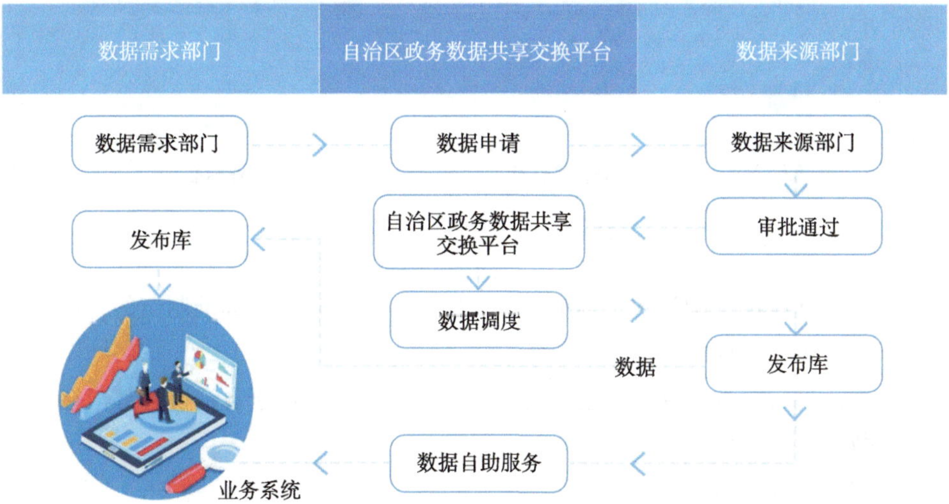

图 4-17　数据统一调度流程图

5. 编制政务数据治理标准规范

数据标准是描述数据资源标准规则的集合，是保障数据使用和交换一致性和准确性的规范性约束。数据标准的制定对于政府提升数据质量、理清数据结构、打通数据孤岛、加快数据流通有着至关重要的作用。

在大数据时代，数据来源于不同的部门与行业，来源多样繁杂，为了打破各个业务系统之间的数据壁垒、对政务数据进行统一规范管理，构建一套完整的数据标准体系是开展数据治理工作的必要基础。基于统一的数据标准，对各部门数据进行标准化处理，在业务方面，明确业务含义，使得业务部门之间、业务和技术之间统一认识和口径；在技术方面，数据标准帮助构建规范的物理数据模型，实现数据在各系统间的敏捷交互，便于对数据进行融合分析。

1）数据标准体系

广西数据治理的数据标准体系分为数据治理通用基础类数据标准和数据治理行业数据标准两大类，见图 4-18。

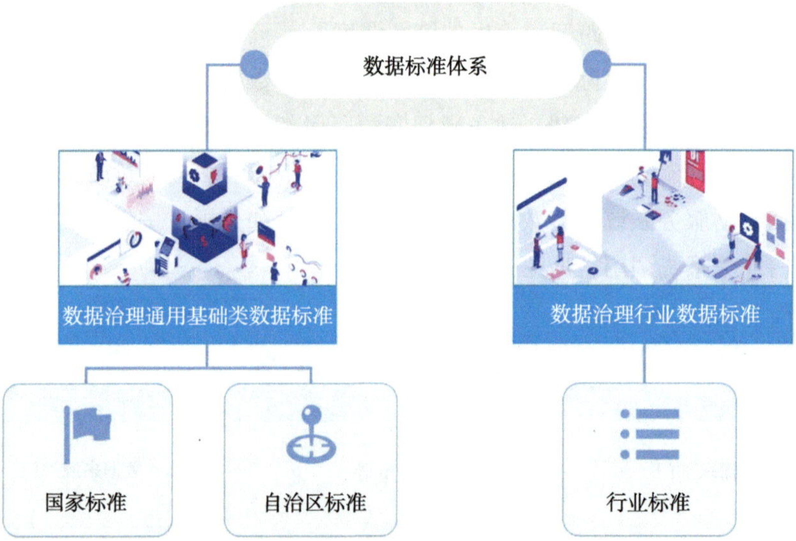

图 4-18　数据标准体系架构

数据治理通用基础类数据标准是基于国家标准、自治区标准制定的，应用于广西全区通用类数据的数据治理工作。

数据治理行业数据标准是基于行业标准制定的，应用于自治区各部门行业数据开展数据治理工作。

2）数据标准制定规范

数据标准是一系列规范性约束的抽象，具体形态通常是一个或多个数据元的集合，因此，数据元是数据标准的基本单元。《信息技术元数据注册系统（MDR）第一部分：框架》（GB/T18391.1-2009）将数据元定义为用一组属性描述定义、标识、表示和允许值的数据单元。每一个数据元应由数据元中文名称、数据元中文全拼、数据元英文名称、数据元内部标识符、定义、数据类型六个属性组成，每一个数据元属性的描述包括该属性的注释以及相关标准规则。

3）数据标准制定和发布

各地各部门根据国家标准化委员会、行业主管部门及地方标准化委员会等机构公布的标准、政务数据共享交换的标准等要求，结合原生产系统建设规范，采集数据相关的标准规范，制定成横向区域内和纵向行业内通用的数据元，明确各数据元的标识定义、表示规范、管理属性，理清数据元之间的关联关系，进行标准整合与分类。

数据标准制定包括标准文件采集、标准汇总与整合、标准内容分类、标准稽核与审核、标准发布等，见图 4-19。

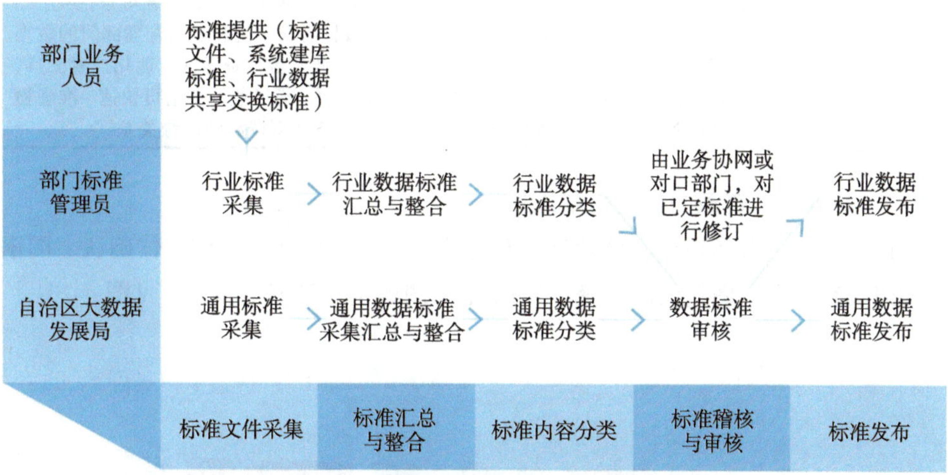

图 4-19 数据标准制定和发布的流程

6. 构建政务数据资源图谱

政务数据资源图谱是一张由政务数据资源要素相互连接而成的关系网络，是基于图的数据结构，由节点和边（节点间的相互关系）组成。

政务数据资源图谱从不同维度对政务数据进行结构化关联和可视化描述，是对广义政务数据资源背后复杂逻辑关系的梳理和展示。政务数据资源图谱按照不同维度分为元数据图谱和业务图谱，见表 4-2。

表 4-2　政务数据资源图谱相关术语

相关术语	定义
实体	具有可区别性且独立存在的某种事物。在政务数据资源图谱中的实体为厅局、处室、职责、事项、数据资源目录、信息项、云、网、机房、系统、数据库、元数据等
属性	对实体的具体化描述。在政务数据资源图谱中，事项的属性有事项名称、事项类型等，政务数据资源目录的属性有目录名称、目录分类、目录共享属性、目录开放属性等
关系	关系是实体与实体之间关系的抽象。在政务数据资源图谱中，网包含云、云承载系统、系统连接数库等关系
政务数据资源图谱	政务数据资源图谱是指政务数据资源发布库中各种数据库表之间潜在的业务属性的关联关系，并用图谱的形式展示
元数据图谱	以个人、法人等主体对象为核心，构建主体和相关数据项逻辑关联关系，将分散在各个系统中的相关数据项和主体建立关系网络，重构主体相关元数据子集，形成立体刻画个人、法人等主体的元数据图谱。元数据图谱是“物理分散，逻辑集中”数据治理新模式的重要应用，可直观展现数据与数据间的逻辑关系，快速检索、定位数据存储位置，为 AI 提供知识输入，为数字政府提供知识基础支撑
业务图谱	从政务数据管理业务需求出发，将政务数据管理中涉及的业务对象，采用图谱的方式进行逻辑关联，形成一套面向数据需求部门和数据管理部门的数据资源全域探索系统，可以快速、准确地获取政务数据资源的智能化搜索工具，是对传统数据管理模式下的人性化服务延伸。通过业务图谱可快速、准确检索业务需要的政务数据资源，全面分析政务数据资源的血缘关系

1）政务数据资源图谱的绘制流程

政务数据资源图谱的具体绘制流程分为数据主体确认、图谱实体确认、图谱三元组关系建立、图谱级联汇聚、厅局/地市图谱生成等五个步骤，见图 4-20。

图 4-20　政务数据资源图谱绘制

（1）数据主体确认。由各部门根据政务数据资源构成情况，参考广西六大基础库（人口库、法人库、社会信用库、地理信息库、宏观经济库、电子证照库）

与若干主题库（经济运行、社会管理、环境保护等）模型，确认本部门数据主体，为元图谱构建提供基础支撑。

（2）图谱实体确认。根据部门业务系统数据资源构成情况和数据管理情况，分别梳理出元数据图谱和业务图谱相关对象信息，如元数据图谱的主题、数据项等对象信息，以及业务图谱的部门、目录、信息项、数据标准、事项等对象信息，这些相关对象信息就是构建数据图谱的实体。

（3）图谱三元组关系建立。三元组包含两个实体与一个关系，其中业务图谱中的关系是两个实体事实存在的关系，如目录和信息项的关系、目录和部门的关系。元数据图谱是通过梳理人口或法人分散在各个数据资源中的信息项的逻辑关联关系，如人口主体和婚姻信息项的关系、法人主体和登记信息的关系。各地各部门业务人员在梳理、确认实体关系后，将政务数据资源图谱三元组关系与实体关系信息录入系统，并对其持续更新，形成业务图谱。

（4）图谱级联汇聚。由各地各部门按要求与自治区政务数据共享交换平台完成级联，将各单位政务数据资源级联至自治区政务数据共享交换平台，绘制全区数据资源图谱。

（5）厅局/地市图谱生成。通过自治区政务数据资源图谱，形成各部门政务数据资源图谱，并级联下发至各部门数据中台展示。

2）图谱绘制标准规范

（1）元数据图谱规范。通过对部门信息化资产和政务数据资源目录的梳理，明确数据资源之间的业务关联关系，将各部门数据资源按照主题分类并进行相互关联匹配，从多种角度对政务数据资源进行可视化描述，基于部门数据主题，将厅局的细分主题、数据元等数据信息抽取到图数据库中，形成政务数据资源图谱，见图 4-21。

（2）业务图谱规范。通过对部门各业务处室的政务数据资源目录梳理，找到数据资源之间的关联关系，将各部门业务处室所对应的权责、云、网、系统等进行相互关联匹配，从多种角度对数据资源进行可视化描述，基于部门数据资源，将部门处室、权责、云、网、系统等数据信息抽取到图数据库中，形成政务数据资源图谱，见图 4-22。

（3）技术规范。建设政务数据资源图谱管理系统，系统功能应包括数据资源图谱模型管理、图谱映射管理、图谱调度管理、图谱服务、图谱数据统计等，可支撑政务数据资源图谱的构建。

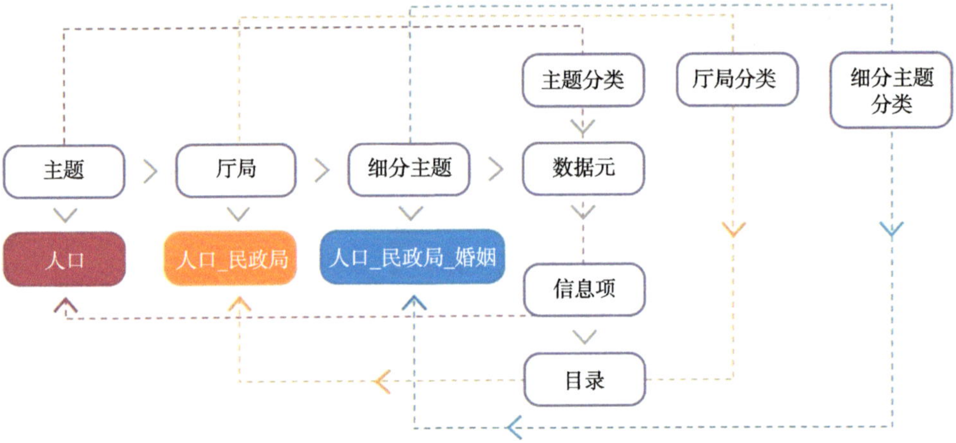

图 4-21　元数据图谱规范图

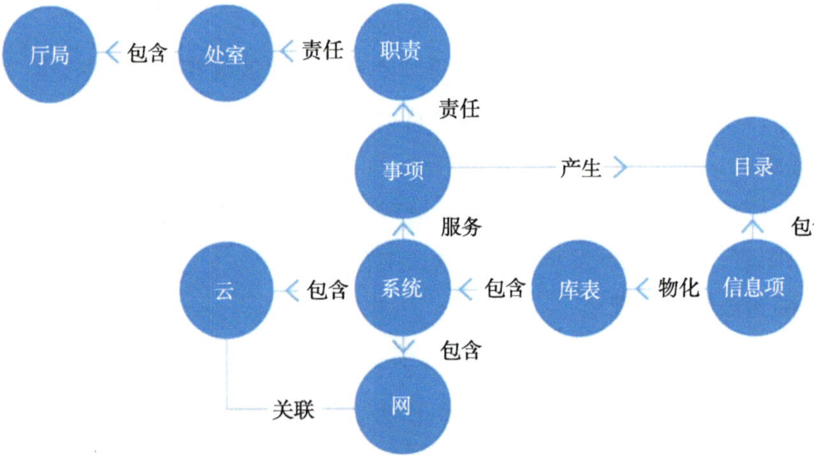

图 4-22　业务图谱规范图

3）数据资源图谱级联

由各地各部门严格按照各自职责和数据治理标准规范，对政务数据资源进行清查，通过本部门数据中台形成数据资源图谱的实体、关系等数据，构建本部门数据资源图谱。各地各部门通过政务数据资源图谱级联接口，将部门数据资源图谱数据级联到自治区政务数据共享交换平台，见图 4-23。

自治区政务数据共享交换平台以部门数据资源图谱数据为基础，通过图数据的融合计算、数据模型、数据流、数据定义和数据标准等技术方法将各地、各部门的政务数据资源图谱汇聚形成一张全区的政务数据资源图谱。最后，依托政务数据资源图谱，实现全区政务数据的共享、开放及融合应用。

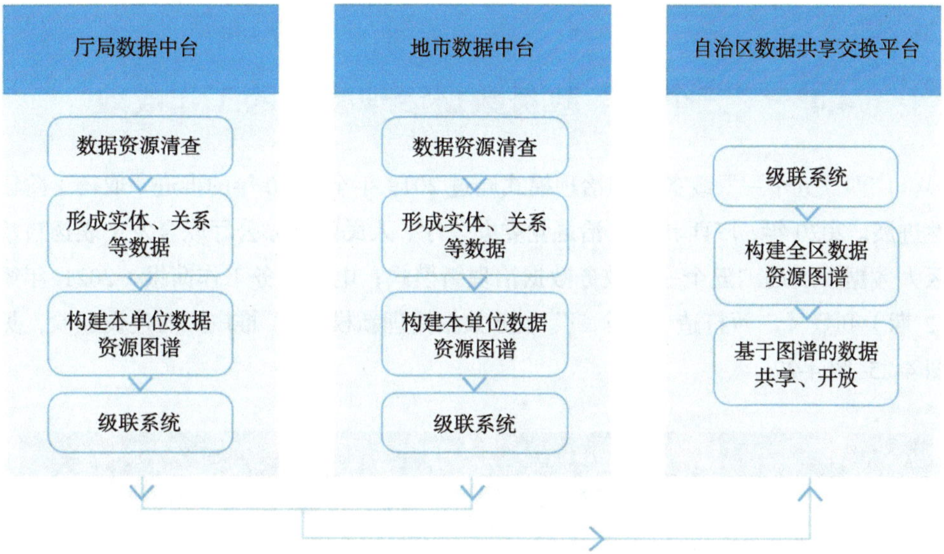

图 4-23 数据图谱级联流程图

7. 实现政务数据自助服务

基于全区政务数据资源图谱的跨部门、跨云、跨库数据自助服务是具有广西特色的数据治理和应用的新模式。数据需求部门通过数据资源图谱查阅到分布在不同部门、不同云资源上、不同类型数据库中的数据资源，通过数据自助服务功能对跨部门、跨云、跨库的多个数据资源进行整合、比对和分析，并自动封装成一个服务接口对外提供数据服务。

数据自助服务的使用流程分为数据需求部门进行需求确认、数据申请订阅、数据整合、整合接口发布、整合目录发布等五个步骤，见图 4-24。

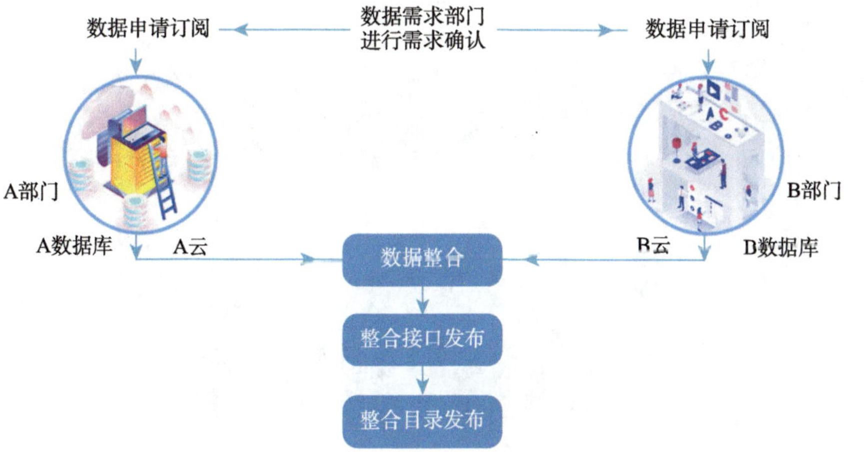

图 4-24 数据自助服务的使用流程

4.4 “五个一”政务数据治理模式的工作成效

广西“五个一”政务数据治理模式经过 2019 年至 2020 年的推进，取得了阶段性进展。2020 年，广西壮族自治区党委办公厅、人民政府办公厅联合发文表扬自治区大数据发展局“五个一”政务数据治理新模式；电子政务工作简报（2021 年第 12 期）刊登《广西打造“五个一”政务数据治理新模式》，推广广西建设经验，见图 4-25~图 4-27。

图 4-25　广西政务数据资源管理与应用改革电视电话会暨全面推进政务数据治理会议

图 4-26　广西组织召开全区政务数据治理大会

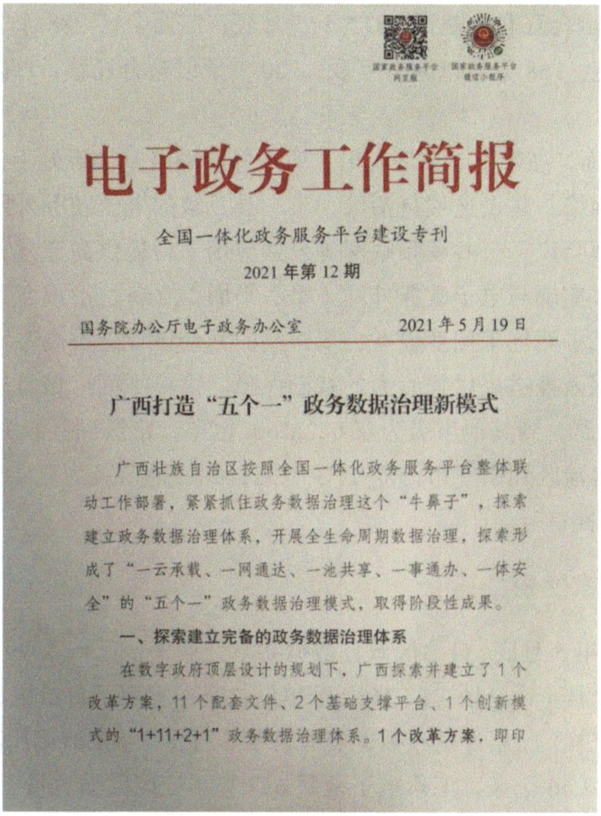

国家政务服务平台 网页版　国家政务服务平台 微信小程序

电子政务工作简报

全国一体化政务服务平台建设专刊

2021 年第 12 期

国务院办公厅电子政务办公室　2021 年 5 月 19 日

广西打造“五个一”政务数据治理新模式

广西壮族自治区按照全国一体化政务服务平台整体联动工作部署，紧紧抓住政务数据治理这个“牛鼻子”，探索建立政务数据治理体系，开展全生命周期数据治理，探索形成了“一云承载、一网通达、一池共享、一事通办、一体安全”的“五个一”政务数据治理模式，取得阶段性成果。

一、探索建立完备的政务数据治理体系

在数字政府顶层设计的规划下，广西探索并建立了 1 个改革方案，11 个配套文件、2 个基础支撑平台、1 个创新模式的“1+11+2+1”政务数据治理体系。1 个改革方案，即印

图 4-27 电子政务工作简报（2021 年第 12 期）刊登《广西打造“五个一”政务数据治理新模式》

4.4.1 一云承载初步实现

壮美广西 · 政务云和 14 个壮美广西 · 市云建成启用。截至 2022 年 5 月底，广西全区 2534 个非涉密自建数据中心（含网络机房）已全部完成技术认定，1159 个予以暂时保留，1375 个予以撤销。全区非涉密信息系统 6920 个，已完成 6917 个系统迁移上云，迁移上云率为 99.96%。

4.4.2 一网通达逐级贯通

纵向五级覆盖。广西电子政务外网已实现向上连接国家政务外网，向下形成自治区、市、县、乡、村五级覆盖的纵向连接网络。各级电子政务外网横向连接了各级党委、人大、政府、政协、法院、检察院等政务部门，以及因业务需要接入的企业。据不完全统计，全区电子政务外网横向接入政务部门共 32 425 个，企业共 226 个，接入终端数高达 369 189 个。

（1）专网融合互联。截至 2022 年 5 月底，广西全区 288 个非涉密业务专网已全部完成认定，168 个予以融合互联，120 个予以整合迁移，总体迁移打通率达 99.65%。

（2）双平面，高带宽。在现有电子政务外网网络基础设施上，不断完善电子政务外网基础网络，建设连接自治区、市、县三级的电子政务外网图像传输视频网，为全区视频会议、公共视频联网等公共应用平台提供高通量、低时延、高可靠的网络支撑，实现与电子政务外网（第一平面）互备，形成双平面网络保障；第一平面和第二平面均采用双设备、双链路的冗余设计架设高带宽链路，为“聚通用”工作的深入推进提供强有力的基础保障。第一平面广域骨干网自治区到南宁市是双 1G 电路，到其他市级为双 622Mbps 电路，市级到县级为双 155Mbps 电路。第二平面自治区到南宁市为双 10G 电路，到其他市级为双 1G 电路，市级到县级为双 1G 电路。

4.4.3 一池共享雏形初显

截至 2022 年 5 月底，自治区政务数据共享交换平台已接入 99 个自治区部门、14 个市、109 个县（市、区）共 1687 个单位，基本实现了自治区、市、县三级政务数据的共享交换。已累计发布数据资源目录 2 万多条，接口调用次数 29.6 亿次，汇聚政务数据 52.66 亿条，汇聚电子证照 657 类、证照数据总量 1.27 亿条。

4.4.4 一事通办已见成效

截至 2022 年 5 月底，广西数字政务一体化平台已实现自治区、市、县、乡、村五级贯通，政务服务门户累计自然人用户数达 3911 万，法人用户数达 325 万，为自治区群众提供超过 1.3 万项特色创新服务和主题集成服务。政务服务事项网上可办率达 98.54%，全区网上办理率达 75.14%。“最多跑一次”事项占比达 99.5%。打通各部门政务服务系统及其对应事项 11.42 万项，整体对接打通率达到 95%。政务服务移动端应用达到 652 个。制作各级各部门电子印章 4819 枚，提供盖章服务 274.3 万次。完成超过 2.2 万项政务服务事项与电子证照的关联核验，实现了超过 901.96 万份申报材料的“少交免交”。全区设置“一窗”1479 个，编制套餐 9137 个、“一表”9117 个，1900 家中介机构入驻网上中介超市。2020 年，广西一体化政务服务能力评估进入全国第 14 名，政务服务“简易办”改革获国务院办公厅肯定推广。

4.4.5 一体安全有序实施

建立了广西数字政府一体安全联动工作联席会议制度，编制了《广西政务云网安全态势监测月报》,基本建立政务数据网络安全监测预警、应急响应联动体系，探索构建了“一个中心、三层防护”的一体安全技术防护体系，政务外网和政务云安全防护体系基本建成，安全防护效果初显，安全监测、发现和应急处置能力大幅提升，政务云数据可靠备份，整体有效保障云网安全，完成南宁、来宾异地备份中心搭建。

4.5 小　结

数据治理重点在“治”、关键在“理”，要做好数据治理，必须深度解析信息化建设的技术脉络，强化顶层设计和统筹规划。广西基于“五个一”政务数据治理模式，不断探索和完善数字政府建设架构体系，夯实政务数据治理的基础设施支撑，开展对政务数据的全生命周期治理，从而有效地解决数据治理过程中的难题，实现政府数字化转型的跨越式发展。

第5章 CHAPTER 5 “六大”新型基础设施

数字政府是一个由多领域、多维度、多层级组成的复杂巨系统，部门与部门之间业务各异、相互关系复杂多变。以往的政府信息化系统建设聚焦于对单一部门和单一业务的支撑，但随着数字政府的发展和所涉及维度的不断增加，传统的信息化项目建设模式已经难以适应数字政府的发展需要，而且存在重复建设和信息共享难等问题。为了保障数字政府这一复杂巨系统的科学规划和可持续发展，就必须以系统工程的思维和软件工程设计模式的理念，从更高的维度去谋划构建符合数字政府建设规律的新型基础设施体系，推动基础设施从对单一部门和单一业务支撑转向对数字政府的整体支撑，从而更好地满足未来数字政府建设和发展的需要。本章将从“六大”新型基础设施的定义、意义和总体架构出发，详细阐述“规划标准基础设施、政务云网基础设施、数据智能基础设施、工具应用基础设施、开放生态基础设施和安全运维基础设施”的定义、建设意义、建设思路以及广西的“六大”新型基础设施建设内容、成效等。

5.1 系统工程

5.1.1 系统工程的介绍

1978年9月27日，钱学森等在《文汇报》上发表了《组织管理的技术——系统工程》一文，文中指出：“‘系统工程’是组织管理‘系统’的规划、研究、设计、制造、试验和使用的科学方法，是一种对所有‘系统’都具有普遍意义的科学方法。”

系统工程是一种思想体系和观念体系，是一套关于系统思维的认知体系和知识架构。系统是指由一些相互关联、相互作用、相互影响的组织部分构成并具有某些功能的整体。系统在客观世界中是普遍存在的。系统工程思维要求在观察问题、分析问题和解决问题的过程中，坚持整体思维、大局思维、宏观思维，坚持统筹意识、协同理念，坚持用整体的、辩证的、发展的眼光审视物质世界。

钱学森等提出从系统的本质出发对系统进行分类的新方法，并首次公布了“开放的复杂巨系统”这一新的科学领域及其基本观点。从系统的本质出发，根据组成子系统及子系统种类的多少和它们之间的关联关系的复杂程度，可以把系统分为简单系统和巨系统两大类，见表 5-1。

表 5-1 钱学森系统分类

分类		定义	例子
简单系统	小系统	组成系统的子系统数量比较少，它们之间关系比较单纯	一台测量仪器、一辆自行车
	大系统	组成系统的子系统数量相对较多（几十、上百），它们之间关系比较单纯	一个大工厂、一条生产流水线
巨系统	简单巨系统	组成系统的子系统数量非常大（成千上万、上百亿、万亿），子系统种类不太多（几种、几十种），且它们之间关联关系又比较简单	激光系统、雷达系统
	复杂巨系统	组成系统的子系统种类很多并有层次结构，它们之间关联关系又很复杂，则称为复杂巨系统。如果这个系统又是开放的，就称作开放的复杂巨系统	生物体系统、人脑系统、人体系统、地理系统（包括生态系统）、社会系统、星系系统等

随着系统科学的不断发展，人们对系统的认识不断加深，诸多专家学者在钱学森的研究基础上不断拓展和完善系统科学相关理论，逐步形成了非线性复杂系统（简称复杂系统）的概念（图 5-1）。根据系统动力学的定义，复杂系统是具有高阶次、多回路和非线性信息反馈结构的系统[①]。不论在自然界还是在社会经济范畴里，复杂系统比比皆是。例如，生态系统、人口系统、交通系统、贸易系统、金融系统和政府组织等都属于复杂系统，见表 5-2。

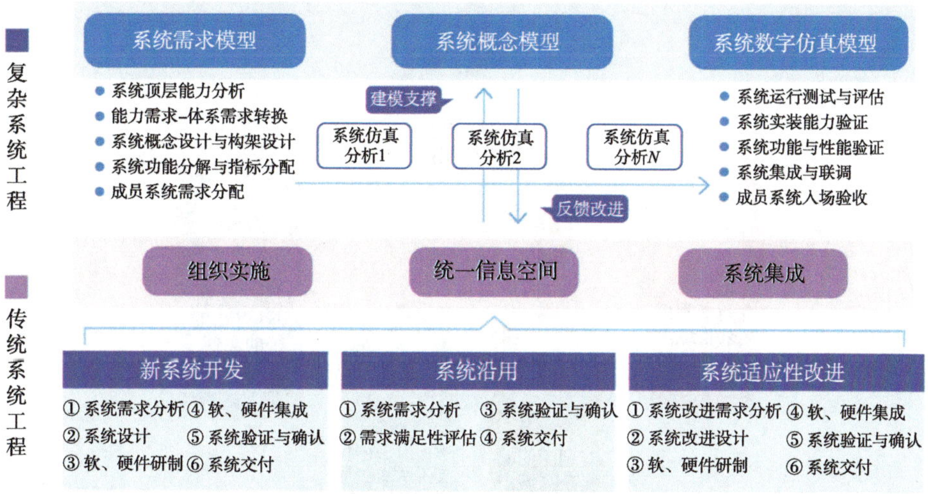

图 5-1 复杂系统工程示意图

① 王其藩. 高级系统动力学[M]. 北京：清华大学出版社, 1995: 86.

表 5-2　复杂系统的关键特征

复杂系统的关键特征
复杂系统具备形式及功能，形式是功能的载体
复杂系统由实体组成，每个实体均具备其形式及功能。一般来说，这些实体本身也是复杂系统，而复杂系统自身也有可能是更大复杂系统中的一个实体
复杂系统的实体之间通过关系相连，而关系具备形式特征与功能特征。某些实体会和复杂系统之外的实体发生关系，那些实体处在复杂系统的外部环境中
复杂系统的功能和其他特征，是随着其实体之间发生功能交互而涌现出来的，而功能的交互，又是由实体之间的形式关系而引领的。涌现物使得复杂系统具备强大的能力，使得其功能大于所有部件各自的功能之和

毋庸置疑，数字政府是一个由多领域、多维度、多行业组成的，涉及成千上万业务系统互联互通、并行协同的复杂系统，部门与部门之间业务各异、相互关系复杂多变。

5.1.2　系统工程的重要作用

系统工程的核心要义是通过对复杂系统的行为、结构、相互作用和相互联系进行分析、研究和论证，实现对复杂系统的全面认知。系统工程可以根据复杂系统的实际情况，灵活使用各类方法论来进行思考并验证相关解决方案的可行性，从而为复杂系统以及具备系统性质的事物提供决策或判断指导，也可以用来为复杂系统的设计与架构提供理论依据。系统工程思维对研究复杂系统的重要作用见图 5-2，系统工程思维的各项任务见表 5-3。

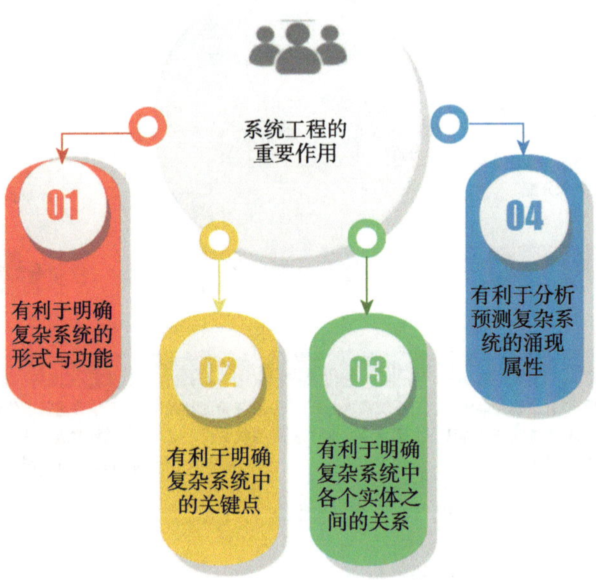

图 5-2　系统工程的重要作用

表 5-3 系统工程思维的各项任务

系统工程思维的任务
确定复杂系统及其形式与功能
确定复杂系统中的实体及其形式与功能，以及复杂系统的边界和复杂系统的外部环境
确定复杂系统中的各实体之间所具有的关系，以及复杂系统内的实体与复杂系统边界处的实体之间所具有的关系，并确定这些关系的形式及功能
根据实体的功能及实体间的功能交互，来确定复杂系统的涌现属性

1. 有利于明确复杂系统的形式与功能

系统同时具备形式与功能这两个特征。形式描述系统是什么，是系统在物理或逻辑上的结构状态，系统若想表现出功能，则必须具备一定的形式；而功能描述的是系统能够做什么，功能是使系统得以存在并体现其用途的一种动作。通过明确复杂系统的形式与功能，我们能直观地掌握复杂系统整体上的输入、输出以及表现形式，从而更好地分析复杂系统本身。

2. 有利于明确复杂系统中的关键点

实体是系统的组成部分，系统本身也可以视为具备某种形式与功能的单一实体，复杂系统是由海量的实体所组成的庞大系统。运用系统工程思维，我们可以从系统的功能和形式入手，将系统分解成恰当的实体，同时把研究重点集中到重要的实体上，找出复杂系统的关键点。在此基础上，通过为实体创建有效的抽象，同时把当前不需要考虑的那些细节与复杂问题隐藏起来，从而将分析研究的重点集中到复杂系统最为重要的部分上，实现化繁为简。

3. 有利于明确复杂系统中各个实体之间的关系

从结构上来看，复杂系统是由实体及其关系组成的错综复杂的体系，这些关系可以按特征分为两类：功能关系和形式关系。功能关系是指用来完成某件事情的实体之间所具备的关系，涉及实体之间对某物的操作、传输或交换。形式关系是某段时间内稳定存在或有可能稳定存在的实体之间所具备的关系。通过确定这些关系的形式及功能，能够更清晰地掌握系统内部的交互逻辑，为预测复杂系统的涌现属性提供分析基础。

4. 有利于分析预测复杂系统的涌现属性

复杂系统的奇妙之处在于其涌现属性。在复杂系统中，当子模块 A 的功能与子模块 B 的功能相交互时，其关系并不是简单叠加，通过一定结构将各个实体组合起来后，新的功能就会随着这些组合而涌现出来，即系统的功能要大于实体各自的功能之和，而这些“更大的功能”就是通过系统的涌现而产生的，复杂系统的强大正是体现在其涌现属性上。系统工程思维的主要目标，就是努力了解并预测复杂系统的涌现物以及涌现物带给复杂系统的强大能力，从而真正实现对复杂系统的全面认知。

5.1.3 系统工程是数字政府建设的重要思想

从整体上看，数字政府建设工作是一项复杂系统工程，原因在于数字政府的建设存在着涉及面广、业务关联性强、协调难度大、工作周期长、投资成本高等多方面复杂性问题。

纵向涉及信息化全生命周期的复杂性。数字政府建设涉及信息从产生、存储到传输、利用的全生命周期。要推进数字政府建设，并不能仅聚焦某个独立环节的治理，必须从宏观角度统筹做好网、云、系统、数据、安全、应用等一揽子全生命周期治理。

横向涉及多部门配合协调的复杂性。数字政府建设的对象涉及各级信息化、财政、审批、审计等职能部门。目前各地部分政务数据存在权责不明、流通不畅，财政资金分配不均，审计约束各行其是等问题，在推进数字政府建设过程中，涉及部门多、覆盖范围广、配合协调难，需要从更高维度进行科学谋划。

对内涉及规划落地等多层面统筹的复杂性。数字政府建设关乎地区政治、经济、社会、科技等多层面有机衔接，需要统筹解决组织管理、学术研究、顶层设计、工程实践等问题，需要综合考量政策制度、民生发展、组织管理、技术力量、工程实践等各层面的资源要素配置，统筹建立政企联合的多元化参与主体和政府主导、市场参与的新型建设模式。

对外涉及资金人才等要素制约的复杂性。数字政府建设离不开人才、资金等各类资源要素的坚实保障，离不开改革思想、先进理念和科技文化等营造的发展环境。推进数字政府建设，需要统筹好地区数字经济建设、专业高端人才引进培养、改革思想再解放、科技文化再创新等先期工作，夯实数字政府建设的基础，营造良好的氛围环境。

整体涉及标本兼治统筹兼顾的复杂性。数字政府建设关乎标本兼治的综合考量，目前缺乏可借鉴的成熟模式。需要在短期内把握好针对存量政府信息化资产治理的治标问题，充分考虑各部门的信息化应用需求，在保障数据供给的基础上逐步实现数据打通、汇聚和融合应用。同时长期谋划好针对增量政府信息化资产治理的治本问题，彻底破除旧有体系，将存量、增量两个维度的治理在更高层面统一，实现标本兼治。

由于数字政府建设的复杂性，要有效推进数字政府建设工作，就必须遵循科学系统的方法和理论，将数字政府作为一项复杂系统工程来研究和分析。钱学森指出，研究和解决复杂系统的方法应以系统工程思维为指导，即从系统整体的价值出发将系统进行分解，在分解研究的基础上，再把分系统集成到系统整体中去，实现“1+1>2”的整体效应，最后从整体的角度去研究和解决问题。数字政府建设也是如此，必须将复杂系统工程思维引入数字政府建设的各个环节，利用大数据、AI、物联网等新一代信息技术，从政治、经济、技术、文化等多角度一体化考虑数字政府建设问题，以宏观视角谋划数字政府顶层设计，确保数字政府从局部到整体标准规范的有机统一，使得数字政府各个组成部分的功能作用得到充分发挥。

5.2 设计模式

5.2.1 设计模式的介绍

为了保障数字政府整体和局部的有机统一，还需要应用软件工程中的设计模式理念。从定义上看，软件工程中的设计模式是“针对面向对象系统中重复出现的设计问题，提出一个通用的设计方案，并予以系统化的命名和动机解释。它描述了问题、解决方案、在什么条件下使用该方案及其效果（图 5-3）。它还给出了实现要点和实例。该解决方案是解决该问题的一组精心安排的通用的类和对象，再经定制和实现就可用来解决特定上下文中的问题。”[①]可以看出，设计模式是一套被反复使用、多数人知晓、经过分类的、代码设计经验的总结，人们可以无数次地使用那些已有的解决方案，无须再重复相同的工作。

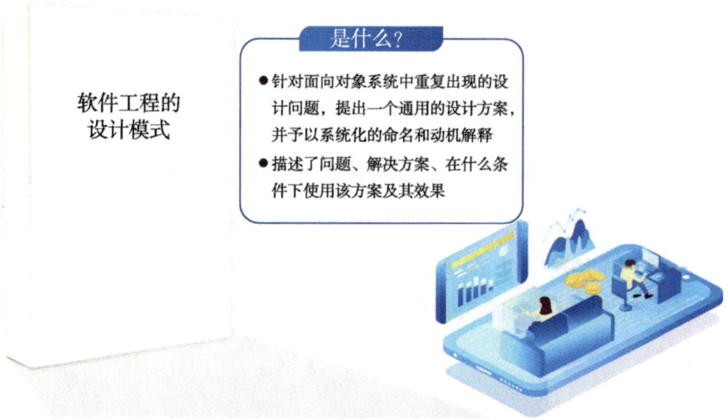

图 5-3　设计模式的概念

① 刘伟. 设计模式[M]. 北京：清华大学出版社，2011:70.

5.2.2 设计模式的重要作用

设计模式能够帮助设计者将新的设计建立在以往工作的基础上，熟悉设计模式的开发人员能立即复用以往成功的解决方案，通过成熟的设计模式解决特定的设计问题，使面向对象设计更灵活、优雅、复用性更好。设计模式的应用对软件工程的重要作用有以下几点（图 5-4）。

图 5-4　设计模式的重要作用

1. 提供了一套简洁、精巧的设计思路

设计模式是人们在长期的软件设计、管理组织软件开发等实践中大量经验的提炼和抽象，是复用软件设计方法、过程管理经验的有力工具，它提供了一系列软件开发中的思维套路，通过设计模式的使用，有利于在复杂的系统中产生简洁、精巧的设计。

2. 有效减少开发过程中的沟通成本

设计模式为开发者提供了一套简洁通用的设计、管理、组织方面的词汇和描述抽象事物的规范标准，它有助于设计问题及其解决方案的讨论。设计者可以使用一个模式名称，解释解决方案中各部分与组件的对应模式，或相互之间的关系，从而避免用冗长而复杂的描述来说明针对某些特殊问题的解决方案，减少开发过程中的沟通成本。

3. 有助于缩短开发周期

设计模式有助于建立一个复杂的架构，每个设计模式都提供了组件、作用以及相互关系的预定义集，它可以用于指定具体软件结构的特定方面，这种使用预定义设计软件的方法提高了设计的速度和质量，理解并应用现成的设计模式比起自行寻找新的解决方案节省了大量的开发时间，能有效缩短开发周期。

4. 使系统更有效地应对各种变化

系统可持续发展的关键在于对新需求和已有需求发生变化时的预见性，一个不考虑变化的系统在将来就有可能需要重新设计，而重新设计则会对原有系统产生多方面的影响，降低系统整体的稳定性。使用设计模式可以确保系统的全生命周期能在可控的范围内，以预先设定好的路径进行变化，同时每一个设计模式都允许系统结构的某个方面的变化独立于其他部分，大大提升了系统的健壮性，从而让系统更有效地应对变化。

5.2.3 设计模式是数字政府建设的核心理念

设计模式是软件工程的基石脉络，如同大厦的结构一样，全面提高了软件在可适应性、可靠性、可伸缩性等方面的设计质量，并且便于软件开发团体内部以及开发团体之间的沟通，使软件开发真正实现了系统化、工程化。

数字政府作为政治、经济、文化、教育、科技等多领域信息交汇的中心，是一个多维度、多结构、多层次、多要素间的关联关系错综交错的复杂巨系统。传统的数字政府建设思路是将数字政府分割成若干子系统，以部门、行业为中心推进数字政府建设。但数字政府各子系统之间的复杂交错性使其难以简单分解，或者分解出的子系统与原有的系统体系可能存在冲突，对单个子系统的研究分析和建设成果也难以直接复用到其他子系统上。因此，以部门、行业为中心的数字政府建设思路往往会导致条块分割、各自为政、标准不一、缺乏统筹、交互性差等一系列问题。

为此，就需要按照设计模式的理念，围绕数字政府的顶层规划，将成熟、可复制、标准化的设计思路和解决方案，以及配套的基础设施资源、开发所需的工具应用、公共支撑能力等一系列经验、资源、工具进行整体集成，构建一套统一、标准化的数字政府设计模式，引导各部门、各行业在统一的设计模式下开展创新创造，从源头解决条块分割、标准不一等问题。借此思想，以广西数字政府的探索实践为案例，提出了数字政府的“六大”新型基础设施的设计概念。

相较于传统基础设施的概念，新型基础设施更加强调资源、工具、能力的统一集成，是一套标准化、成熟、可复制的解决方案，各部门、各行业都可以利用这一套解决方案找到最适合自身的发展路径，并利用配套的资源、工具和能力来满足自身的信息化需求。同时，这套解决方案还为各部门、各行业提供了统一的标准化交互环境，进一步减少了沟通成本、提高了协同效率。

因此，我们认为，“六大”新型基础设施如同数字政府这座大厦的“地基”和“四梁八柱”，对数字政府的发展起着引领性、支撑性的重要作用，各部门、各行业都可以在这座坚固、稳定的大厦中发挥自身的创新能力为数字政府建设添砖加瓦，打造出一间间极具特色的“精装房”，从而共同推动数字政府的高质量发展。

5.3 “六大”新型基础设施的定义

5.3.1 “六大”新型基础设施的概念

数字政府的新型基础设施这一概念源于数字政府建设的探索实践。在推进数字政府建设的过程中，一些数字化转型起步早的部门因为缺乏对数字政府建设工作的整体认识，往往只能以满足单个业务需求为导向制定业务标准，并建设对应的信息化基础设施和业务支撑软件，力求短期出成效。但对于其他部门来说，由于业务标准不一致，难以直接利用这些现有基础设施资源和能力，只得重新制定业务标准，建设新的信息化基础设施和业务支撑软件来满足自身的需求。长此以往，必然会导致各个部门业务标准越来越杂，信息化基础设施和业务支撑软件的种类越来越多，多数信息化基础设施和业务支撑软件的资源与能力得不到充分利用，部门间的公共部分支撑薄弱，基础设施利用率低，导致政府资源被大量浪费。

为了解决这些问题，按照系统工程思维和设计模式的理念，将数字政府现有基础设施体系从整体上进行重新规划、整合、再造，结合数字政府建设现状和未来发展规划，构建了规划标准基础设施、政务云网基础设施、数据智能基础设施、工具应用基础设施、开放生态基础设施和安全运维基础设施的“六大”新型基础设施（图 5-5）。

（1）规划标准基础设施是引领数字政府高质量发展的核心，为数字政府未来发展提供规划基础与标准制定依据。

（2）政务云网基础设施通过对云、网基础设施统筹管理，实现对政务云网基础设施资源的灵活调度。

（3）数据智能基础设施以 AI、知识图谱、智能计算、全域感知等技术为基础，为各类上层应用提供高质量、智能化的数据，知识和认知的支撑。

（4）工具应用基础设施通过统筹整合基础支撑平台的服务和能力，形成统一的数字政府工具资源池，面向各类业务场景提供各类工具和应用。

（5）开放生态基础设施将数字政府的基础设施资源和能力进行标准化封装并

面向各行业开放，支撑各行业各领域数字化转型，推动构建数字政府开放生态圈。

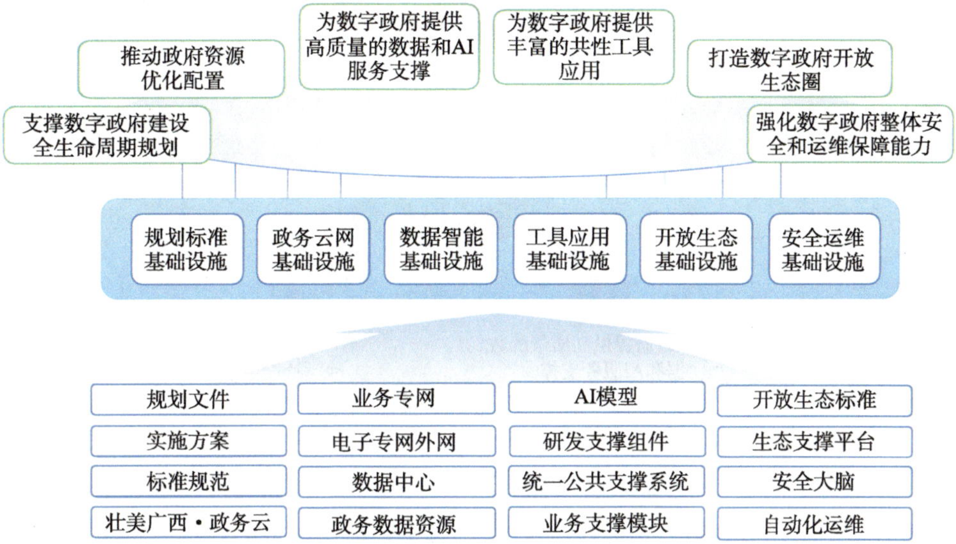

图 5-5 “六大”新型基础设施总体架构

（6）安全运维基础设施从管理和技术层面将安全与运维工作有机统一，构建“一体安全”和“一体运维”体系，是保障数字政府的稳定运行的基础。

5.3.2 “六大”新型基础设施的意义

“六大”新型基础设施之间既相互独立又互为关联。独立体现在“六大”新型基础设施分属不同领域，相互之间分工明确、互不干扰；关联体现在“六大”新型基础设施之间具备高度的协同能力，彼此相互支撑、相互促进。“六大”新型基础设施的相互协作保障了数字政府对基础设施资源的高效调度、数字政府的生态发展和整体安全稳定。“六大”新型基础设施建设是高效推动数字政府建设的基础性、关键性工程，也是促进数字政府基础设施资源标准化、集约化、共享化的前提，“六大”新型基础设施对数字政府建设的重要意义体现在以下几点（图 5-6）。

1. 支撑数字政府建设的全生命周期规划

通过从宏观角度对数字政府的整体发展进行统筹谋划，引领政务云网、数据智能、工具应用、开放生态、安全运维等各领域规划和标准规范的制定，并以数据为核心流通要素及“燃料”，驱动数字政府的规划、建设、检查、完善的全生命周期循环前进，构建“自我进步”的先进数字政府发展生态，保障数字政府高质量发展。

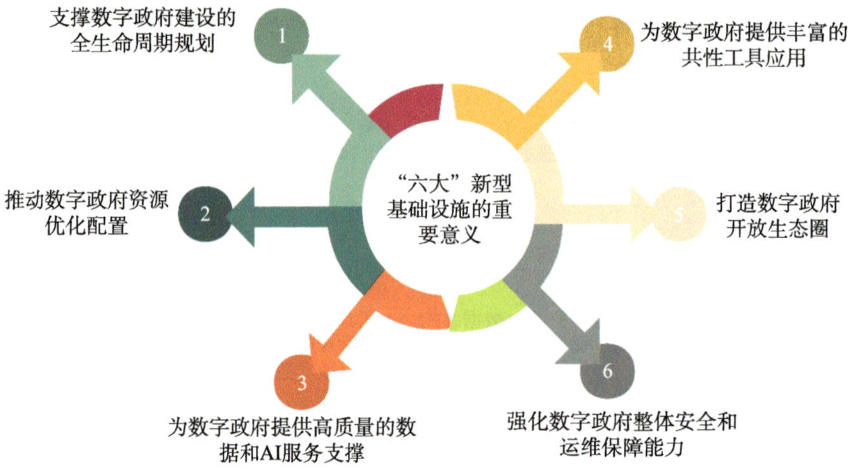

图 5-6 “六大”新型基础设施的重要意义

2. 推动数字政府资源优化配置

通过有序整合存量政府资源，对增量资源进行规范化管控，促进数字政府的云、网、数据、AI、安全、工具应用、公共支撑等基础设施资源在时间和空间上的合理分布与有序流动，从而保障政府资源在有限的情况下，各级政府部门的资源需求能得到最大限度的满足，使得起步晚、基础差的地区同样拥有加快建设数字政府的基础条件，缩短各地发展的数字化差距，实现政府资源配置效益最大化和效率最优化。

3. 为数字政府提供高质量的数据和 AI 服务支撑

以“五个一”政务数据治理为基础，在构建数字政府的统一数据资源池的基础上，引入算法资源、算力资源、AI 工具资源等 AI 资源，构建统一的数字政府数据和智能底座，为数字政府提供高质量的数据和 AI 服务支撑。

4. 为数字政府提供丰富的共性工具应用

统筹整合各级政府部门通用、共性的基础支撑能力，打造有机统一的数字政府共性支撑平台，为各级政府部门提供覆盖业务全流程的数字化工具应用，赋能政府业务革新和政策落地，推动技术与业务的高度融合与创新发展。

5. 打造数字政府开放生态圈

通过构建政企协同的数字政府建设新模式，引入互联网企业的先进技术、经验和资源，持续完善和扩充数字政府基础设施资源。同时，将已建设的数字政府基础设施资源进行整合、汇聚，通过标准、安全等服务方式向各单位、各企业提供，引导各级政府部门开展技术创新和业务创新，推动数字政府建设由封闭向开放转变、由独自建设向多方共同建设转变。

6. 强化数字政府整体安全和运维保障能力

通过利用“云网边端”防护、零信任访问控制等安全技术，构建数字政府“一体安全”管控体系，为数字政府建设提供动态、精准的风险感知和安全防护能力。基于自动化运维等技术，实现基于政府信息化资产“一张图”的全生命周期主动运维管理，打造 7×24 小时全覆盖的数字政府“一体运维”管理体系。

5.4　规划标准基础设施

规划标准是指引数字政府整体科学、有序、规范、高质量发展的基础，通过将数字政府的顶层规划、建设规范、政策文件、技术标准等进行重新梳理和优化完善，并根据数字政府的建设需要，制定一系列完整的术语和标准规范，构建出统一的规划标准基础设施，确保数字政府整体建设工作始终在统一规划和统一标准下开展。

5.4.1　建设意义

数字政府建设是一项复杂系统工程，有效推进复杂系统工程建设的前提是确保系统建设的各个环节始终围绕同一个目标进行建设，同时系统中的各个部分始终在相同的“协议”下进行交互。规划标准基础设施就是有效推进数字政府这一复杂系统工程建设的前提，也是实现数字政府各子系统之间协同发展的基础。规划标准基础设施中的“统一规划”即为数字政府建设的“统一目标”，“统一标准”即为数字政府各个部分有效交互的“统一协议”。

长期以来，各级各部门对数字政府建设的概念和发展都有不同程度、不同角度的解读，许多单位在制定本单位的相关规范和标准时，会根据各自的理解形成不同维度的规范和标准，使得数字政府未能形成自顶向下的统一规划和统一标准，导致部分各级各部门的政务信息化标准规范不统一、发展规划协同程度不高，政府所下发的规划及标准文件的应用效率较低。

为此，广西通过将各行各业现有的规划文件和标准规范进行有机解构和归纳整理，以数字政府的统一顶层规划为基准，按照“1+N”等形式制定和出台数字政府顶层规划与配套系列文件，并根据数字政府建设工作需要，制定统一的术语定义和标准规范，深度地解决各行业规划难协同、配合程度不高、各级各部门信息化建设术语繁多、沟通困难等问题，从而构建源头统一、规划统一、标准统一的规划标准基础设施。

5.4.2 关键举措

1. 统一规划

根据国家和本地区的发展战略，将各级各部门近年来发布的数字政府类规划和标准文件进行统一的收集及形成规划标准库，并将其分级分类，集中进行解读和归纳整理；同时，深入各单位调研规划标准文件落实情况和成效，逐步完善顶层规划设计。

2. 统一标准

1）构建数字政府通用标准规范

围绕数字政府建设的总体要求，建立健全术语定义、通用方法、编码规则等数字政府通用标准规范，为数字政府建设各个环节提供标准化的术语定义，保障各级政府部门在推进数字政府建设的过程中，始终保持相同“协议”进行交互，最大程度消除由信息化发展程度不同而造成的标准差异问题，为高效推进数字政府建设奠定标准基础。

2）推进数字政府标准化体系建设

围绕基础设施建设、数据资源、系统建设等，构建统一的标准规范体系，制订数字化改革标准化体系建设方案，为全区数字化改革标准化体系建设工作明确总体框架、分阶段目标、重点任务和相关保障举措，并以此为基础推进数字政府标准化体系建设，保障数字政府整体自上而下统一标准、高效交互。

3. 统一发布

将规划和标准的主要内容进行提炼，制定相应的政策解读文件和图解，并依托政府网站集约化平台和政务新媒体统一向社会公布规划标准及对应的政策解读文件，提高群众对政策的知晓度。

4. 统一宣贯

以强化政策标准宣贯为导向，持续开展贯彻标准和政策推广工作，持续提高各级各单位、社会各界对政策的知晓度，引导全社会参与数字政府建设。

5. 统一审核

建立多部门、多行业参与的规划标准审核联席会议制度，对规范标准的制定进行统一审核把控，提高规划标准的准入门槛，从源头上避免规划标准混乱冲突的情况。

6. 统一评估

根据规划标准的内容和工作重心，制定统一的评估指标体系，定期开展指标评估工作，将指标评估结果纳入各部门的绩效考核，强化政策落地力度。

7. 统一修订

定期分析总结规划标准的落实情况、存在问题和阶段性成效，及时对落地慢、落地难的规划标准进行修订，确保规划标准符合数字政府建设发展的趋势，保持规划标准始终如一。

5.4.3 建设内容

1. “一核驱动、五个管用、多维创新”数字政府顶层规划

近年来，广西围绕数字政府的建设内容和行业发展趋势，通过将历年规划文件进行全面整合、解读与重新规划，构建了“一核驱动、五个管用、多维创新”数字政府顶层规划，为科学有序推进数字政府建设奠定了基础。

“一核驱动、五个管用、多维创新”数字政府顶层规划从基础支撑、应用建设、创新创造三个重点维度对现有数字政府的规划文件进行了全面的整合。

在基础支撑方面，以构建数字政府“一核驱动”基础设施底座为总体思想，将近年来广西数字政府“三纵四横五个一”架构、政务数据“聚通用”、政务数据资源管理与应用改革、“五个一”政务数据治理等顶层规划以及配套的电子政务外网管理办法、壮美广西·政务云管理办法、政务数据资源调度管理办法、政务信息化项目建设管理办法等文件进行有机整合，重新规划了以“五个一”政务数据治理、“六大”新型基础设施、数字政府大脑为核心的数字政府“一核驱动”基础设施顶层规划，为数字政府未来发展提供统一的基础支撑。

在应用建设方面，通过有机整合数字政务一体化、政府网站集约化、12345政务服务便民热线、“互联网+监管”、“智桂通”等数字政府重大平台的总体建设规划，以实现“一网通办”“一网通查”“一号响应”“一网通管”“一机应用”的“五个管用”为导向，对各个数字政府重大平台的建设路线、建设内容等进行统筹规划，确保数字政府重大平台始终围绕以人民为中心来开展建设。

在创新创造方面，以推动数字政府多维创新为导向，统筹谋划数字政府建设、数据要素融合应用、政府业务流程再造、政务应用创新、行业应用创新等内容，从多个维度推进数字政府的服务创新和应用创新工作，全面提升数字政府的整体创新水平。

2. 数字政府标准规范体系

标准化是促进政府部门技术融合与业务融合的前提，也是保障数字政府的云、网、数据等资源在各部门间有序流动的基础性工作。近年来广西坚持标准先行的原则，通过将以往分散的数字政府标准规范文件进行统一整理，围绕农业、制造业、服务业、政府治理、社会民生、项目建设、环境标准等各个领域出台了诸多标准规范，同时引导各级各部门持续完善本行业的标准规范体系，持续推进数字政府标准化建设工作。

参考广西近年来已编制和正在编制的标准规范以及兄弟省份的标准规范，广西数字政府标准体系可大致分为农业标准、制造标准、政府治理标准、服务标准、民生标准等类别（图 5-7）。

以广西数字政务一体化平台为例，广西通过制定广西数字政务一体化平台标准规范体系，以标准化提升政府服务的集成化、高效化、便捷化、精准化、智慧化、普惠化水平（图 5-8）。

1）通用基础标准

通用基础标准用于指导广西数字政务一体化平台标准规范体系建设的全过程，主要包括平台运行标准、支撑保障标准、监督考核标准、基础设施标准、技术管理标准等。

（1）平台运行标准。平台运行标准主要包括信息资源标准、数据交换标准和网上支付标准等。对平台基础内容进行了规范，确保政务服务平台运行统一标准。

（2）支撑保障标准。支撑保障标准主要包含身份认证标准、电子证照标准、电子印章标准、安全运维标准等，对中间支撑系统进行了规范，确保政务服务平台支撑保障统一标准。

（3）监督考核标准。针对政务服务用户体验不足、评价手段欠缺等问题，从社会和公众体验的角度制定评价指标与方法，包括投诉处置、监督考核与评价等标准。

（4）基础设施标准。基础设施标准主要包括为政务服务平台提供通信的标准，如电子政务网络运行标准、验收标准等。

（5）技术管理标准。技术管理标准主要包括为确保政务服务平台系统质量的标准，如运行管理标准、验收标准等。

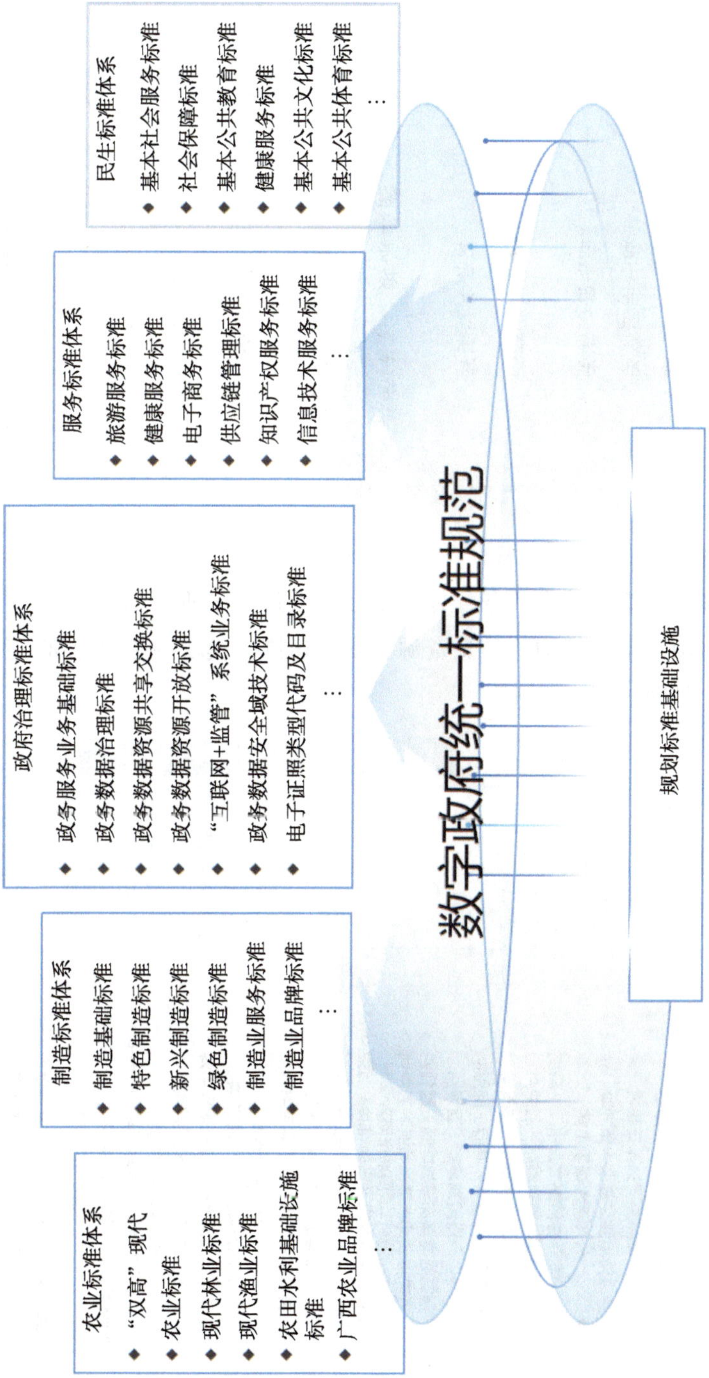

图 5-7　数字政府标准规范体系

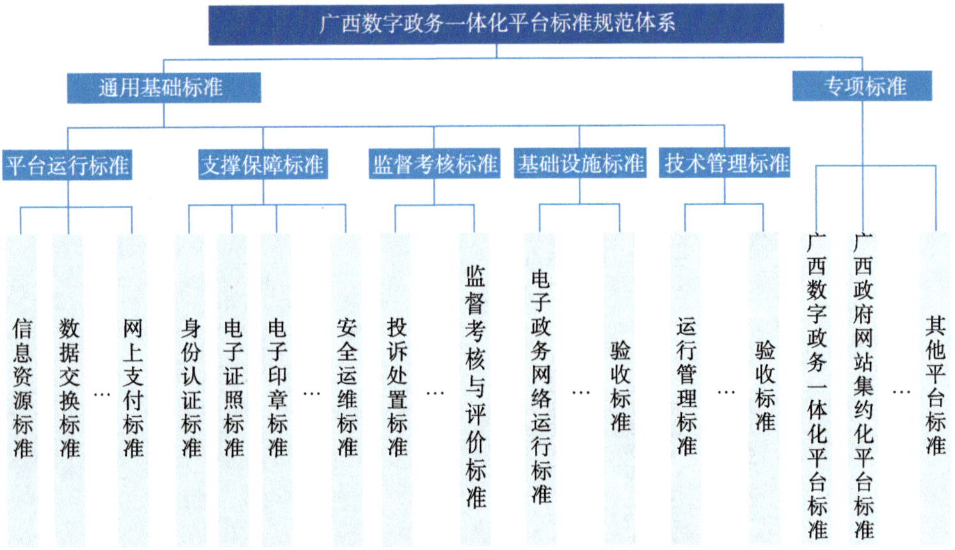

图 5-8　广西数字政务一体化平台标准规范体系

2）专项标准

专项标准包括广西数字政务一体化平台建设过程中所涉及的业务应用、服务门户、服务事项、平台架构、信息资源、安全运维等模块的建设标准，用于指导项目的建设，见图 5-9。

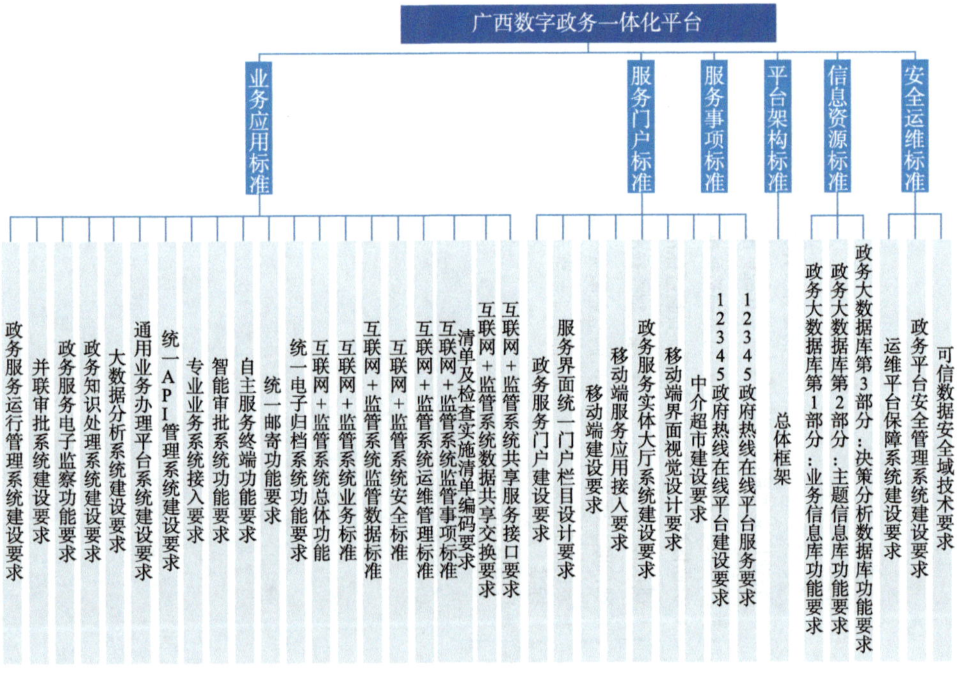

图 5-9　数字政务一体化平台专项标准

5.5　政务云网基础设施

政务云网承载了数字政府的核心网络传输、业务系统、服务应用和数据资源等关键要素，政务云网的互联互通是打破数据孤岛、实现数据资源共享的基础，只有云通、网通才能有效实现系统和数据的互联互通。广西以“五个一”政务数据治理为基础，在实现云网互联互通的基础上，进一步强化数字政府对云网的感知和调度能力，构建了统一的政务云网基础设施底座，见图 5-10。

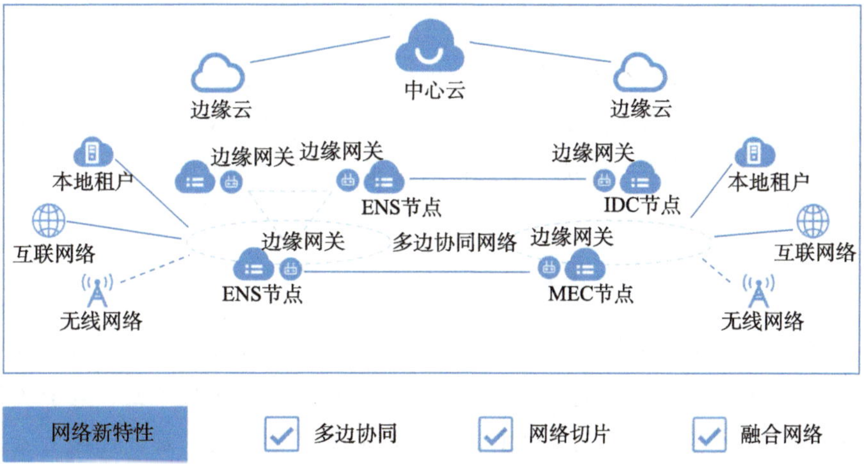

图 5-10　政务云网基础设施的概念图

ENS（edge node service，边缘节点服务）；IDC（Internet data ceter，互联网数据中心）；MEC（muti-access edge computing，多边缘接入计算）

政务云网的基础设施从感知和调度两个维度出发。感知是通过对各类云网基础设施的运行数据进行采集、分析、处理，形成对云网基础设施的态势感知能力；调度是基于政务云的多云共治，进一步强化数字政府对政务云、网的资源调度管理能力，从而在满足各部门基础资源的需求下，实现云、网资源的弹性灵活调度。感知和调度共同支撑了政务云网的基础设施对全区云网基础设施资源调度使用的全过程规范化管理，实现了数字政府对云网基础设施资源的灵活调度管控。

5.5.1　建设意义

由于我国政府信息化建设周期较长，自 20 世纪 90 年代起就陆续启动了“三金”“两网”“四库”“十二金”等重大工程，与民生关系密切的职能部门为了满足业务需求，纷纷建设了各自的云平台和专网，其他部门纷纷效仿。时至今日，这些部门都有各自的云平台、业务专网和用户体系，难以进行统筹和共享，导致云网基础设施整体上存在着“条块分割、烟囱林立”的现象。为了解决云资源分散、专网林立等问题，需要从整体上重新规整现有的云网基础设施，将分散在各部门的政务云资源进行整合与充分利用，打通各部门专网，构建统一的云网基础设施底座，推动政府统一用“一朵云、一张网”，从而为各类业务的跨部门、跨区域协同提供基础。

5.5.2 关键举措

1. 开展云网基础设施摸底

通过在全区范围内全面开展云网基础设施摸底，组织各地各单位摸清非涉密数据中心底数、云平台（虚拟化平台）的资源底数、非涉密业务专网底数等，依托政务信息化资产管理系统统一管控各级各部门云网基础设施信息，为后续工作的开展夯实基础。

2. 推动多云共治和网络互联互通

围绕“一张网、一朵云”的建设目标，完成自治区多云共治平台、电子政务外网一体化运维管理系统建设，初步形成对壮美广西·政务云、电子政务外网的管理与监控能力。在此基础上，通过推动云平台认定、系统迁移上云、业务专网互联互通等多个专项行动，实现各级各部门云平台整合集约和业务专网互联互通。

3. 构建云网态势感知

构建覆盖各级各部门的云网态势感知体系，通过对全区云和网的运行数据进行采集、分析、加工，形成对云和网的态势感知能力，不断加强对政务云网基础设施的资源弹性调配、业务敏捷交付等精细化运营能力建设，支撑起对全区云和网运营的全生命周期有效管控。

4. 强化云网配套保障

持续推进云、网资源整合与建设的工作，按需扩容政务云，提升电子政务外网带宽容量，逐步完善云资源双活灾备和异地灾备、云服务器热切换、网络出口热切换等灾备服务体系，强化云网资源的高可用性，为全区数字政府建设提供充足可靠的云网资源保障。

5.5.3 建设内容

1. 广西电子政务外网

广西电子政务外网作为国家政务外网的组成部分，是广西电子政务重要的基础设施之一。政务外网与互联网之间逻辑隔离，是政府的业务专网，主要承载政务部门面向社会和公众的专业性服务业务及不需在内网上运行的业务。为各政务部门业务应用提供网络承载服务，支持业务网络的互联互通，支持跨地区、跨部门的业务应用、信息共享和业务协同，满足各级政务部门社会管理、公共服务等面向社会服务的需要。

广西电子政务外网由自治区、市、县三级组成，上与国家政务外网连接，向下纵向联结 14 个市、111 个县（市、区）以及 1118 个乡镇，自治区、市、县、乡四级覆盖率均达到 100%，横向网络联结各级党委、人大、政府、政协、法院、检察院和其他政务部门，实现自治区、市、县、乡镇四级对口部门的纵向联结。

1）广西电子政务外网整体规划

广西电子政务外网将分为自治区级城域网、自治区、市、县（区）广域骨干网、市级城域网、县级城域网和接入网。自治区级城域网汇聚首府南宁的厅局委办机关局域网，广域骨干网由自治区级节点核心设备及市级节点和县级节点骨干设备组成，接入网是指各自治区、市和县政务部门的局域网。

自治区城域网由自治区人民政府网络节点、自治区信息中心网络节点、广西发展大厦网络节点、广西五象云计算中心的 4 个核心节点组成，是拥有 10Gbps 带宽的环型宽带网，对于区级部门来说，需要自建城域光纤网链路接入自治区城域网；对于市、县单位来说，则通过两条 622Mbps、两条 155Mbps 链路接入自治区城域网。

广西电子政务外网互联网出口由电信、联通两家通信运营商提供，带宽总计为 2Gbps，两家带宽各为 1Gbps，通过路由策略负载分担同时使用。

2）广西电子政务外网划分

根据广西电子政务外网所承载的业务和系统服务类型的不同，在逻辑上，将广西电子政务外网划分为公用网络区、专用网络区和互联网接入区三个功能域，分别提供广西电子政务外网互联互通业务、虚拟专用网络业务和互联网业务，见图 5-11。

公用网络区是采用国家政务外网公用地址的网络区域，是广西电子政务外网的主干道，实现各部门、各市互联互通，为跨地区、跨部门的业务应用提供支撑平台。

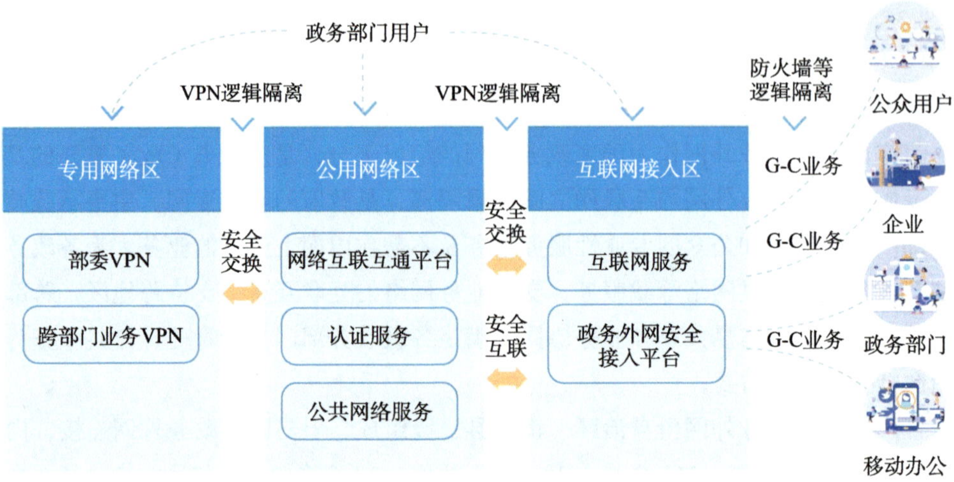

图 5-11　电子政务外网基础设施

专用网络区依托广西电子政务外网基础设施，为有特定需求的部门或业务设置的网络区域，实现不同部门或不同业务之间的相互隔离，虚拟专用网络主要为少数部门的特定业务数据传输提供安全通道。广西电子政务外网采用 VPN 技术将特定业务数据与其他数据安全隔离，用于满足部门特殊需求。该区域主要采用私有地址，在骨干网上采取标签方式进行交换。

互联网接入区是接入广西电子政务外网的政务部门通过逻辑隔离手段安全接入互联网的网络区域，满足各级政务部门利用互联网的需要。广西电子政务外网构建互联网安全接入平台，实现广西各级政务部门移动办公的公务人员利用互联网通道，通过数字证书认证和密码技术，安全接入广西电子政务外网，访问指定的业务应用系统。

2. “多云共治”平台

广西壮族自治区政务云平台采取“1+14+N”的“多云共治”架构（图 5-12），通过打造一朵统一规范、安全可靠、高效运转、多云共治的壮美广西·政务云，向自治区级各部门提供统一的云计算、云存储、云管控、云安全等服务，实现云资源统一申请、统一分配、统一调度、统一监测、统一考核，助力打通信息孤岛，促进业务协同。

1）统一申请

“多云共治”平台通过建设统一申请系统，实现对自治区级各单位、各类政务行业云资源的统一申请。统一申请包括：查看各个云平台上可用的政务云资源；申请各个云平台上资源池下的政务云资源；浏览、管理本单位已有的政务云资源。

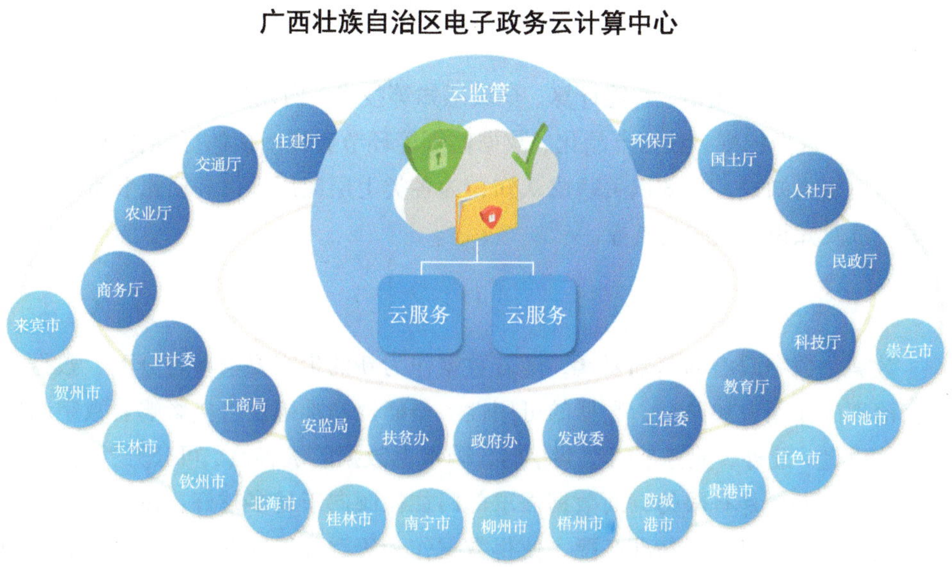

图 5-12 广西电子政务云计算中心架构

2）统一分配

“多云共治”平台通过建设统一分配系统，为壮美广西·政务云提供统一的云资源管理方式，实现对各个子云资源统一分配。统一分配包括：可按层次、类型分配资源；工单派发对应云服务商实施；实施完成后用户单位核验云资源的分配结果。

3）统一调度

“多云共治”平台通过建设统一调度系统，通过线上审批、线下实施的方式，建立跨云迁移机制，统筹利用各个厅局经过认定的存量数据中心，打破各数据中心边界，进一步提高壮美广西·政务云整体资源利用率。

4）统一监测

“多云共治”平台通过建设统一监测系统，可以对壮美广西·政务云各个云平台的资源使用情况、资源运行情况、资源风险情况进行监控，进一步提高壮美广西·政务云运行质量，为监管人员提供决策支持。

5）统一考核

“多云共治”平台通过建设统一考核系统，为壮美广西·政务云制定统一的考核标准，通过统一标准对各个子云的云服务商、主管单位，以服务质量、运行状况等信息为指标进行多维度的标准化考核，进一步提升壮美广西·政务云服务质量。

5.6 数据智能基础设施

基于AI、知识图谱、智能计算、全域感知等技术，构建数据采集、数据加工、数据融合、数据挖掘、数据产品化、数据监管等环节有机衔接的标准化数据体系，将数据提炼为知识，将知识关联成认知，为各类上层应用提供高质量和智能化的数据，以及知识和认知的支撑。

5.6.1 建设意义

数据是数字政府的基础要素，随着数据作为新的生产要素参与分配，数据对社会治理的作用愈加凸显，数据的可用性、全面性和准确性直接影响着数字政府的整体质量。此外，业务部门在共享时，因考虑数据的敏感性、可公开性等因素，所提供的数据项是有限的，而数据需求部门往往倾向于越多越好，没有针对性，导致数据供需难以获得精准匹配，使得数据作为资源配置的核心要素在政务管理方面还没有全部体现出价值。随着基于AI技术的发展，将AI技术应用在数字政府的治理中能够高效收集、整理、融合和分析海量政务数据，并自动生成支持政府决策的数据依据，有效提升政府治理能力，因此建设数据智能基础设施对提升数字政府决策支持能力具有至关重要的作用（图5-13）。

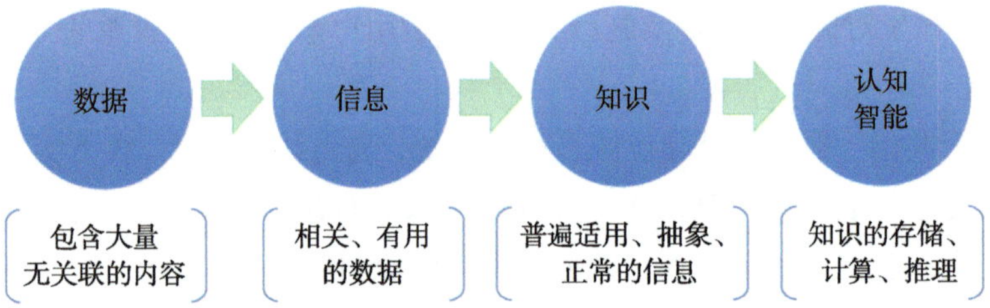

图5-13 数据→信息→知识→认知智能的概念图

5.6.2 关键举措

1. 建设数据智能资源池

基于广西“五个一”政务数据治理成果，依托统一的数据共享交换平台，按照物理分散、逻辑集中的方式，将各部门数据资源进行统一汇聚。在此基础上，通过建设智能算法库，构建政务数据智能模型，打造统一的数据智能资源池，实现数字政府对各类应用场景的数据和智能支撑能力。

2. 不断完善数据智能资源池

持续建设完善数据资源池、智能算法库、智能模型库的内容，沉淀丰富数据的趋势预测、风险控制、科学决策、舆情管控等模型，应用智能服务机器人、业务智能分析等智能工具和智能技术，对数据资源进行更深程度的挖掘，不断构建完善数据智能资源池。

3. 建设数字政府大脑，实现从数据到认知

通过谋划建设数字政府大脑，将数据智能资源池的数据资源和AI模型接入数字政府大脑，基于数字政府大脑神经主干的知识模型、知识融合、智能计算支撑等能力，进行相应的知识构建和知识治理工作，构建形成数字政府大脑知识图谱。在此基础上，结合大脑智能计算平台的图挖掘计算中心、知识推理计算中心和知识修复计算中心，对数字政府大脑知识图谱进行持续修复和更新，不断完善数字政府大脑知识图谱。大脑知识融合平台和大脑智能计算平台输出的能力集成到大脑知识能力服务平台，面向上层应用提供相关服务能力。

4. 强化数字政府大脑能力应用推广

通过将数字政府大脑的数据与计算能力进行开放，推动各行业领域创新一批智慧应用，不断提升优化数字政府协同调度指挥平台的智能化水平，强化政府部门基于数据的科学决策能力，推动社会治理重心下移，打造上下协同的智能化治理体系，实现精准化、精细化、智能化的社会治理。

5. 闭环推动数据智能基础设施优化

在完善数据智能资源池、数字政府大脑形成认知、大脑能力推广应用的过程中，各级政府部门对数据智能基础设施的期望和要求将不断提高。因此，随着数据智能基础设施的不断发展，在实现数据流转、构建知识、形成认知的阶段里，新的需求及更高的目标是促进数据智能基础设施优化，形成良性闭环的有效动力。

5.6.3 建设内容

为推进数据智能基础设施建设，广西以自治区政务数据共享交换平台为基础推动政务数据的全生命周期汇聚融合，在此基础上依托数字政府大脑实现数据到知识的提炼和挖掘，利用“桂链”平台的区块链技术实现数据的加密和溯源，并通过自治区公共数据开放平台、“智桂通”移动开放生态体系数智人推

动数据开放和数据产品化，由此构建对全领域的数据智能基础设施支撑能力（图 5-14）。

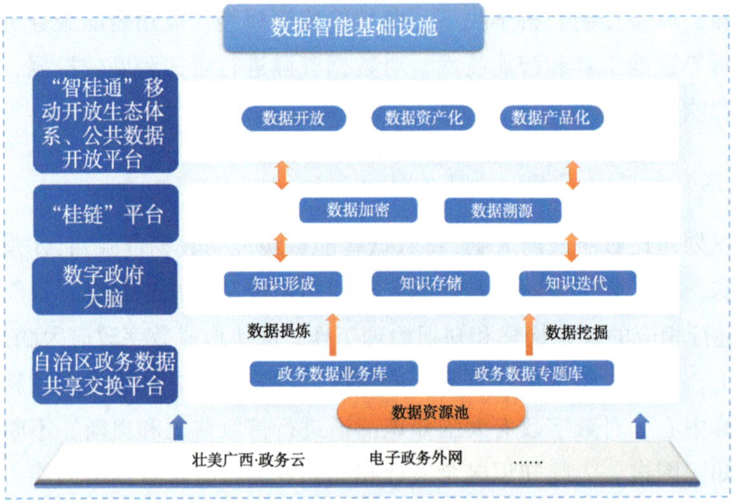

图 5-14　数据智能基础设施

1. 自治区政务数据共享交换平台

自治区政务数据共享交换平台是统筹广西政务数据资源建设、管理、应用和调度的基础设施平台，是实现政务数据互联互通、共享交换，促进数据开放，打造政务数据开放生态圈的重要主体，是广西数字政务一体化平台与国家政务服务平台的数据传输的主要通道，为全区的政务数据资源汇聚和交换、数据要素市场培育和各类政务数据服务提供了基础支撑。

平台的核心是政务数据的共享和交换，主要内容包括政务信息共享平台、资源目录管理系统、数据资源管理系统、数据交换系统、服务管控系统、数据集成系统、数据治理系统、供需系统、运行监管系统、智能 API 网关、分析展示系统等子系统。在底层架构上，数据共享交换平台采用了 FusionStorage 智能分布式存储、MPP（massively parallel processing，大规模并行处理）数据库集群、OAuth2.0 认证、Docker 容器引擎等主流技术和架构。智能 API 网关基于大数据和 AI 技术，实现了关联分析、异常访问行为分析、流量访问控制、突发事件分析和风险行为预警等功能。

2. 中国–东盟区块链创新中心及“桂链”平台

中国–东盟区块链创新中心围绕自治区区块链产业发展与数字广西建设需要，

按照“平台+生态+运营”的模式，构建区块链创新应用服务体系，搭建自治区区块链公共服务平台——“桂链”，作为区块链底层基础设施，与 5G、AI 等新一代信息技术融合，实现区块链网络快速部署，提供可复用的技术服务组件，面向政府、企业、开发者等提供区块链服务，极大地降低了区块链技术门槛和使用成本，满足了规模化、个性化的应用需求。同时通过平台运营管理服务，帮助政府部门对第三方的平台应用开展认证测试，确保区块链技术安全合规。

基于“桂链”主链，进一步形成面向区域、行业的联盟链子链，支撑在区域内、行业内的区块链特色应用，组建广西联盟链网络，实现跨链技术共享和数据、应用互联互通，增强区块链整体服务能力。

3. 数字政府大脑

数字政府大脑是数据智能基础设施的核心枢纽，支撑数据智能基础设施将多维异构数据提炼为知识，并对外提供多样化的知识和计算能力。数字政府大脑包括全域感知体系、大脑神经主干、大脑知识能力服务平台等三个主要模块。

全域感知体系包括全域数据感知、数据迭代治理、全域感知库和数据共享总线。全域数据感知能够从政务云、电子政务外网、数据共享交换平台、互联网等各类渠道采集多维异构数据，数据迭代治理能将多维异构数据进行标准化治理，形成高质量数据源后存入全域感知资源库，再通过数据共享总线提供给大脑进行数据运算和处理。

大脑神经主干包括大脑知识融合模型、知识融合平台及智能计算平台，是大脑处理全域数据，构建知识图谱的“核心中枢”。大脑神经主干以大脑知识融合模型为基础，在全域感知体系的支撑下，能够利用海量的数据完成知识构建和知识治理工作，形成各类知识图谱，并通过知识融合平台和智能计算平台对图谱进行持续修复和更新，形成多样化的知识支撑能力和智能计算能力，为上层应用提供支撑。

大脑知识能力服务平台包括大脑能力服务门户、服务接入管理、能力运营管理等。大脑知识能力服务平台能够将大脑的知识支撑能力和智能计算能力进行标准化封装，并通过统一门户对外共享开放，充分释放数字政府大脑作为数字政府新基础设施的价值，为构建数字政府开放生态提供支撑。

4. 广西公共数据开放平台

广西公共数据开放平台是公众获取广西政府公共数据的重要途径。平台由自治区级平台和市级子平台组成。用户公众可通过平台按重点领域、区直部门、设区市三种分类查询开放数据，通过元数据检索、数据开放接口服务，获得数据资源。同时，可以在线对公共数据资源进行统计分析，生成可视化图表，并对数据做出评价，提出数据开放申请建议等，逐步形成全区数据开放环境，推动社会各界利用开放数据开展科学管理、技术升级、业务创新等活动。

广西公共数据开放平台依托自治区政务数据共享交换平台和广西电子政务外网基础设施资源建设，汇集自治区、市、县、乡、村五级各政府部门开放数据，为政府部门、广大企业和社会公众开展政务数据应用提供统一的数据支撑。截至2022年5月，自治区公共数据开放平台接入88个自治区部门、14个市、86个县（区）共599个单位，各地各部门各单位共发布公共数据资源目录5870条。其中包括531个接口、5533个库表、4.83亿条结构化数据、3.5万个开放文件。

复旦大学联合国家信息中心数字中国研究院发布了“2021上半年中国开放数林指数——省域标杆”暨《中国地方政府数据开放报告：指标体系与省域标杆》。广西在全国省级政府数据开放综合排名跃居至第五位，在西部省份排名由第三位升至第二位，成为“中国开放数林标杆省域”五个标杆省份之一。

5. “智桂通”移动开放生态体系数智人

“智桂通”数智人是基于大数据、AI、云计算和5G通信等技术，通过汇聚真实世界的海量数据，结合深度学习算法，构建的虚拟智能人物模型。数智人能够利用丰富的多模态人机交互和应用工具，形成具备多维感知、精准服务、持续进化能力的虚拟人物形象，面向多个行业提供人机智能交互等基础服务，是数据智能基础设施的重要内容。

“智桂通”数智人技术体系包含知识模型、AI中枢、多模态交互、智慧化场景四个部分。其中，知识模型基于AI技术，通过海量数据的采集、加工、知识建模、知识计算等处理，构建形成“智桂通”数智人知识信息模型；AI中枢提供AI算法引擎和服务，是“智桂通”数智人的大脑和决策系统，支撑数智人像人类一样具备智能化思考能力；多模态交互提供声音、表情、动作等多模态交互方式，支撑用户和数智人进行人机智能交互；智慧化场景基于行业需求，提供不同场景下的智能客服、智能导游、智能导诊、智能助教、新闻主播、生活助手等服务（图5-15）。

1）知识模型

知识模型包含数据源、数据采集加工、图谱构建和“智桂通”数智人信息模型（图5-16）。知识模型在对数据及隐私信息进行充分保护的前提下，通过对政务数据、“智桂通”运营数据、互联网数据等进行采集、加工、治理，形成专题信息，并基于专题信息进行知识建模形成“智桂通”数智人信息模型。知识模型能够随着数据的不断汇聚，对数智人进行持续性维护和更新。

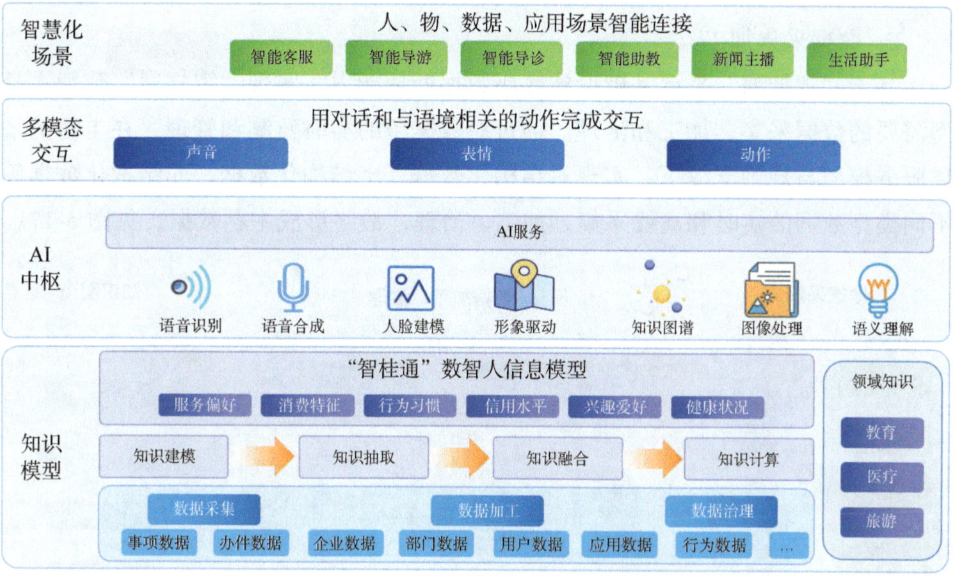

图 5-15 "智桂通"数智人技术架构

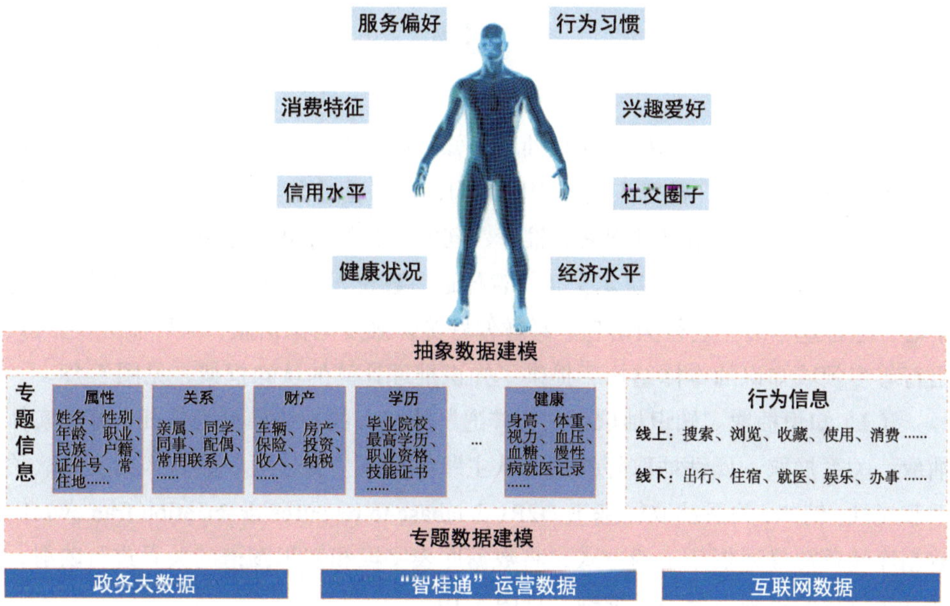

图 5-16 "智桂通"数智人信息模型

A. 数据源

数据源包括政务大数据、"智桂通"运营数据、互联网数据以及生态伙伴提供的专属信息等，如属性、关系、财产、学历、健康等多维度信息，用户行为产生的搜索、浏览、消费、出行、娱乐、办事等信息，旅游领域的景点、路线、门票、酒店等信息。

B. 数据采集加工

基于“智桂通”平台基础设施底座数据处理能力，实现“智桂通”数智人模型需要的数据采集、加工和治理。通过对数据源的实时监测和管理，在丰富的采集服务模型与规则支撑下，实现对结构化数据、半结构化数据、非结构化数据等不同类型数据的实时和离线采集、加工、治理，最终形成主题数据，见图 5-17。

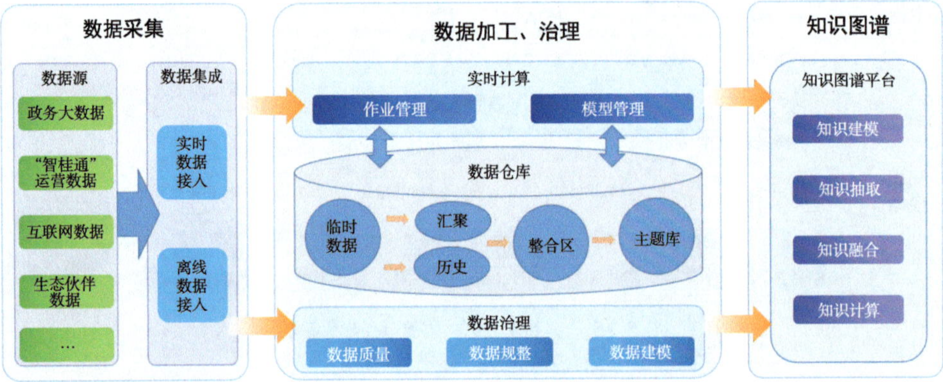

图 5-17 “智桂通”数智人数据采集、加工、治理过程

C. 图谱构建

图谱构建包含知识建模、知识抽取、知识融合与知识计算，能够基于知识图谱技术完成“智桂通”数智人的知识图谱构建，并通过自学习算法实现自我更新，为各类业务场景和应用提供搜索、推荐、问答、解释与决策等能力。

（1）知识建模。该模块定义了“智桂通”数智人的本体模型，构建了以人为中心，融合基本属性、行为信息、兴趣偏好等多维度画像信息，关联服务、旅游、出行等多领域知识的本体结构，提供了知识推理计算的认知框架，见图 5-18。

（2）知识抽取。知识抽取以“智桂通”数智人的本体模型为依托，基于实体抽取、关系抽取、属性抽取等技术，从主题库抽取“智桂通”数智人的实体、关系和属性。例如，关系抽取能基于 D2R（database to resource description framework，数据库转资源描述框架）的方式，将数据库表字段和知识图谱的关系进行映射，并基于特定的规则进行关系推理，见图 5-19。

（3）知识融合。知识融合能够将不同领域、不同来源的知识进行融合，完成属性融合和数据规范化，丰富“智桂通”数智人实体的知识维度。例如，将政务服务领域的“人”和旅游出行的“人”进行对齐和关联，丰富“人”的属性和关系，进一步扩展与“人”相关的知识维度。

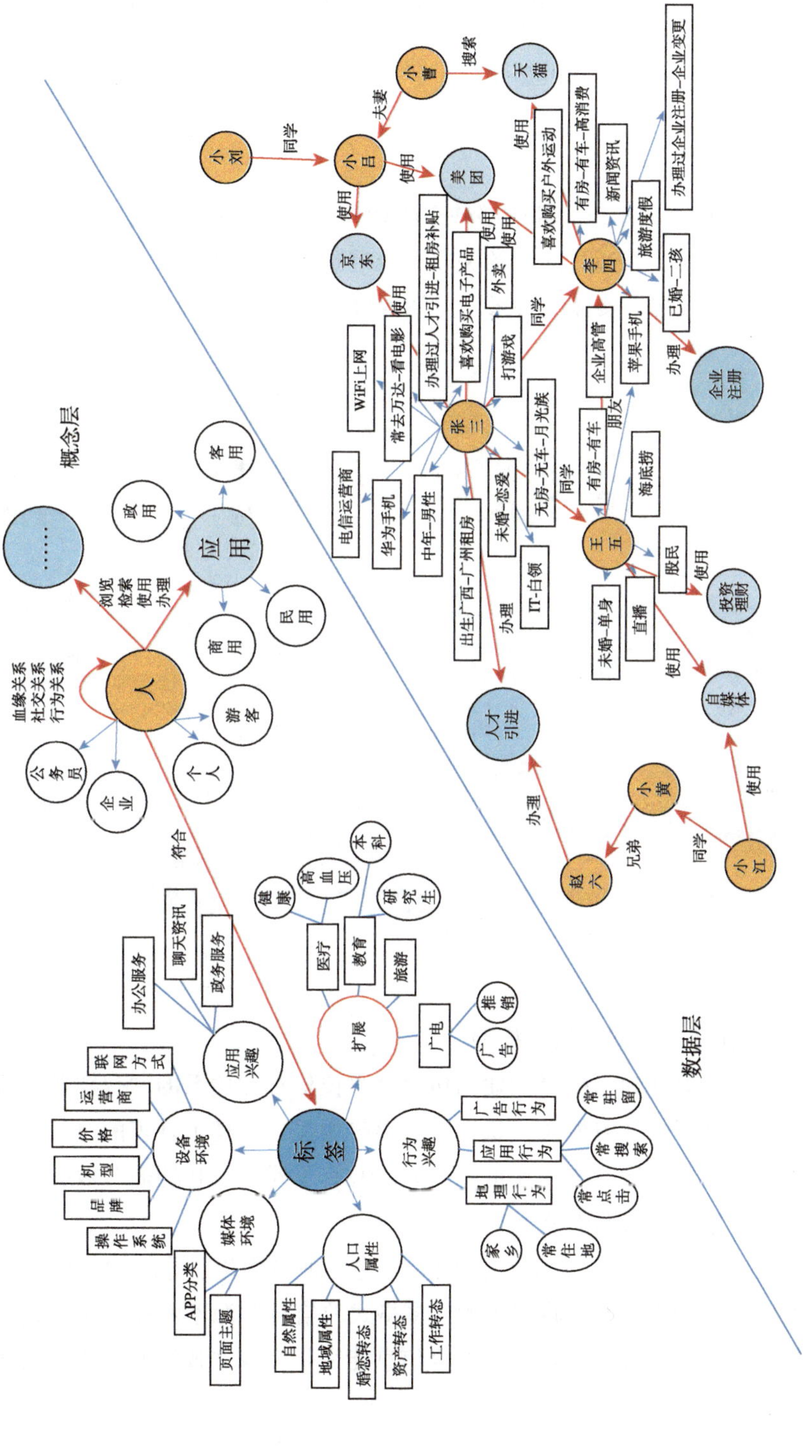

图 5-18 “智桂通”数智人图谱构建——知识建模

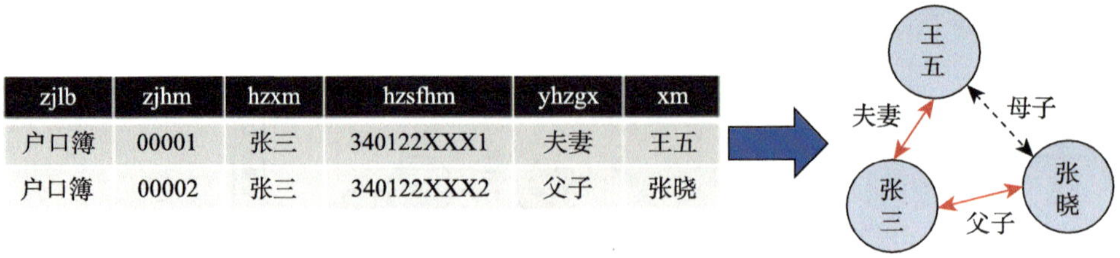

图 5-19 “智桂通”数智人图谱构建——知识抽取

（4）知识计算。知识计算能够基于图计算、图神经网络等技术，对知识进行补全、纠错和更新，并通过知识的关联和推理预测更深层次的潜在关系，补全和纠正“智桂通”数智人实体的关系，见图 5-20。

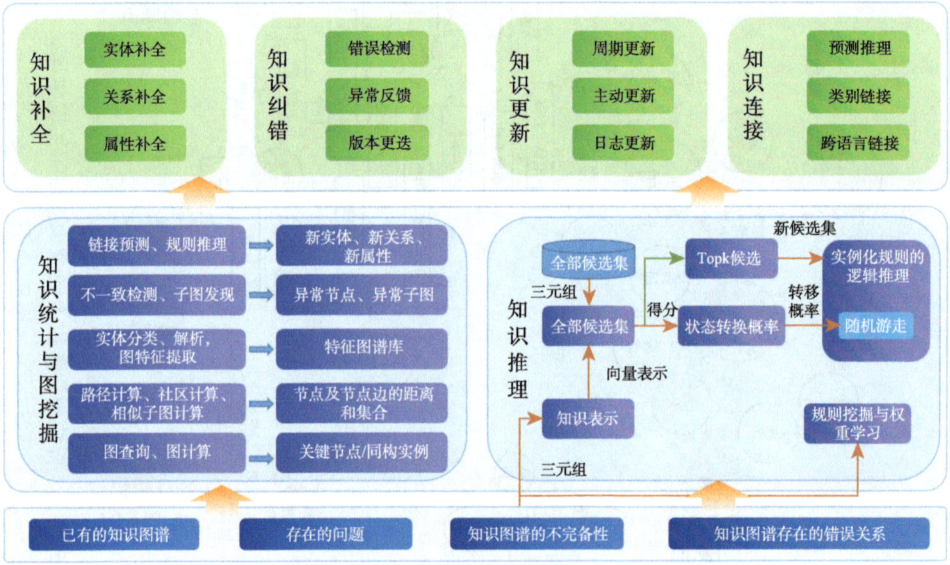

图 5-20 “智桂通”数智人图谱构建——知识计算

D. “智桂通”数智人信息模型

通过海量数据和知识图谱构建的包含全方位信息和关系的“智桂通”数智人信息模型，经过不断学习成长，认知能力逐步增强，实现了真正的以人为本，想用户所想、知用户所知，与现实世界的人“心有灵犀”。“智桂通”数智人信息模型具有综合信息和学习两大能力。

（1）综合信息能力。综合信息能力是将各种结构化、非结构化信息转化为数据的综合处理能力，能够将多来源、多格式的信息源源不断地转化为具备高实时性的数据，不断提升数据价值。综合信息能力是实现“智桂通”数智人认知的基础。

（2）学习能力。学习能力是指认识并理解各种信息与先前已有知识之间的关系，以及它们在特定场景上的应用能力，具备学习能力的数智人，可以依托大数据、自然语言处理、知识图谱等技术能力，使数据转换成能够被理解、治理和解释的知识。

2）AI 中枢

AI 中枢包括 AI 开发平台和 AI 引擎，为数智人提供感知、认知和决策能力，它决定了“智桂通”数智人的智能化水平，满足“智桂通”数智人认知和交互的需求。

A. AI 开发平台

AI 开发平台是面向 AI 开发者的一站式开发平台，包括数据标注、算法开发、模型训练、AI 管理等统一化的平台解决方案，涵盖了从感知、视觉到认知的多维度 AI 能力。面向不同经验的 AI 开发者，提供便捷易用的深度学习、引擎托管、服务编排、端引擎管理等开发环境，让 AI 开发变得更简单方便，见图 5-21。

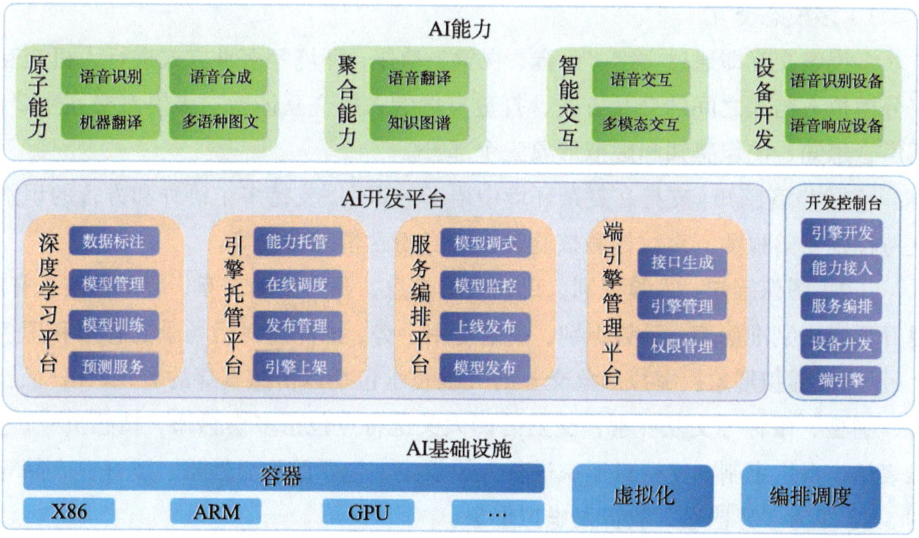

图 5-21 AI 开发平台

X86 指一系列中央处理器指令集架构；ARM 架构的英文全称为 Advanced RISC Machine，曾称进阶精简指令集机器，是一个 32 位精简指令集处理器架构，可以提供更小、更便捷、更低功耗的处理器架构，广泛应用于许多嵌入式系统设计；GPU（graphics processing unit，图形处理器）

B. AI 引擎

AI 引擎包括语音识别、语音合成、图像处理、语义理解、虚拟形象等能力，让“智桂通”数智人能听会说，能理解会思考。

（1）语音识别。语音识别为“智桂通”数智人装上了“耳朵”，使“智桂通”数智人能听得清、听得懂人类言语，支持在复杂环境中语音的识别，除中文普通话和英文外，支持多个语种和方言的识别。

（2）语音合成。语音合成为“智桂通”数智人装上了“嘴巴”，使“智桂通”数智人能与人类正常交谈。支持多个语种和方言，中英混合自然合成；支持多风格的发音选择和定制，打造专属的、独一无二的合成声音；支持调节语调、语速、音量，满足复杂场景需求。

（3）图像处理。采用图像智能识别算法，使“智桂通”数智人能通过面部识别是谁、通过表情识别情绪、通过肢体动作识别意图、通过背景识别所处的环境。目前 AI 技术在基于图像识别的基础上，结合情感计算，不仅可以识别图像中的内容，更可以理解图像背后的隐含的场景、意图表达等。

（4）语义理解。通过语义理解，“智桂通”数智人能够更准确理解用户的意图，可以结合对话语境，进行自然语言交流，能够真正听懂对话。

（5）虚拟形象。融合语音合成、人脸建模、形象驱动、图像处理等多项 AI 技术，赋予“智桂通”数智人真人、卡通、二次元等多类型形象。

3）多模态交互

多模态交互即通过文字、语音、视觉、动作、环境等多种方式进行人机交互，充分模拟人与人之间的交互方式，打造自然的人机交互体验。多模态交互主要包括声音感知、图像感知和虚拟形象三个部分。

（1）声音感知：支持在复杂环境中语音的识别，支持多个语种和方言的识别，支持性别年龄检测、声纹检测核验说话人身份、情感分析等。

（2）图像感知：人脸识别，识别人脸信息，开启主动交互；唇动检测，有效提升语音识别准确率；手势识别，识别常用手势，加深对对话场景的感知和理解。

（3）虚拟形象：虚拟形象交互的关键技术包括以情感贯穿的音色、语气、表情、嘴型、眼神等交互要素，交互的四大关键特点包括多模感知、情感贯穿、多维表达、自主定制。支持对形象进行人设设定，包括脸型、性格、爱好、衣品等。图 5-22 即为“智桂通”数智人虚拟形象。

图 5-22　“智桂通”数智人虚拟形象

4）智慧化场景

智慧化场景是以“智桂通”移动开放生态圈、APP、数智人等平台的能力为基础，面向不同业务和用户需求，让各行各业的生态伙伴能够充分利用“智桂通”的平台和能力，打造以数智人为核心的业务场景和智能化应用，如智能客服、智能导游、智能导诊、智能助教等，满足细分领域下不同场景不同人群一人千面的个性化需求，见图 5-23。

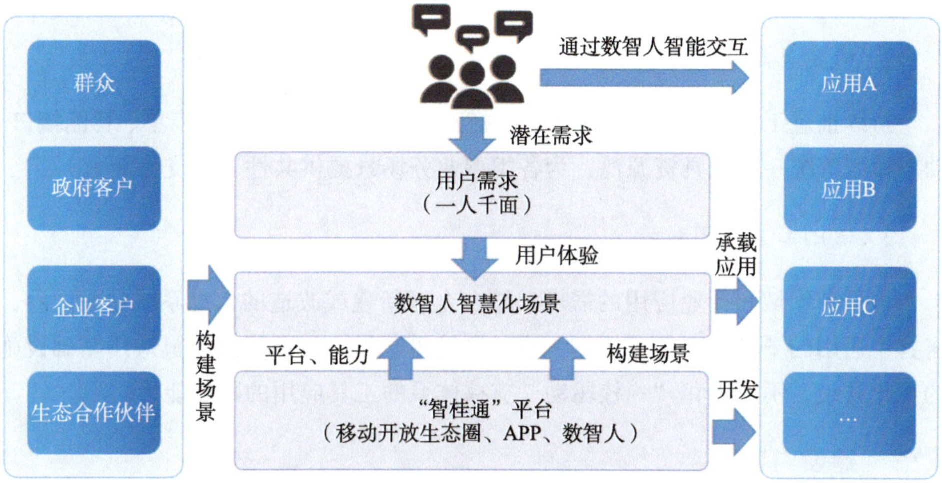

图 5-23 “智桂通”数智人场景构建

5.7 工具应用基础设施

统筹整合分散的、孤立的数字政府基础支撑平台的服务和能力，形成统一身份认证、统一电子证照、统一电子印章、统一收付、统一邮寄、智能表单、智能接口、动态模型等工具资源池，打造数字政府支撑平台，逐步演进成有机的、整体的、统一的共性能力平台，支持面向数字政府各行业业务场景提供工具应用基础设施。

5.7.1 建设意义

破除各级各部门信息化建设过程中缺乏技术和标准的困境，解决传统信息化建设存在的重复建设、资源浪费、共性应用能力无法共享等问题，通过打造统一的公共软件支撑底座，为各级部门提供按需使用的工具应用，提升各级各部门信息化建设水平，节约建设成本。

5.7.2 关键举措

1. 整合原有工具应用

统筹整合自治区政务数据共享交换平台、广西数字政务一体化平台等基础支撑平台的服务和能力，完善统一支撑平台各项功能，提升平台负载能力，构建统一身份认证、统一电子证照、统一数据共享等各类支撑能力，初步建成工具应用基础设施。

2. 构建工具应用池

持续推进工具应用基础设施建设，搭建包含智能流程、智能表单、智能接口、动态模型等统一的工具资源池，为各类型业务场景提供共性工具支撑能力。

3. 强化工具应用赋能

根据各领域和行业应用的需求，结合全区新建或改造的信息系统建设内容，将其中通用的子模块、子系统划入自治区统筹建设，以此推进工具应用基础设施的优化升级，不断强化“一核驱动”支撑体系的工具应用的赋能能力。

5.7.3 建设内容

广西围绕工具应用基础设施的建设内容，通过整合广西数字政务一体化平台、数据共享交换平台、广西健康码等多个平台以及各级政府部门业务系统的共性支撑能力，基本构建了工具应用基础设施，以下为部分工具应用介绍。

1. 统一身份认证

统一身份认证是基于自然人身份信息、法人单位信息等认证资源，以居民身份证号作为自然人办事唯一标识，以统一社会信用代码作为法人办事唯一标识构建的共性支撑工具应用，具备多元化的身份认证支撑能力，见图 5-24。

一是依托人口库、法人库，利用数字证书、生物特征识别（面部、指纹、虹膜、声音识别等）等技术手段，整合公安可信身份认证以及第三方的身份核验方式，为全区数字政府提供统一的实名身份认证服务，实现便捷注册、多渠道可信核验。

二是面向互联网用户、企业、政府公务人员提供统一账户服务，实现任何用户在任何设备上，使用一个账户即可获取全区数字政府服务，同时通过对接国家统一身份认证平台，实现全国范围内身份信息的跨层级、跨区域互认。

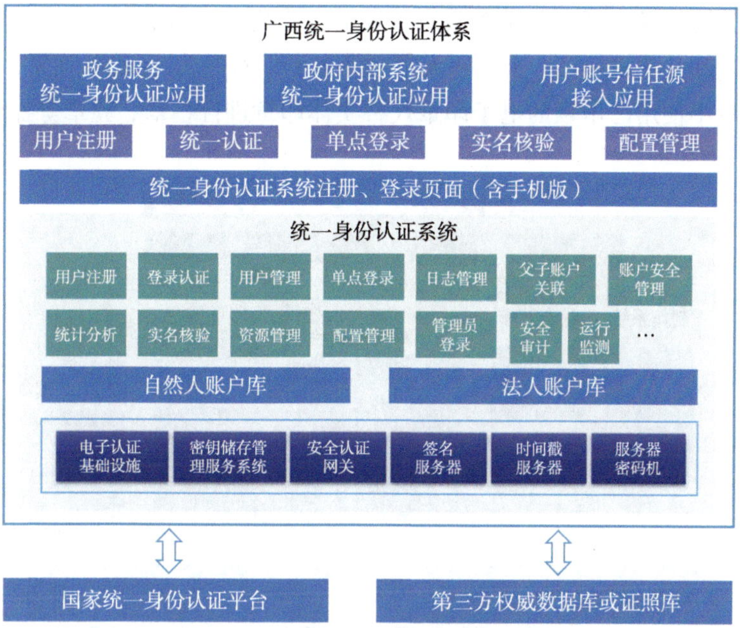

图 5-24　广西统一身份认证体系架构

三是为全区数字政府提供统一用户支持，实现各级各部门间业务系统的单点登录与用户信息互认，覆盖实体政务服务大厅、政务服务网、门户网站、移动服务、自助终端等多种应用场景，为全区数字政府提供统一的身份认证和账户管理支撑。

通过推动统一身份认证在各政府部门间的广泛应用，大力推进各部门原有用户体系与统一身份认证互信互认，实现“一次认证、全网通办”。截至 2022 年 5 月，广西统一身份认证累计接入自然人用户超过 3920 万、法人用户超过 325 万，为广西数字政务一体化平台、数据共享交换平台以及自治区、市、县三级超过 600 个政务服务部门的业务系统提供了统一身份认证支撑，基本实现全区范围内一次认证、全区通行。

2. 统一电子印章

统一电子印章是以数字签名、区块链等技术为基础，通过数据模拟传统实物印章，从而支撑政府履职全流程无纸化、数字化的工具应用，具备电子印章基础管理、跨平台互信互认、区块链溯源等功能，见图 5-25 广西统一电子印章系统架构。

一是电子印章基础管理。基于公安部门的实体印章数据，提供电子印章申请、制作、备案、变更、签章等电子印章基础功能支撑。对有电子印章使用需求的政府和企业，可申领电子印章（含政府签发的企业法定名称章、以法定名称冠名的内设机构章和分支机构章、企业法人章和业务专用章等），在政务服务、合同签订等业务场景中使用已申领的电子印章代替实体印章进行签章、验章等操作。

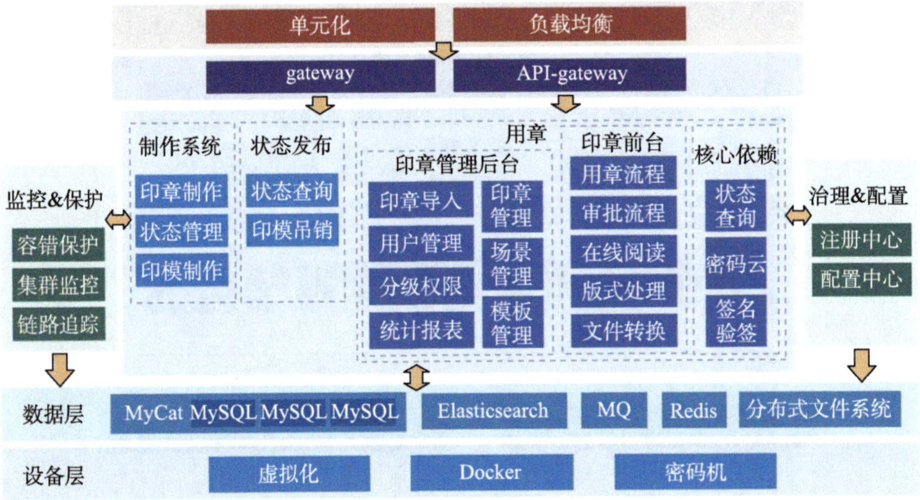

图 5-25 广西统一电子印章系统架构

gateway（网关）；API-gateway（applicant program interface gateway，应用程序界面网关）；MyCat、MySQL（数据库类型）；Elasticsearch（一种分布式、高扩展、高实时的搜索与数据分析引擎）；Redis（remote dictionary server，远程字典服务）；Docker（容器）；MQ（message queue，消息队列）

二是电子印章生态互信互认。统一电子印章对外提供生态化的互信互认接入服务，政府、企业和第三方电子印章服务提供商在接入统一电子印章后，均支持跨平台、跨系统的电子印章互信互认和有效性检验，支撑构建电子印章开放生态圈。

三是电子印章区块链加密溯源。统一电子印章依托“桂链”平台的区块链技术进行加密，通过利用区块链节点，对印章应用的签署验证、签署过程、签署结果等环节进行同步留痕，实现签署身份认证、签署过程追溯、签署结果存证举证全过程证据链溯源。

目前在政务服务领域，广西统一电子印章已与自治区交通运输厅、桂林市公积金管理中心等各级部门的 33 个专业系统对接，累计签发政务服务电子印章 5175 枚。通过页面签章和接口盖章等方式，为各级部门提供在办理通知书、批复文件等电子材料上加盖电子印章的服务，累计被调用盖章次数超过 307.5 万次。

在公共服务领域，广西设计和开发了全区统一的企业电子印章公共服务平台，出台了《广西壮族自治区企业电子印章管理办法（试行）》，推动构建全区统一企业公共服务电子印章应用体系，见图 5-26 和图 5-27。

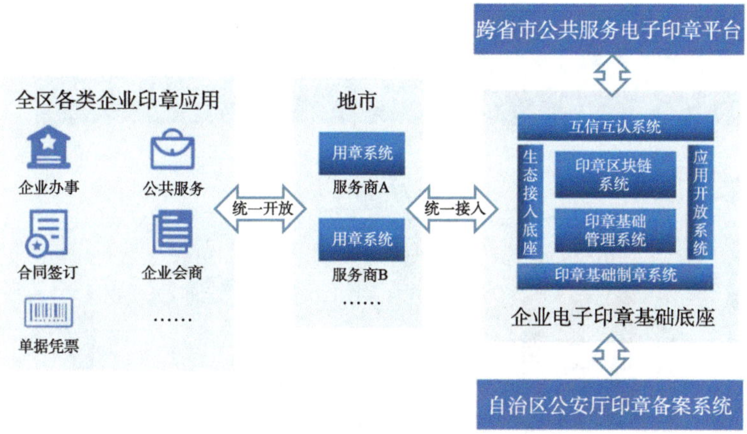

图 5-26 广西电子印章公共服务平台架构

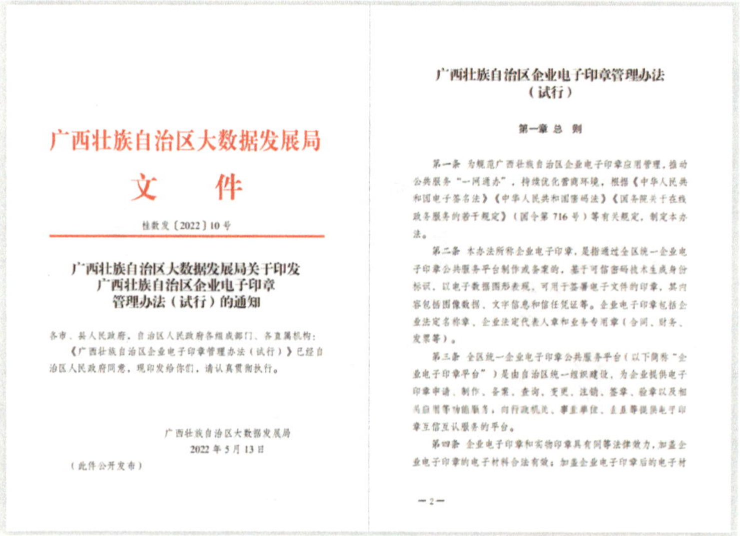

广西壮族自治区大数据发展局

文 件

桂数发〔2022〕10 号

广西壮族自治区大数据发展局关于印发
广西壮族自治区企业电子印章
管理办法（试行）的通知

各市、县人民政府，自治区人民政府各组成部门、各直属机构：

《广西壮族自治区企业电子印章管理办法（试行）》已经自治区人民政府同意，现印发给你们，请认真贯彻执行。

广西壮族自治区大数据发展局
2022 年 5 月 13 日

（此件公开发布）

广西壮族自治区企业电子印章管理办法
（试行）

第一章 总 则

第一条 为规范广西壮族自治区企业电子印章应用管理，推动公共服务"一网通办"，持续优化营商环境，根据《中华人民共和国电子签名法》《中华人民共和国密码法》《国务院关于在线政务服务的若干规定》（国令第 716 号）等有关规定，制定本办法。

第二条 本办法所称企业电子印章，是指通过全区统一企业电子印章公共服务平台制作或备案的，基于可信密码技术生成身份标识，以电子数据图形表现，可用于签署电子文件的印章，其内容包括图像数据、文字信息和信任凭证等。企业电子印章包括企业法定名称章、企业法定代表人章和业务专用章（合同、财务、发票等）。

第三条 全区统一企业电子印章公共服务平台（以下简称"企业电子印章平台"）是由自治区统一组织建设，为企业提供电子印章申请、制作、备案、查询、变更、注销、签章、验章以及相关应用等功能服务，向行政机关、事业单位、企业等提供电子印章互信互认服务的平台。

第四条 企业电子印章和实物印章具有同等法律效力，加盖企业电子印章的电子材料合法有效；加盖企业电子印章后的电子材

—2—

图 5-27 广西壮族自治区企业电子印章管理办法（试行）

目前广西企业电子印章公共服务平台已与柳州、梧州等 6 个设区市自建企业电子印章系统开展互信互认对接，在《施工图审查合格书》《水质达标承诺书》《竣工验收申请报告》等材料文件率先采用企业电子印章代替实体印章盖章的业务模式，为优化营商环境提供了有力支撑。

3. 统一电子证照

统一电子证照是由电子证照库、电子证照应用和区块链系统所组成的工具应用，通过实现传统纸质证照、证明、批文、鉴定报告、办事结果等文件的电子化、数据化，不仅进一步促进政府治理水平的提升，还大大提高了整体政务效率和便民利企能力，见图 5-28 和图 5-29。

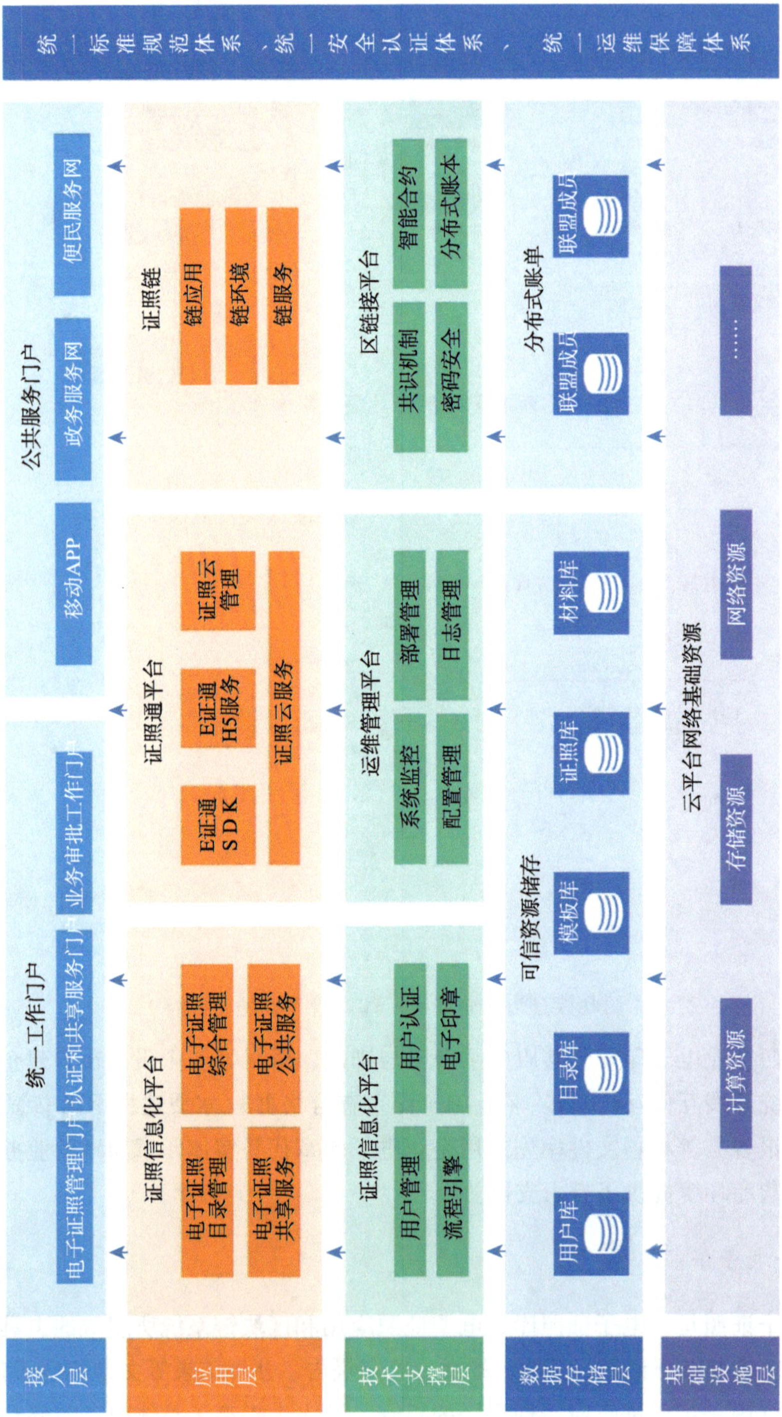

图 5-28 统一电子证照中台

SDK(software development kit，软件开发工具包)；H5（HTML5.0，超文本 5.0），其中 HTML（hype text markup language，超文本标记语言）

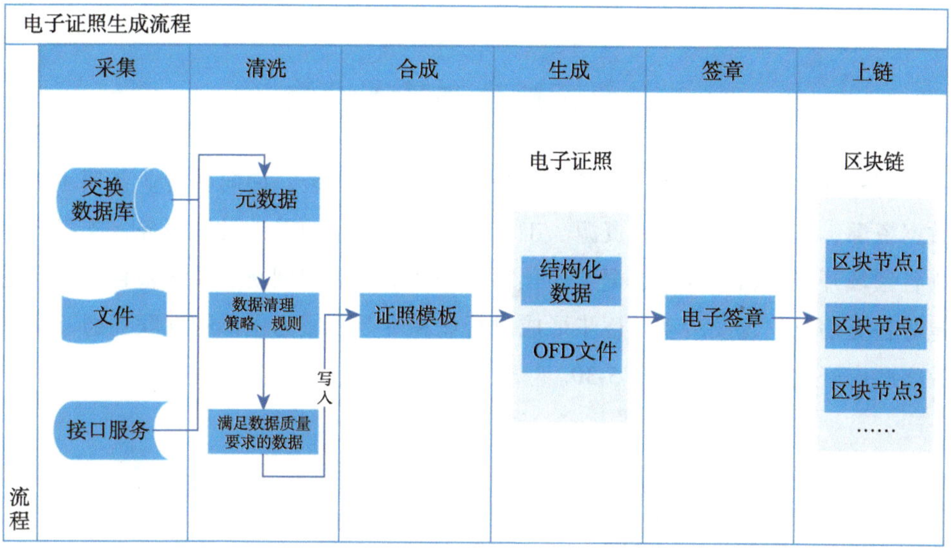

图 5-29 电子证照生成流程

统一电子证照具备证照基础管理、证照共享应用、证照溯源加密等多种能力。

一是证照基础管理。统一电子证照基于国家电子证照标准，通过汇聚各级各部门的实体证照目录和证照数据，构建统一电子证照中台，为各级各部门提供 OFD（Open Fixed-layout Document，开放式文档格式）电子证照制作、加盖电子签章、电子证照检验等功能支撑，推动实体证照电子化，为电子证照共享提供基础数据支撑。

二是证照共享应用。统一电子证照通过与国家政务服务平台统一电子证照系统对接，实现电子证照在全国范围内的跨部门、跨地区共享和互认互信。在此基础上，依托政务 APP、政务服务小程序等载体，面向用户提供移动端“亮证”、“一码授权”、证照应用等服务，方便企业群众直接利用电子证照信息自动填充在线申办表格，进一步提升企业群众的办事体验。

三是证照溯源加密。统一电子证照基于区块链技术，实现电子证照的全程存证和第三方鉴证，为电子证照的数据防篡改、互认共享、可信存证、溯源验证提供基础支撑，构筑电子证照应用的信任环境体系。

截至 2022 年 5 月，广西统一电子证照已汇聚证照种类 656 类、电子证照结构化数据总量超过 1.01 亿，可通过共享电子证照减免材料的事项数达 2.2 万项，其中 1.2 万个事项可完全通过身份证认证或电子证照办理，无须群众提交纸质材料。

5.8 开放生态基础设施

将标准、数据、智能、工具等能力进行标准化封装，面向各行业各领域提供数据资源、算法资源、算力资源、工具资源等多类型的基础设施服务，支撑各行业各领域开展数据融合、数据产品化、流程再造、应用创新、系统整合、平台搭建等各类信息化建设活动，逐步形成以行业和专业领域为主体的互联互通互融的数字政府开放生态圈，见图 5-30。

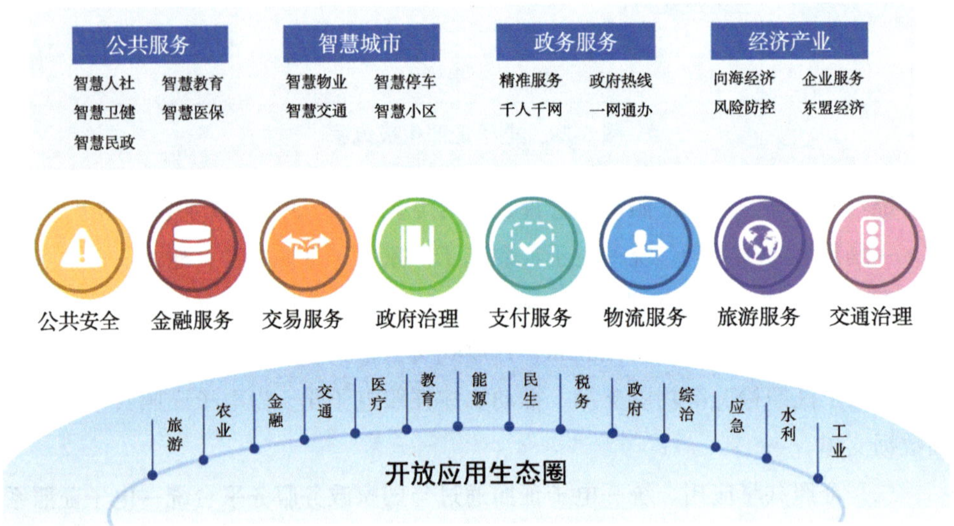

图 5-30 开放生态基础设施

5.8.1 建设意义

数字政府作为一个复杂巨系统，不仅涉及政府部门，还涉及经济、社会、科技、文化等方方面面。要有效推进数字政府建设，就必须通过整合汇聚数字政府的资源和能力，建设一个统一的开放生态基础设施，面向社会各界开放数字政府基础设施资源和能力的使用权限，可按需申请相关资源用于应用开发、业务流程优化等，有效解决各行业各领域技术应用水平不一、资源利用程度低等问题，引导和鼓励社会各界深度参与数字化转型，推动构建以数字政府为核心的开放生态圈，促进社会各界共同推进数字政府的建设。

5.8.2 关键举措

1. 编制和发布开放生态标准规范

制定应用、能力的接入和输出等规范，保障各项工作的规范化开展，不断健全相应的配套制度和监管手段，推动应用、服务、能力的规范化、流程化接入输出，实现全流程有规可依、违规可查。

2. 建设开放生态管理支撑平台

支撑开发者快速获取平台各项能力，满足开发者自主完成应用申请创建、开发调试到应用上架的全生命周期管理需求，为开发者提供智能化运营管理、数据分析、数据可视化等服务，并为开发者提供知识管理服务，实现对平台内多种类格式知识文档的统一管理。

3. 建设开放生态研发支撑平台

将开发常用的技术能力和业务能力组件化、模块化，打造资源和能力不断丰富的生态资源池，面向开发者提供快速开发、快速发布应用所需要的工具、资源和载体，降低应用开发的技术门槛，减少研发成本、提升开发接入效率，辅助开发者实现软件的敏捷开发迭代，提升应用开发效率。

4. 建设开放生态服务支撑平台

支持开发者使用 API 封装，并将用户的数据、业务逻辑或功能安全可靠地开放，提供 API 的完整生命周期管理服务，包括创建、维护、发布、运行、下线等，实现各领域应用和能力从接入申请到发布的全流程自助化。

5. 构建全域融合生态发展体系

推动微信、支付宝、百度等主流平台接入开放生态基础设施，建立健全生态合作机制，依托微信、支付宝、百度等主流互联网生态圈推动开放生态基础设施快速发展壮大，实现各类互联网生态圈与移动开放生态基础设施的融合发展。

5.8.3 建设内容

开放生态基础设施通过把数据、组件、算法、能力等各类公共数字资源进行整合汇聚，形成统一的基础能力底座，并通过能力开放吸引合作伙伴入驻，不断推动应用开发创新，构建合作共赢的数字政府生态圈，见图 5-31。

开放生态基础设施主要包括开放生态标准规范、开放生态门户、开放生态开发者中心、开放生态能力交易平台、服务网关等内容。

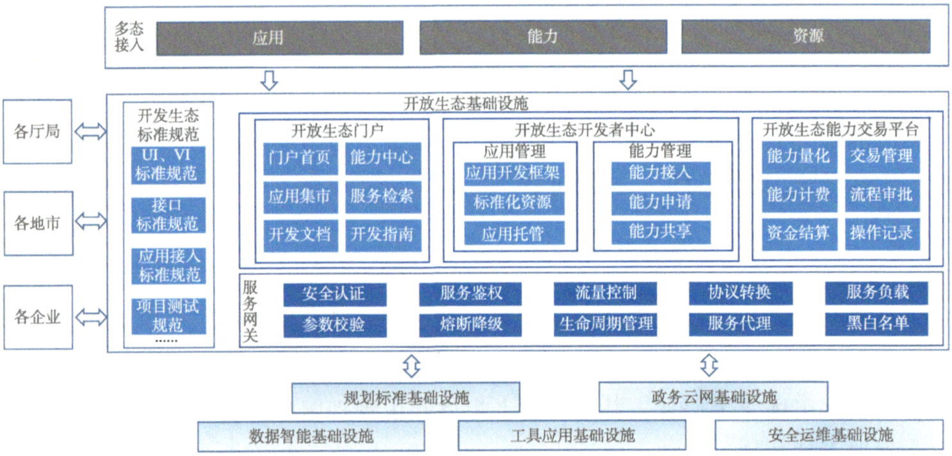

图 5-31　开放生态基础设施总体架构

1. 开放生态标准规范

开放生态标准规范包括 VI、UI 标准规范、接口标准规范、应用接入标准规范、项目测试规范、软件迭代更新规范等，通过标准规范可以进一步约束应用的开发、上线、管理、运营等操作按照相关的标准要求进行，让平台更好、更快发展。同时，标准规范体系根据不同的应用阶段和需求，不断地进行迭代优化，见图 5-32。

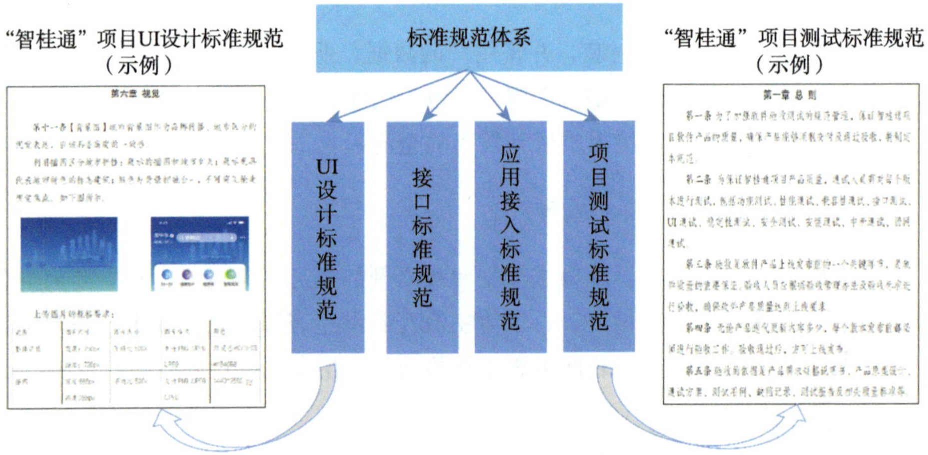

图 5-32　开放生态标准规范体系（以"智桂通"项目为例）

2. 开放生态门户

构建开放生态基础设施的对外总门户，包含门户首页、能力中心、应用集市、开发文档等内容，见图 5-33。

其中，门户首页展示的是开放平台的定位、应用场景，向用户推荐常用能力、热门应用、服务与支持信息等，供用户进行场景和能力的查阅；能力中心可以分门别类向用户展示已上架的各类开放能力，可查看能力的详细介绍，用户可查看能力的基本介绍、接口信息、应用场景、产品功能及优势、产品价格以及开发文档，可发起能力申请，见图 5-34；应用集市可以分门别类向用户展示已上架到各个渠道的应用，可查看应用的详细介绍，并支持搜索；开发文档可以为开发者提供知识库，开发者在文档中心可以找到快速入门介绍、应用开发指南、常见问题、API 说明等。

图 5-33　开放生态门户示意图

图 5-34　开放生态门户能力中心示意图

3. 开放生态开发者中心

开放生态开发者中心包含应用管理和能力管理两个部分内容，能够为开发者提供应用接入、应用开发、能力申请、能力共享等场景支撑。其中，应用管理为开发者提供应用开发框架、标准化资源及基础能力，同时提供应用托管和运行监控能力，帮助开发者完成各类应用的设计、开发、部署；能力管理包含能力的接入、共享等进行管理，供开发者使用和快速调用，提高开发效率，降低开发成本。

（1）应用接入场景。应用开发者可以遵循开发者中心的统一接入规范和要求，将已有应用上架到应用集市，并分发到对应的渠道（如 APP、微信小程序、支付宝小程序等），节约开发完成后的商务沟通成本。

（2）应用开发场景。开发者能够依托开发者中心提供的开发框架、标准资源和组件，遵循统一的应用接入规范和要求，完成应用的开发及上架，见图 5-35。

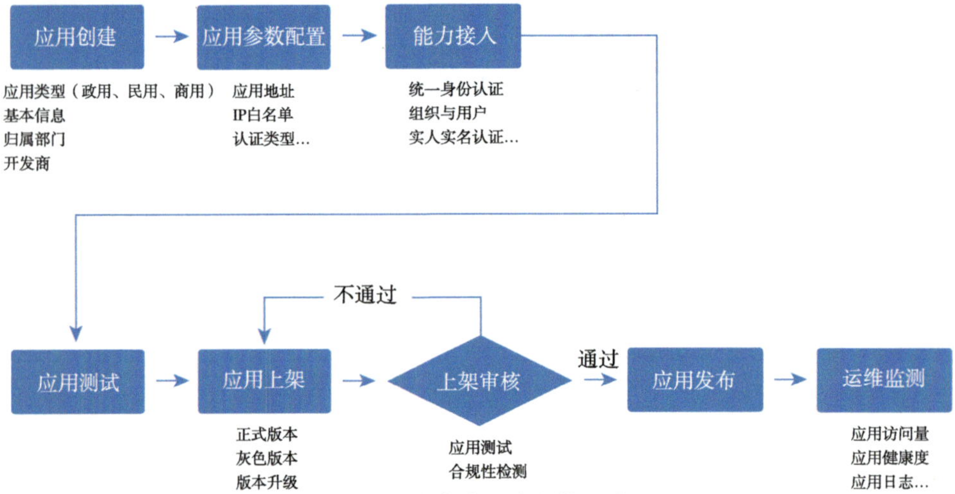

图 5-35　开发者中心应用接入流程

（3）能力申请场景。开发者可向开发者中心申请使用统一消息、物流快递、数字身份凭证、企业身份、在线支付、AI 等丰富的公共能力，经审核通过后，开发者可使用这些能力进行应用开发，从而提升开发效率，节约开发成本。

（4）能力共享场景。能力提供方可将自身的能力、资源注册到开发者中心，以供其他开发者免费或付费使用，从而实现能力共享，见图 5-36。

4. 开放生态能力交易平台

开放生态能力交易平台可为需要付费交易者提供能力量化、能力计费和资金结算能力，通过引入责任链、策略、模板等设计模式对计量、计费、欠费模型进行精细化设计，实现模型策略的原子化，以及模型之间的松耦合，达成计量计费模块的低耦合性、高扩展性、高灵活性，通过后台的配置即可满足不同场景的能力交易需求。

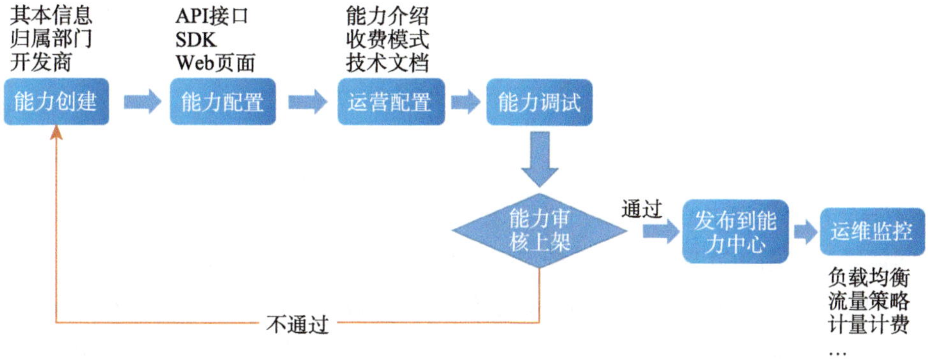

图 5-36 开发者中心能力共享流程

5. 服务网关

由于能力的多样性和复杂性，在能力生态构建过程中，存在各类适配、网状交互问题，开发者使用能力时也会存在服务鉴权、参数校验和安全认证等共性需求，为了保障开放生态的有序构建，需要通过建设统一的服务网关，为开放生态提供高性能、高可用的能力托管服务，降低底层原子能力内容和形态变化对整体系统的影响，实现能力规范化，满足共享需求，降低系统复杂度。

服务网关由准入网关、API 网关、接入网关三个部分组成，为用户提供包括认证鉴权、流量控制、协议转换等各项功能服务，见图 5-37。

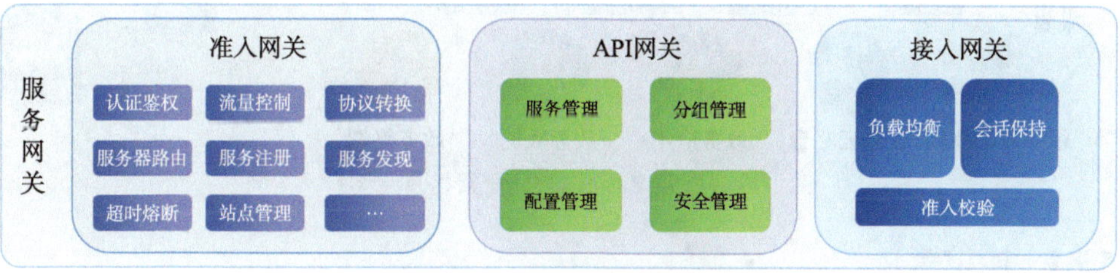

图 5-37 服务网关架构图

（1）认证鉴权。认证鉴权提供应用的版本管理能力支撑，当出现同一个服务有两个或多个系统提供时，服务网关将校验该应用是否有权限访问，校验通过则进入下一个拦截策略，检验失败则返回反馈信息，从而保障服务的分版本管理。

（2）流量控制。服务网关在接受应用请求服务时，根据管理控制台定义的网关流控规则进行自动计数，当出现服务请求数到达流控阈值、并发数阈值已失效、传输数据量超过总数据量等情况时，自动拒绝后面的请求。

（3）协议转换。API 网关可以接入多种协议的 API 服务，支持 Restful、Dubbo、WebService、WebSocket、SpringCloud 注册中心、独立文件传输等协议或服务的接入，通过在服务网关内部针对前端服务和后端接入的多种协议的服务做转换，对应用统一提供 Restful 协议的接口，保障交互协议的统一。

5.9 安全运维基础设施

安全运维基础设施包含一体安全和一体运维两个主要内容。一体安全：通过建设安全大脑管控中心和“云、网、边、端”纵深防护体系、零信任无边界网络访问体系、应用和数据安全体系的“三体系”，实现对云、网、系统、数据的全生命周期安全态势感知，为全区数字政府建设提供动态、精准的风险感知和安全防护能力。一体运维：通过建设数字政府重大工程的运维专区，提供 7×24 小时的技术支撑和运维保障服务，不断加强一体运维保障能力的稳定支撑，见图 5-38。

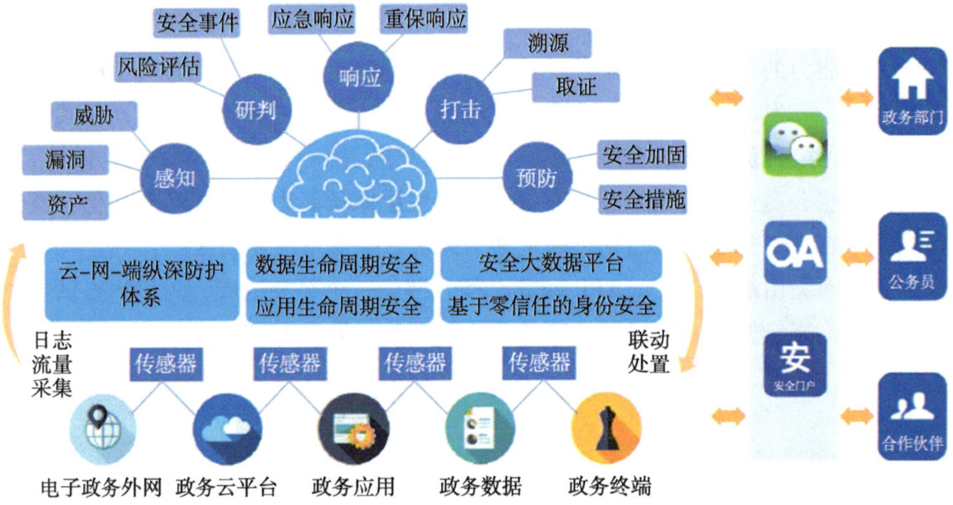

图 5-38 一体安全架构图

5.9.1 建设意义

一体安全：安全是保障数字政府建设工作顺利推进的重中之重。随着政务服务和政府业务管理进一步数字化，政府掌握的数据资源蕴含着巨大的价值，也隐藏着极大的安全隐患。搭建安全可靠的运维体系旨在针对安全薄弱环节，实现统一规范管理，通过提升安全配置、加强运维监管等措施，保护国家机密、民众隐私和数据安全。

一体运维：运维体系是数字政府稳定运行的保障，由于数字政府是涉及多部门多系统的复杂巨系统，精准开展运维工作的前提是摸清数字政府资产“家底”，但目前部分地区对数字政府资产“家底”的摸底不够深入，没有进行统一管理，导致出现重大故障时往往出现“两眼一抹黑”的情况，难以精确定位故障源头。因此，建立统一的数字政府运维专区，结合自动化运维技术对数字政府资产进行统一运维管理，实现以数据为驱动的一体运维，实现对数字政府资产的实时态势感知，从而将被动运维转向主动运维，已成为新时期数字政府建设的必然要求。

5.9.2 关键举措

安全体系与运维体系建设都是确保数字政府稳定运行的不可或缺的环节，打造安全运维基础设施的总体思路是将安全体系建设与运维体系建设从管理、技术和考核层面进行有机统一，从而实现对数字政府稳定运行的全方位保障。

1. 构建安全运维管理体系

建立多方力量协同联动的工作联席会议制度和统一的安全运维情报共享、监测预警、应急处置和信息通报联动机制，实现全区信息安全工作的协同共治。建立健全数字政府一体安全管理制度，制定出台关于政务云安全，电子政务外网安全，政务数据安全，政务信息系统的配套安全运维管理制度、标准和法规文件，不断完善数字政府安全运维体系建设。设立数字政府安全运维管控中心，打造 7×24 小时运维管理模式，为各单位提供不间断的安全防护能力。在此基础上统一调配整合各单位安全运维负责人和专业技术人员，形成各专业小组和外围机动力量，协同开展安全运维态势监控和响应，形成上下一体、协同联动的数字政府安全运维管理模式。

2. 安全运维数字化支撑

强化安全中心、运维中心的数字化建设。建设一体安全管控中心，完成“云、网、边、端”纵深防护体系、零信任无边界网络访问体系、应用和数据安全体系的“三体系”建设工作，实现全域安全可视化监控、分析与处理。建设数字政府重大工程一体运维管理平台，通过自动化运维平台、应用监测系统等方式对主机性能、网络、应用系统以及相关日志等进行统一监控告警，实现系统监控、日常巡检、工单流转、故障处置、情况展示等运维工作一体联动。

3. 建立安全运维考核评价体系

根据运维制度和运维对象，建立涵盖运维服务管理、信息安全管理、应急管理等的运维服务指标体系，通过指标完成情况来对运维团队进行考核监督，并根据评估情况定期进行通报和专项督办，持续提升安全运维服务水平。

5.9.3 建设内容

1. 数字政府一体安全防护体系

数字政府一体安全防护体系包含一体安全管控中心、云–网–端纵深防护体系、零信任无边界网络访问、应用和数据安全体系四个主要内容，见图 5-39。

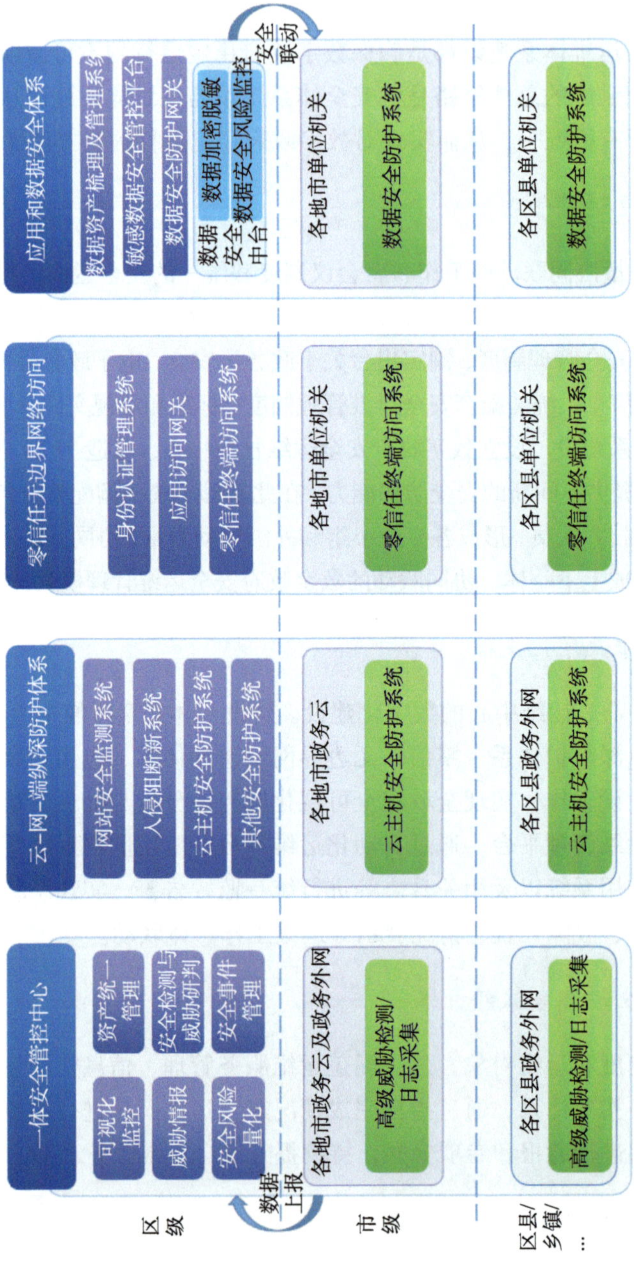

图 5-39 广西数字政府一体安全体系总体架构

1）一体安全管控中心

以安全大数据、AI 智能化分析和可视化技术为基础，构建上层的风险监测与量化评估、威胁监测与调查分析、资产统一管理、联动安全事件闭环处置为一体的安全管控中心，见图 5-40。

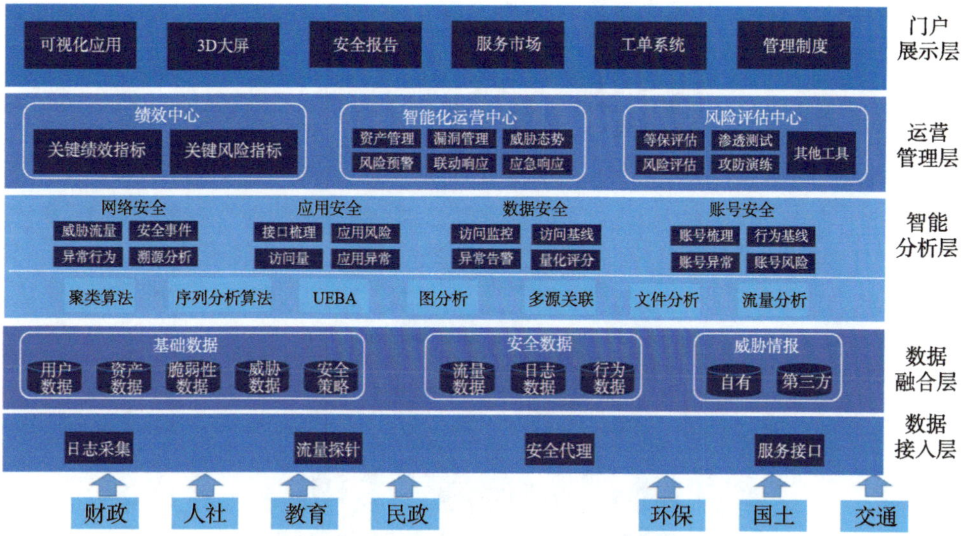

图 5-40 广西一体安全管控中心总体架构

UEBA（user and entity behavior analytics，用户实体行为分析）

2）云-网-端纵深防护体系

以当前已有安全设备、安全软件系统为基础，进行必要的安全性增强、关键能力补充，形成一个覆盖全面的纵深防护体系。构建统一的网站安全监测系统、CWPP 云主机防护系统、统一入侵阻断系统、终端安全防护系统等，见图 5-41。

3）零信任无边界网络访问

基于零信任、应用为中心的基本原则，构建身份认证管理系统、零信任终端访问系统，提供强化的安全应用访问控制，对政务应用加强防护，采用隔离技术，在应用智能网关平台上预登记所有账号，将非法访问阻挡在应用服务和重要数据之外，见图 5-42。

4）应用和数据安全体系

通过建立数据资产梳理及分级分类管理平台、敏感数据安全管控平台、数据安全防护网关，对不同安全级别的数据实施适当的数据安全保护措施。通过身份与权限管理、数据保护与审计、数据防泄漏、数据加密、数据脱敏等技术手段保障政务数据全生命周期的安全，见图 5-43。

图 5-41 广西云-网-端纵深防护体系架构

SaaS（software as a service，软件运营服务）；APT（advanced persistent threat，高级可持续威胁）

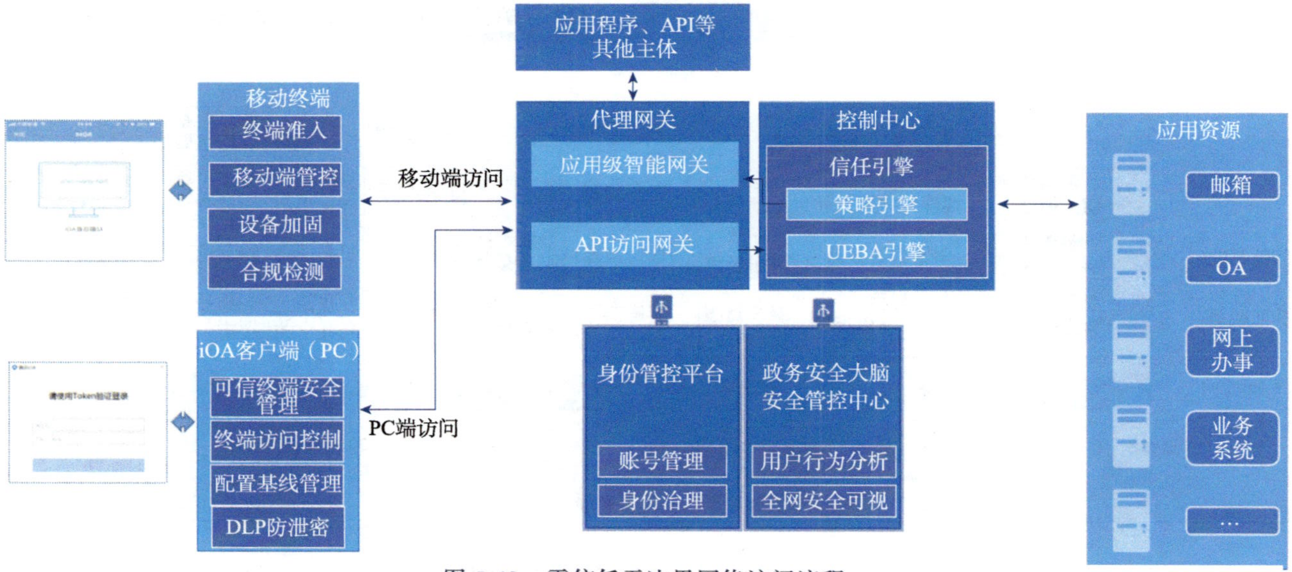

图 5-42　零信任无边界网络访问流程

DLP（data leakage prevention，数据泄密/泄露防护）；PC（personal computer，个人计算机）；OA（office automation，办公自动化）

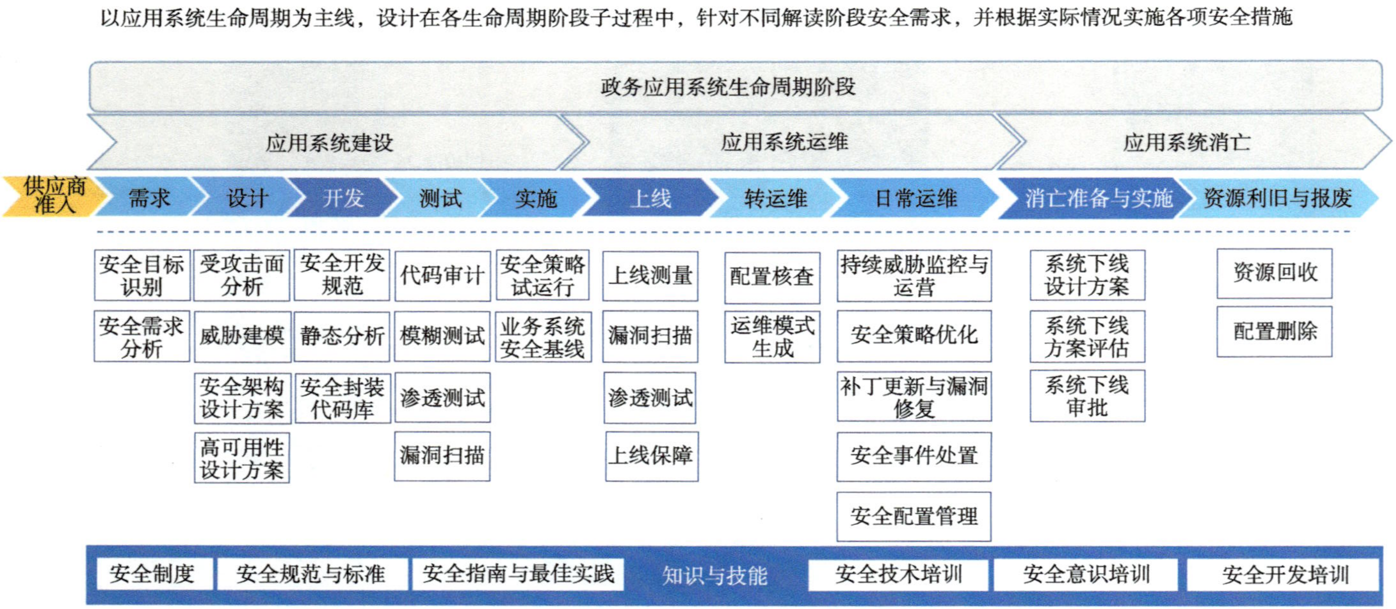

图 5-43 应用和数据安全体系防护流程示意图

2. 数字政府一体运维保障体系

数字政府一体运维保障体系分为运维组织、制度体系、运维管理、一体运维管理平台四个主要部分，见图 5-44。

1）一体运维组织体系

通过对一体运维工作开展顶层规划，从管理层面、业务层面理清业务边界，并根据数字政府一体运维工作的要求建成一支工作高效、技术水平高、团结稳定、有职业素养的运维团队，为后续运维工作的开展提供人员团队保障。

2）一体运维制度体系

通过制定完善的管理制度，实现对运维工作流程、运维资源规划、应急与故障处理、监控与优化、安全与防护、项目及运维日常工作的标准化管理，保障一体运维工作的全流程规范化开展。一体运维制度体系以一体运维管理办法为核心，根据现有运维状态和相关制度，并根据 ITIL（information technology infrastructure library，信息技术基础架构率）、ISO20000 等国际和行业标准的要求，通过建立一套制度化、流程化、标准化、规范化的运维管理规范，保证政务网各类业务系统持续稳定运行，包括运维标准规范、运维工作制度两大部分，见图 5-45。

3）一体运维管理流程

通过运用流程标准将各运维要素（人、事、物）有机地结合，保障整体数字政府资源安全管理，各种标准规范制定、项目规范修订、日常巡检维护、软硬件升级、配置部署等工作整体高效稳定运行，见图 5-46。

4）一体运维管理平台

通过建设一体运维管理平台，实现对基础设施和应用系统的高效自动化管理。在基础设施管理方面，通过对网络、应用系统软硬件等资源进行细化管理，详细记录电子设备的出入库、维保、报废等环节，保证基础设施资源的有效利用；在应用系统管理方面，通过各类应用系统的备份，日常维护进行管理和控制，保证所有应用系统数据的一致性、准确性、及时性、可用性和完整性，并根据实际需要不断进行改进、完善或更新，提高整体运维工作的稳定性。

广西数字政府一体运维管理平台分为基础支撑层、子系统层和用户层。基础支撑层包括各种运维对象，如信息化基础设施、各类应用系统、网络等，并抓取配置、性能等数据，通过配置管理将所有数据进行处理、过滤、整合、存储；子系统层主要包含主机监控模块、应用监控模块、自动化作业模块、智能 U 位模块、ITSM（IT service management，IT 服务管理）流程模块、报表/展示模块、云资源管理模块等，通过各子系统模块为运维管理提供技术支撑；用户层负责人机交互，对数据处理结果进行统一展示，见图 5-47。

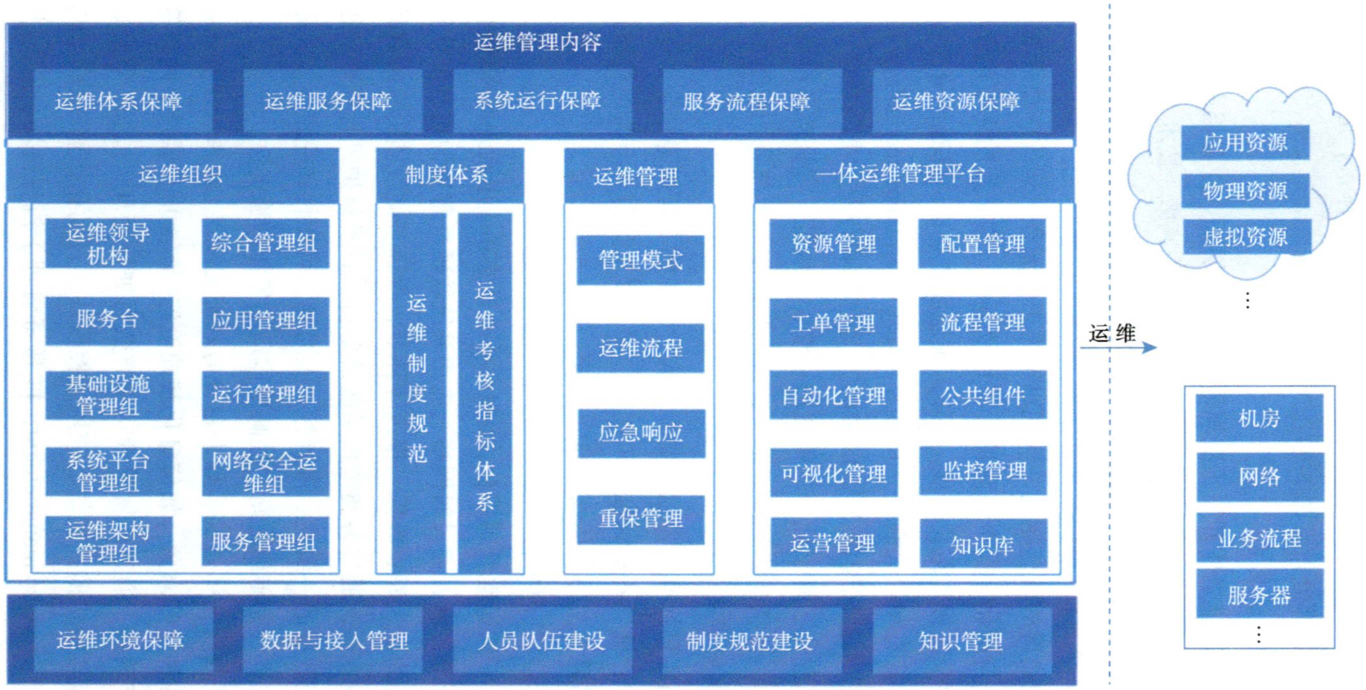

图 5-44　广西数字政府一体运维体系总体架构

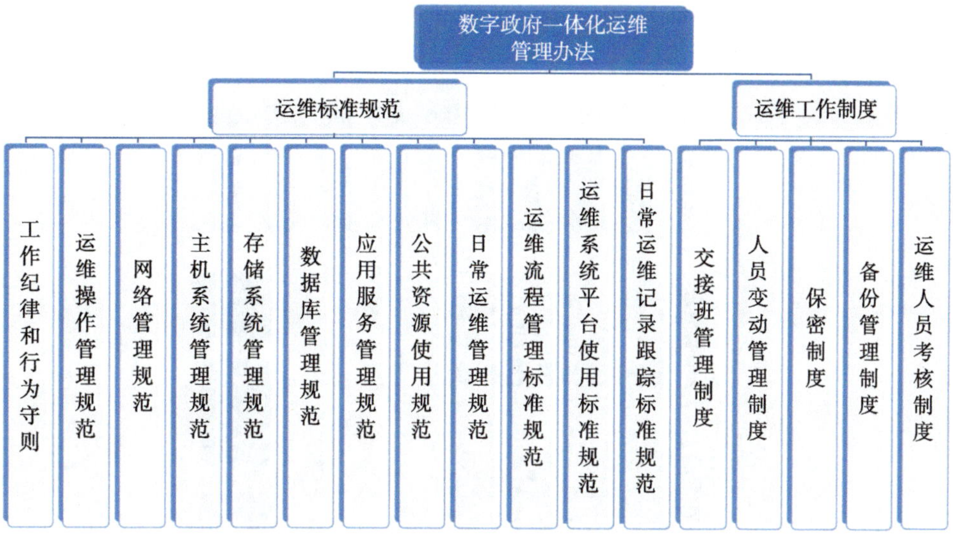

图 5-45 广西数字政府一体运维管理办法架构

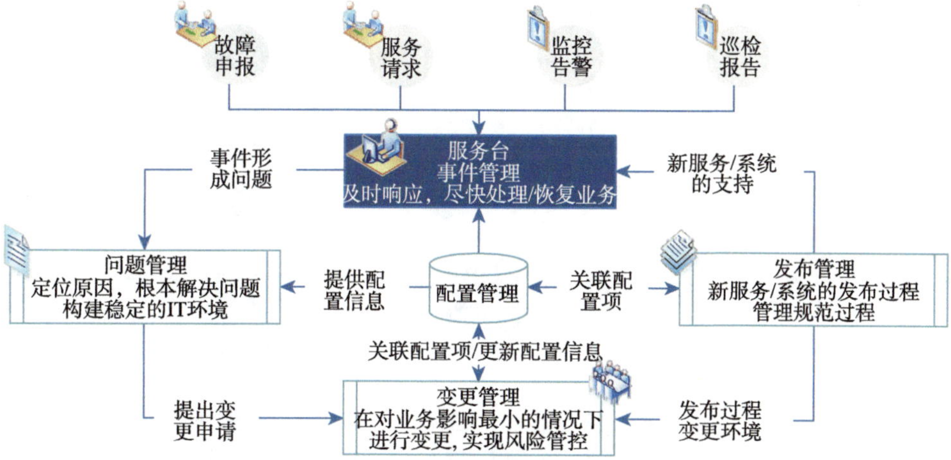

图 5-46 广西数字政府一体运维管理流程

在总体设计上，广西数字政府一体运维管理平台以配置管理模块作为整个平台的核心子系统，主要负责对所有资产、资源、关系进行统一管理，包括但不限于 PC 服务器、网络设备、云资源、专线资源、IP 资源、机房资源、应用系统等。该子系统作为平台的数据核心，向其他子系统提供对象管理数据。方便后续扩展更多子系统，最终构建一套覆盖数字政府整体的一体运维平台体系。

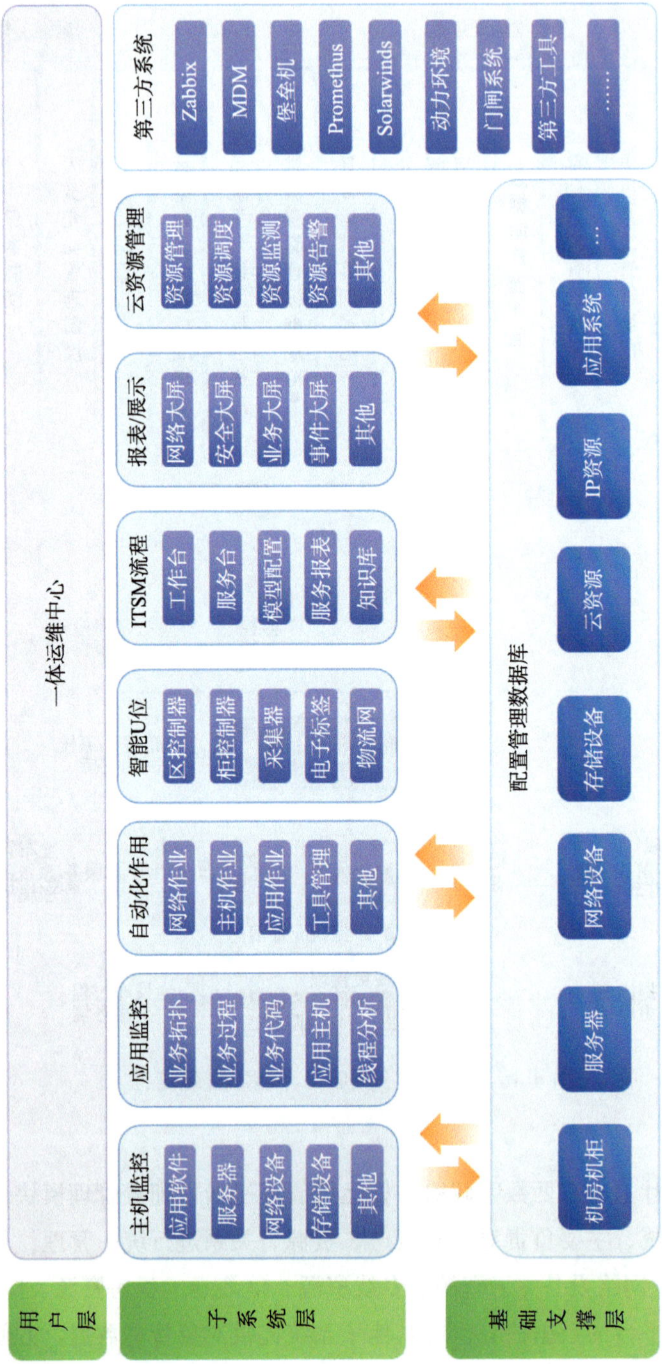

图 5-47 广西数字政府一体运维管理平台

5.10 未来展望

广西数字政府发展建设所提出的“六大”新型基础设施，是满足现阶段发展需求的最优解，然而数字政府不是系统功能的简单叠加，而是一个具备自我发展、自我完善能力的复杂巨系统。随着科技和社会的发展，数字政府所涉及的维度将越来越广，更多的共性支撑工具、技术、平台以及新理念的出现，将为新时代数字政府构筑更多基础设施。

5.11 小结

目前我国正处于从传统型政府向数字政府迈步的过渡阶段，数字政府建设迎来“井喷”式发展，也带来了众多复杂的建设问题。广西以系统工程的思维和软件工程设计模式的理念，围绕数字政府建设的关键领域，通过打造规划标准、政务云网、数据智能、工具应用、开放生态、安全运维等“六大”新型基础设施，为各部门各行业提供集约化、体系化的支撑，是从源头上解决各级各部门政务信息化发展水平不一、数据孤岛、专网林立和资源分散等问题的“治本”组合拳。强化数字政府基础设施的建设和统筹力度，推进“六大”新型基础设施建设，是未来实现数字政府高质量发展的基础，也是实现政府治理体系和治理能力现代化的必然之路。

第 6 章 “一个”数字政府大脑

CHAPTER 6

数字政府大脑作为数字政府观察世界、认识世界和改造世界的关键，是用软件定义世界的思路对现有的管理机制、体制重新再定义、再塑造的重大变革，是数字政府在大数据时代以 AI 技术创造人类新历史的重要举措。本章通过构建一个能感知、会思考、可进化、能开放的数字政府大脑，以政务数据为基本原料“喂养”并进行持续训练，促进数字政府大脑形成自我学习、不断进化的特性，最终可发展具备全面认知到智慧处理的能力，以“人在思，网在通，云在算”的理念构建起互联互通的新型社会发展治理模式，为实现政府智能决策、智能办公、智慧政务、智能监管创造条件，取代现有以认知为驱动的人工治理模式，从而实现政府智治。本章将详细阐述数字政府大脑的定义及其对实现政务智治的重要意义，介绍数字政府大脑的总体架构、建设内容和应用场景。

6.1 数字政府大脑的定义

6.1.1 技术治理催生数字政府大脑的设想

技术治理即运用信息技术参与政府治理和社会治理，是“互联网+”和“智能+”国家战略的重要组成部分，是与信息通信技术、互联网、物联网、大数据、AI 等科技相伴而生的，在科技是第一生产力的思想引领下，它强调运用技术手段达成治理效用，追赶日新月异的科技进步快车，争享技术红利（图 6-1）。[①]提升政府现代化治理能力，必须发挥好技术治理的作用。

目前，AI 技术趋于成熟，其基础机制是以机器设备构建智能体，在算法和算力的支持下，通过海量有组织、有价值的数据输入，将智能体“喂”聪明，使得智能体具备从知识认知到智慧处理的能力，进而衍生出广泛的智能化应用。这一机制为政府现代化治理提供了新思路——构建数字政府大脑。

数字政府大脑即以政务数据为基本原料“喂养”和训练的智能体，用于辅助

① 刘秀秀. 新时代国家治理中技术治理的双重维度及其出路[J]. 行政管理改革，2019（10）：65-70.

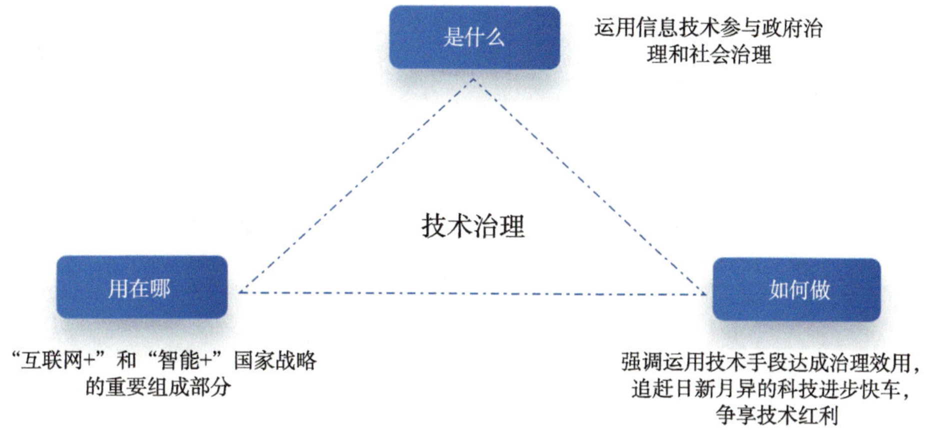

图 6-1 技术治理的概念

政府治理和决策，是 AI 在政府治理领域的进一步应用突破。政府通过构建数字政府大脑，汇聚和应用海量政务数据，发挥 AI 在现代社会政府治理方面应用的价值，以“人在思，网在通，云在算”的理念搭建起互联互通的新型社会发展治理模式，从而实现政府智治。智治即未来的政府治理必将以政务数据为要素，以智能治理为手段，取代现有以认知为驱动的人工治理模式，全面实现政府智能决策、智能办公、智能服务、智能监管、智能应用。

6.1.2 知识图谱的简要介绍

现阶段，用于训练智能体的算法和算力研究日臻完善，构建政府大脑的核心问题聚焦于如何获取海量的、高质量的、有组织的、结构化的政务数据，保障数字政府大脑的数据输入，以实现数字政府大脑从知识认知到智慧处理的发展。因此，获得高质量、有组织、结构化的政务数据是构建数字政府大脑的着力点，是实现政府智治的核心工作。因此，在详细介绍数字政府大脑之前，我们需要先介绍知识图谱的概念。

从定义上看，知识（图 6-2）是“客观世界的信息通过人体的视觉、听觉、触觉等各种感觉器官进入人脑后，经过归纳、总结、推理、联想、发散等人脑智能活动处理，所形成的对客观世界的认知，能够指导人类利用客观规律开展复杂的社会实践活动”[①]，随着互联网时代数据量的爆炸式增长，如何从数据中有效获取知识逐渐成为一项重要课题。在这个背景下，知识图谱技术作为研究知识的一个重要方法论，受到了学术界的广泛关注。

① 孟增辉. 知识定义及转化研究[J]. 计算机工程与应用，2015, 51(13): 131-138.

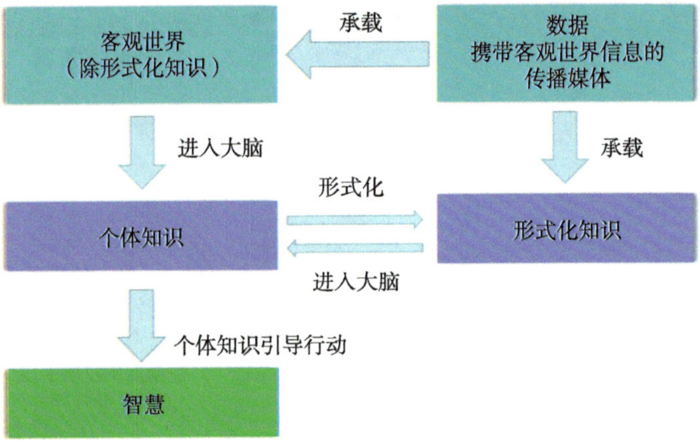

图 6-2 知识的形成

知识图谱的早期理念源于万维网之父 TimBerners-Lee 关于语义网（The Semantic Web）的设想，旨在采用图结构（graph structure）来建模和记录世界万物之间的关联关系与知识，以便有效实现更加精准的对象级搜索，是一种用图模型来描述知识和建模世界万物之间的关联关系的技术方法。复旦大学教授肖仰华等在其著作《知识图谱：概念与技术》中阐述："作为一种知识表示形式，知识图谱是一种大规模语义网络，包括实体、概念及其之间的各种语义关系。"[①]在大数据时代，通过应用知识图谱技术，能够从海量数据中提炼出知识，利用知识图谱的推演能力反哺数据，从而得到更完善、更全面的数据和更深层次的知识，实现数据与知识的相互迭代、相互增强，这为数字政府大脑的构建提供了基础。

在知识图谱的语义识别、自然语言分析、数据关联推理、可视化等技术的支撑下，数字政府大脑能够先行定义智能认知所需的海量数据模型，在海量数据的加持和训练下，逐步具备从知识认知到智慧处理的能力，进而衍生出广泛的智能化应用，从而为政府智治提供基础。

6.1.3 数字政府大脑的定义

基于上述关于技术治理、数字政府大脑设想、知识图谱的概念，我们可以进一步总结得出数字政府大脑的具体定义，即数字政府大脑是面向政府治理体系和治理能力现代化需求，运用 AI、知识图谱、智能计算、全域感知等新一代信息技术，基于对全域数据的感知和治理，通过构建具备自我学习能力和推理的智能中枢，将数据提炼为知识，将知识发展为认知，支撑数字政府从对社会的全面认知（即对社会动态的全域实时感知和分析）演进为整体智治（即基于大脑的能力，

① 肖仰华等. 知识图谱:概念与技术[M]. 北京：电子工业出版社，2020.

实现对社会发展态势的智能推演和对社会资源的全局高效调度）的新一代基础设施（图 6-3）。

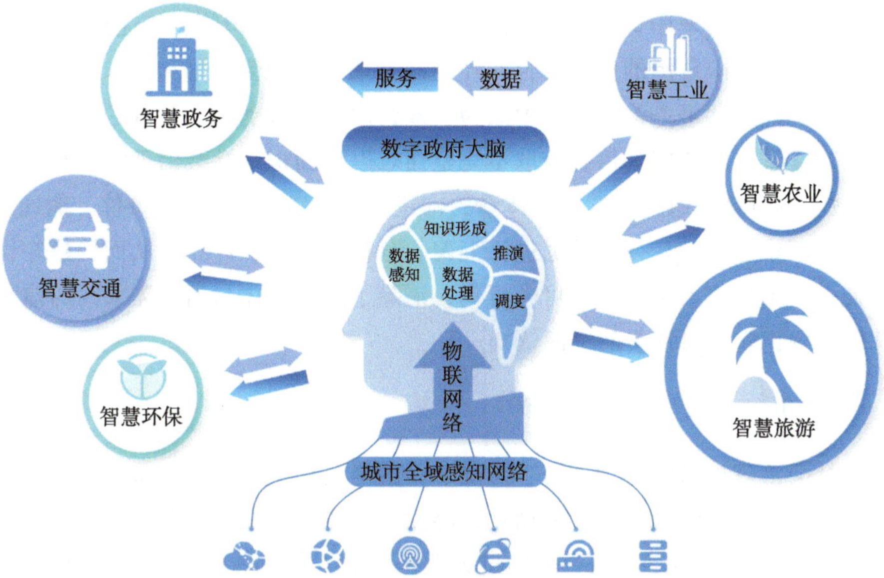

图 6-3 数字政府大脑

数字政府大脑主要具备以下三类能力。

（1）分析推理能力。数字政府大脑与人脑相似，具备感知、分析、推理等能力，能够在海量、复杂的信息流中分析、提取出有效的数据，并自主进行分析和推理。

（2）感知预测能力。数字政府大脑能够基于对社会态势的全面感知，及时、迅速地响应社会上实时发生的问题，并且能够基于分析预测模型，对未来可能存在的各类风险问题进行提前预警。

（3）自我学习能力。数字政府大脑能够基于机器学习能力，不断地学习积累数据、经验和案例，并进行自我更新、纠错和进化，使得数字政府大脑能够持续适应复杂多变的社会环境。

6.2 数字政府大脑的建设意义

数字政府大脑作为政府智治的核心基础，能够把数字政府的各个单元有机整合为一个统一的生命体，实现治理结构、治理流程、治理成效的全面变革，从而将短期的基础设施建设更好地转化为长期的治理效能。数字政府大脑对数字政府建设的重要意义主要体现在以下两个方面。

6.2.1 实现数字政府的全面认知

在传统社会治理场景中，由于受到时空限制和层级组织信息传递机制的束缚，政府只能依赖有限范围的信息聚合或经验判断来识别社会问题和需求，这在小规模、易识别的公共事务治理场景中颇为有效，但对于流动的、分散的大规模现代社会治理场景，则会因为信息获取不完整而难以全面识别社会治理需求和痛点问题。[①]数字政府大脑通过全域感知体系的构建，将自然人、法人、事件、地址、状态等治理要素数字化，并对数据进行汇聚、分析、挖掘和计算，从而构建知识图谱，使社会治理要素可视化、可分析化，消除了治理主体与治理需求间的信息不对称的现象，实现对社会的全面认知。

6.2.2 推动数字政府的整体智治

在社会治理场景中，治理需求是复杂、多样、动态的，甚至需求者本身也难以明确描述真实的治理需要，模糊化、碎片化、复杂多变的社会形态又使治理需求很难实现集中。[①]数字政府大脑通过大数据分析、知识图谱构建、图数据挖掘等技术，深度挖掘出那些民众不愿意花费额外成本表达、不方便直接表达或难以表达清楚的治理需求，更全面地、动态地搜集当下社情民意并预测未来趋势，使社会治理从粗放式治理走向精细式治理，从被动式治理走向主动式治理，实现整体智治。

6.3 数字政府大脑的发展现状

数字政府大脑作为推进数字政府建设的重要抓手，受到了全国各地政府和互联网龙头企业的广泛关注，以下简要分析目前国内主流的大脑建设现状，包括海淀城市大脑、杭州城市大脑、腾讯 WeCity 未来城市。

6.3.1 海淀城市大脑建设

早在 2018 年 2 月，北京海淀区政府就与北京百度网讯科技有限公司签署了《建设海淀区“城市大脑”合作备忘录》，联合以北京百度网讯科技有限公司为代表的国内先进企业共同搭建城市大脑顶层设计。通过整合北京海淀区各部门业务系统、打破数据壁垒等手段，开发建设城市大脑新基建及各种应用场景，并创立了“四

---

① 郁建兴，樊靓．数字技术赋能社会治理及其限度——以杭州城市大脑为分析对象[J]．经济社会体制比较，2022(1): 117-126.

轮驱动”机制，即政府、研究院、建设运营平台公司、产业联盟共同建设的机制，形成了以政府主导、多元参与、共建共享的机制保障，见图 6-4。

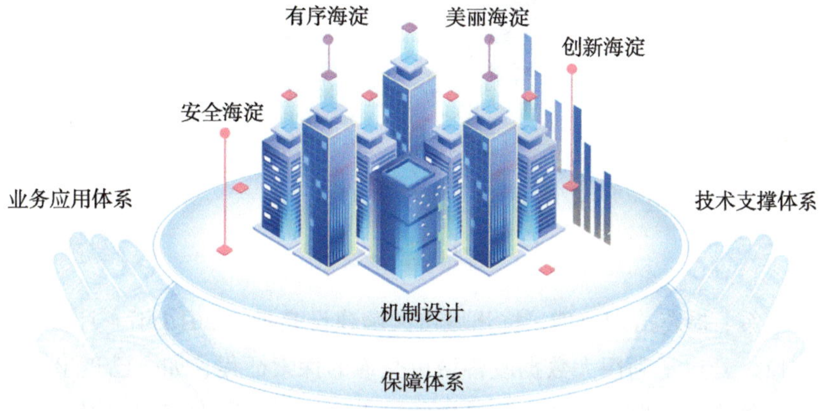

图 6-4　海淀城市大脑整体框架

顶层设计方面，海淀区政府组织各领域、各单位、各街镇进行研讨，形成了一套全新、可落地的规划纲要，并打造了“1+1+2+*N*”的海淀城市大脑架构模式，即一张感知网、一个智能云平台、两个中心（大数据中心、AI 计算中心）、*N* 个创新应用场景。一张感知网即由海淀区全区 14 500 余路在网摄像机，以及 10 000 多路传感器构成；时空一张图即汇聚了海淀区全区 249 个专题地图数据，包括基础地理、二三维地图的 17 万个建筑信息，以及由 127 个图层、约 130 万个数据要素组成的城市部件数据等；两个中心的大数据中心汇聚政务数据、物联网数据、互联网数据、社会资源数据，AI 计算中心可对各类数据进行智能分析处理，并提供智能分析服务和识别结果。①

目前，海淀城市大脑已接入的数据涵盖生态环境、城市交通、城市管理、公共安全、智慧能源等五大领域，应用场景除原有的智慧社区、渣土车治理、交通治理、大气污染防治等，还拓展了垃圾分类、城市能源、无障碍设施智慧服务等一批新场景，总数已达 52 个，实现了城市服务管理的智能化。②

6.3.2　杭州城市大脑建设

杭州城市大脑是为城市生活打造的一个数字化平面（图 6-5），市民凭借它触摸城市脉搏、感受城市温度、享受城市服务，城市管理者通过它配置公共资源、

①海淀城市大脑，智慧城市的新模式，https://baijiahao.baidu.com/s?id=1694479174955700954&wfr=spider&for=pc[2023-02-09]。

②北京首个城市大脑智能运营指挥中心投运，https://baijiahao.baidu.com/s?id=1692580422650739497&wfr=spider&for=pc[2023-02-09]。

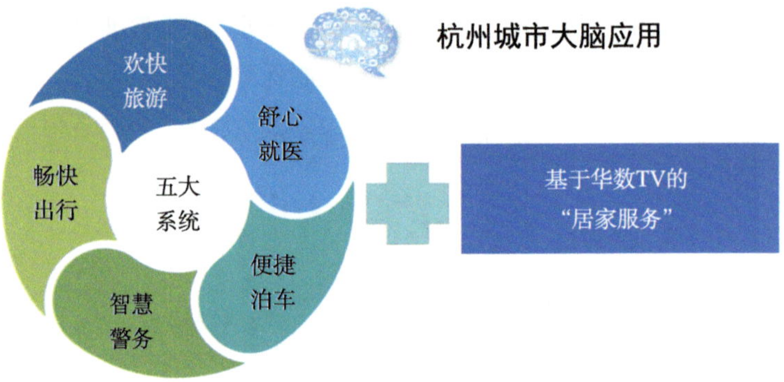

图 6-5　杭州城市大脑的应用

做出科学决策、提高治理效能。杭州城市大脑建设起步于 2016 年 4 月，以交通领域为突破口，开启了利用大数据改善城市交通的探索征程，如今已迈出了从治堵向治城跨越的步伐，取得了许多阶段性的成果，杭州城市大脑的应用场景不断丰富，形成了 11 大系统、48 个场景同步推进的良好局面。

杭州城市大脑提出了“531”的逻辑体系架构。“5”即“五个一”。打通“一张网”，一张确保数据无障碍流动的网，通过统一标准，支撑城市大脑的数据资源需求；做大“一朵云”，一朵将各类云资源连接在一起的“逻辑云”；汇聚“一个库”，形成城市级数据仓库，同时做好数据治理，确保数据鲜活、在线；建设“一个中枢”，作为数据、各系统互通互联的核心层，实施系统接入、数据融合、反馈执行；建强“一个大脑”，在全市实施统一架构、一体化实施，彻底打破各自为政的传统建设模式，实现市、区两级协同联动，防止重复建设。“3”即“三个通”。第一个“通”是市、区、部门间互联互通；第二个“通”是中枢、系统、平台、场景互联互通；第三个“通”是政府与市场的互联互通。“1”即“一个新的城市基础设施”。城市大脑通过全面打通各类数据，接入各业务系统，实施融合计算，将为城市建设一个会思考、能迭代进化的数字化基础设施。未来，城市大脑将会随时为杭州市民、来杭游客提供服务，如同道路、水电一样，成为必不可少的基础设施。

杭州城市大脑所建设的应用场景包括舒心就医、多游一小时、便捷泊车、一键护航、非浙 A 急事通等。①舒心就医。“最多付一次”服务把原来的医生诊间、自助机多次付费减少到一次就诊就付一次费。②多游一小时。其包括“10 秒找空房”“20 秒景点入园”“30 秒酒店入住”“数字旅游专线”四大便民服务。③便捷泊车。“便捷泊车・先离场后付费”是停车系统首个便民服务，先离场后付费的车主，无须任何行为即可快速离开停车场，为车主节省离场时间。同时，车主一次绑定，全城通停，停车系统为市民提供了全市一个停车场的便民体验。④一键护航。使救护车在不闯红灯、不影响社会车辆的前提下，安全、快速、顺利地通过每一个路口，打通全自动绿色通道。⑤非浙 A 急事通。外埠人员如有来杭就医、学习、开会等需求，可通过提前申请，在早晚高峰时段进入错峰限行区域，一年内有 12 次申请机会。[①]

习近平总书记在视察杭州城市大脑运营指挥中心时指出，城市大脑是建设“数字杭州”的重要举措。运用大数据、云计算、区块链、AI 等前沿技术推动城市管理手段、管理模式、管理理念创新，从数字化到智能化再到智慧化，让城市更聪明一些、更智慧一些，是推动城市治理体系和治理能力现代化的必由之路，前景广阔。

6.3.3 腾讯 WeCity 未来城市

2020 年 7 月 16 日，腾讯公司发布了 WeCity 未来城市 2.0 技术平台（图 6-6）。平台将腾讯 5G、大数据、物联网、AI 等技术能力整合，构建了新基建数字底座。并在数字底座的基础上，打造了一体化融合引擎，帮助政府在服务、协同、监管、决策、治理、产城六大领域的能力进行升级，并进一步打通了 G（政府）、B（企业）、C（民生）三端应用，更好地服务群众、企业、政府三大群体。[②③]

图 6-6 WeCity 未来城市 2.0

WeCity 未来城市 2.0 规划了“一横六纵”能力建设体系的顶层设计。构建一个全域数字底座，即融合腾讯云计算、5G、大数据、物联网、AI 等新技术能力，用更强大的底层支撑服务能力构建全域数字底座；打造一个一体化融合引擎，即

①城市会思考，生活更美好——杭州“城市大脑”发布 11 大系统、48 个应用场景，http://www.cnki.com.cn/Article/CJFDTotal-XXJS201907015.htm[2022-02-09]。

②如何与时俱进建设新型智慧城市？http://www.xinhuanet.com/techpro/20220822/4ad9ea64decb41779cf1cff6d152643f/c.html[2023-5-22]。

③腾讯政务全新战略升级 发布新一代 WeCity 技术平台，https://baijiahao.baidu.com/s?id=1672281701656579986&wfr=spider&for=pc[2022-02-09]。

在全域数字底座上，打造服务、应用、数智、身份四大融合引擎，并以技术赋能带动生态合作伙伴共同助力政务的信息化建设；发展六个政务服务领域，即升级服务、协同、监管、决策、治理、产城六大领域能力，并进一步打通了 G、B、C 三端应用，更好地服务群众、企业、政府三大群体，见图 6-7。

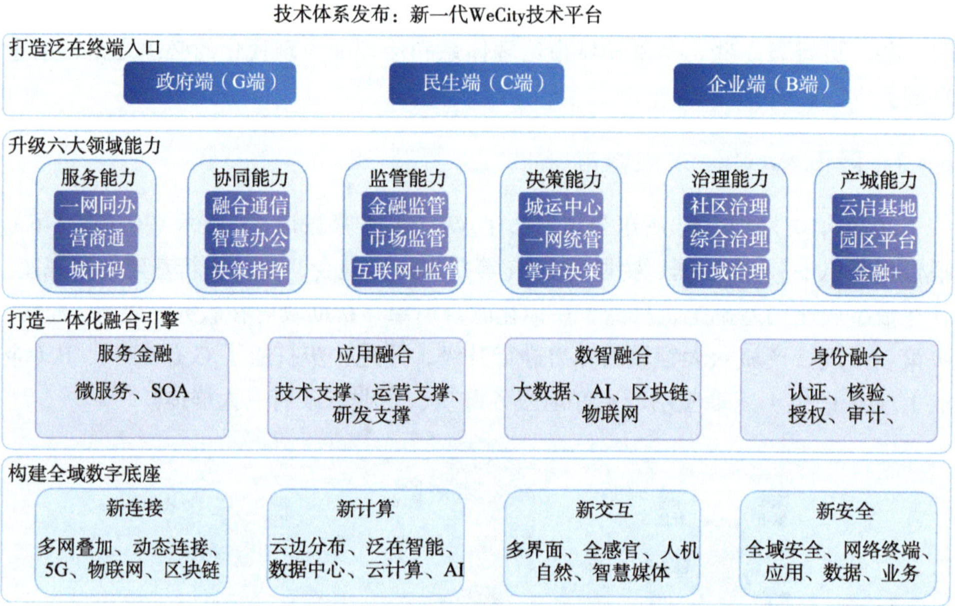

图 6-7　新一代 WeCity 技术体系图

SOA（service oriented architecture，面向服务架构）

长沙城市超级大脑是腾讯 WeCity 未来城市首个落地项目。2019 年 4 月，长沙市与腾讯公司达成战略合作，依托腾讯的产品技术经验、自研优势以及成熟的大数据技术能力，共同打造长沙智慧城市能力核心——长沙城市超级大脑。

长沙城市超级大脑 1.0 以数据大脑平台为主线，涵盖三中台（数据中台、应用中台、AI 中台）、二赋能平台（数据资源管理平台、数据开放平台）和三体系（数据资源管理体系、标准规范体系、安全管理体系），充分利用长沙现有信息化建设基础和腾讯核心技术。长沙城市超级大脑 1.0 通过数据中台“聚数”，打造了具有长沙特色的“1+9+*N*”城市级数据治理体系，可支撑全市各级各部门数据需求，累计共享交换数据 44.7 亿条。长沙城市超级大脑 1.0 通过应用中台“赋能”，可快速构建标准应用，为区县（市）和市直部门提供强大基础能力，以集约节约实现应用系统低成本快速部署。长沙城市超级大脑 1.0 通过 AI 中台“增效”，可快速支撑 AI 场景，以标准化、智能化方式提升办事、办公效率。[①]

①赋能城市生活，“长沙城市超级大脑 1.0”上线，https://baijiahao.baidu.com/s?id=1719747097573591966&wfr=spider&for=pc[2023-02-09]。

6.3.4 阿里 supET 工业互联网平台

阿里 supET 工业互联网平台是以“平台化驱动数字产业化，服务产业数字化”为理念的国家级“双跨”工业互联网平台，依托于阿里云的云计算、智联网、大数据、AI 等核心技术能力，充分发挥平台的网络协同效应，打通研发、生产、供应链在内的全价值链协作与资源的精准对接，结合工业行业细分市场的特性，提出了“1+*N*” 模式平台生态的发展理念，联合行业内服务商、龙头企业打造一个产业协同的跨行业跨领域的资源与能力共享平台，见图 6-8。

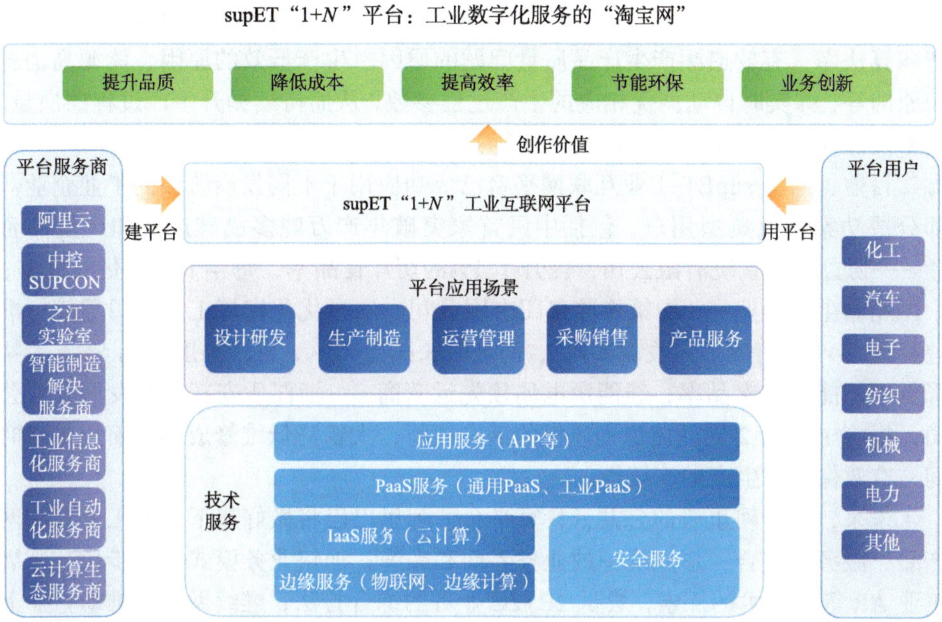

图 6-8 阿里 supET 工业互联网平台整体架构

PaaS（platform as a service， 平台即服务）；IaaS（infras tructure as a service，基础设施即服务）

以阿里 supET 工业互联网平台为核心，秉持“创新生态、规模转化”的双轮驱动的发展模式，通过平台创新与生态孵化、资金与技术的连接，在云计算、大数据、AI 等核心技术的支撑下，打造一个工业互联网产业聚集区，建设一个应用创新、咨询服务、生态构筑等方面具有领先优势的包容、共赢、开放、协作的工业互联网新生态体系，为企业提供跨行业、跨领域的一站式智能制造解决方案，帮助各工业垂直领域从自动化、信息化到数字化、网络化，最终实现智能化的升级转型，加速建设数字中国。

阿里 supET 工业互联网平台依托于阿里云大数据平台以及浙江中控自动化基础，建立了产品全生命周期的数据治理体系。该平台通过大数据技术、AI 技术与工业领域知识的结合，实现工业数据建模分析，有效提升生产优良率，优化工艺参数，提高设备的利用率，减少生产能耗，提升设备的预测性维护能力。从 2016 年开始，阿里 supET 工业互联网平台已在光伏、橡胶、液晶屏、芯片、能源、化工等多个工业垂直领域得到应用，涌现出一批成功案例。①

阿里 supET 工业互联网平台包含数据舱、应用舱和指挥舱三大模块，分别实现数据知识图谱的构建、业务智能算法平台的构建以及生产可视化平台的构建。阿里 supET 工业互联网平台以云计算、大数据和智能算法为基础，建立起包括产品数据、工艺数据、生产过程数据、在线监测数据、使用过程数据等在内的产品全生命周期的数据治理体系，并基于类脑神经元网络物理架构及模糊认知反演理论，围绕供、研、产、销、能、环六大环节打造不同专题领域的数据知识图谱及智能算法库，有效追溯产生产品质量问题的原因、生产低效的原因、能源高消耗的原因等，并实时自动调优相应的生产过程参数，从而持续提升生产过程的质量、效率及能耗的保障能力，最终实现智能化制造。

目前，阿里 supET 工业互联网平台已成功应用于不同发展阶段的工业企业。部分成功案例及典型用户，包括中国首家突破年产万吨多晶硅产能和产量的企业——协鑫光伏系统有限公司，提升了 1%的切片良品率，每年节省上亿元成本；中国轮胎生产企业——中策橡胶集团有限公司，通过优化密炼工艺，门尼值标准差降低 14%（密炼工艺关键参数），密炼时长减少 10%，密炼温度降低 6%，大幅降低密炼能耗和次品率；新能源电场领先运营商——浙江盾安新能源发展有限公司，提前 1 周到 2 周就能识别风机的潜在故障，大幅降低维修成本，缩短维修时间，有效保障了生产的连续性。

未来，基于阿里云的公共云计算平台，阿里巴巴将做好旗下各大工业互联网产品、服务的整合，形成统一的业务界面和品牌；加快业务模式创新步伐，开展工业 AR 等新技术的探索，尝试 2B+2C 业务的综合打法；继续做好并推动企业上云工作，全力支持和帮助工业企业上云。

6.4 数字政府大脑的总体架构

为加快构建数字政府“一核驱动”基础设施支撑体系，推进数字政府大脑建设，广西提出了以全域感知体系（感官系统）、大脑神经主干（核心处理器）、大脑能力服务平台（能力开放）为核心的数字政府大脑总体架构，见图 6-9。

从运作机理来看，数字政府大脑与人类大脑具备高度相似性。人类大脑通过身体各个感官来感知外界信息，这些信息在经过大脑的整合、加工、处理后变成

①工业赋能：深度剖析工业互联网时代的机遇和挑战，https://yd.qq.com/web/reader/a08326a07161f8b9a084930[2022-02-09]。

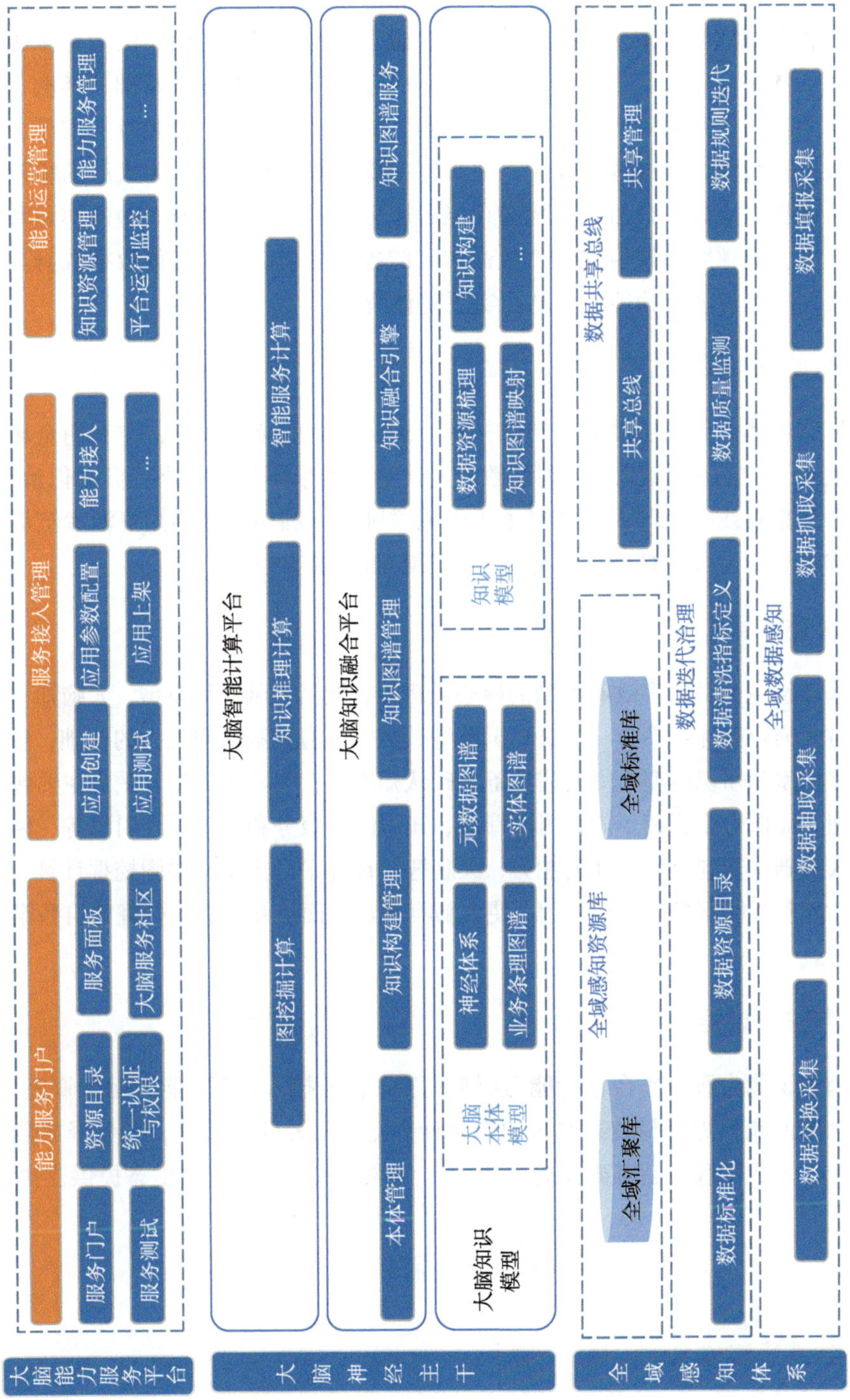

图 6-9　广西数字政府大脑总体架构图

了知识和记忆，成为人类学习和思考的基础，而这些知识和记忆又能通过神经系统指导人类的行为活动，让人类具备了智能化的行为能力。数字政府大脑也是如此，首先，全域感知体系作为数字政府大脑感官系统，能够将外界的信息源源不断地输送到数字政府大脑中，为大脑的知识构建提供海量的数据基础；其次，大脑神经主干作为数字政府大脑的核心处理器，能够基于知识图谱和智能模型，将接收的数据进行整合、处理与加工，将数据提炼为知识和能力，为大脑的推理、演算等活动提供支撑；最后，大脑知识能力服务平台将数字政府大脑的知识和能力对外开放，支撑数字政府这个“生命体”的各项复杂活动，使得数字政府具备如同人类一样的智慧行为能力，从而实现整体智治。

6.4.1 全域感知体系

全域感知体系是数字政府大脑感知整个现实社会的感官系统，它利用全域感知模块触碰、采集各领域数据，利用数据迭代治理对采集的数据进行标准化治理，利用数据共享总线打通与大脑神经主干的关联脉络，利用全域感知资源库沉淀海量的基础数据，为大脑神经主干提供源源不断的基础养分。

6.4.2 大脑神经主干

大脑神经主干是数字政府大脑的核心处理器，包括大脑知识模型、大脑知识融合平台与大脑智能计算平台。大脑知识模型是数字政府大脑认知能力的基础，包括大脑本体模型和知识模型，使大脑具备基础认知能力；大脑知识融合平台主要包括本体管理、知识构建管理、知识图谱管理、知识图谱服务和知识融合引擎等，使大脑具备从基础认知到全面认知的能力；大脑智能计算平台主要提供图挖掘计算、知识推理计算和智能服务计算等能力，使大脑具备从全面认知到智慧处理的自我学习进化能力。

6.4.3 大脑知识能力服务平台

大脑知识能力服务平台包括能力服务门户、服务接入管理、能力运营管理等，能够将大脑的能力进行封装，并将知识与计算能力对外开放共享，充分释放数字政府大脑作为数字政府新基础设施的价值，为构建数字政府开放生态提供支撑。

6.5 数字政府大脑的建设内容

6.5.1 全域感知体系

全域感知体系是数字政府大脑建设的前提，主要实现对多维异构数据的采集，经过标准化治理后将高质量的数据提供给大脑各模块进行知识构建和共享开放（图 6-10）。

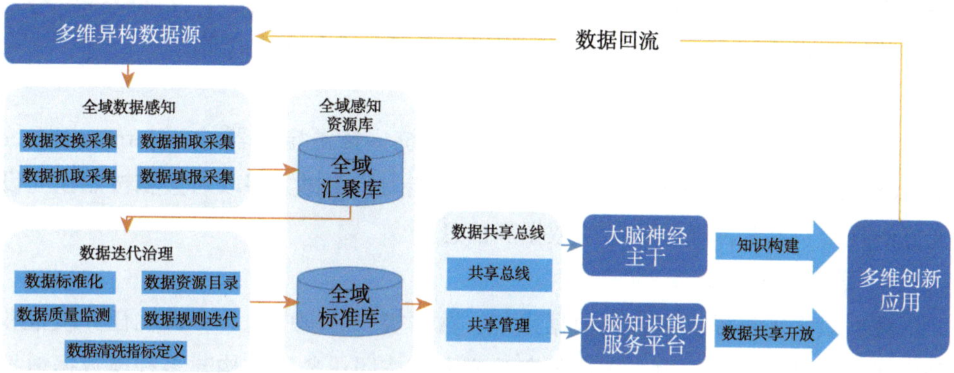

图 6-10 全域感知体系示意图

1. 全域数据感知

全域数据感知主要包括数据交换采集、数据抽取采集、数据抓取采集和数据填报采集，是数字政府大脑的统一数据入口（图 6-11）。全域数据感知依托部署在物理设施、移动设备等终端的数据传感器和采集器，实现对多维异构数据源的实时监测与管理，并在丰富的数据采集模型与规则支撑下，完成对结构化数据、半结构化数据、非结构化数据等各类数据的采集与汇聚。

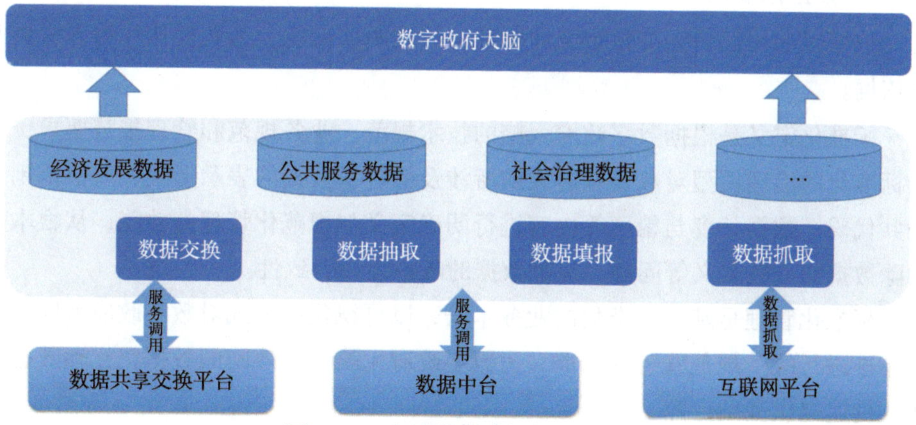

图 6-11 全域数据感知构架设计

1）数据交换采集

数据交换采集提供数据交换管理、程序调用服务、数据同步管理、任务调度与执行管理、数据共享服务管理、系统维护和数据交换网关等数据交换采集能力，支撑数字政府大脑对库表、接口、文件等各类型数据的采集。

2）数据抽取采集

数据抽取采集提供数据源管理、数据抽取、异常处理机制及恢复策略功能、多线程并行抽取、多传送协议管理和任务触发方式管理等能力，支撑数字政府大脑把不同来源、格式、特点性质的数据进行有机整合与集中存储。

3）数据抓取采集

数据抓取采集提供爬行策略管理、仓库统一资源定位器（uniform resource locator，URL）、爬虫调度管理、网页解析等能力，支撑数字政府大脑按照预先设定好的规则从互联网抓取所需的数据和信息。

4）数据填报采集

数据填报采集提供混合式数据采集、数据接口管理中心、个性化任务填报和采集任务消息通知等能力，支撑数字政府大脑按照业务需求构建多种类数据填报采集应用，并面向政府部门、企业和社会群众进行数据采集，为数字政府大脑提供多样化的数据来源。

2. 数据迭代治理

数据迭代治理是基于大脑本体模型和知识构建模型所设计的规则，支撑数字政府大脑对全域数据感知所采集的数据进行分级分类与标准化治理，为数字政府大脑进行知识图谱构建提供标准化的基础数据支撑。

1）数据标准化

数据标准化包括标准化定义和标准化管理两项功能，为数据迭代治理提供基础依据。

标准化定义是根据数字政府大脑的技术规范、业务规范和管理规范要求，基于标准化的治理模型对数字政府大脑所涉及的各项数据的表示形式、取值范围、公共代码、数据长度与精度等内容进行明确定义与规范化管理的功能，从根本上消除数据的一数多义等问题，保障数据的唯一性、一致性。

标准化管理是基于标准化的业务术语，以可视化的方式对数字政府大脑的数据标准进行统一规范管理的功能，为数字政府大脑各模块间的数据交互和数据字典的构建提供基础保障。

2）数据资源目录

数据资源目录是以元数据为核心，以政务分类表和主题词表为控制词表，支撑数字政府大脑对数据资源进行网状组织的重要功能，为数字政府大脑提供基于数据资源目录体系的资源注册、审核、发布、申请、使用和授权等全过程管理能力，满足数字政府大脑从分类、主题、应用等多个角度对数据资源进行管理、识别、定位、发现、评估与选择的需要。

3）数据清洗指标定义

数据清洗指标定义以大脑的数据标准为基础，为大脑提供数据清洗指标定制、管理等功能，支撑数字政府大脑对原始数据进行规范化的处理，减少数据噪声，消除数据的不一致性，以便大脑的数据模型能够直接使用，从而提高数据的质量，为知识图谱的构建提供有效的数据集。

4）数据质量监测

数据质量监测是保障数字政府大脑数据质量的重要功能，通过数据质量监测能够实时对采集到的数据进行数据质量检查，为数字政府大脑提供准确、科学、稳定、可信的数据支持（图 6-12）。

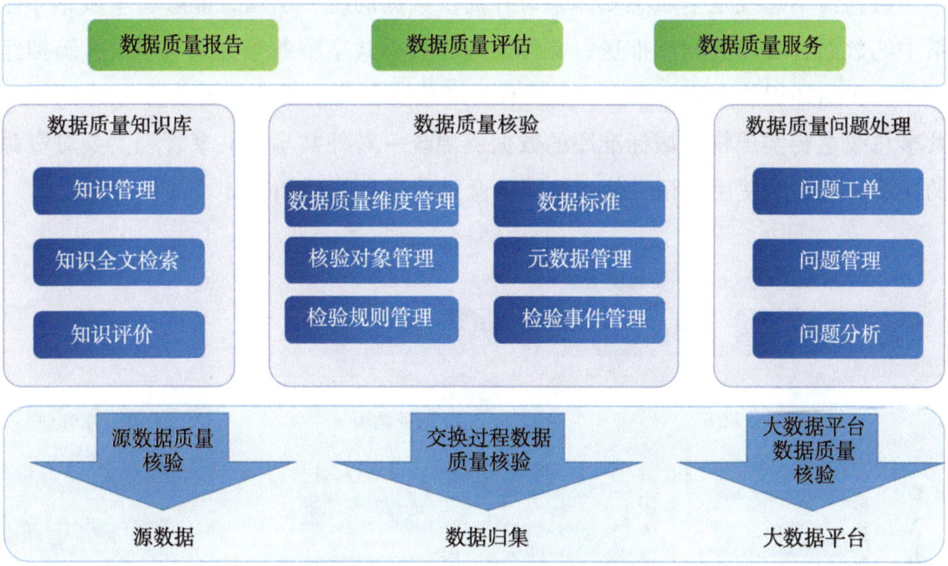

图 6-12 数据质量监测逻辑框架

5）数据规则迭代

数据规则迭代是实现迭代治理的基础，能够根据国家、行业和地区制定的业务标准与数据标准，动态地调整数字政府大脑的数据标准和治理规则，满足数字政府大脑在新规则、新标准下对各类数据进行动态治理的需要，实现数据质量的持续提升。

3. 全域感知资源库

全域感知资源库是全域感知体系的存储系统，负责存储和管理感知数据，并将经过标准化治理的数据提供给大脑各模块进行关联和运算。全域感知资源库主要包含汇聚全域数据的全域汇聚库，以及通过标准化清洗治理后形成的全域标准库。

1）全域汇聚库

全域汇聚库主要负责将各个渠道采集、接入、共享的数据集中存储，为不同来源数据的接入存储提供缓冲区域，为数据迭代治理提供基础数据。

2）全域标准库

全域标准库主要存储经过标准化治理后形成的标准化、规范化的数据资源，并根据数据类别或主题进行初步的分类存储。满足大脑知识融合平台对数据源的需求，为大脑知识融合平台提供规范化、标准化的数据支撑。

4. 数据共享总线

数据共享总线是全域感知体系对外提供数据的统一出口，能够将全域感知体系中的数据资源以数据库推送、文件推送、数据共享服务等方式共享给大脑神经主干和大脑知识能力服务平台，主要有共享总线和共享管理两大主要功能。其中，共享总线主要实现将全域标准库的数据资源统一对外共享；共享管理主要对资源的注册、发布、使用申请、使用监控等全过程进行管理和审计（图 6-13）。

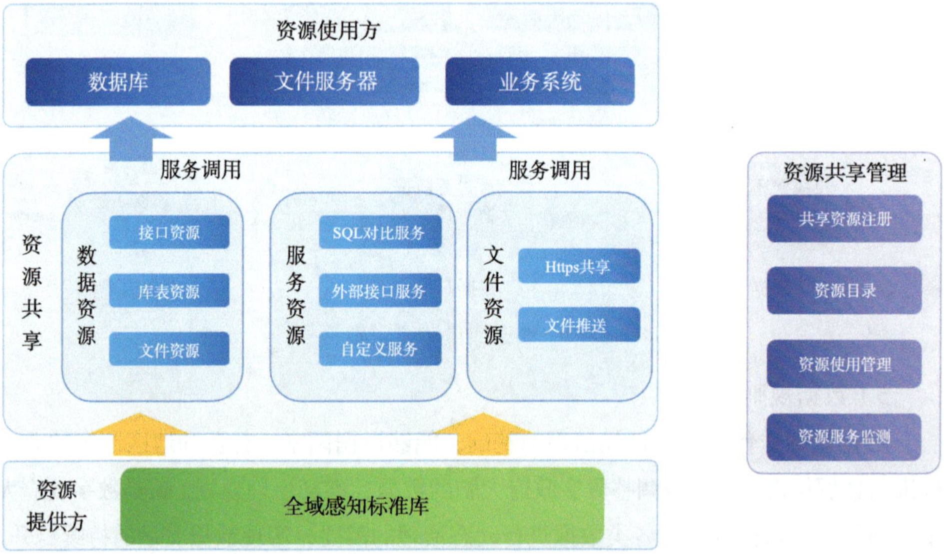

图 6-13　数据共享总线逻辑框架

SQL（structured query language，结构化查询语言）

6.5.2　大脑神经主干

大脑神经主干是构建数字政府大脑认知能力的基础，主要包括大脑知识模型、大脑知识融合平台和大脑智能计算平台三个部分（图 6-14）。

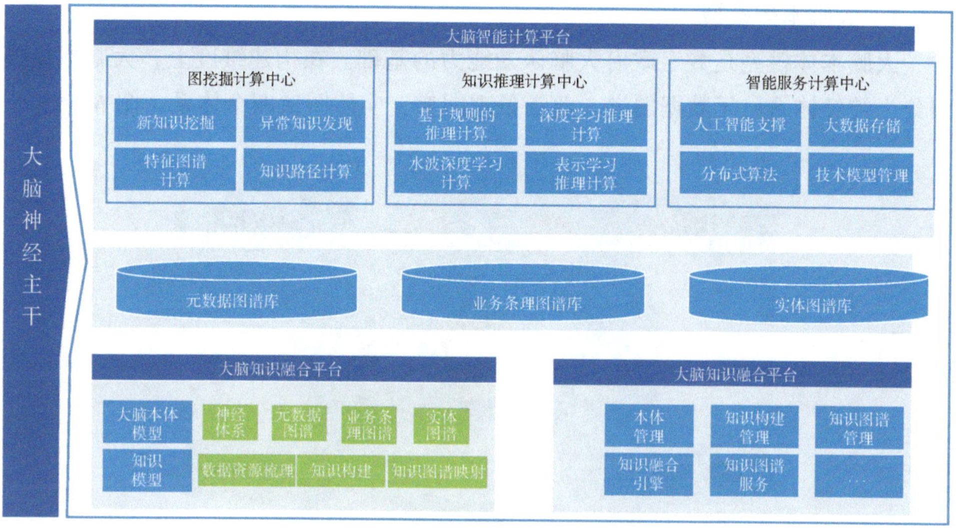

图 6-14　大脑神经主干系统架构图

在业务逻辑层面，大脑神经主干能够基于各类知识融合支撑组件能力，根据预先定义的知识模型，进行相应的知识构建和知识治理工作，形成数字政府大脑的知识图谱，构建数字政府大脑的基础认知能力。在此基础上，依托大脑智能计算平台的图挖掘计算中心、知识推理计算中心和智能服务计算中心，可以持续修复和更新数字政府大脑的知识图谱，从而构建数字政府大脑的全面认知能力（图 6-15）。

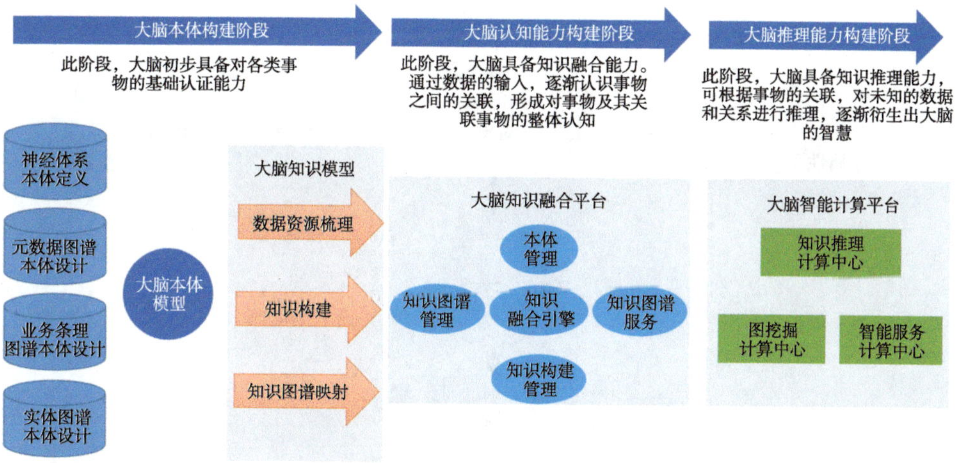

图 6-15　大脑神经主干逻辑示意图

1. 大脑知识模型

1）大脑本体模型

大脑本体模型是数字政府大脑认知能力的基础。在构建维度上，大脑本体模型分为神经体系、元数据图谱、业务条理图谱、实体图谱四个体系（图 6-16）。

图 6-16　大脑本体模型体系

A. 神经体系

神经体系（本体）定义是以动态本体理论为依据，基于对事物的客观认识和描述建立的对象模型，主要包括对象、属性和对象之间的关联关系（图 6-17）。

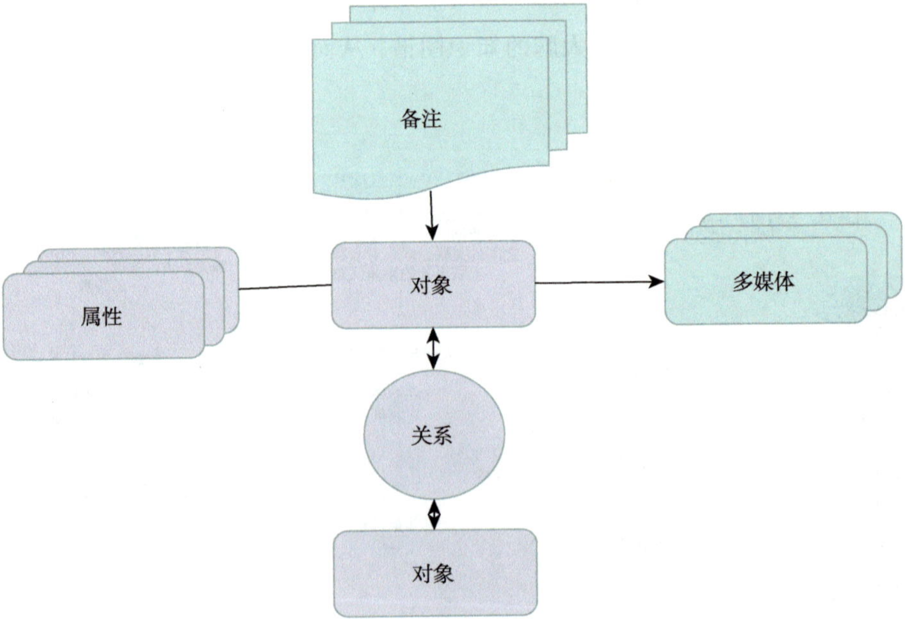

图 6-17　对象模型示意图

（1）对象。对象代表世界上的事物，可以将对象理解为一个数据容器，这些数据用于描述现实世界中的事物，常见的对象类型包括实体对象（如人员、地点、组织或者其他名词、实体等）、事件对象（表示在某个时间点或持续时间内发生的事件，有时间点、范围、地理位置等内置属性）、文档对象（非结构化的数据源，如电子邮件或新闻报道）和多媒体对象（丰富的媒体类型，如视频、音频和图像等）等。

（2）属性。属性是对象的固有特性，是对象本质的描述。例如，人物对象具有的属性包括姓名、民族、年龄、国籍等。

（3）关系。关系用于刻画对象和对象之间、对象和属性之间的联系，如两个人之间的关系或人与组织之间的关系。

（4）备注。备注是一段不限制格式的文本，是与对象关联的、可用于分析的条目。

B. 元数据图谱

元数据是描述数据的“数据”，是对数据及信息资源的描述性信息，能够用于识别数据、评价数据、追踪数据在使用过程中的变化，从而实现简单高效地管理大量网络化数据，而元数据图谱即是以元数据构建的图谱，用于数据血缘的分析，方便掌握数据的来龙去脉，以便对数据进行溯源（图 6-18）。

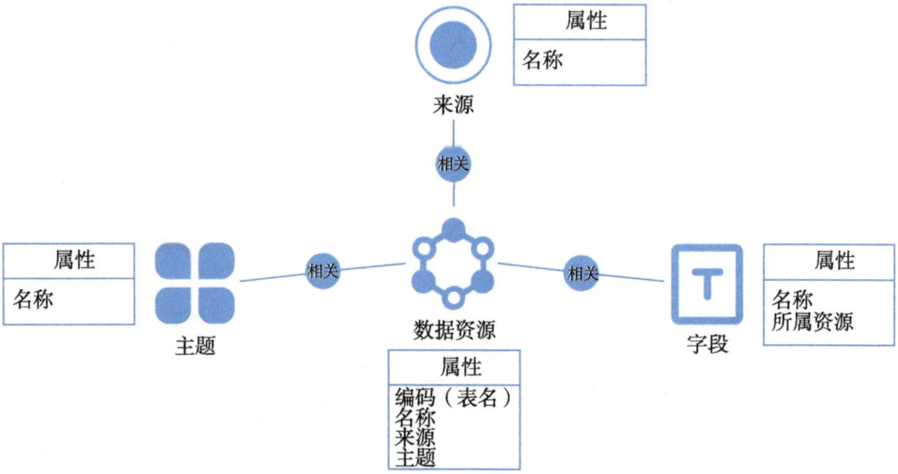

图 6-18　元数据图谱本体设计图

C. 业务条理图谱

业务条理图谱是以知识结构和业务框架为核心，用于全面反映业务逻辑、业务流程的图谱。以智慧政务领域为例，群众在办理往来港澳通行证及签注事件时，基于业务条理图谱体系，可自动推荐办理该事件的业务路径、涉及的政府部门、业务内容、相关业务系统、关联的元数据信息等。事件办结之后可根据相关的往来港澳政策信息，推送港澳免税政策、出入境注意事项等，从而为群众提供更加精准高效的服务（图 6-19）。

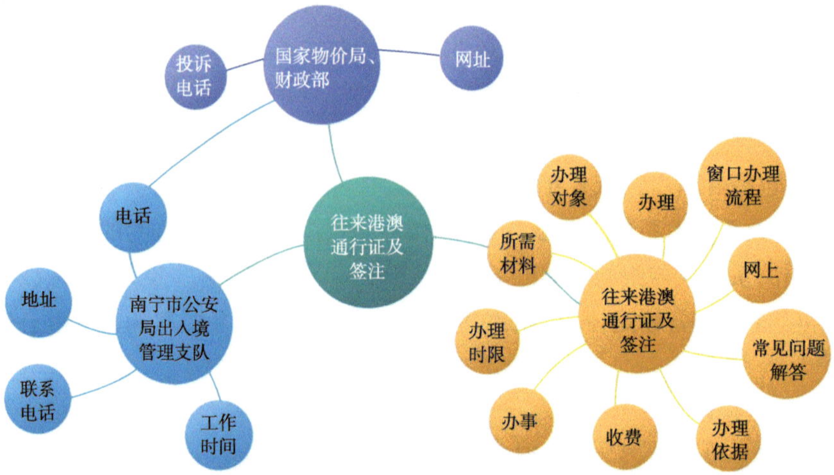

图 6-19　业务条理图谱

D. 实体图谱

实体图谱主要以本体在计算机内体现的概念模型为核心，采用动态可调整的本体设计理念，满足数字政府大脑的实体和更新知识的动态演进过程。实体图谱涵盖数字政府所有的对象（自然人、法人、事件、物体、地址、文档、多媒体等）、关系、属性和备注等信息，构建形成数字政府实体图谱之后，可以客观地形成数字化的政府生态体系（图 6-20）。

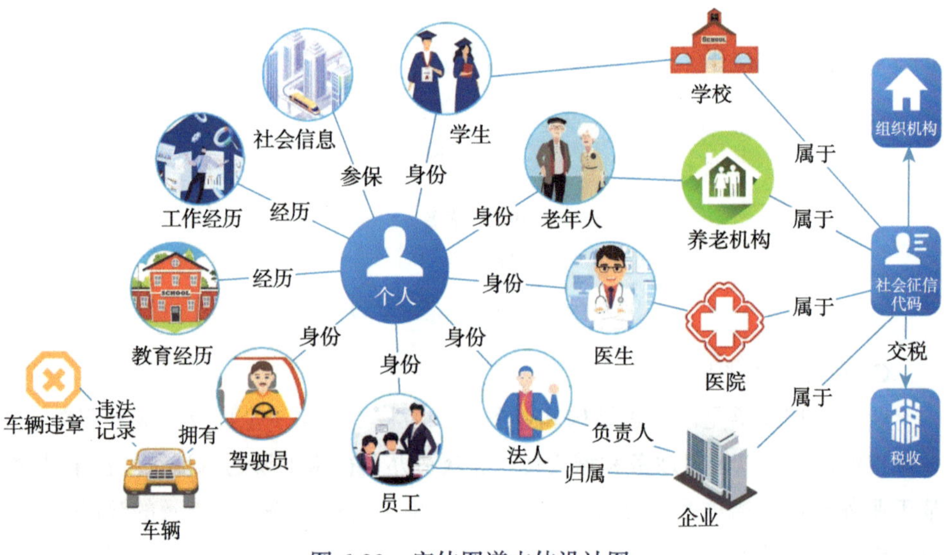

图 6-20　实体图谱本体设计图

2）知识模型

知识模型是数字政府大脑进行知识构建的基础，主要包括数据资源梳理、知识构建和知识图谱映射三个主要内容。知识模型能够清晰地表达原始数据与数据图谱之间的关联关系，让数字政府大脑具备从具体事物到抽象事物的映射能力，为知识图谱的构建提供基础支撑。

（1）数据资源梳理。数据资源梳理是通过对数字政府各业务部门、信息化系统等进行调研摸底，采用调研表格、调研座谈会议、实地调研查看具体的系统和数据资源等方式，对数字政府各领域的数据资源进行摸底梳理，形成数字政府数据资源资产清单。梳理摸底后对各类数据资源分类、元数据标记提取、归属关系登记等，为知识构建提供基础数据信息支撑。

（2）知识构建。知识构建是以大脑本体模型定义的神经体系、元数据图谱、业务条理图谱和实体图谱为基础，基于大脑神经主干的知识融合支撑组件，为数字政府大脑提供实体提取、属性提取、关系提取等能力，支撑数字政府大脑实现从数据源到知识图谱的映射，从而完成数字政府大脑的知识构建（图6-21）。

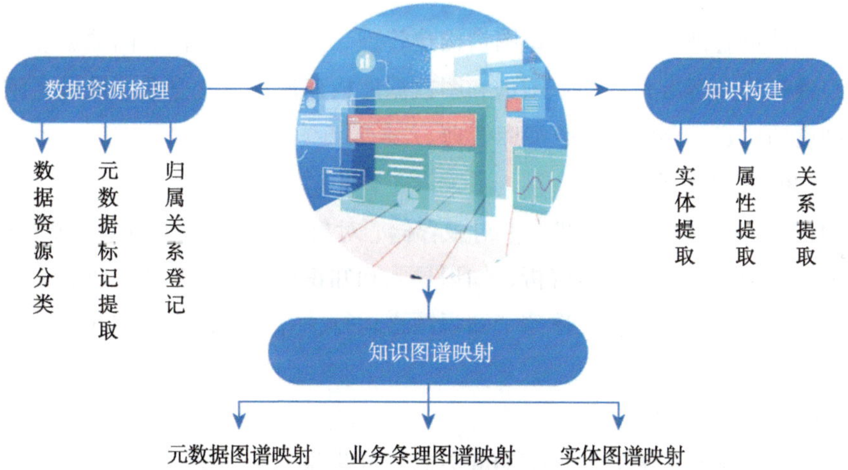

图6-21 知识构建模型

（3）知识图谱映射。知识图谱映射包括元数据图谱映射、业务条理图谱映射、实体图谱映射等能力，能根据设计好的对象模型和各项数据属性，设计哪些数据映射到对象、哪些映射到属性、哪些映射到关系，为构建更加完善、全面的知识图谱提供支撑。

2. 大脑知识融合平台

大脑知识融合平台主要包括本体管理、知识构建管理、知识图谱管理、知识融合引擎和知识图谱服务等能力，支撑数字政府大脑构建覆盖各行业各领域的知识图谱，数字政府大脑从对事物的基础认知上升到对事物及其关联关系的全面认知。

1）本体管理

本体管理是将各领域在知识图谱探索应用过程中产生的各类通用本体、通用知识（概念、属性、关系等）进行统一管理的能力，能够为数字政府大脑的本体构建工作提供经验和指导，从而快速完成各类知识的构建，主要包括本体的对象、属性、关系的名称、父类、URI（uniform resource identifier，统一资源标识符）、基类等信息的编辑和维护等功能。

2）知识构建管理

知识构建管理主要包括数据源接入管理、数据知识模型管理、数据导入配置管理等能力，为数字政府大脑提供一整套知识构建方法和工具，能让数字政府大脑以可视化的方式对接入的数据资源配置相应的数据知识模型，为高效地进行知识构建提供基础支撑。

3）知识图谱管理

知识图谱管理主要包括知识图谱构建管理、知识图谱存储、图数据库管理等能力，通过定义标准化的知识图谱和图数据库构建流程，支撑数字政府大脑完成知识图谱的构建、存储和图数据库管理。

4）知识融合引擎

知识融合引擎包括本体模型、对象存储、对象索引、对象图计算、知识管理、知识整合、地址解析、文本解析、知识导入和知识导出等，为数字政府大脑提供各类知识融合核心组件，支撑整个知识图谱运行，并对外提供各类知识融合支撑服务。

5）知识图谱服务

知识图谱服务能够通过 RESTful 方式对外提供基于知识图谱引擎的相关能力封装服务，包括本体服务、知识检索服务、知识图谱分析服务、知识管理服务、文本解析服务等通用服务，为各类应用提供基于知识图谱的服务支撑。

3. 智能计算平台

智能计算平台主要提供图挖掘计算、知识推理计算、智能服务计算等能力，满足大脑自我学习进化和修复更新的循环过程（图 6-22）。

1）图挖掘计算中心

图挖掘计算中心主要基于知识查询、指标统计和图挖掘计算等技术，实现新知识挖掘、异常知识发现、特征图谱计算、知识路径计算等（图 6-23）。

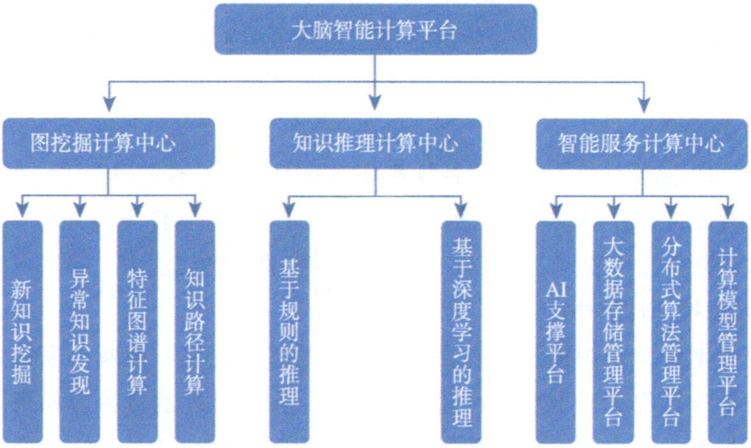

图 6-22　大脑智能计算平台

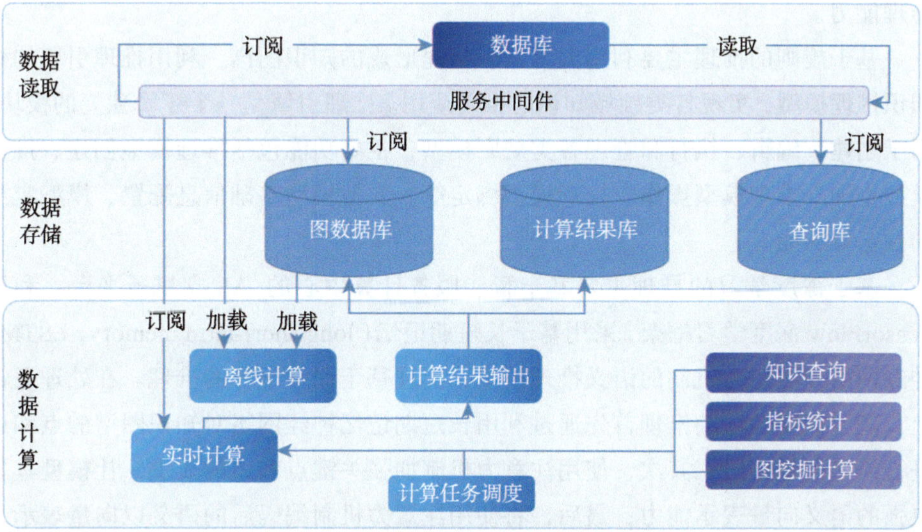

图 6-23　图挖掘计算中心原理示意图

（1）新知识挖掘。新知识挖掘是以数字政府知识图谱为基础，利用图计算的各类算法模型，进行图社区计算、相似子图计算、链接预测等知识挖掘工作的能力。通过新知识挖掘，能够从数字政府知识图谱中推导出新的实体、关系和属性，实现对数字政府知识图谱的补全、纠错和更新。

（2）异常知识发现。异常知识发现是以不一致检测、子图发现等技术为基础，对知识图谱中的异常节点、异常子图进行分析，发现数据中的噪声和缺陷的能力，能够检测出知识图谱内的异常节点、异常子图模式，如出入度数值离群的节点、未知业务含义但是罕见的频繁子图等。

（3）特征图谱计算。特征图谱计算是对图谱中单一节点或多个节点的图特征以及属性特征进行统计分析的功能，为数字政府大脑提供以图特征或者关联属性特征为基础的分类能力，让数字政府大脑能够根据事物的特征进行知识的快速分类。

（4）知识路径计算。知识路径计算能够基于已构建的知识图谱，通过利用图数据库的特性，为数字政府大脑提供最短路径计算、连通图发现计算、路径发现算法等知识路径计算能力，让数字政府大脑具备路径推演能力。

2）知识推理计算中心

从概念上看，知识推理就是在已有知识的基础之上，推断出未知知识的过程，人类认知世界、获取智慧的过程正是一个知识推理的过程。如果要让数字政府大脑拥有如同人类一样的智慧，就要让数字政府大脑具备知识推理能力。知识推理计算中心主要为数字政府大脑提供基于规则的推理和基于深度学习的推理能力。

基于规则的推理主要利用大脑知识构建形成的知识图谱，利用推理引擎构建知识推理模型，实现各类领域知识的推理应用。推理引擎是一个逻辑独立的模块，用于创建、编辑、执行和管理各类规则模型，主要功能包括推理模型创建、推理模型查询、推理模型操作、推理模型绑定等。支持模型基础信息配置、模型定义和预览等功能。

基于深度学习的推理主要基于智能服务计算中心的 AI 支撑子平台，利用 TensorFlow 深度学习框架，采用基于长短期记忆（long short-term memory，LSTM）神经网络和注意力机制的语义推理技术，实现基于深度学习的推理。在处理逻辑上，基于深度学习的推理首先通过利用长短期记忆神经网络对知识图谱的点和边进行语义向量编码；其次，使用注意力机制加强关键点和边的权重，让模型具备更强的语义向量表示能力；最后，将使用注意力机制编码后的语义以向量表示，利用双线性计算出语义推理关系，从而预测知识图谱中点和边的语义推理关系。

3）智能服务计算中心

智能服务计算中心主要包括 AI 支撑平台、大数据存储管理平台、分布式算法管理平台、计算模型管理平台等，为数字政府大脑提供知识补全、知识修复等能力，并面向业务应用场景提供智能化模型支撑（图 6-24）。

（1）AI 支撑平台主要由 AI 标注平台和 AI 计算组件支撑，通过 AI 技术实现视频、图形、音频、OCR 等多维度数据自动标注，同时为数字政府大脑提供自然语言处理、图像处理和视频处理等基本算法。

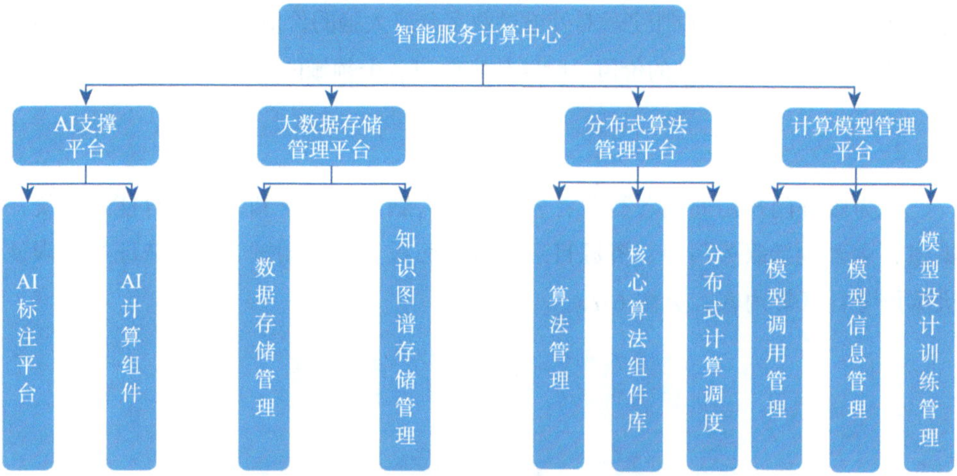

图 6-24 智能服务计算中心功能模块

（2）大数据存储管理平台包含数据存储管理和知识图谱存储管理等功能，通过优化存储引擎设计及索引关联等技术，能够有效提高数字政府大脑的数据预处理、存储、查询等阶段的性能，从而降低大脑模型的训练时间，提高大脑分析判断的响应速度。

（3）分布式算法管理平台主要由算法管理、核心算法组件库、分布式计算调度等组成。其中，算法管理主要作用是管理深度学习框架，同时集成各类常用深度学习框架（如 Caffe、Tensorflow、MXNET、PyTorch 等），实现对通用 AI 算法的设计、执行、优化等全过程管理；核心算法组件库包括自然语言处理组件模型、图像音频视频处理组件模型、知识图谱构建和挖掘等工具；分布式计算调度能够从计算、存储、网络三个层面，结合数字政府大脑的训练需求，定制适合深度学习训练的专有工具，以满足深度学习模型训练高效率的训练需求。

（4）计算模型管理平台能够对整个数字政府大脑的模型和算法进行统一管理、设计训练和调用，实现模型利用最大化，主要包括模型调用管理、模型信息管理、模型设计训练管理等功能。其中，模型调用管理提供一系列核心算法组件及核心工具的模型调用服务；模型信息管理提供对模型基本信息（如模型名称、能力描述、业务分类、训练相关信息等内容）的管理；模型设计训练管理能够在可视化的界面下定制模型的训练任务，提高模型的训练效率。

6.5.3 大脑知识能力服务平台

大脑知识能力服务平台主要包括能力服务门户、服务接入管理和能力运营管理，是数字政府大脑对外提供能力的统一门户，将大脑经过知识融合、计算能力服务处理后的标准化能力向外提供服务，对外输送数字政府大脑的价值，释放出大脑作为数据基础设施和智能基础设施的价值，赋能数字政府各个领域的智慧化发展。

1. 能力服务门户

能力服务门户是面向各行业各领域提供大脑知识共享和大脑计算能力的统一渠道，主要包括服务门户、资源目录、服务面板、服务测试、统一认证与权限、大脑服务社区等内容，见图 6-25。

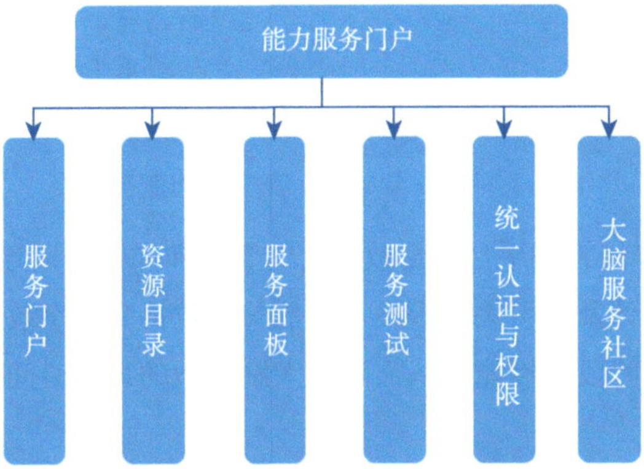

图 6-25 能力服务门户框架图

其中，服务门户是大脑所提供能力的综合展现，大脑管理员和业务需求单位可以通过服务门户进行服务的监管、资源申请调用等操作；资源目录提供对大脑资源（知识图谱资源、计算框架组件、API 接口）的目录展示，支持资源目录查询、知识图谱关联化展现；服务面板主要面向大脑管理员开展所提供的服务能力调用的管理，提供 API 信息与权限的维护；服务测试可通过向能力服务平台发起模拟请求，从而测试服务的可用性；统一认证与权限能够基于数字政府的统一认证平台，实现对大脑知识能力服务平台的统一登录；大脑服务社区主要包括能力使用说明、常见问题解答以及官方 FAQ（frequently-asked questions，常见问题解答）等内容，推动营造良好的社区互动环境。

2. 服务接入管理

服务接入管理能够将数字政府大脑的能力和第三方开发商的能力进行统一管理，主要包括接入管理、接入适配、分布式部署、服务容灾等内容。其中，接入管理提供服务的注册、申请、审核等基础功能；接入适配能够对各系统提供的服务进行统一的适配转换，以降低系统调用复杂度，并达到一定程度的系统解耦；分布式部署支持为同一个业务应用服务提供多个服务地址，提高了服务的可靠性、可用性和拓展性；服务容灾能够对所接入的应用服务进行容灾管理，包括对大脑知识能力服务平台本身的容灾管理，当服务探测发现某个节点异常时，平台能够将服务调用切换到可用的节点，保障服务的稳定运行。

依托服务接入管理能力，政府部门、企业和个人都可以根据标准流程，将自身的能力和应用接入数字政府大脑，并依托数字政府大脑对外提供能力和应用的共享服务。数字政府大脑的应用发布流程如图 6-26 所示。

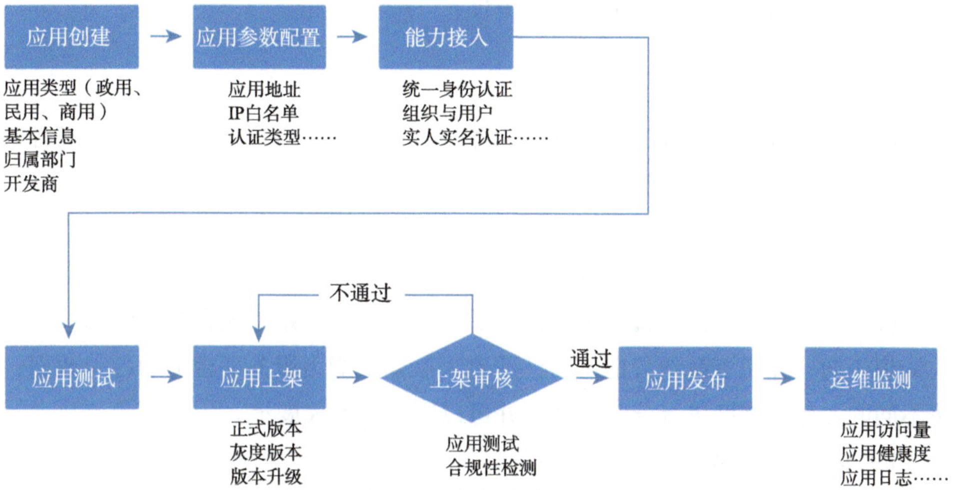

图 6-26　应用发布流程

1）应用创建

开发者填写应用基本信息、归属部门、开发商等信息完成应用创建，并基于平台所提供的应用开发框架、标准化资源进行应用开发。

2）应用参数配置

开发者对应用参数进行配置，包括应用地址、IP 白名单、认证类型等参数。同时平台提供离线包应用托管服务，开发者可将私有化接口注册到智能网关，将应用包托管到平台。

3）能力接入

开发者可以利用数字政府大脑的各项能力进行应用开发，如使用大脑知识能力服务平台的统一认证支撑能力，完成应用用户认证体系的建设。

4）应用测试

开发者可以使用测试工具对应用进行测试，并根据测试结果对应用存在的问题进行改进。

5）应用上架

测试通过后，开发者创建版本进行应用上架，支持上架到智桂通 APP 和智桂通小程序等渠道，支持正式和灰度两种模式。

6）上架审核与应用发布

审核人员对上架的应用进行测试和合规性检测，审核通过后即可上架到应用集市或对应的应用发布渠道。

7）运维监测

开发者可以利用大脑知识能力服务平台的运行监控能力，对应用的运行情况进行日常运维监控，保障应用的正常运行。

3. 能力运营管理

能力运营管理主要面向大脑能力服务平台的管理和运营人员提供知识资源管理、能力服务管理和平台运行监控等服务。

1）知识资源管理

知识资源管理包括知识资源跟踪、知识资源统计等功能。其中，知识资源跟踪能够通过图表等方式定位数据元的原始产生来源，并跟踪该数据元调用过程中的知识流向；知识资源统计能够对注册到大脑知识能力服务平台上的各种数据，按不同的元数据维度进行分类统计，并可以图形化方式展示。

2）能力服务管理

能力服务管理主要包括服务注册目录、服务监控管理、服务周期管理等内容。其中，服务注册目录负责对接入大脑的全部应用进行目录结构化管理，能够直观地展现接入应用的信息并对信息进行维护；服务监控管理包含应用组件监控和服务质量监控两个子模块，提供大脑能力的平均响应时间、最大响应时间、最小响应时间等信息，为优化服务质量提供依据；服务周期管理主要实现对数字政府大脑的能力申请、审核、配置、发布、授权、关闭、注销的闭环式管理。

3）平台运行监控

平台运行监控能够综合展示大脑的总体运行情况、能力调用情况、工作动态、资源占用情况等内容，支撑大脑对运行环境、各子系统、各功能模块进行统一运行监测，对大脑自身以及所接入应用产生的运行日志进行采集与记录，降低大脑的人力运维成本，提高整体监管效能。

6.6 数字政府大脑的应用场景

数字政府大脑作为“一核驱动、五个管用、多维创新”体系的基础支撑能力，承担着将数字政府“一核驱动”的基础资源转化为智能化服务支撑能力的重要职能，是构建“五个管用”核心应用体系和推动各领域多维创新的核心支撑。本节以“智桂通”数智人、智慧广西人大平台和南宁市“扫脸即办”智能审批等为例，介绍数字政府大脑的能力与应用场景。

6.6.1 “智桂通”数智人

“智桂通”数智人是基于数字政府大脑的知识建模、知识抽取、知识融合计算等能力，以全域感知数据和行业知识图谱为基础，综合运用语音识别、语义理解、语音合成、虚拟形象驱动等 AI 核心技术所打造的拟人智能体(图 6-27)。

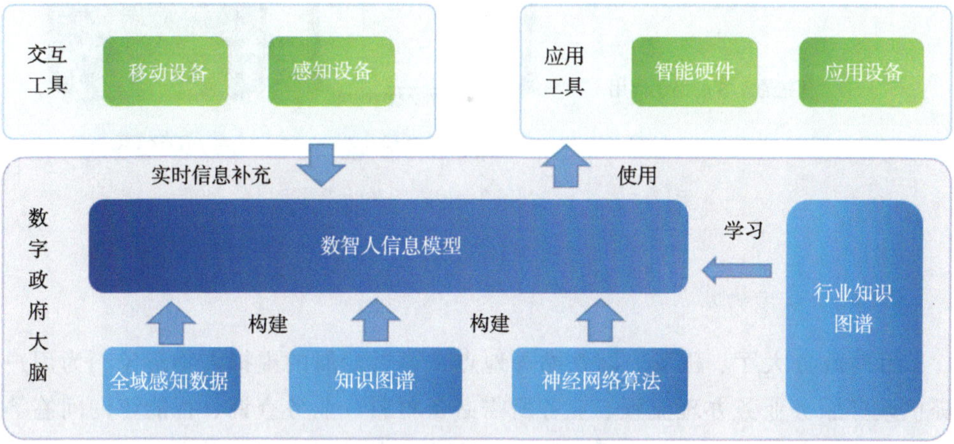

图 6-27 数智人架构体系

“智桂通”数智人能够基于用户画像、行业知识图谱以及精准的语义分析，感知用户意图并通过虚拟形象与用户进行多模态交互，迅速准确理解用户意图，与用户进行分步式的自然语言交互沟通，通过主动发问、关键信息理解、提取，一步步聚焦用户的实际需求，为用户提供在导航导览、政务咨询、智能客服、智能迎宾、就医导诊等场景的智能引导、服务推荐、快速办事等服务，做到“知你所想、达你所愿”的终极用户体验（图 6-28）。

1. 导航导览场景

面向公共交通行业的机场、地铁站、高铁站、大巴车站、公交车站等场所的旅客，通过打造行业专属的 AI 虚拟客服形象和大屏智能交互一体机的落地形式，提供周边信息、出口位置、酒店住宿、景点导航、路线指引、出站问题查询、航班信息和登机口信息查询等服务，通过地图、动画等多种形式向客户展现受理业务的流程和地点，提升客服接待效率，降低服务成本，提升用户体验。

图 6-28　“智桂通”智能语音助手应用

2. 政务咨询场景

针对政务大厅、机场、高铁站等地点，通过专属的虚拟人物形象，为用户提供政务服务业务办理流程、业务所需必备材料、业务查询、智能咨询问答等服务，提高各环节信息化水平，还可以完成公共信息发布、政务公开等功能，使群众产生亲切感、朴实感，拉近与群众的距离，同时达到提升服务质量和工作效率的目的。

3. 智能客服场景

针对客服人员需求量较大并要求相对专业的场景，通过打造的专属 AI 智能客户可以提供自动的信息查询、业务办理、问题咨询、业务分析等服务，并支撑服务部门提升管理决策能力，优化客服中心运维成本和效能，提升客服接待效率，降低服务成本，提升用户体验（图 6-29）。

4. 智能迎宾场景

面向机关单位、重大会议等场景，通过落地一体机的终端形式，提供虚拟迎宾、信息查询、服务介绍等，体现科技感、提升效率和品牌服务形象。

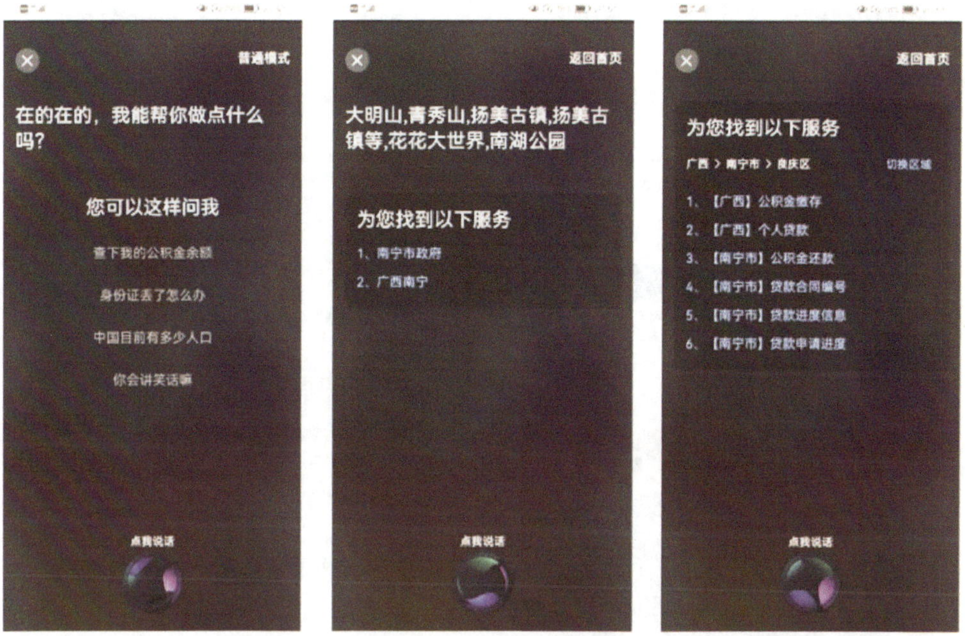

图 6-29 智能客服示意图

5. 就医导诊场景

针对医疗行业，“智桂通”数智人不仅可以提供医药、挂号、住院、医生、查询检测结果等相关信息，促进医患互动，还能基于对医疗大数据的知识构建以及用户画像的分析，能够通过聊天的方式进行病情导诊，基于用户的描述和对用户画像的分析，为用户提供就诊和健康方面的诊疗建议（图 6-30）。

6.6.2 智慧广西人大平台

随着我国经济社会快速发展和民主法治建设深入推进，人大工作在国家政治生活中的作用越来越突出，任务也越来越繁重。实现数字化转型，以智能化手段推动人大各项工作高质量发展，成为国家、人大常委会机关和人民群众的迫切需求。

为更有效发挥人民群众参政议政智慧，智慧广西人大平台充分依托数字政府大脑的全域感知体系、应用管理服务，按照“应用优先、持续迭代、创新提效、资源共享、安全可控”的总体原则，围绕提高人大常委会机关办公效能，提升履职能力，提高决策民主化水平，做好服务代表与基层工作的核心目标，构建了“三大基础平台和五大应用体系”，涵盖 36 个智慧应用。

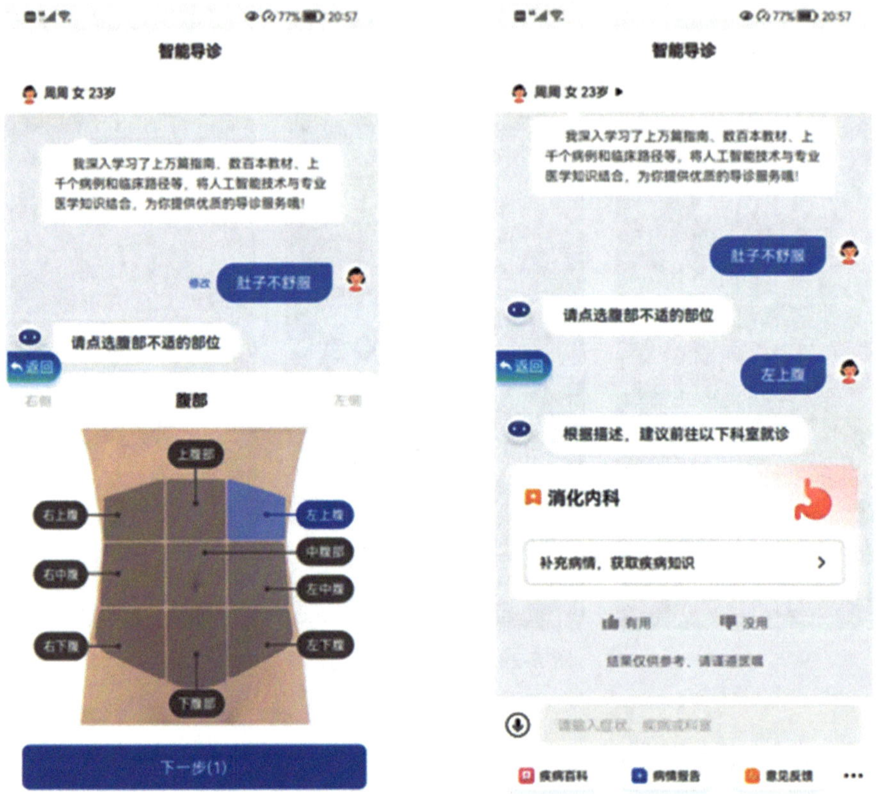

图 6-30　智能导诊示意图

智慧广西人大平台丰富的智慧点体现在以下几个方面。

（1）可视化在线办公。代表工作体系让代表履职更便利。通过建设“一库六系统”，实现跨平台业务协同、数据共享，推动建议工作全程可视、过程可控、效果可评，同时具备大数据辅助分办、自动生成履职档案等智能化功能，让代表履职更便利。

（2）全流程追踪辅助。立法辅助体系让立法更加科学高效。建设智能立法工作系统、立法技术规范智能校正系统，智能起草能够提供在线起草文本智能辅助，智能比对能够利用大数据分析技术快速生成法规花脸稿，让立法更加科学高效。

（3）动态监督及辅助编撰。监督体系让监督更加实时立体。建立四种监督形式工作流程，可根据规范性模板、同类型历史文件，自动生成标准化清单和文件参考模板，实现智能辅助编撰，让监督更加实时立体。

（4）个性化智能会议服务。代表大会服务体系让会议更加智能便捷。聚焦会前、会中、会后三大关键环节，提供会场 VR（virtual reality，虚拟现实）实景、人脸识别签到、文件在线阅览、智能会务助手化等功能，推动会议组织实现数字化、无纸化、移动化，让会议更加智能便捷。

（5）智能办公。线上办公、智慧党建、速录简报、行财助手等功能，支持多终端应用，支持在线智能申报与审批，让人大常委会机关的工作体验和效率大幅提升。

6.6.3 南宁市“扫脸即办”智能审批

随着共享出行的快速发展，网约出行逐渐成为人们日常出行的主要方式。广西南宁市发布的统计数据显示，南宁市每年网约出租车、巡游出租车从业资格证办理量 1 万件以上，按照传统的办理流程，申请人需现场提交申请表、个人一寸照等至少 5 份纸质材料，经前台窗口受理、公安部门背景核查、交通部门组织考试、后台审批制证等环节，方可领取从业资格证，办理流程较为烦琐且办理周期 1 个多月（图 6-31）。

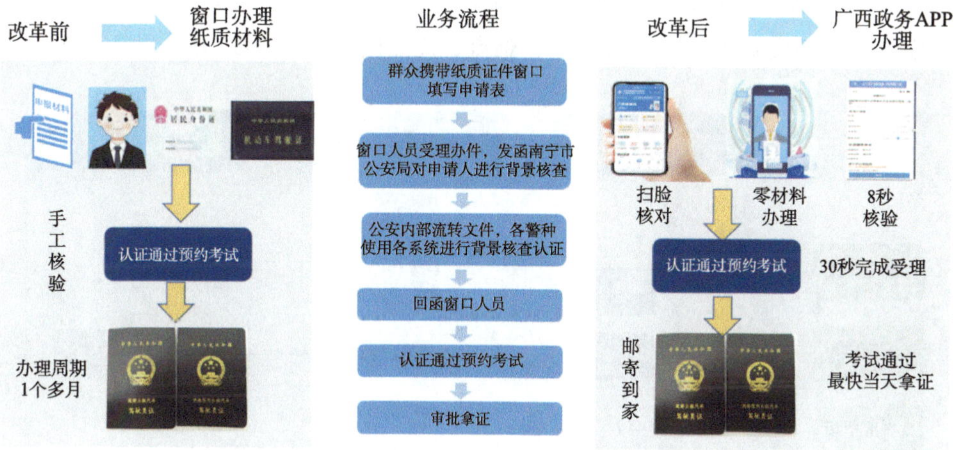

图 6-31 广西“扫脸即办”智能审批

为解决这一困扰多年的事项频率高、办事环节多、流程时间长、行政效能低、办事群众与政府工作人员双方不满意的堵点问题，广西以减证便民为导向，按照多维创新的总体思路，依托统一的数字政府大脑的知识图谱服务，加快跨层级、跨部门、跨云的政务数据共享，强化数据融合创新应用，在全国范围内率先推出实现“网络预约出租汽车驾驶员从业资格证核发（新发）”“巡游出租汽车驾驶员从业资格证核发（新发）”两个高频政务服务事项“零材料”“零跑腿”“扫脸即办”。南宁市户籍的办事群众仅需要在广西政务 APP 刷个脸，即在移动端进行面部识别后，系统会自动获取并生成电子申请材料，自动填写申请表，自动进行比对完成背景核查，以“智能审批”的方式完成出租汽车从业资格证办理，业务受理时限从一个月缩短为 30 秒。截至 2022 年 8 月 31 日，广西“扫脸即办”已惠及超过 5000 名网约车驾驶员，极大程度地减轻了群众和政府工作人员的负担，得到了广泛认可及好评。

6.6.4 柳州市政务服务“全城通办”新形态

办事难、办事繁、办事累是近年来办事企业和群众集中反映的堵点、痛点、难点问题，办事标准不统一、办事跑远路、往返次数多等与社会经济发展和人民群众需求不相适应的问题，在加重企业和群众的办事负担的同时，也影响了政务服务效能和营商环境的进一步优化。

柳州市以群众和企业办事需求为导向，依托数字政府大脑服务平台提供的应用服务支撑，打破户籍或居住地区域限制，梳理标准化的“全城通办”事项清单和办理规范，推动政务服务“就近能办、多点可办、少跑快办”，打通服务群众“最后一公里”，实现基层政务服务与群众需求零距离对接，实现政务服务就近能办、一次办成，切实解决群众办事堵点、难点、痛点问题（图 6-32）。

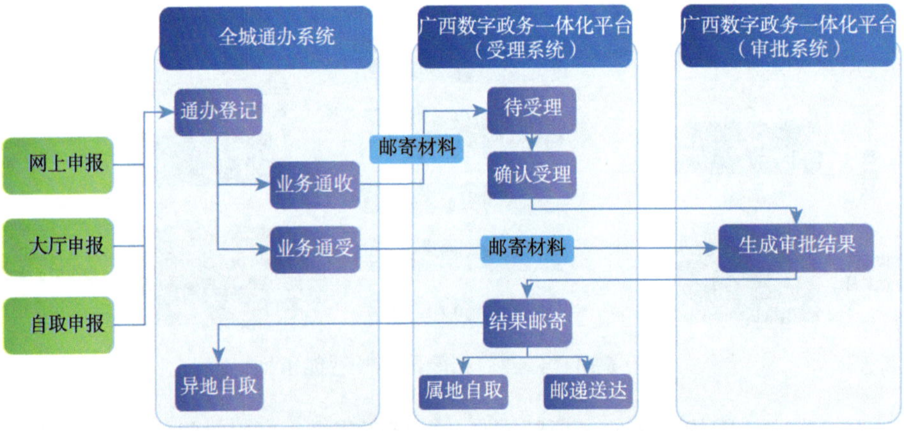

图 6-32 柳州市政务服务“全城通办”业务流程

截至 2022 年 8 月 31 日柳州市自实行政务服务“全城通办”以来，累计办理量 1334 万件，为群众节约成本约 13 000 万元。2020 年 6 月，柳州市政务服务“全城通办”被广西壮族自治区党委全面深化改革委员会办公室为 2020 年全区第一批改革典型经验向全区推广；2020 年 12 月，柳州市“率先推行政务服务‘全城通办’”案例入选数字政府服务能力评估暨十九届政府网站绩效评估“地市级‘十大’优秀创新案例”，见图 6-33。

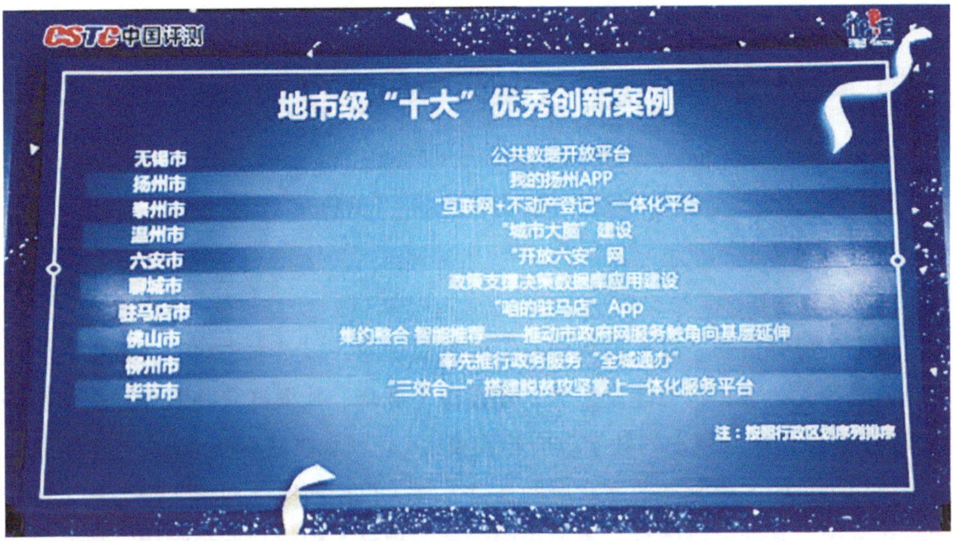

图 6-33　柳州市“率先推行政务服务‘全城通办’”入选地市级“十大”优秀创新案例

6.7　小　　结

在大数据时代，整个社会的信息量已经远远超出人类个体的处理极限，一个以人工智能为核心的新时代正在缓缓拉开序幕，政府作为社会发展的引领者，也理应走在时代的前沿。认识世界和改造世界是人类创造历史的两种基本活动，数字政府大脑作为数字政府观察世界、认识世界和改造世界的关键，是以软件定义世界的思路对现有的管理机制、体制重新再定义、再塑造的重大变革，是数字政府在大数据时代以 AI 技术创造人类新历史的重要举措。通过构建数字政府大脑，推动数字政府从全面认知到整体智治，既是当下政府治理体系和治理能力现代化的需要，也是人类历史向前发展的需要，对打造以人民为中心、互联互通的新型社会治理模式具有重要意义。

第 7 章 CHAPTER 7 “五个管用”核心应用体系

数字政府要贯彻“以人民为中心”的发展理念，以“大平台、大数据、大应用”的集约、共享、生态建设思想，建设源于群众、扎根群众并服务群众的服务型政府，打造以用为驱动的数字政府建设模式。正所谓“好不好，老百姓说了算”，只有以用为目的才能驱动数字政府的良性发展。以广西实际探索实践为例，基于“一核驱动”基础支撑体系，遵循协同治理的理念，构建“五个管用”核心应用体系，打造了以用为驱动的数字政府建设模式。本章将从“五个管用”核心应用体系的出发点开始阐述，介绍“五个管用”核心应用体系对数字政府建设的重要意义，详细阐述“一网通办”“一网通查”“一号响应”“一网通管”“一机应用”的建设背景、建设意义、技术内容以及所取得的阶段性成效。

7.1 “五个管用”核心应用体系的建设要求

7.1.1 “以用为目的”驱动数字政府的良性发展

国家的发展必须要将人民的所思所想所盼作为最高的价值取向，让经济社会的发展成果真正转化成为人民的获得感、幸福感、安全感。习近平总书记在中央全面深化改革委员会第二十五次会议明确指出“要把满足人民对美好生活的向往作为数字政府建设的出发点和落脚点”[①]，这充分彰显了中国共产党以人民为中心的发展思想和全心全意为人民服务的根本宗旨。正所谓“好不好用，老百姓说了算”，数字政府建设必须以用为目的，将为民造福的理念贯彻到方方面面，把数字政府建设成效的评判权交给群众，以为老百姓做了多少好事实事作为检验数字政府建设成效的最重要标准，实现数字政府的良性发展（图 7-1）。

① 习近平主持召开中央全面深化改革委员会第二十五次会议强调加强数字政府建设 推进省以下财政体制改革，https://www.ccps.gov.cn/xtt/202204/t20220419_153644.shtml[2023-02-09]。

图 7-1 “五个管用”的出发点

7.1.2 共建、共享、共用提升数字政府的建设要求

当前，数字政府的建设应顺应数字化转型趋势，以数字化转型驱动治理方式变革，充分发挥数据赋能作用，加强新技术创新应用，推动政府治理流程再造和模式优化，全面提升建设效能，创新政务信息化建设应用模式，加强资源集约统筹利用，通过共建、共享、共用打通多元主体参与渠道，为群众提供更加方便、快捷、优质、高效的服务，实现数字政府的良性发展。

共建是指加强政务信息化工程全生命周期的统筹协调力度，整合现有政府信息系统建设成果，统筹解决共性需求，以构建大系统为导向，加强工程衔接，形成政府数字化转型合力；共享是指跨层级、跨地区、跨部门的系统间实现数据和功能共享，强化部门间、系统间的协同联动，从而使数字政府能够满足日益复杂和跨界的在线服务需求；共用是指以共建、共享为基础，推动数字政府资源集约统筹利用，避免同类型功能重复建设，提高利用率。共建、共享、共用的本质是坚持大平台、大数据、大系统一张蓝图绘到底，统筹推进重大政务信息化工程建设，综合运用新技术、新理念、新模式推进数字政府建设，深化协同联动，节约数字政府建设成本，缩短各地发展的数字化差距，提高数字政府建设的水平和效率。

近几年，我国在推进数字政府共建、共享、共用上做了许多的工作。《中华人民共和国国民经济和社会发展第十四个五年规划和 2035 年远景目标纲要》提出“建立健全国家公共数据资源体系，确保公共数据安全，推进数据跨部门、跨层级、跨地区汇聚融合和深度利用”，“加大政务信息化建设统筹力度，健全政务信息化项目清单，持续深化政务信息系统整合，布局建设执政能力、依法治国、经济治理、市场监管、公共安全、生态环境等重大信息系统，提升跨部门协同治理能力。”[①]《“十四五”公共服务规划》提出到 2025 年，公共服务制度体系更加完善，政府保障基本、社会多元参与、全民共建共享的公共服务供给格局基本形成，民生福祉达到新水平。[②]《“十四五”推进国家政务信息化规划》提出到 2025 年，政务信息化建设总体迈入以数据赋能、协同治理、智慧决策、优质服务为主要特征的融慧治理新阶段，跨部门、跨地区、跨层级的技术融合、数据融合、业务融合成为政务信息化创新的主要路径，逐步形成平台化协同、在线化服务、数据化决策、智能化监管的新型数字政府治理模式，经济调节、市场监管、社会治理、公共服务和生态环境等领域的数字治理能力显著提升，网络安全保障能力进一步增强，有力支撑国家治理体系和治理能力现代化。[③]

7.1.3 “协同治理”催生数字政府的大平台建设模式

随着数字技术的飞速发展，数字技术应用越来越广泛，互联网信息流通越来越发达，社会的多元化进程不断加快，过去以政府为中心的单一主体治理模式已逐渐显露颓势，主要体现在政府缺乏对群众需求的充分了解，群众缺少对政府应用的有效监督，市场难以充分参与到治理体系的建设之中。因此，迫切需要一种“协同治理”的模式以适应当前愈发复杂的新型社会关系。

基于社会多元化发展趋势，需要发挥新一代信息技术的作用，对传统的单一主体治理模式进行系统性的重塑，构建多用户角色参与的数字政府公共服务平台的建设模式。由此，需要推动政府、市场和群众的交互、合作与协同，构建政府、市场、群众之间“协同治理”模式。依托于公共服务平台，通过“协同治理”模式，将传统单一主体独立决策转变为各方主体按照各自的角色、定位和价值共同进行决策，实现沟通成本的最小化和公共利益的最大化，推动社会治理从单一治理演进为多元治理（图 7-2）。

① 中华人民共和国国民经济和社会发展第十四个五年规划和 2035 年远景目标纲要，http://www.gov.cn/xinwen/2021-03/13/content_5592681.htm[2022-09-23]。

② 关于印发《“十四五”公共服务规划》的通知，http://www.gov.cn/zhengce/zhengceku/2022-01/10/content_5667482.htm [2023-02-09]。

③ 国家发展改革委关于印发《“十四五”推进国家政务信息化规划》的通知，http://www.gov.cn/zhengce/zhengceku/2022-01/06/content_5666746.htm [2022-09-23]。

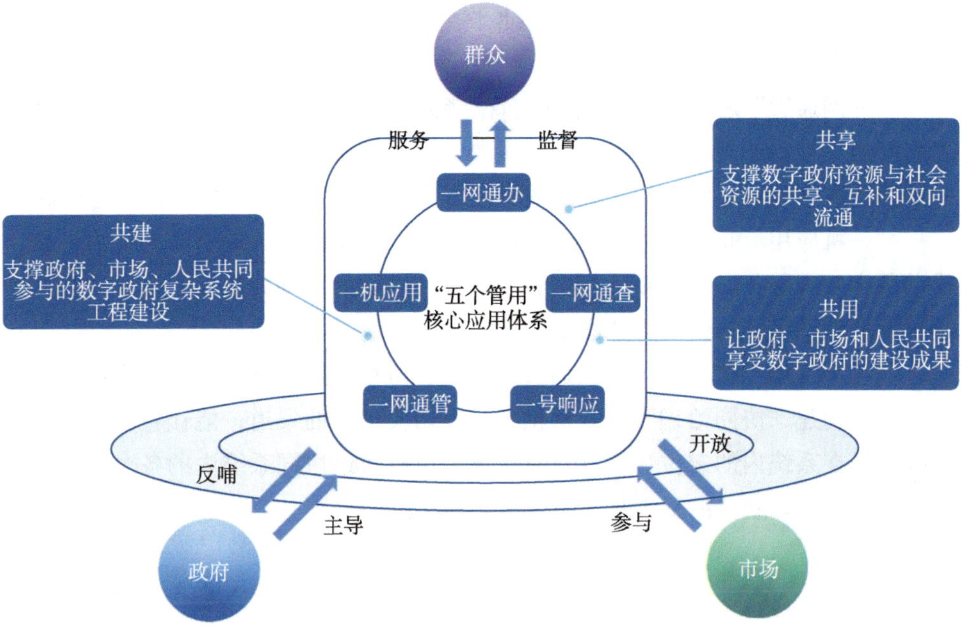

图 7-2 “协同治理”模式

7.2 “五个管用”核心应用体系的具体内容

7.2.1 “五个管用”核心应用体系的内容

基于上文叙述的“五个管用”核心应用体系建设出发点，广西按照以人民为中心的建设思想，充分整合广西数字政府建设成果，构建了“五个管用”核心应用体系。“五个管用”核心应用体系包括“一网通办”“一网通查”“一号响应”“一网通管”“一机应用”。

“一网通办”是指以广西数字政务一体化平台为主体，以企业和群众的切身利益为出发点，通过完善平台支撑、强化政务服务创新、推动线上线下服务融合等方式，构建泛在可及的政务服务体系，为企业群众提供无处不在、贴心管用的政务服务。

“一网通查”是指以政府网站集约化平台为主体，通过强化政府网站整合，加快构建政务新媒体矩阵，进一步提升政府信息公开能力，为群众提供更多、更方便获知政府信息的渠道。

“一号响应”是指以“12345”政府服务热线平台为主体，通过整合集约分散在各部门的服务热线，打造统一的“12345”政府服务热线，并应用 AI、大数据等技术提高政府服务热线的整体服务水平，从而保障群众能快捷地反馈意见建议和享受咨询、答疑等服务。

“一网通管”是指以“互联网+监管”系统为主体，通过实现各部门监管系统互联互通，推动非现场监管建设、完善监管风险预警模型、创新监管应用等，进一步强化数字政府履职效能，确保数字政府对各行业各领域“管得住、管得好”。

“一机应用”是指以移动终端为载体，通过强化数字政府资源和能力汇聚，推动数字政府服务应用创新，打造各领域共同参与的移动开放生态体系，为群众提供更多触手可及的优质服务应用。

“五个管用”核心应用体系通过将政府、市场、群众连接成为一个系统性的整体，为构建“协同治理”模式提供了一条切实可行的渠道，能让各方主体充分明确自身在系统内的定位，发挥自身价值，更有效地协同系统内的各个要素，从而实现社会整体利益的最大化。

7.2.2 “五个管用”核心应用体系的意义

“五个管用”核心应用体系的形成，改变了过去数字政府建设主体单一、数据孤岛、系统分散的局面，为政府、市场和群众提供了协同和交互的渠道，对未来广西数字政府发展有着深远意义。

对于政府而言，通过“五个管用”核心应用体系的建设，能有效推动政府资源、能力和系统的整合集约，体现了数字政府集约建设、共建共享共用的原则。同时，“五个管用”核心应用体系既承载了各行各业的业务，也沉淀了海量数据，能为数字政府“一核驱动”提供源源不断的数据供给，是反哺数字政府建设的有效渠道。

对于市场而言，“五个管用”核心应用体系的构建既能为市场主体参与数字政府建设提供方便、快捷的渠道，也能有效推动政府的资源和能力安全有序向市场流通，让市场主体充分享受到政府的资源和能力，从而为构建数字政府生态圈、推进全领域数字化转型提供切实可行的渠道。

对于人民群众而言，通过构建“五个管用”核心应用体系，能让政府服务快速触达群众生活的方方面面，为人民群众提供一条享受政府服务的方便、快捷的渠道。同时，“五个管用”核心应用体系与群众密切相关的特性，既能有效保障群众参与对政府的监管，也能让政府第一时间了解到群众的需求和呼声，为建设以人民为中心的服务型政府提供源源不断的动力。

对于数字政府建设而言，“五个管用”核心应用体系实现了数字政府的共建、共享、共用。其中，共建是指“五个管用”核心应用体系支撑了政府、市场、人民共同参与的数字政府复杂系统工程建设，为构建多元主体参与的数字政府协同治理模式提供了有效支撑；共享是指“五个管用”核心应用体系畅通了数字政府内部资源的共享和流通，同时畅通了政府资源与社会资源的共享、互补和双向流通的渠道，能充分利用社会资源为数字政府建设增添动力；共用是指通过构建“五个管用”核心应用体系，能让政府、市场和人民共同享受数字政府的建设成果，实现了多方的互利共赢。

7.3 确保群众“一网通办”的渠道管用

7.3.1 “一网通办”的建设背景

广西的“一网通办”，是在充分调研广西过去政务服务信息化建设的基础上，按照国家要求，对全区“互联网+政务服务”的进一步发展进行统筹、建设，探索出的一条“互联网+政务服务”的大平台建设道路。

在国家层面，2016 年，我国政府工作报告中提出“大力推行‘互联网+政务服务’，实现部门间数据共享，让居民和企业少跑腿、好办事、不添堵”①。这是我国政府在文件中首次提出“互联网+政务服务”一词。2016 年 9 月，国务院印发《关于加快推进“互联网+政务服务”工作的指导意见》，开始从国家层面正式推进“互联网+政务服务”工作。2017 年 1 月，国务院出台《关于印发“互联网+政务服务”技术体系建设指南的通知》，从技术上强化对“互联网+政务服务”工作的支撑，自此，我国“互联网+政务服务”开始从业务和技术层面协同推进。此后，国家出台了《进一步深化“互联网+政务服务”推进政务服务“一网、一门、一次”改革实施方案》等文件，不断强化对“互联网+政务服务”的支撑力度。2019 年 5 月，国家政务服务平台上线试运行。2020 年，我国政府工作报告提出要推动更多服务事项“一网通办”。②

在广西层面，自 2016 年以来，广西积极响应国务院工作要求，加快推进“互联网+政务服务”工作，为“一网通办”奠定了基础。2016 年 12 月，印发了《广西壮族自治区人民政府关于印发加快推进网上政府服务工作实施方案的通知》，在技术上通过加快构建网上政务服务平台，推动政务服务“一窗进出（一个窗口进出），双线协同（线上线下业务协同），三向联办（跨地区远程办理、跨层级联动办理、跨部门协同办理）”。2018 年 5 月，出台了《广西推进“一事通办”改革的若干措施》，通过推进“一事通办”改革，优化再造办事流程、创新服务模式、深

① 李克强作政府工作报告（文字实录），http://www.gov.cn/guowuyuan/2016-03/05/content_5049372.htm [2023-02-09]。

② 政府工作报告——2020 年 5 月 22 日在第十三届全国人民代表大会第三次会议上，http://www.gov.cn/gongbao/content/2020/content_5517495.htm [2023-02-09]。

入推进政务服务改革，逐步实现面向企业和群众的政务服务事项一窗受理、协同办理、一事通办、一次办成。2018 年 11 月，广西印发《广西数字政务一体化平台建设方案》，以办好一件事为标准，建设纵向全贯通、横向全覆盖、业务全流程、部门全协同、效能全监管的广西数字政务一体化平台，推动政务服务加速向数字化、网络化、智能化、自助化、移动化发展。2019 年 3 月，广西数字政务一体化平台在全国 23 个非试点省份中，取得了与国家平台初步对接进度排名第二的成绩，并在广西来宾市启动试点工作。2019 年 6 月，广西数字政务一体化平台在全国 23 个非试点省份中，取得了与国家平台深度对接进度排名第一的成绩，同月在广西全区开展全面试运行。2019 年 12 月，广西数字政务一体化平台正式上线运行，全区政务服务总枢纽基本形成，为全面推进“一网通办”提供了重要抓手和平台基础。

7.3.2 “一网通办”的建设意义

“一网通办”对数字政府建设的重要意义在于通过“一网”集成数字政府的政务服务能力，极大地推动政务服务跨层级、跨区域、跨部门的通办。其中，“一网”是通过推动政务服务供给侧结构性改革，整合分散于各部门的数据和能力，打造统一的政务服务平台，打通部门之间的数据和业务壁垒，按需实现政务数据的高效共享和业务的跨部门协同，提高数字政府整体服务效率；“通办”是通过对现有业务流程进行再造与优化，利用移动互联网技术拓展政务服务渠道，实现同一事项在不同层级、不同区域、不同职能部门之间的无差别办理，为群众和企业提供便捷高效的政务服务新形式，满足企业与群众的切身需求，推动政府治理思路由管制型向服务型转变。

7.3.3 “一网通办”的技术内容

广西的“一网通办”基于广西数字政务一体化平台实现，数字政务一体化平台采用统分结合的建设模式。其中，对共性需求的功能采用统筹建设模式；对行业个性化需求较多的系统采用分散建设模式；对于各市在共性需求上又有一定自主需求的系统，可采用自治区统一架构，再根据本地实际情况分级建设。通过统分结合的建设模式，逐步建设全区统一的政务服务门户、政务管理平台、业务办理系统和政务数据共享平台，整合、打通全区各类自建政务系统，确保群众“一网通办”的渠道管用。

“一网通办”的主要建设内容包括政务服务门户、政务管理平台、业务办理系统、应用支撑和政务数据资源支撑体系，共同构成了一套全流程覆盖的政务服务支撑体系，为推进“一网通办”提供了基础支撑（图 7-3）。

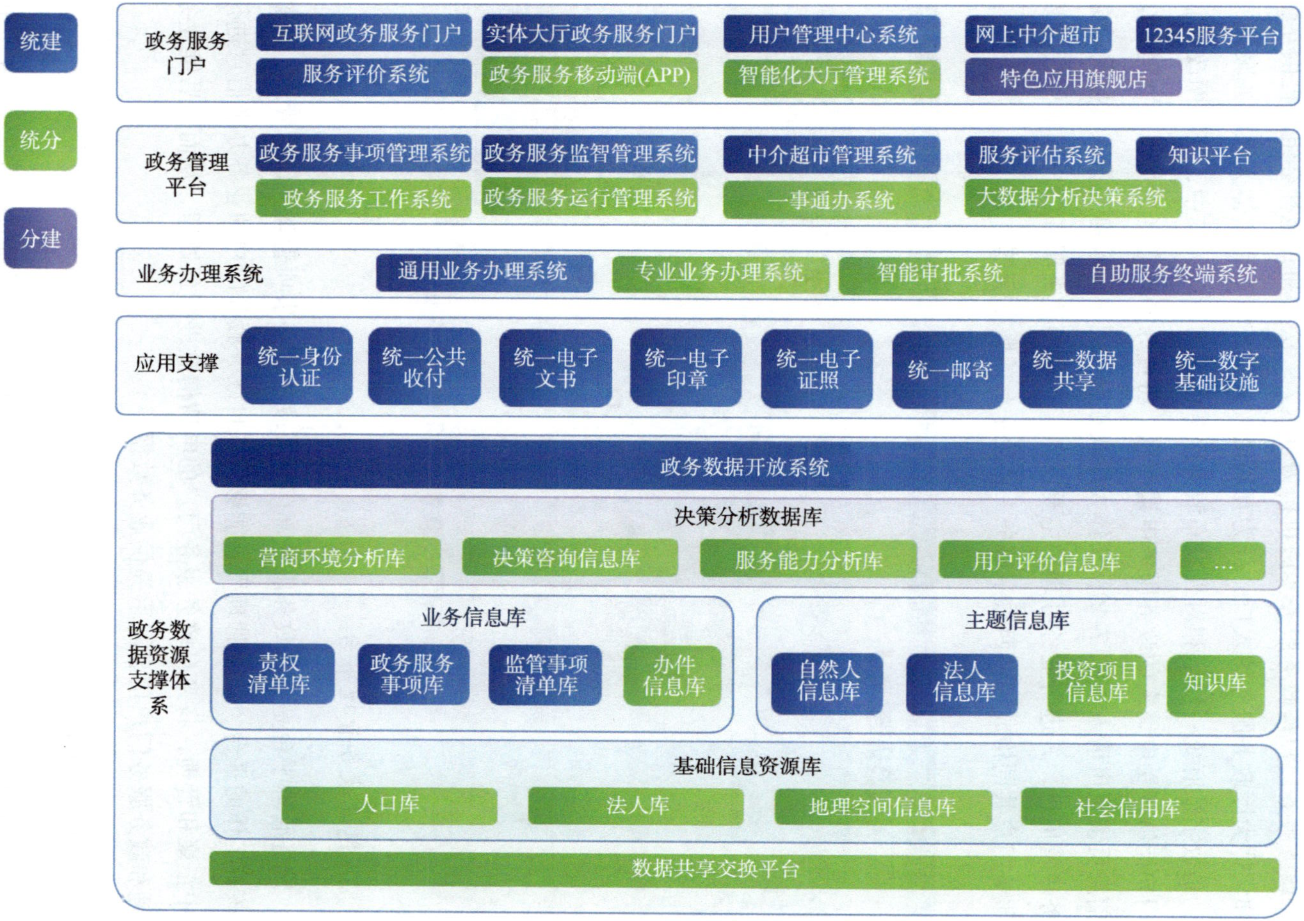

图 7-3 广西数字政务一体化平台总体架构

1. 建设政务服务门户

政务服务门户是政务服务实施机构为自然人、法人和其他社会组织提供互联网和实体大厅政务服务的入口，分为互联网政务服务门户和实体大厅政务服务门户，是数字政府统一展示和对外发布政务服务信息的窗口。其中，互联网政务服务门户能够接受申请人的政务服务申请信息，将业务办理进度，受理、办理和结果信息反馈至申请人（图 7-4）；实体大厅政务服务门户是政府工作人员接受政务服务申请信息，并进行业务办理的主要窗口。互联网政务服务门户和实体大厅政务服务门户共同构成了广西数字政务一体化平台的服务前端。

图 7-4　广西数字政务一体化平台政务服务门户

2. 建设政务管理平台

政务管理平台是支撑政务服务部门开展政务服务事项管理、运行管理、监督考核等工作的平台，政务管理平台能够将来自政务服务门户的业务办理信息进行集中汇聚和管理，将来自政务服务门户的申请信息进行预处理，从而为后续业务办理和政务服务门户信息展示提供业务数据。

3. 建设业务办理系统

业务办理系统是支撑政务服务部门办理政务服务事项的应用系统，主要包括专业业务办理、通用业务办理、智能审批、自助服务终端等信息系统。业务办理系统能够基于政务管理平台的预约、申请等信息进行业务办理，并将业务办理的全过程信息实时同步至政务服务门户和政务管理平台，实现政务服务事项网上办理、全程记录、全程留痕、审批结果电子化以及审批档案数字化（图 7-5）。

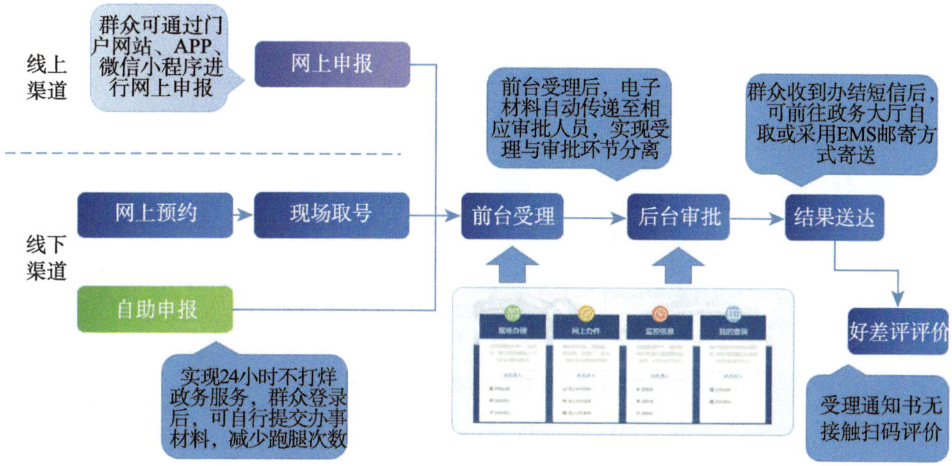

图 7-5 广西数字政务一体化平台业务办理系统工作流程图

4. 搭建统一应用支撑

应用支撑依托于“六大”新型基础设施的工具应用基础设施，包括统一身份认证、统一电子印章、统一电子证照等公共支撑能力，为全区政务服务业务系统提供统一的基础支撑。应用支撑通过为各级政府部门的应用系统和一体化平台其他组件提供公共支撑系统，从而支撑认证信息、电子印章信息、电子证照信息三者在整个数字政府内的共享共用。

5. 构建政务数据资源支撑体系

政务数据资源支撑体系依托于“六大”新型基础设施的数据智能基础设施，由政务数据共享平台、基础资源信息库、主题信息库、业务信息库、决策分析信息库和政务数据开放系统组成的政务服务数据支撑体系，是支撑政务服务门户、政务管理平台、业务办理系统运行的基础数据平台，为政务数据的互联互通和多源异构数据共享交换提供基础数据支撑以不动产登记为例，通过数据共享交换平台打通 12 个部门数据，实现不动产登记 1 日办结（图 7-6）。

图 7-6 12 个部门信息互通共享实现了不动产登记 1 个工作日办结

7.3.4 “一网通办”的建设成效

截至 2022 年 8 月 31 日，广西数字政务一体化平台经过 3 年的建设及应用，实现了自治区、市、县、乡、村五级覆盖，累计注册用户量超 4000 万。为保障群众“一网通办”的渠道管用，广西积极推进广西数字政务一体化平台与各专业业务系统的对接工作，包括国家业务系统、区垂业务系统、市垂业务系统，累计打通各部门专业业务办理系统政务服务事项共计 11.42 万项，整体打通对接完成率达到 99.56%。一体化平台有效推动了政务服务事项实现“网上办”“指尖办”，99.56%的政务服务事项已实现“最多跑一次”，网上可办率达到 99.56%。政务服务移动端“广西政务”APP 以及“壮掌桂”小程序，实现超过 651 个便民服务应用的“掌上办理”，大大提升了群众的办事体验。不仅如此，还完成“证照分离”“企业开办”“企业注销”“不动产登记”“智能审批”自贸试验区等特色创新专区的建设，提供一站式服务，企业开办、不动产登记等事项的办理速度由原来 30 个工作日减少至 1 个工作日，达到了全国一流水平。开设“跨省通办”专栏，支撑广西与全国 24 个省市的跨省通办。实现惠企政策兑现网上办理，加大惠企政策落地实施力度，进一步提高政策知晓率、通达率，切实解决政策落地“最后一公里”难题（图 7-7）。

图 7-7 广西“一网通办”建设成效

7.3.5 “一网通办”的未来发展规划

未来，广西“一网通办”将贯彻“以人民为中心”的建设理念，通过推进政务服务数据和技术要素融合、推进政务服务业务流程再造、强化政务服务整体协同能力、完善政务服务配套保障制度，不断优化和提升企业群众的办事体验，推动政务服务由“网上能办”向“一网通办、一网好办”转型升级。同时，依托“一核驱动”的基础性支撑，加快数智化进程，推动“一网通办”向“一网智办”提升（图 7-8）。

图 7-8 广西“一网通办”的未来发展规划

1. 推进政务服务数据和技术要素融合

高度重视数据在政务服务办理和审批中的核心作用，通过构建统一的政务数据标准，开展政务数据治理，推动多源异构政务数据的融合汇聚，推动政务服务与数据的有机融合，夯实“一网通办”的数据基础。同时，推动政务服务业务办理平台与自治区政务数据共享交换平台、统一公共支撑平台等公共支撑平台的有机集成，推动共性支撑组件的共享共用，发挥数字政府“一核”公共基础支撑的能力，进一步提升政务服务平台的办事体验、审批效率。

2. 推进政务服务业务流程再造

发挥数据的基础性作用，以软件定义政务服务业务流程的发展理念，推动政务服务业务流程的再造和优化，不断地减少审批环节、缩短审批时限、优化服务方式、强化服务监管水平。同时，围绕医疗、住房、公积金等群众密切关心的业务场景，推动政务服务业务、数据、技术等多维要素的融合，拓宽线上线下的服务渠道，主动向不同群体、不同需求的企业群众推送个性化服务，提升企业、群众的满意度和幸福感。

3. 强化政务服务整体协同能力

推进事项要素标准化、业务流程标准化、办事指南标准化及办结时限标准化，建立跨层级、跨部门、跨地域的协同机制，推动跨区域的数据共享和业务协同，促进业务模式由“单点式、分散式”向“一站式、全覆盖”转变，实现政务服务的整体协同和高效运转。同时，进一步推动政务服务向基层下沉，将更多事项向街道、社区延伸，统筹各地基层改革创新，借鉴各地的可复制经验，打造更多便民场景应用，为企业和群众提供更多“马上办、就近办”服务。

4. 完善政务服务配套保障制度

建立健全政务服务配套的规章制度，解决电子证照、电子印章等电子材料的法律效力问题；完善政务服务监督管理机制，提供线上线下多渠道多平台的监督管理渠道，让群众在接受服务的同时更加高效、便利地进行服务监督；细化完善“一网通办”绩效考核制度，建立监督、整改、反馈的全流程闭环工作机制，持续强化“一网通办”的工作推进力度。

7.4 确保群众“一网通查”的通道管用

7.4.1 “一网通查”的建设背景

随着互联网时代的到来，政府网站在整个数字政府建设中的地位越来越重要，逐渐成为政府信息公开的主要渠道。2017 年 5 月，《国务院办公厅印发政府网站发展指引》[①]，提出到 2020 年，将政府网站打造成更加全面的政务公开平台、更加权威的政策发布解读和舆论引导平台、更加及时的回应关切和便民服务平台。以中国政府网为龙头、部门和地方各级政府网站为支撑，建设整体联动、高效惠民的网上政府。为了响应国家的政策号召，各地各部门纷纷开始推动政府网站建设，各式各样的政府网站遍地开花。但是，我国数字政府建设长期面临着统筹规划性差、发展水平不一等问题，导致在政府网站建设的过程中，各地建设水平、运营水平参差不齐。一些地方和部门的政府网站整体质量较高，群众体验良好、服务方式完备，另外一些地方和部门的政府网站使用体验较差，存在无法访问、信息长期不更新等问题，对政府的形象产生了不良影响。

在国家层面，为了解决各地各部门政府网站由数据标准不一、技术选型不一、设计风格不一导致的网站浏览体验不一致、信息同步不及时等问题，国务院办公厅大力推进政府网站的集约化建设，统一政府网站的建设标准，推动政府网站信息的互联互通，为群众带来一致、良好的政府网站使用体验，政府网站的集约化逐渐成了数字政府建设的一项重要任务。2018 年 10 月 27 日，国务院办公厅印发《政府网站集约化试点工作方案》，针对政府网站存在的建设分散、数据不通、使用不便等突出问题，明确了政府网站集约化建设的统一标准体系、统一技术平台、统一安全防护、统一运维监管等工作要求，[②]以信息资源共享共用带动政府网站整体服务水平的提升，为深入推进政府网站集约化提供了重要的政策基础。

在广西层面，为落实国务院办公厅关于政府网站集约化的试点工作安排，广西按照打通信息壁垒、推进集约共享、提升政府网站管理和服务水平的总体要求，印发了《广西数字政务一体化平台建设方案》《关于进一步加快推进政府网站集约化建设工作的函》等文件，按照统一标准体系、统一技术平台、统一安全防护、统一运维监管的要求建设广西政府网站集约化平台，加快推进全区政府网站资源整合、平台整合，构建数据互认共享、管理统筹规范、服务便捷高效的网站建设格局，为推进“一网通查”提供了良好的发展基础（图 7-9）。

---

① 国务院办公厅关于印发政府网站发展指引的通知，http://www.gov.cn/zhengce/content/2017-06/08/content_5200760.htm[2022-02-09]。

② 国务院办公厅关于印发《政府网站集约化试点工作方案》的通知，http://www.gov.cn/zhengce/content/2018-11/09/content_5338761.htm[2022-02-09]。

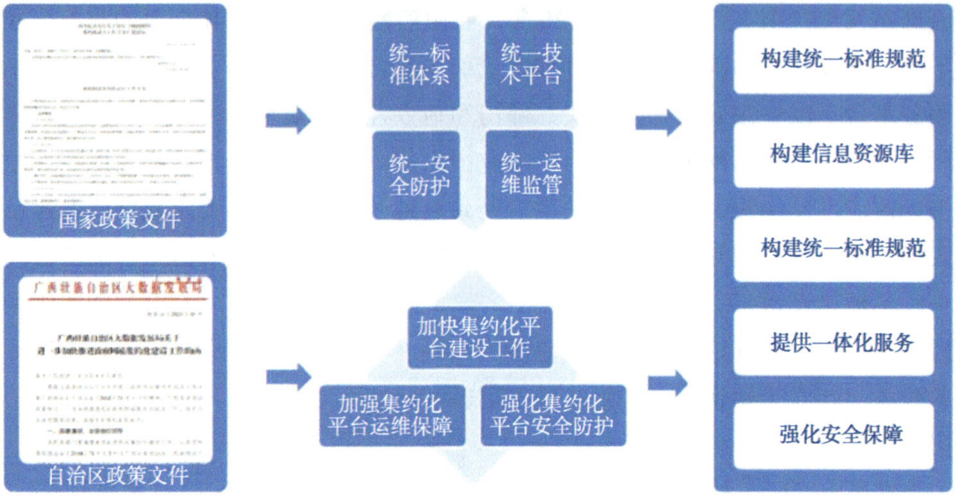

图 7-9 “一网通查”建设背景

7.4.2 “一网通查”的建设意义

政府网站是政府的门面，是数字政府直接面向群众的关键渠道。作为政务信息公开、政策发布解读和舆论引导的权威平台，政府网站在整个数字政府建设中起着举足轻重的作用。通过建设统一的政府网站集约化平台，将各地各部门的政府网站进行集约、整合、共享，确保群众对政府公开信息“一网通查”的渠道管用，对推动数字政府建设具有重要的意义（图 7-10）。

图 7-10 “一网通查”的建设意义

1. 统一政府网站建设，节约政府网站的建设和维护成本

通过建设统一的政府网站集约化平台，各级各部门的门户网站以租户的形式入驻集约化平台，实现政府网站的建设统一标准、统一管理、统一运维，有利于节约大量的政府网站建设和维护成本，有效提高政府网站的稳定性、安全性和可靠性。

2. 统一政府网站风格设置，全面提升用户满意度

通过政府网站集约化管理，实现政府网站群页面风格统一化、隶属关系明确化、栏目设置规范化、用户体验人性化，进一步突出政府网站信息公开、公众参与、在线办事的三大服务职能，全面提升网民的用户满意度。

3. 统一政府网站资源共享，实现信息资源整合利用

通过政府网站集约化平台，强化网站之间的数据、服务资源共享，统筹实现如政务、监管等其他平台数据共享，更加高效地实现政府网站信息、服务的共享与流通，进一步提高政府网站的整体服务能力，实现政府网站的“一站式”服务。

4. 统一网站管理协同，提升组织保障效率

通过政府网站集约化平台，实现各地各部门对政府网站日常运营工作的协同管理，优化政府网站的服务流程，明确政府网站的内容保障及内容维护制度，进一步提高政府网站的服务效率与品质。

7.4.3 “一网通查”的技术内容

广西“一网通查”通过构建统一的标准规范、建立统一的政府网站集约化平台、构建统一的信息资源库、建立统一的安全保障体系，确保群众“一网通查”的通道管用(图7-11)。

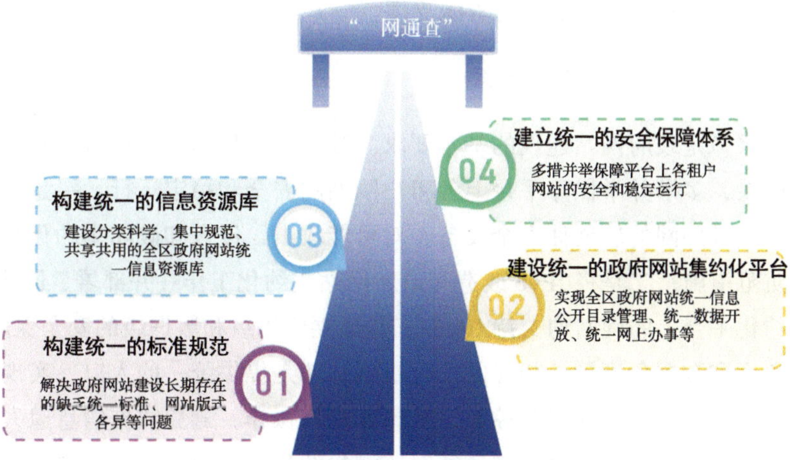

图7-11 “一网通查”的技术内容

1. 构建统一的标准规范

标准化、规范化是集约化的前提和基础，通过建立政府网站建设与管理的标

准规范，统一规范政府网站的数据标准，为开展发布内容标准化审核提供基础；统一规范政府网站的发布流程标准，为实现规范化管控政府网站信息发布提供保障；统一规范政府网站的内容展示标准，为保障人民群众的统一体验提供支撑。由此，解决政府网站建设长期存在的缺乏统一标准、网站版式各异等问题，让网站用户更方便地获取信息和服务，提高政府网站的建设和服务能力。

2. 建设统一的政府网站集约化平台

通过建设广西壮族自治区政府网站集约化平台，推动现有政府网站统一集约至政府网站集约化平台，同时规定新增的政府网站统一依托政府网站集约化平台进行建设。由此，实现全区政府网站统一信息公开目录管理、统一数据开放、统一网上办事、统一互动交流、统一网站内容管理、统一运维管理、统一绩效考核、统一新媒体管理、统一安全防护和统一网站监测。

3. 构建统一的信息资源库

以实现全区政府网站信息资源大集中为目标，建设分类科学、集中规范、共享共用的全区政府网站统一信息资源库。按照“先入库，后使用”原则，参照集约化平台各类信息数据的标准规范，将全区各地各部门政府网站的结构化数据、非结构化数据进行集中管理。统一信息资源库汇聚了各级各类政府网站信息、便民办事、互动交流等栏目的数据，按照基础库、主题库等类别进行规范化管理，为建设各类应用提供公共的信息资源支撑。

4. 建立统一的安全保障体系

安全保障是政府网站建设的基本要求。政府网站集约平台通过构建统一的安全保障体系，多措并举保障平台上各租户网站的安全和稳定运行。一是充分利用广西电子政务外网的软硬件安全设备，对可能攻击、侵入和破坏集约化平台的行为采取防范措施；二是将 IPv6 改造与政府网站集约化工作一并部署、同步推进，确保集约化平台上的网站均支持 IPv6；三是建立应用级和数据级的安全保障体系，从应用角度和数据角度设计相应的安全机制；四是提供统一的入口，实现单点登录，以集中的用户认证和权限控制，杜绝非授权操作，避免数据信息遗失或被篡改；五是建立安全监测预警机制，实时监测集约化平台及平台上的政府网站运行状态，并对异常情况进行报警和处置；六是建设统一运维管理体系，保障集约化平台长期稳定安全地运行。

7.4.4　“一网通查”的建设成效

为确保群众“一网通查”的通道管用，广西依据“统一规范、统一标准、统一门户”的原则，积极推进广西政府网站集约化建设。截至 2021 年 12 月，广西 14 个设区市完成集约化建设的政府网站共 505 个，平台管理人员数量达 10 571 名；累计汇聚图片、表格、文档等各类素材总量达 438 万个，共计 10.8TB；累计发布信息数据 525 万条，网站日更新信息达 2695 条，日点击量达 27 万次。2021 年 12 月，工业和信息化部公布 2021 年数字政府服务能力评估暨第二十届政府网站绩效评估结果，广西壮族自治区人民政府门户网站首次跻身全国三强，创历史新高（图 7-12）。

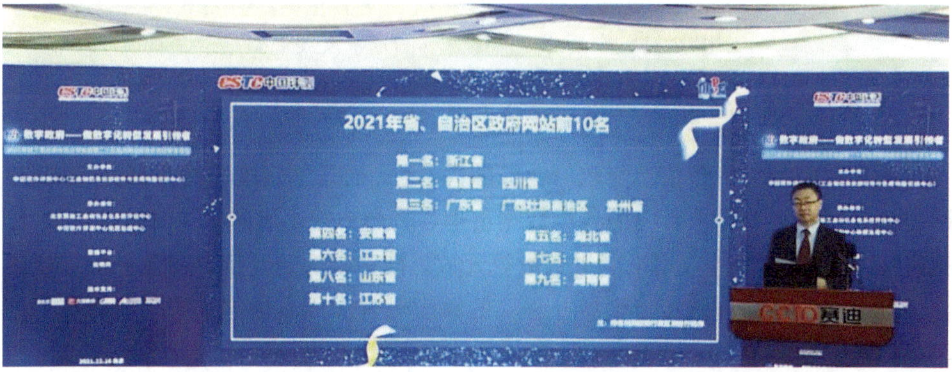

图 7-12　2021 年数字政府服务能力评估暨第二十届政府网站绩效评估结果发布会现场

资料来源：2021 年数字政府服务能力评估暨第二十届政府网站绩效评估结果发布会在京召开，https://www.cstc.org.cn/info/1081/234057.htm[2023-03-15]

7.4.5　“一网通查”的未来发展规划

未来，广西“一网通查”将贯彻集约化的发展主线，通过进一步完善顶层规划、夯实数据基础、强化创新水平、推动生态开放、强化运维管理，从整体上强化政府网站整体服务能力，为群众提供“找得到、看得懂、用得着”的“一网智查”搜索体验。同时，依托“一核驱动”的基础性支撑，加快数智化进程，推动“一网通查”向“一网智查”提升。

1. 不断强化广西“一网通查”服务能力

以便民利企、服务实用为导向，持续优化管理系统功能，持续推动政府网站集约化平台系统各项功能的优化，打造精准推荐服务，不断提升平台的可用性、实用性和易用性。不断丰富政务公开内容，强化对网站主办单位的督办工作，做好各类政务信息公开，不断改进政策解读工作方式，畅通政策咨询渠道，为群众提供“找得到、看得懂、用得着”的“一网通查”搜索体验（图 7-13）。

图 7-13　广西“一网通查”的未来发展规划

2. 推动全区政府网站数据融合与开放

强化政府各类发布信息与政府业务的关联性，通过制定统一的数据标准规范，推动政府网站集约化平台内的各类数据治理、融合，并逐步向“一网通办”“一号响应”“一网通管”等应用平台进行数据开放，推动政府公开信息与业务的深度融合，推出诸如“解读政策，引导办理”的深度融合应用，为推动数字政府应用创新提供数据助力。

3. 完善政府网站配套保障制度

建立健全政府网站配套的规章制度，解决政府网站信息开放的法律效力问题；完善政府域名、政务新媒体等管理机制，保障政府域名、政务新媒体的规范使用，促进政府网站健康有序发展；完善网站内容发布监督管理机制，严格落实“周巡检、月监测、季普查”的工作原则，建立监督、整改、反馈的全流程闭环工作机制，持续保障“一网通查”的服务质量。

7.5　确保群众“一号响应”的桥梁管用

7.5.1　“一号响应”的建设背景

“一号响应”通过推动现有政府服务热线整合归并，打造统一的“12345 政府服务热线”，畅通政府与企业、群众互动渠道，解决政府热线服务资源分散、电话难接通、群众办事多头找等问题。

在国家层面，2014 年 6 月，国务院发布《关于促进市场公平竞争维护市场正常秩序的若干意见》，提出整合优化各职能部门的投诉举报平台功能，逐步建设统一便民高效的消费投诉、经济违法行为举报和行政效能投诉平台，实现统一接听、按责转办、限时办结，统一督办，统一考核。这是我国在新时期推出的一项关键政策，体现了国家集中整合投诉、举报等群众反馈渠道、打造统一政务服务热线的工作思路。2018 年 5 月，中共中央办公厅、国务院办公厅印发了《关于深入推进审批服务便民化的指导意见》，提出除 110、120、119 等紧急类热线以外，将各部门非紧急类政务热线以及网上信箱等网络渠道整合，纳入 12345 统一政务咨询投诉举报平台统一管理。2019 年 4 月，国务院在《2019 年政务公开工作要点》上明确提出要进一步清理整合政务热线，除因专业性强、咨询服务量大确需保留的政务热线外，其他政务热线实现“一号对外”。这是我国政府文件中首次提出“一号对外”一词。2021 年 1 月，国务院办公厅印发《关于进一步优化地方政务服务便民热线的指导意见》，要求到 2021 年底前，各地区设立的政务服务便民热线以及国务院有关部门设立并在地方接听的政务服务便民热线实现一个号码服务，各地区归并后的热线统一为“12345 政务服务便民热线”。该文件的出台为各地加快政务服务便民热线整合、推进“12345 政务服务便民热线”建设、打造数字政府总客服提供了重要的政策支撑。

在广西层面，为了进一步强化“12345 政务服务便民热线”的整体服务能力，推动“政务服务便民热线”转型升级为“一号响应”的“政府服务热线”，广西先后采取了多种举措，不断强化对“一号响应”的支撑力度。2018 年 11 月，广西印发《广西数字政务一体化平台建设方案》，提出按照“大热线对接、小热线融合、无热线联通”的原则，整合优化全区各级公共服务热线，建设全区统一规范的“12345 政府服务热线”在线服务平台，为推进“一号响应”工作提供了重要抓手和平台支撑。2019 年 4 月，广西印发《广西壮族自治区大数据发展局发于印发全区政府服务热线建设方案的通知》，明确提出打造“一号对外，统一办理”的全区政府服务热线体系，从业务层面开始着重推进政府服务热线整合归并。2019 年 10 月，广西印发《全区 12345 政府服务热线管理办法（试行）》，首次发布针对“12345”政府服务热线的管理办法，明确了“12345 政府服务热线”的工作职责、业务流程、考核监督等管理工作，逐步推进“一号响应”的标准化建设。2019 年 11 月，广西“12345 政府服务热线”平台面向全区启动试运行。2020 年 6 月，广西“12345 政府服务热线”平台正式运行，初步构建了“一号响应”的功能格局和“三级联动”的区市县热线全覆盖体系。2021 年 6 月，广西印发《广西进一步推进政务服务便民热线归并工作方案》，明确提出除 110、119、120、122 等紧急热线外，按照“应并尽并”的原则，将政务服务便民热线统一归并为“12345 政府服务热线”，为深入推进“一号响应”工作提供了政策依据和重要抓手（图 7-14）。

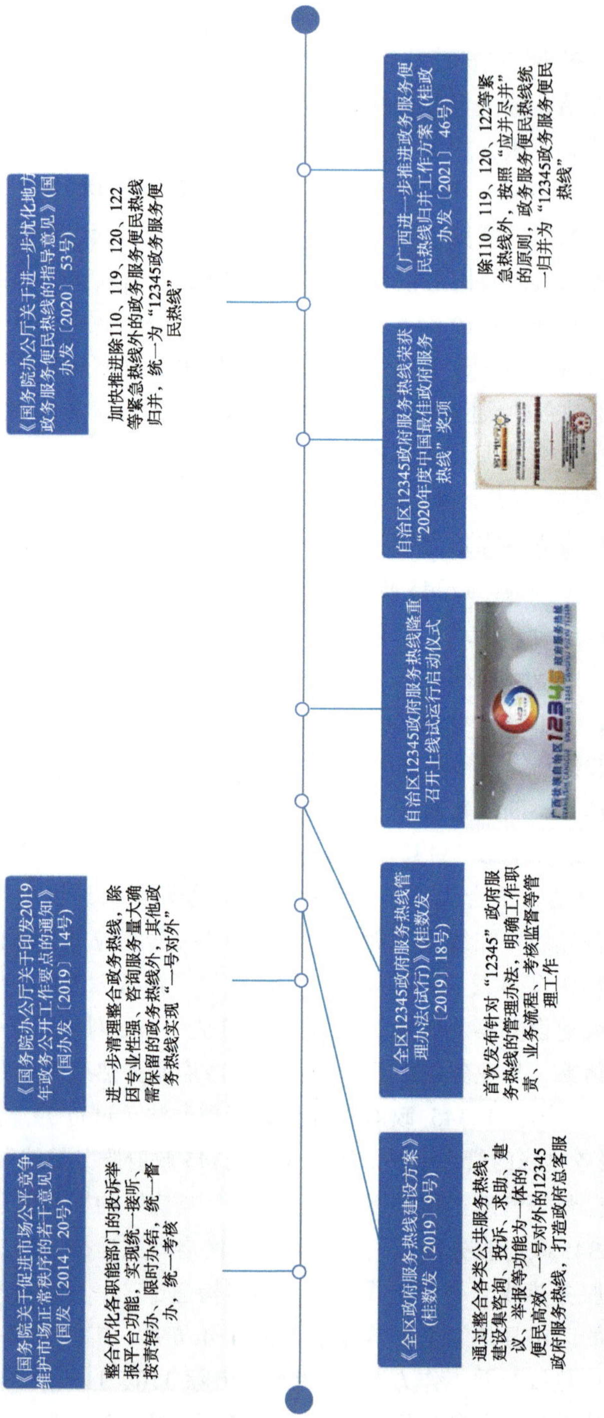

图 7-14 “一号响应”发展历程

7.5.2 “一号响应”的建设意义

“一号响应”对数字政府建设的意义体现在推动政府公共资源整合，强化政府对社会的整体感知能力和推动构建多元主体治理体系上（图 7-15）。

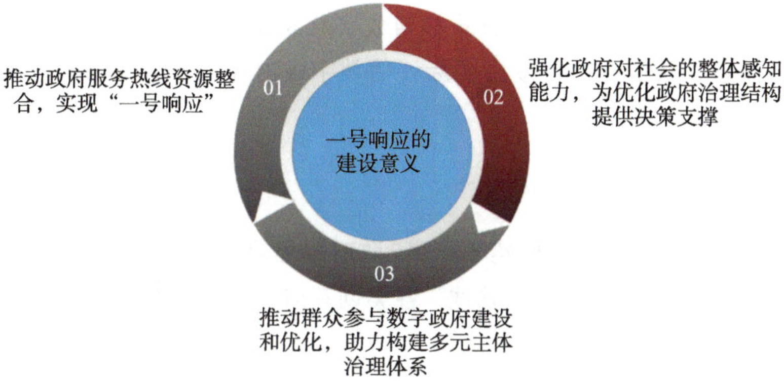

图 7-15 “一号响应”的建设意义

1. 推动政府服务热线资源整合，实现“一号响应”

通过将政府部门的服务热线统一整合纳入“12345 政府服务热线”，实现政府服务热线资源在不同部门、不同业务之间的统一调配使用，可以有效解决政府热线过多导致的公共资源浪费、服务标准不统一、服务水平参差不齐等问题。“12345 政府服务热线”可以让群众在无须详细了解各政府部门的职责分工和业务边界的情况下，仅通过“12345 政府服务热线”提出自身诉求，即可了解到所关心的政务咨询、业务办理情况、诉求处置结果等。从而，在政府与公众之间架起了一座渠道畅通、响应迅速的沟通桥梁，有利于增加政府与群众间的互通、互信和互动。

2. 强化政府对社会的整体感知能力，为优化政府治理结构提供决策支撑

通过构建“12345 政府服务热线”知识库，对群众诉求的统一收集和系统性分析，进一步强化政府对社会情况的整体感知能力，使政府部门及时获知群众关注的舆情和热点问题。由此，有助于政府及时发现服务和政策中存在的缺陷和疏漏，解决部门间职责交叉或边界不清等问题，为有针对性地优化和改进政府治理结构提供决策支撑，推动政务服务更加全面、政策更加完善、职责边界更加清晰。

3. 推动群众参与数字政府建设和优化，助力构建多元主体治理体系

一方面，通过政企合作、政府购买服务等方式建设“12345 政府服务热线”，既节约政府资源，又吸引更多的社会组织和企业参与数字政府建设，助力构建多元主体治理体系；另一方面，在“12345 政府服务热线”可以有效畅通群众通过“好差评”“主席信箱”等方式参与数字政府建设的渠道，进一步健全政府绩效评估体系，从群众的角度来实际评估数字政府建设成果，有利于服务型政府的建设。

7.5.3 “一号响应”的技术内容

广西“一号响应”通过构建“12345 政府服务热线”平台，推动各类热线整合归并，拓展“12345 政府服务热线”各类创新应用，从而确保群众“一号响应”的桥梁管用。

1. 构建“12345 政府服务热线”平台

通过建设“12345 政府服务热线”平台，构建电话、网站、微信、移动客户端等多媒体联动渠道，汇集各级热线原始数据，聚合形成服务群众、政情民意分析数据，实现平台、服务的多元接入、实时对接、互联互通和协同办理。通过可视化调度和实时监控，可量化各级各部门服务态度、工作效率、办理过程、办理结果等指标，由此支撑对各部门的绩效评估。通过梳理业务办理、政策咨询、意见建议、在线操作等数据，开展多维度对比分析，研判群众诉求热点难点，实现动态督办和舆情分析，利用政情民意大数据分析成果提高决策服务水平。通过对热线运营数据的积累，不断丰富完善智能问答库，实现政务服务“一号答”、简易事项电话办等特色功能，见图 7-16 和图 7-17。

2. 推动各类热线整合归并

按照“应合必合、应接必接”的原则，以“大热线对接、小热线融合、无热线联通、紧急类热线联动、网络渠道通办”等方式整合各类公共服务热线渠道。除此之外，涉及党务、纪检监察、法院、检察院、国家安全、涉黑涉毒等热线，统一由“12345 政府服务热线”提供话务引导转接服务。

1) 大热线对接

针对大热线对接所存在的三种情况，“12345 政府服务热线”采用如下模式开展对接：一是对于中直部门管理的热线，采取“双号并存、各自接听、呼叫转接”的对接方式，由“12345 政府服务热线”通过呼叫转接、提供号码等方式为公众

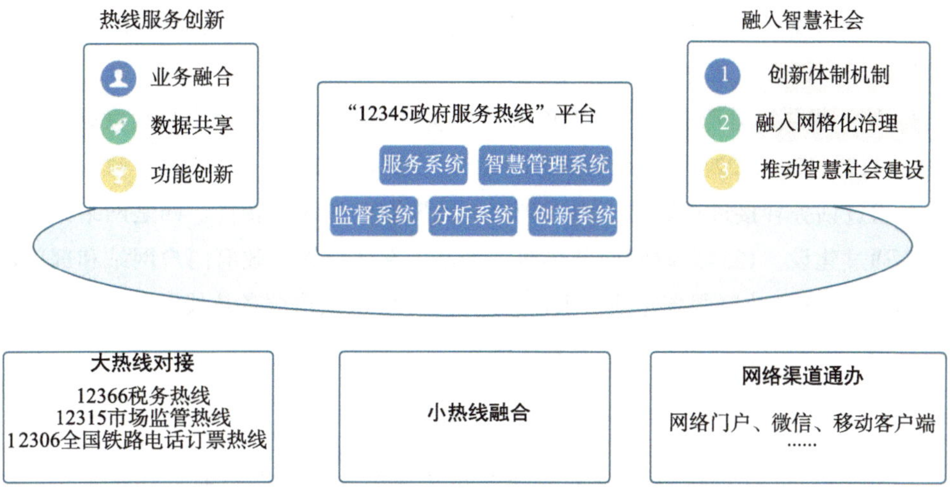

图 7-16 “12345 政府服务热线”平台总体框架

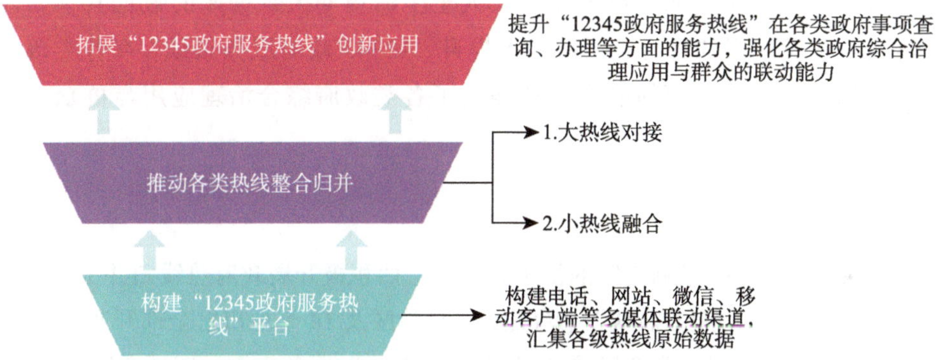

图 7-17 “一号响应”的技术内容

服务；二是对于国家设立，且由国家统一管理业务平台的区直部门热线，采取“双号并存、各自接听、呼叫转接”的对接方式，通过“12345 政府服务热线”平台进行工单流转，并实行绩效管理；三是对于月均话务量较大或专业性较强的区直部门，及水、电、气、公共交通等公共服务企业热线，采取“双号并存、各自接听、数据对接”的对接方式，通过“12345 政府服务热线”平台进行工单流转和数据对接，实行绩效管理。工单的办理情况将提供给行业主管部门，作为加强行业管理的依据。

2) 小热线融合

针对小热线对接所存在的四种情况，“12345 政府服务热线”采用如下模式开展对接：一是对于国家设立，但业务平台由广西管理，月均话务量较少的热线，采取“双号并存、统一接听”的对接方式。诉求方拨打原热线号码和拨打“12345

政府服务热线”，统一由“12345 政府服务热线”受理，进行工单流转和绩效管理。二是对于广西设立的热线，原热线号码不再保留，直接纳入“12345 政府服务热线”，统一提供对外服务，进行工单流转和绩效管理。三是紧急类热线联动。针对110、119、120、122、12395 等紧急求助类公共服务热线，由“12345 政府服务热线”通过话务转接进行联动，由“12345 政府服务热线”转接。四是网络渠道通办，通过建设“12345 政府服务热线”网站，在各级人民政府门户网站和部门网站部署“12345 政府服务热线”入口，建设“12345 政府服务热线”的微信、移动客户端，便于公众通过多种渠道表达诉求。

3. 拓展“12345 政府服务热线”创新应用

通过推进“12345 政府服务热线”与政务服务、综合治理、交通出行、城市管理等领域的融合，促进“12345 政府服务热线”与各业务平台的业务信息库、自然人全生命周期大数据库、法人全生命周期大数据库的数据共享，深化热线与各类应用的融合，不但极大提升“12345 政府服务热线”在各类政府事项查询、办理等方面的能力，还强化了各类政府综合治理应用与群众的联动能力。

7.5.4 “一号响应”的建设成效

为保障群众“一号响应”的桥梁管用，广西积极开展政府热线归并工作，加快推进“12345 政府服务热线”平台建设，自治区及 14 个地市已全部开通“12345 政府服务热线”号码，为全区群众提供 7×24 小时服务支撑，实现全区“12345 政府服务热线”服务全覆盖。截至 2022 年 5 月，共整合 139 条自治区、市两级非紧急政务服务热线，热线平台联通了中国政府网、国家政务服务平台、主席信箱、广西政府网站集约化平台互动交流中心等多个互联网留言渠道，实现多平台联动受理督办。截至 2021 年 12 月，全区呼入电话共 337 万通，直接答复率 97.47%，受理的工单数 306 万多件，总满意率 99.41%。2020 年，广西“12345 政府服务热线”荣获“2020 年度卓越管理创新奖”“2020 年度卓越百姓服务奖”“2020 年度最佳管理效率奖”等多个奖项（图 7-18）。

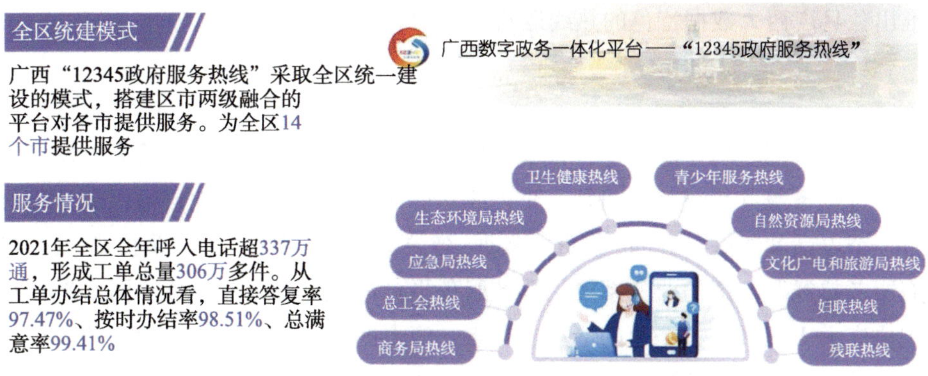

图 7-18　“12345 政府服务热线”建设成效

7.5.5 “一号响应”的未来发展规划

“12345 政府服务热线”是数字政府为群众排忧解难的桥梁，同时也是数字政府接受群众监督、塑造政府形象、加强效能建设的重要窗口。未来，广西“一号响应”将围绕强化平台功能建设、加快热线整合归并、构建热线动态信息库、健全工作机制等角度，持续强化“12345 政府服务热线”的整体服务能力，确保群众“一号响应”的桥梁管用。同时，依托“一核驱动”的基础性支撑，加快数智化进程，推动“一号响应”向“一号智答”提升（图 7-19）。

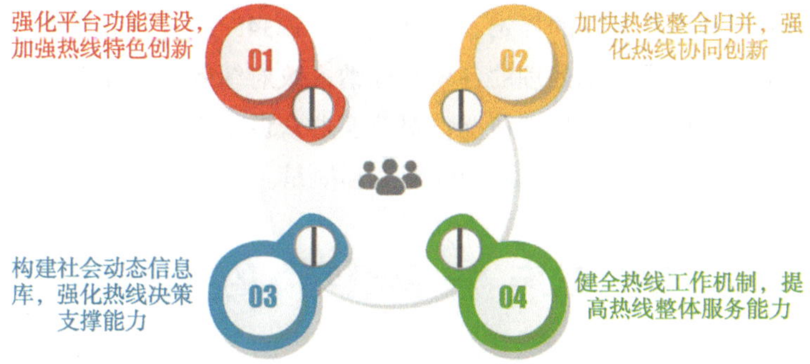

图 7-19　“一号响应”的未来发展规划

1. 强化平台功能建设，加强热线特色创新

充分利用大数据、云计算、AI 等新技术，加快打造集平台、网站、电话、电子邮箱、信函、短信、微信、微博等多渠道诉求受理和集中反馈为一体的综合性“12345 政府服务热线”业务平台，打造多平台智能答复、智能坐席助手、智能派单、智能质检、智能预警等特色功能应用，提升群众诉求工作效率和质量，稳

步推出独具广西大数据特色的热线运营创新功能。

2. 加快热线整合归并，强化热线协同创新

以优化营商环境、服务社会诉求、加强社会监管、掌握社会舆情为出发点，加快推进政务服务热线整合归并，简化群众诉求渠道，让老百姓只记一个号码、只打一个电话就能满足咨询、投诉、求助、建议、举报等需求。进一步提高“12345政府服务热线”与部门业务系统、政务服务平台的数据交互和业务协同水平，高效解决广大人民群众、企业的堵点、难点、痛点问题，助力政府对社会的信息化监管、精准服务，有效治理打造数字政府的“一号响应”总客服。

3. 构建社会动态信息库，强化热线决策支撑能力

进一步整合政府各部门、各单位和各行业的政务服务、社会公共服务资源，将政府部门、直属单位和公共企事业单位的投诉反馈电话全部纳入“12345 政府服务热线”进行统一办理、管理，逐步建立起内容全面、功能强大的社会动态信息库。在此基础上，通过数据运营实现对群众诉求信息的准确提炼，将热线数据转化为有价值的监管和舆情数据，为政府的监管、舆情的监控提供决策支撑。

4. 健全热线工作机制，提高热线整体服务能力

完善“12345 政府服务热线”的服务标准规范和工作制度，规范受理热线、办理诉求的流程和责任范围的界定。建立健全“12345 政府服务热线”指标绩效考评办法，将热线诉求工单处理的各项指标纳入政府绩效考核体系，按标准考核各承办单位对热线诉求工单处理情况，对落实群众诉求不力的相关问题进行检查和问责，多措并举提升热线服务社会的能力和质量。

7.6 确保政府“一网通管”的手段管用

7.6.1 “一网通管”的建设背景

“互联网+监管”源于对“放管服”改革的探索和实践，是伴随着我国互联网和市场经济高速发展而诞生的新型治理手段，其核心在于通过构建“互联网+监管”体系，推进政府、市场、群众等多元主体共同参与社会治理，从而实现政府对社会的“一网通管”。

在国家层面，2015 年 5 月，国务院召开全国推进简政放权放管结合职能转变工作电视电话会议，首次提出了“放管服”改革的概念，要求深化行政体制改革、

转变政府职能，推动简政放权向纵深发展，进一步释放市场活力和社会创造力[①]。“放管服”改革的提出为“互联网+监管”的萌芽提供了发展的土壤。2017 年 10 月，习近平总书记在党的十九大报告中指出，要转变政府职能，深化简政放权，创新监管方式，增强政府公信力和执行力，建设人民满意的服务型政府[②]，对推进“互联网+监管”工作开展了进一步动员和部署。在 2018 年 10 月的国务院常务会议中，李克强总理指出，要推进跨部门联合监管和“互联网+监管”，实现从职能部门“单打独斗”转变为综合监管、“智慧监管”，[③]进一步明确了“互联网+监管”的总体思路和工作路线，为加快推进“互联网+监管”体系建设，实现“一网通管”指明了方向。2018 年 11 月，国务院办公厅印发《国务院办公厅关于加快“互联网+监管”系统建设和对接工作的通知》，明确了“互联网+监管”工作目标、主要任务和工作要求，开始从国家层面正式推动“互联网+监管”体系建设。2019 年 3 月，国务院办公厅电子政务办公室出台《关于印发各省（自治区、直辖市）“互联网+监管”系统建设方案要点的通知》，确定了“互联网+监管”系统建设目标、总体框架、建设内容和关联系统的关系，为各省推进“互联网+监管”系统建设提供了重要的指导依据。此后，国家陆续出台了《国务院办公厅关于进一步加快推进“互联网+监管”系统建设工作的通知》《关于开展省级政府“互联网+监管”能力第三方评估的通知》等文件，不断强化“互联网+监管”的工作推进力度，为实现“一网通管”提供了政策支撑。

在广西层面，为贯彻落实党中央、国务院关于创新监管方式和加快推进“互联网+监管”系统建设的工作要求，2018 年 11 月，广西印发《广西数字政务一体化平台建设方案》，要求“充分运用大数据、云计算、人工智能等新技术手段，推动监管方式创新，建设广西‘互联网+监管’系统”，“推动监管事项全覆盖、监管过程全记录，提升事中事后监管规范化、精准化、智能化水平”，并以此为契机开始正式推进广西“互联网+监管”系统建设。2019 年 6 月，广西完成“互联网+监管”系统主体框架建设，在全国 12 个“互联网+监管”系统建设试点省份中与安徽、河南并列第一。2019 年 6 月 24 日，广西“互联网+监管”系统在广西贵港市试点运行正式启动，贵港市成为全国第一个正式启动“互联网+监管”

---

① 李克强在全国推进简政放权放管结合职能转变工作电视电话会议上的讲话，http://www.gov.cn/guowuyuan/2015-05/15/content_2862198.htm [2023-02-09]。

② 深化“放管服”改革激发市场主体活力，http://www.gov.cn/xinwen/2019-07/31/content_5417507.htm [2023-02-09]。

③ 李克强：在全国深化“放管服”改革 转变政府职能电视电话会议上的讲话，https://baijiahao.baidu.com/s?id=1605859470379176235&nfr=spider&for=pc[2023-02-09]。

系统试运行的地级市。2022 年 1 月，根据国家统计数据显示，广西监管事项认领率排名全国第一，省级监察实施清单认领率、市级检查实施清单编制率、县级检查实施清单编制率等均位居全国先进水平，为深入推进“一网通管”夯实了发展基础（图 7-20）。

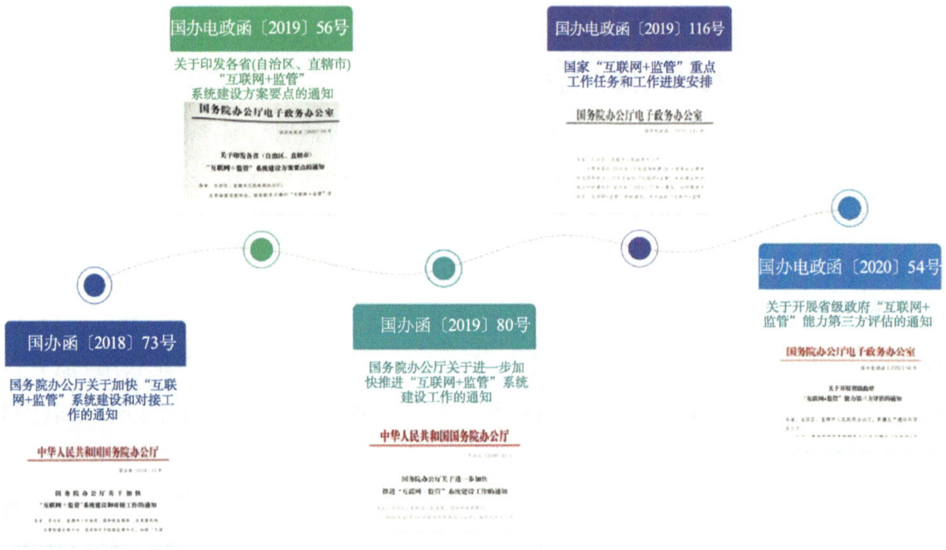

图 7-20　国家“互联网+监管”政策文件

7.6.2　“一网通管”的建设意义

随着互联网经济的发展，互联网的“快速迭代”效应催生了大量广泛传播的新事物，政府不得不减少管控，为各类新兴经济主体营造宽松的成长环境，以顺应技术革命的浪潮。在市场主体数量井喷式增长、新经济新业务蓬勃发展的大环境下，“管”逐渐成为“放管服”改革的薄弱环节，互联网信息失真、监管不到位等问题愈发严峻，传统政府监管工作中存在的短板和问题更加突出。

在这个背景下，就需要政府主动运用信息技术杠杆，创新监管体制机制，构筑以信用监管为核心的新型市场监管制度，从过去直接管企业、管人转变为管平台、管数据、管信用，最大程度规避由市场高速发展导致的信息不对称等情况，从而推进政府监管更加信息化与智能化。“一网通管”的核心意义在于通过“互联网+监管”体系的建设，打通线上线下的监管渠道，推动政府、企业、群众共同参与到对市场的监管中，实现“一处发现、多方联动、协同监管”，从而让政府在减少管控的同时，进一步加强政府监管能力，让政府监管更好地适应并促进“互联网+”新业态发展，实现“该放的放、该管的管”。

7.6.3 “一网通管”的技术内容

广西“一网通管”以“互联网+监管”系统为总枢纽，建机制、明路径、抓落实，打造 1 个标准体系、1 个核心驱动、3 个基础设施底座、建设 1 个智慧监管平台，培育各行业监管应用创新生态，构建形成统一规范、信息共享、协同联动的区级“互联网+监管”体系，确保政府“一网通管”的手段管用。

1. 构建 1 个标准体系

通过构建“互联网+监管”的业务标准、系统标准、数据标准、应用标准等标准规范，形成广西“一网通管”标准规范体系。规范“一网通管”事项标准，统一监管业务执行标准；统筹“一网通管”系统建设标准，构建全区统一的监管协同机制；规范“一网通管”数据标准，推动全区监管数据“一张图”建设，为泛监管应用提供统一的数据赋能；制定“一网通管”应用标准，统一监管应用建设要求，保障政府和群众的高标准应用体验。

2. 构建 1 个“一网通管”核心驱动

通过建设广西“互联网+监管”系统，为全区监管业务数字化转型提供有效支撑手段，打造日常监管、监管 APP、联合监管、“双随机、一公开”等各类监管系统，通过“互联网+监管”统一工作门户整合，为全区各类监管工作提供监管开展、综合查询、任务预警等工作类服务应用，支撑全区监管规范化、精准化、联合化，为推进跨地区、跨部门、跨行业联合监管，构建全行业覆盖的监管体系，实现“进一次门，管多项事”提供多样化的应用支撑。

3. 打造 3 个基础设施底座

3 个基础设施底座包含了监管事项“一张清单”、监管业务“一张网”、监管数据“一张图”，推动监管业务向标准明确、监管流程规范可控、监管数据全量汇聚的现代化转型。

监管事项“一张清单”——依托“一网通管”的事项标准体系，建立监管目录清单数据库，形成标准规范的监管事项“一张清单”基础支撑能力，推动业务协同联合开展，为专业化、标准化、便民化监管工作开展提供基础保障。

监管业务“一张网”——打造全区通用监管业务系统的同时，推进已建监管业务系统与广西“互联网+监管”系统打通，建设监管过程库和主题专项监管数据库，形成监管业务“一张网”，明确工作实施路径，同时采用督导结合的方式，抓进度、攻难题、补短板，实现监管业务标准明确、监管流程规范可控，推动广西“互联网+监管”基础业务能力全面提升。

监管数据“一张图” ——依托“一网通管”的数据标准体系，构建“互联网+监管”大数据中心，形成监管数据“一张网”，强化各类监管数据支撑能力，为全区智慧监管应用创新提供统一支撑保障，助力全区智慧监管水平提升。

4. 打造 1 个智慧监管平台

依托广西“互联网+监管”系统数据沉淀和应用标准化开发能力，运用大数据与智能 AI 等技术，集成全区非现场监管、风险预警、信用监管、效能评估等智慧监管资源，打造“一网通管”智慧监管平台，综合支撑全区各行业新型监管模式，提供包含非现场综合监控、监管风险预警、综合信用分析、监管效能评估等，为各监管领域开展创新监管提供保障，为构建监管应用创新生态提供支撑保障。

7.6.4 “一网通管”的建设成效

为保障政府“一网通管”的手段管用，广西完成了“互联网+监管”系统建设，实现了“互联网+监管”通用系统区、市、县三级全覆盖。截至 2022 年 5 月，完成了全区监管事项主项梳理 2373 项，其中认领国家部委的监管事项主项 1091 项，新增监管事项主项 1282 项，认领和新增的事项子项总数 9492 项；汇聚了 10 927.8 万条监管相关信息，已成功入库国家监管数据库 3391.6 万条数据；入库国家的数据中，包含执法人员信息 26.5 万条，监管对象信息 321.6 万条，监管行为信息 2421.5 万条，投诉举报信息 102.7 万条，双随机、一公开计划信息 25.2 万条，其他数据 494.1 万条；监管行为数据对监管事项主项覆盖率达到 73.79%，位于全国前列（图 7-21）。

图 7-21 广西“一网通管”建设成效

7.6.5 “一网通管”的未来发展规划

未来，广西“一网通管”将通过深入打造统一的“互联网+监管”系统，确保政府“一网通管”的手段管用。同时，依托“一核驱动”的基础性支撑，加快数智化进程，推动“一网通管”向“一网智管”提升（图 7-22）。

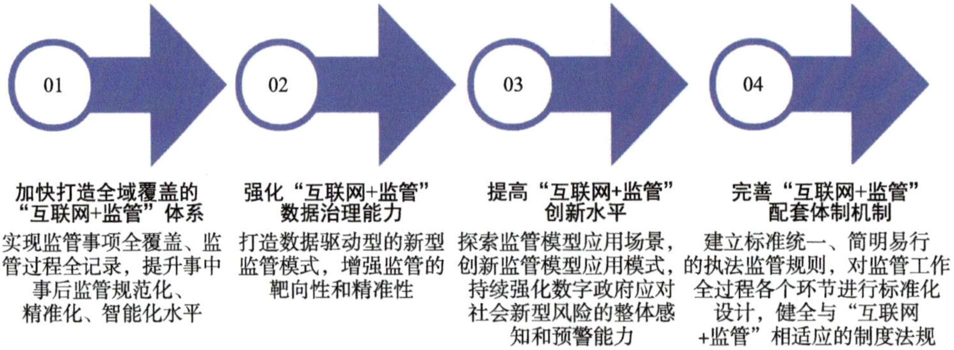

图 7-22 “一网通管”的未来发展规划

1. 加快打造全域覆盖的“互联网+监管”体系

健全“互联网+监管”标准规范体系，充分运用大数据、云计算、AI 等新技术手段，在汇聚重点领域监管数据的同时按照统一标准接入社会投诉举报数据、互联网及第三方相关数据、重点行业重点企业数据，打造全区重点监管领域数据“一张图”。同时，推动“双随机、一公开”监管机制与“互联网+监管”融合，提高监管事项覆盖率，形成跨部门、跨层级、跨区域联合监管机制，推动构建全域覆盖的“互联网+监管”体系，实现监管事项全覆盖、监管过程全记录，提升事前事中事后监管规范化、精准化、智能化水平。

2. 强化“互联网+监管”数据治理能力

构建以业务场景为驱动的监管数据治理模式，加强对社会投诉举报数据、互联网及第三方相关数据、重点行业重点企业数据的汇聚及治理，提升监管业务数据归集时效和归集数据质量，加强对视频、图像等非结构化监管数据的分析，挖掘监管多源数据中的业务逻辑关联，打造数据驱动型的新型监管模式，增强监管的靶向性和精准性。

3. 提高“互联网+监管”创新水平

加快研究大数据、AI、物联网、区块链等技术在执法监管中应用，加强移动化、智能化、特色化监管应用建设，推动构建非现场监管体系和监管执法智能化体系，利用智能化手段重塑监管模式，提高监管效能、降低监管成本。基于风险预警、信用评价和效能评估三个监管模型，探索监管模型应用场景，创新监管模型应用模式，持续强化数字政府应对社会新型风险的整体感知和预警能力。

4. 完善“互联网+监管”配套体制机制

建立标准统一、简明易行的执法监管规则，明确监管范围、监管职责、监管原则、管辖权限、取证规则、取证方式、处罚措施、处罚执行等，持续提升监管透明度。以推动监管工作标准化为导向，对梳理监管事项、优化监管流程到风险预警启动、现场执法检查、行政处罚的全过程各环节进行标准化设计。围绕“互联网+监管”新趋势特点和规律，建立健全与“互联网+监管”相适应的制度法规体系，保障监管工作有法可依、有据可循。

7.7　确保全区“一机应用”的服务管用

7.7.1　“一机应用”的建设背景

随着移动互联网的发展，以手机为代表的移动终端逐渐成了人们生活的必需品，以微信、今日头条、美团、滴滴为代表的移动互联网平台通过手机这一媒介在一夜之间火遍大江南北。移动互联网在深刻改变人们生产生活方式的同时，拉开了新一轮数字经济时代发展的帷幕。

在国家层面，移动互联网时代的发展带来了大量的数据沉淀和数字经济蓄能，为了充分挖掘数据要素价值、激活数字经济的发展动力，2021 年 3 月，在《中华人民共和国国民经济和社会发展第十四个五年规划和 2035 年远景目标纲要》中明确提出要“打造数字经济新优势”，要求“充分发挥海量数据和丰富应用场景优势，促进数字技术与实体经济深度融合，赋能传统产业转型升级，催生新产业新业态新模式，壮大经济发展新引擎”，强调“以数字化转型整体驱动生产方式、生活方式和治理方式变革”，2021 年 9 月，国务院办公厅发布《全国一体化政务服务平台移动端建设指南》，要求“充分发挥移动互联网泛在、连接、智能等优势”，明确“创新移动政务服务提供方式，坚持政府主导，鼓励多方参与，规范政府部门与第三方平台合作，推动移动政务服务健康有序发展。”国家“十四五”规划和相关配套政策的出台，为全国各地深挖移动互联网时代的“钻石矿”提供了基本遵循，指明了数字经济发展的前进方向。

在广西层面，在移动互联网的时代背景和我国“十四五”规划的政策背景下，2021 年 1 月，广西在《政府工作报告》中提出，“推出一批便民利民‘微改革’，优化升级政务服务移动平台，推动更多民生服务事项‘掌上办’‘跨省办’，用心用情用力解决群众急事难事烦心事”，这为推进“智桂通”平台建设，实现“一部手机助广西”奠定了基础。2021 年 11 月，广西印发《全面推进广西数字政府建设三年行动实施方案（2021—2023 年）》，提出要“统筹整合全区移动平台和行业应用的基础资源，构建〈智桂通〉移动开放生态体系，为政府、企业、群众和游客提供移动端的〈一机应用〉服务平台”。该实施方案在原有的政策基础上进一步明确了“智桂通”平台建设和移动开放生态体系构建的基本思路、工作内容和发展方向，为推进“一机应用”工作提供了基本遵循。2022 年 1 月，广西在《政府工作报告》中明确提出要“推广应用‘智桂通’平台”，进一步强化了对“智桂通”的政策支持力度，为深入打造“智桂通”移动开放生态体系，为实现全区服务“一机应用”夯实了基础（图 7-23）。

7.7.2 “一机应用”的建设意义

“一机应用”通过政企合作的模式，构建了一个数字政府的统一移动端平台，将政府办公、企业办事、民生服务、文化旅游等各领域的资源、能力和应用进行集中汇聚、融合、创新，实现“一部手机”即可享受在海量资源和能力加持下的多元化优质服务应用，其对数字政府发展的意义体现在以下几个方面（图 7-24）。

（1）构建一个汇聚、融合、多创新的数字应用聚合平台。“智桂通”以推进广西各类服务数据汇聚，推动“政、商、民、客”各领域应用融合，跳出传统政府类应用服务的限制，利用大数据、知识图谱、AI 等技术，不断提升应用交互体验，为广西构建一个汇聚、融合、多创新的数字应用聚合平台。

（2）形成一地有效、繁荣、有活力的数字化发展业态。以“开放+生态”为发展思想，以 ABO[即授权（authorize）-建设（build）-运营（operate）]等创新模式为支撑，以构建遍地开花的数字政府创新应用为突破口，扶植数字产业的发展，推动政务数据融合应用，促进数据要素市场化配置，推动广西数字经济、数字社会的快速发展，推动广西形成一地有效、繁荣、有活力的数字化发展业态。

（3）打造一套实用、先进、可持续的数字政府建设模式。以“智桂通”创新发展道路进行实践探索，推动政府资源与企业技术生态融合，依托充满市场活力、引领行业潮流的移动开放生态体系，促进互联网的新技术、新理念与各行业各领域的生产生活方式相接轨，强化各行业各领域技术创新和业务创新能力，提高公共服务和社会治理水平，创新政企合作的数字政府建设新模式，打造一套实用、先进、可持续的数字政府建设模式。

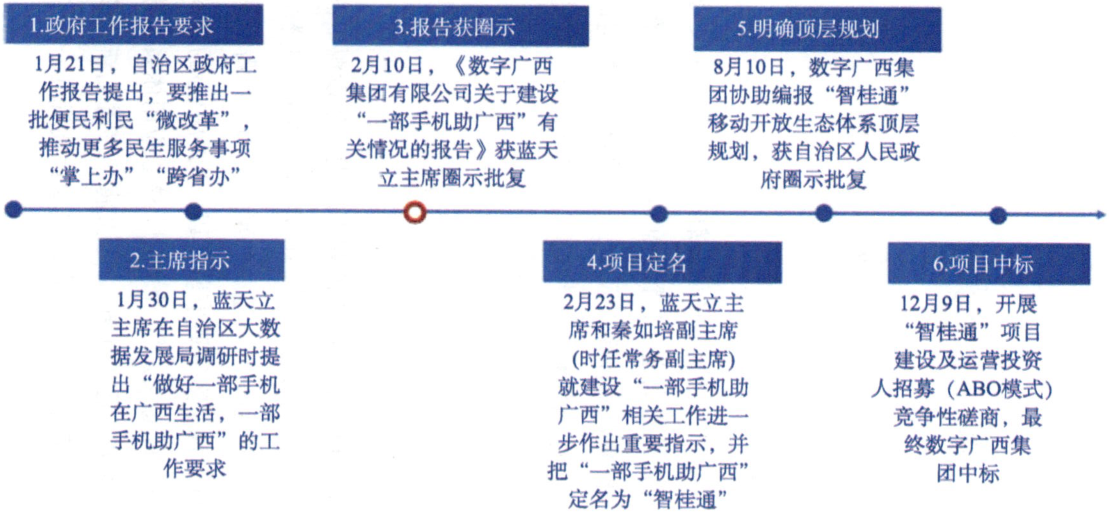

图 7-23 “一机应用”建设背景

图 7-24 “一机应用”的建设意义

7.7.3 “一机应用”的技术内容

广西“一机应用”以“智桂通”移动开放生态体系的建设为核心，“智桂通”开放生态体系由 1 个基础设施底座、1 个数据运营平台、1 个统一服务平台、1 个移动开放生态圈、5 个配套保障体系以及 *N* 个移动应用终端组成。本节不再详细讲述“智桂通”移动开放生态体系，详细内容见“第九章‘智桂通’移动开放生态体系”。

7.8 小　结

数字政府建设要坚持以人民为中心的基本原则，建设源于群众、扎根群众并服务群众的服务型政府。“五个管用”核心应用体系通过打造数字政府的大平台、大数据和大系统，实现了数字政府共建、共享、共用，使群众能充分享受到数字政府的建设成果，充分体现了数字政府坚持以人民为中心的基本原则，对整个数字政府建设具有十分重要的意义。“五个管用”核心应用体系为数字政府建设提供了“渠”，但关键的“活水”是“创新”，下文将从多维创新的核心思想出发，阐述多维创新的总体思路、应用案例等内容，以期让读者进一步了解多维创新对数字政府建设的重要意义。

第 8 章 N 个领域多维创新

CHAPTER 8

当前，新一轮科技革命和信息化变革加速演进，以 AI、大数据为代表的技术驱动着各行各业的数字化转型，创新成为引领社会发展的第一动力。过去政府以“单一主体”的独角戏已不符合当前数字化大背景环境下的时代要求，如何深挖各行各业的创新潜力，将各行各业微创新的“星星之火”凝聚成全域数字化转型的“燎原之势”，推动政府治理体系和治理能力现代化，已成为新时代推进数字政府建设与发展的内在动力。以广西实际探索实践为例，借鉴开放思维、平台思维、生态思维等互联网思维，围绕政府搭平台，市场来建设的思路，引导和支持各领域探索构建数字政府应用生态体系，推动数字政府全域应用多维创新，加速构建数字政府应用“百花齐放”新局面。本章将详细阐述多维创新的意义、总体思路、具体内容和应用案例，以期让读者了解多维创新的来龙去脉和多维创新对整个数字政府建设的重要作用（图 8-1）。

图 8-1　N 个领域多维创新示意图

8.1 多维创新的发展要求

8.1.1 多维创新是政府治理体系和治理能力现代化的本质需求

随着数字技术的飞速发展，社会的多元化进程不断加快，过去以政府为中心的单一主体治理模式已逐渐显露颓势，主要体现在服务供需不平衡、服务靶向不精准，陷入了政府提供的服务不是群众实际想要的服务，而群众想要的服务政府却无法提供这一困境，其原因主要有两点：一是在传统的单一主体政府治理模式中，群众参与和发声的渠道有限，长期处于被动接受服务的状态，导致政府投入颇多却偏离群众的实际需求，降低了群众对政府的满意度；二是政府作为唯一的服务供给主体，群众多样化的服务需求和繁重的行政工作任务导致政府部门不堪重负，在一定程度上限制了服务质量的提升。

数字政府是一项涉及多行业多领域的复杂系统工程，仅依靠政府部门本身来推动数字政府建设难以做到面面俱到，要建好数字政府，突破传统的单一主体政府治理模式的困境，就需要发动和引导社会各界参与到数字政府的建设，通过打造数字政府开放生态圈，推动政府、企业、群众等多元主体充分发挥自身的创新能力，开展技术创新、产品创新和服务创新，依托先进的技术、产品和服务促进政府治理模式的不断优化，最大限度地减轻政府的行政成本和压力，提高政府对社会动态的整体掌握能力和面向群众个性化需求的服务提供能力，从而实现政府治理体系和治理能力现代化。

8.1.2 多维创新是“一核驱动、五个管用、多维创新”模式的发展要求

回到本书主题，整体智治的前提是对社会各界的全面认知，但社会是一个复杂的系统性整体，政府、企业、群众等各种主体在其中进行着高频次、高密度的协同和交互，每分每秒都会碰撞出海量的信息，要实现全面认知，仅仅依靠政府自身的力量是远远不够的，这就要求每一个政府部门、每一个企业、每一位群众都成为数字政府建设的一个信息神经元，通过身边的智能终端将自身在活动中产生的信息传输到数字政府的核心中枢，让数字政府大脑能时刻掌握社会各界的动态，实现数字政府对社会的全面认知，从而为整体智治打下基础。

为了实现全面认知，广西依托“五个一”政务数据治理，通过打造“六大”新型基础设施和一个数字政府大脑，构建了整个数字政府的“一核驱动”基础支撑底座；在此基础上，广西通过构建“五个管用”核心应用体系，实现了数字政

府资源从整体集成到对外开放，打通了数字政府从基础建设到开放生态的第一条通道，实现了全面认知的冷启动。为了实现双向互通，需要发动和引导社会各界利用数字政府资源，围绕场景、服务、应用、技术等领域开展多维创新，在多维创新的过程中形成新的信息神经元，为“一核驱动”基础支撑底座不断提供新数据、新能力，让数字政府大脑实现对社会各界的全面认知，同时为“五个管用”核心应用体系不断提供新服务和新应用，打通以开放生态反哺数字政府建设的第二条通道，从而形成数字政府建设的闭环，实现数字政府生态化良性发展，见图 8-2。

图 8-2　多维创新对“一核驱动、五个管用”的重要意义

8.1.3　多维创新是数字化转型升级事业的必然要求

从时代发展的大势来看，当前世界已进入以智能化技术为代表的第四次工业革命时代。西方发达国家为把握时代发展机遇，依托于前几次工业革命的基础，早早启动了各个领域的数字化转型升级，包括工业智能制造、数字政府建设等，抢占了发展的先机。而我国由于整体经济社会发展不均衡，特别是信息化基础薄弱，建设起步晚。为此，我国政府密集出台了《促进大数据发展行动纲要》《大数据产业发展规划（2016—2020 年）》《关于构建更加完善的要素市场化配置体制机制的意见》等一系列政策文件，加快推进数字中国建设，加快推进各个领域的数字化转型升级。

从事业的发展角度来看，数字政府作为数字中国战略的重要组成部分，是数字化转型升级的重要核心内容，是一项需要社会各界共同参与、共同努力和团结协作的事业。团结协作是一切事业成功的基础，是事业发展壮大的重要力量，只有群策群力、汇聚众智，心往一处想，智往一处谋，事业方能聚力、凝心、成事。通过数字政府这一大平台，将各行各业在探索产业创新、服务创新、产品创新和技术创新过程中产生的“星星之火”凝聚成燎原之势，才能打造数字政府恒久不衰的活力源泉，真正把数字政府这一事业做大、做活，为数字中国建设作出长期贡献。

8.2 多维创新的总体思路

多维创新是数字政府可持续发展的重要动力，形象地说，多维创新的核心目的是将数字政府基础设施建设成果的“米”提供给各行各业的“巧妇”，从而共同做好数字政府这盘“菜”。为此，多维创新需要遵循巩固基础、强化支撑、开放创新的总体思路推进工作（图 8-3）。

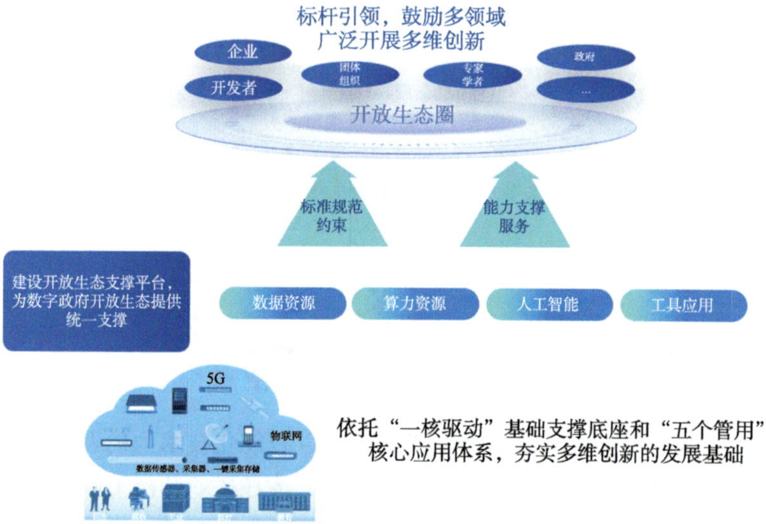

图 8-3　多维创新的总体思路

8.2.1 依托“一核驱动”基础支撑底座和“五个管用”核心应用体系，夯实多维创新的发展基础

欲引凤先筑巢。为保障好社会各界在参与到多维创新时提供所需的资源与窗口，政府需要整体集成现有数字政府资源，逐步提高标准、数据、智能、工具、能力等资源保障能力，并构建起共建、共享、共用的窗口，保障创新成果的高效转换。广西以“一核驱动”基础支撑底座为核心，将数字政府的标准、数据、智

能、工具、能力进行封装与运营，为各领域提供多维创新的资源和能力支撑。同时，以“五个管用”核心应用体系为纽带，为各领域创新成果提供统一的窗口，确保各领域多维创新成果能有效转化为数字政府的新资源和新能力，巩固了数字政府多维创新的发展基础。

8.2.2　建设开放生态支撑平台，为数字政府开放生态提供统一支撑

无规矩不成方圆。为引导社会各界开展多维创新时更好利用数字政府提供资源和窗口，政府需要建立打通政府、企业、群众相互沟通、相互协作的渠道，打造一套标准规范，充分发挥政府引导作用，规范资源使用和创新发布，强化数字政府开放生态统一支撑保障。广西通过建设数字政府开放生态支撑平台，将数字政府的基础设施资源和能力进行标准化封装，面向各行业各领域统一提供数据资源、算力资源、AI、工具应用等丰富的资源和能力支撑服务。由此，支撑各行业各领域开展数据融合、产品创新、应用创新、服务创新、生态体系构建等多维创新活动。同时，向政府提供应用开放管理能力，强化政府对生态的引导和管控能力，逐步完善多维创新配套的全域多维创新机制，形成以重点行业和专业领域为主体的互联互通互融的开放生态圈，营造多维创新的良好生态。

8.2.3　标杆引领，鼓励多领域广泛开展多维创新

引玉还需抛砖。为鼓励社会各界向更广领域更好地开展多维创新，政府需要强化引导能力，引导参与者了解国家政策、学习领域知识，强化参与者在更广领域的创新能力。广西通过为各领域开展多维创新提供政策依据、政策解读，如发布《广西实施数据要素融合应用“百千万工程”三年行动方案（2021—2023 年）》，开展数字广西标杆项目评选，强化各类案例典范宣传，充分发挥数字政府的引领作用，鼓励和引导各领域推动数据要素融合应用，推进数字政府业务流程优化再造，强化政府应用融合创新等，从而推动各领域在数字政府开放生态圈上的多维创新，形成百花齐放的全域信息化建设新局面。

8.3　多维创新的具体内容

多维创新是一项涉及多领域多环节配套衔接的系统工程，需要从技术和业务层面协同推进，以实现效果的最大化（图 8-4）。在具体内容上，多维创新需要按照上述总体思路，从基础设施建设、生态支撑平台建设、完善配套体制机制来着力推进。本书通过前文七个章节的细致阐述，让读者对“一核驱动”基础支撑底

座和“五个管用”核心应用体系有了一定的了解，下文将着重阐述开放生态支撑平台和配套体制机制的具体内容。

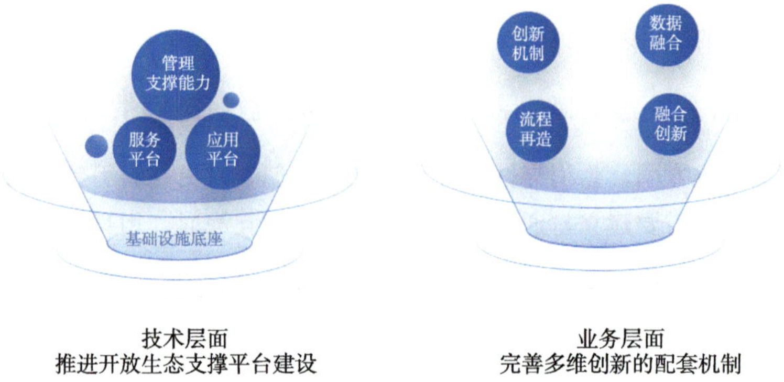

图 8-4 多维创新的具体内容

8.3.1 技术层面，推进开放生态支撑平台建设

多维创新在技术层面需要借鉴互联网“平台即服务”的思维，通过建设统一的数字政府开放生态支撑平台，将数字政府的基础设施资源、公共支撑平台、工具应用等要素进行整合关联和深度挖掘，形成场景化的生态支撑能力，降低创新成本、提高创新效率、提升创新质量，同时将各领域多维创新产生的新能力、新工具和新应用接入数字政府开放生态支撑平台，构建自我完善、自我发展、自我进化的良性生态循环，为多维创新提供可持续发展的生态支撑底座。

为满足多维创新的需要，广西基于数字政府的“一核驱动”基础支撑底座与“五个管用”核心应用体系的建设成果，按照“1+2+4”的模式推进数字政府开放生态支撑平台建设，即建设一个服务集成平台，将基础设施资源、公共支撑平台、工具应用等要素通过服务的形式提供给各领域进行使用；建设两类应用开发平台，包括轻应用开发平台和云原生应用开发平台，对 H5、小程序、微服务应用等开发提供集约化支撑；建设四项管理支撑能力，即开发者管理、应用管理、运营管理、知识管理，为多维创新提供全生命周期的管理支撑，见图 8-5。

1. 一个服务集成平台

服务集成平台是为开发者提供服务接入、服务准入、服务管理、服务订阅、服务权限等功能支撑的平台。一方面，服务集成平台可以将数字政府基础设施资源、业务逻辑、公共支撑能力进行标准化封装和开放，满足开发者对数字政府基础设施资源和能力的使用需求；另一方面，服务集成平台还可以为开发者提供能

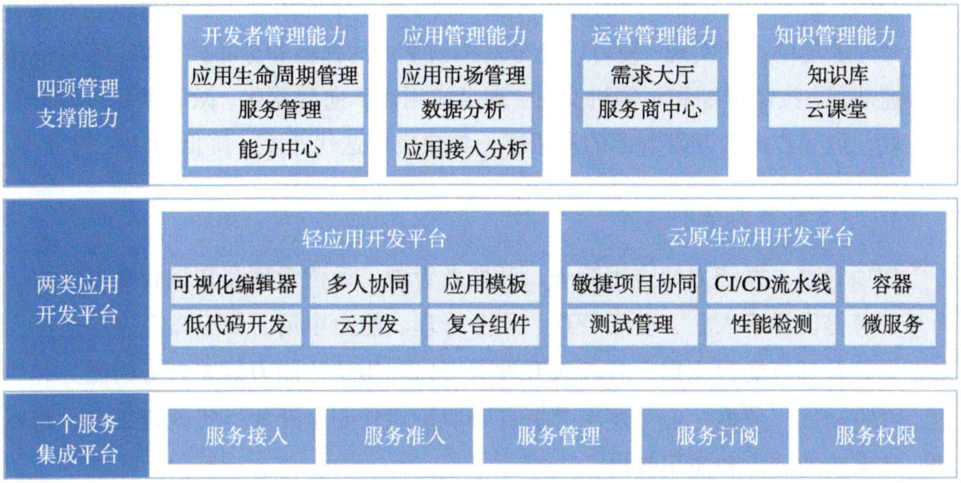

"一核驱动"基础支撑底座

图 8-5　数字政府开放生态支撑平台整体架构

CI/CD 包含三个概念——持续集成（continuous itegration）、持续交付（continuous deliveny），持续部署（continuous deployment）

力和应用的创建、维护、发布、运行、下线等生命周期自助管理服务，满足开发者将新能力和新应用接入"一核驱动"基础支撑底座的需要，构建开放、创新、反哺的良性生态循环。

2. 两类应用开发平台

两类应用开发平台包括轻应用开发平台和云原生应用开发平台，通过将应用开发常用的技术能力和业务逻辑进行组件化与模块化，为各领域开发者提供应用开发、应用发布、运营管理、数据分析所需的各类工具、资源和能力。同时，支撑各领域开发者将工具、资源和能力接入研发支撑平台，促进各领域服务应用的快速开发与迭代优化。

1) 轻应用开发平台

轻应用开发平台是覆盖应用的开发、测试、运维、发布、运营等全生命周期的一站式开发管理平台。通过把应用开发过程中常用的技术能力、业务能力等进行组件化与模块化，为开发者提供可视化开发配置、可视化数据配置、云网一体化的云服务、安全监测和修复等能力，各领域应用开发者能直接利用成熟的组件与模块快速开发、上线和管理各类服务应用，有效地降低应用开发的技术门槛，减少研发成本、提高开发效率、提升开发质量。

2) 云原生应用开发平台

云原生应用开发平台是以分布式云为依托，以容器、微服务、DevOps 等云技术为基础，面向“云”而设计的应用开发平台。云原生应用开发平台可以让开发者无须考虑底层的技术实现，便可以充分发挥云平台的弹性和分布式优势，实现应用的快速部署、按需伸缩和不停机交付，满足应用逐步向容器化、微服务化过渡的发展需要，进一步提升开发资源的利用率，加快应用迭代速度，降低应用交付成本。

3. 四项管理支撑能力

四项管理支撑能力即应用管理、开发者管理、运营管理和知识管理等能力，为开发者提供注册入驻、应用管理、服务管理、能力申请、知识库开发、应用上架、运营管理等能力支撑。各领域开发者可以利用这些能力封装自身的服务和应用，并将功能、数据、业务逻辑等服务和应用对外安全开放，实现跨平台、跨终端、跨系统的能力和应用输出。

1) 应用管理能力

应用管理包括应用市场管理、数据分析和应用接入分析三大模块，旨在帮助开发者自主完成应用从申请创建、开发调试，到最后分发展示给终端用户这一过程，实现开发者对应用的全生命周期管理。其中，应用市场管理模块可按照业务场景、单位、地区等不同维度对应用名称、使用场景、典型案例等进行分类展示，提高用户对各类应用的了解程度；数据分析模块分为应用接入总览和应用接入分析，通过应用接入总览可以对平台应用和 API 服务整体情况做全局分析，能快速掌握平台应用的接入情况；应用接入分析模块则可以让开发者有针对性地查看、分析某一个应用或者 API 的情况，并据此制订改进方案，为开发者改进和优化应用提供决策支撑。

2) 开发者管理能力

开发者管理包括应用生命周期管理、服务管理和能力中心三大模块。其中，应用生命周期管理旨在帮助开发者自主完成应用从申请创建、开发调试，到最后分发展示给终端用户这一过程，实现开发者对应用的全生命周期管理；服务管理模块提供 API 服务全生命周期管理，实现从 API 服务开发到服务下架的功能支撑，帮助开发者进行一站式管理 API 服务与服务调用；能力中心模块可为开发者提供代码示例生成、API 在线调用、签名串生成和接口文档等能力，为开发者提供应用调试支撑，提高各类问题的解决效率。

3) 运营管理能力

运营管理包括需求大厅和服务商中心。其中，需求大厅承载各类用户的需求发布、运营管理等功能，支持不同领域的用户发布应用建设需求，开发者可根据自身的服务应用进行需求响应，实现应用开发的双向匹配；服务商中心包括需求响应管理、店铺管理和商品管理等，为开发者提供应用产品发布、需求响应及企业宣传页面管理，满足开发者的应用宣传推广需求。

4) 知识管理能力

知识中心提供知识库、云课堂等功能模块，对开放生态支撑平台内的各类开发知识文档、视频进行统一管理。其中，知识库可将各领域的产品资料、开发文档、开发经验等进行沉淀，为后续应用开发提供丰富的知识支撑；云课堂可以对音视频、文档等各类开发学习资料进行分类管理，面向开发者提供多样化的学习课程，同时开发者可以自由地上传各种学习资料、创建培训课程，以此建立良性帮扶的应用开发生态。

8.3.2　业务层面，完善多维创新的配套机制

如前文所述，多维创新是一项需要从技术和业务层面协同推进的系统工程，“一核驱动”基础支撑底座、“五个管用”核心应用体系和数字政府开放生态支撑平台为各领域多维创新提供了技术基础支撑，为了确保多维创新有效推进和可持续发展，需要从业务层面进一步完善多维创新配套的机制（图 8-6）。

图 8-6　全域应用多维创新

1. 建立全域多维创新机制

依托“一核驱动”基础支撑底座，以“五个管用”核心应用体系为出入口，借鉴开放思维、平台思维、生态思维等互联网思维，围绕“政府搭平台，市场来建设”的思路，逐步建立和完善多维创新的信息资源标准、数据交换格式标准、应用系统标准、应用支撑标准、工程管理标准、网络通信标准、信息安全

标准，打造数字政府开放生态标准规范体系，通过开放标准的数据接口 API、提供扩展 SDK、建设应用服务市场等方式，探索构建数据与应用的开放机制。

2. 推进数据要素融合应用

依托“一核驱动”基础支撑底座和“五个管用”核心应用体系，制定《广西实施数据要素融合应用“百千万工程”三年行动方案（2021—2023 年）》，强化政务数据共享开放，积极运用 5G、大数据、AI 等信息技术，促进广西产业数字化转型升级和数字产业链补链强链延链，推动数字经济与实体经济深度融合，鼓励政府部门和互联网企业在行业业务办理、协同办公、综合调度等场景中开展应用创新试点，提升各领域的数字化水平，实现面向政、商、民、客等多领域数字政府应用的开放创新。

3. 推进业务流程优化再造

推动数据要素与政府业务流程深度融合，在社会保障、公积金、电子税务、交通安全、人才教育、医疗救助、药品保障等重点领域，优化、简化社会保险待遇资格认证、津贴补贴领取等老年人高频服务流程；充分利用各类政务数据资源，通过优化“数据流”再造“业务流”，促进大数据与政府服务深度融合，进一步减流程、减环节、压时限；提高政府服务的数字化水平，推动政府治理模式向政民双向互动、线上线下融合转变，实现政府治理更加精准高效、规范透明。

4. 强化政府应用融合创新

提高各类应用服务的跨平台通用性，实现各类应用服务在广西数字政务一体化平台、“智桂通”、“互联网+监管”系统等开放平台上的跨平台调用；围绕政府规划、政策制定、财政、审计、统计等政府内部专项领域，推进数据与业务深度融合，创新政务各专项领域应用，为政府各领域业务开展提供有力支撑，强化执政能力建设，提升执政水平。

8.4 多维创新的建设成效

为推动数字政府多维创新，近几年来，广西基于已建设的数字政府大协同、大平台，推动全区政府部门和互联网企业共同参与数字政府建设工作，取得了诸多显著成绩，优秀的多维创新应用案例如雨后春笋般应运而生，下文将对部分应用案例进行阐述。

8.4.1 承担多个数字政府国家试点项目

广西以“五个一”政务数据治理为切入点，构建了“一核驱动、五个管用、多维创新”的数字政府建设模式，取得了富有成效的建设成果，在数字中国建设大潮中，获得了多个国家部委赋予的广西在多个领域的数字政府建设试点、创新实践。

2019 年，广西获得国家发展和改革委员会的网站集约化平台国家级试点省份、国务院办公厅“互联网+监管”国家级试点项目、国家档案局科技计划试点项目；2020 年，广西获得工业和信息化部大数据产业发展试点示范项目，中国电子标准化研究院的全国首批政务数据开放共享国家标准试点；2021 年，广西获得中共中央网络安全和信息化委员会办公室等部委的国家“区块链+政务服务”和“区块链+政务数据共享”试点项目，中共中央网络安全和信息化委员会办公室等 12 个部委共同组织开展的 IPv6 技术创新和融合应用试点，国务院办公厅疫情防控管理平台建设试点省份等。

2021 年 9 月 21 日，中国电子科技技术标准研究院、全国信息技术标准化技术委员会大数据标准工作组主办的“2020 年全国大数据标准化工作会议暨全国信标委大数据标准工作组第七次全会”在北京召开，广西成为全国首批政务数据开放共享国家标准试点地区（图 8-7）。此外，本次试点地区还包括河南、广东、贵州、重庆。广西作为首批政务数据开放共享国家标准试点地区，直接参与政务数据共享和公共数据开放的标准建设，将探索研制一批与广西地方特色紧密结合的技术标准，并建立技术标准的支撑体系和服务体系，助力广西政务数据共享和公共数据开放工作开创新局面。

2020年全国大数据标准化工作会议暨全国信标委
大数据标准工作组第七次全会

图 8-7 广西成为全国首批政务数据开放共享国家标准贯标试点地区

8.4.2 数字政府建设成效显著

在数字政府建设的实践探索中，广西在多个领域探索并凝练出富有创新性和成效性的模式，得到了多个部委的高度肯定和表彰。

2019年，由国务院办公厅主办的全国一体化在线政务服务平台建设工作会上，广西作为优秀省份进行典型发言（图8-8）。

图8-8 广西在全国一体化在线政务服务平台建设工作会上发言

在2020数据资产管理大会上，广西受邀作专题汇报，介绍数字政府、数据治理的工作模式和成效（图8-9）。

图8-9 广西受邀在2020数据资产管理大会上作经验分享

2020年，《广西全力打造“五个一”政务数据治理新模式》《广西政务数据治理现状调查与因应之策》《以数据图谱构建“政府大脑”，推动政务智治》等经验在《国家电子政务发展动态专刊》刊登（图 8-10）。

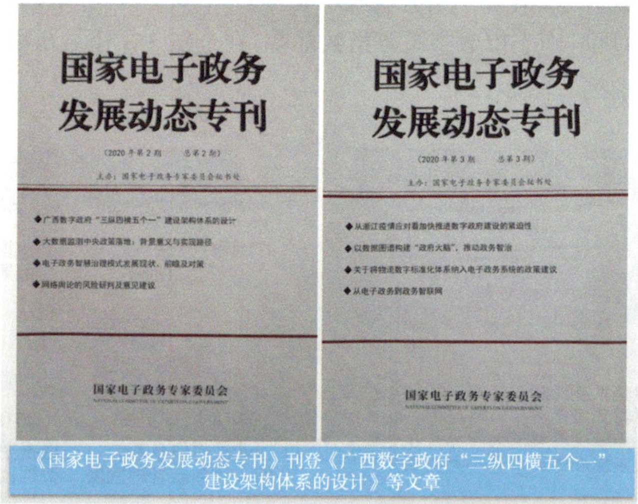

图 8-10　《国家电子政务发展动态专刊》刊登广西数字政府建设经验文章

2020 年 9 月，赛迪顾问发布《2020 中国数字经济发展指数（DEDI）》报告。报告中的中国数字经济发展指数下设基础、产业、融合、环境 4 个一级指标、10 个 2 级指标、41 个三级指标，对各省（自治区、直辖市）数字经济发展情况进行了全面精准的评估和研判。报告指出，广西数字经济发展取得了突破性进展，总体排名全国第 17 名，政务数据治理指标排名跃居全国第 9 名（图 8-11）。

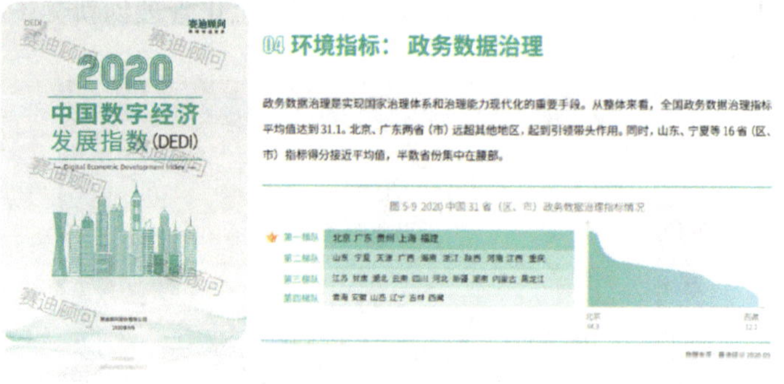

图 8-11　广西政务数据治理指标排名跃升，进入第二梯队
资料来源：《2020 中国数字经济发展指数（DEDI）》

2020 年 9 月 10 日，《数字中国指数报告 2020》在腾讯全球数字生态大会上正式对外发布，报告显示，2019 年广西数字政务领域多项指标同比去年大幅提升，

广西数字政府建设的经验做法将作为数字政务板块典型范例和标杆在全国宣传、推广，成为数字政府建设中的一大亮点。南宁、玉林、贵港等地的数字政务指标均达到逾 270%的高速增长。其中，玉林市 2019 年数字政务指数涨幅高达 339%，跃居国内增幅首位；南宁市数字政务指数翻番，在全国 351 个城市中排名第 18 位，成功进入全国前列（图 8-12）。

图 8-12　广西数字政务领域多项指标同比大幅提升，经验做法在全国宣传、推广

资料来源：《数字中国指数报告 2020》

2020 年 10 月，由中国信息协会主办的 2020 政府信息化大会在北京召开。会议征集了政府信息化建设的优秀成果案例，并在会议期间进行了公布表彰，广西《数据治理中的政务数据应用》获得 2020 政府信息化管理创新奖（图 8-13）。

图 8-13　2020 政府信息化管理创新奖

2021 年 4 月下旬，第四届数字中国建设峰会在福建省福州市举办。该峰会由国家互联网信息办公室、国家发展和改革委员会、工业和信息化部、福建省人民政府共同主办。峰会以“激发数据要素新功能，开启数字中国新征程”为主题，广西作为第四届“数字中国峰会”主宾省份，集中展示数字广西和中国–东盟信息港建设成效、向中央政治局委员黄坤明同志等中央领导汇报数字广西建设情况（图 8-14）。第四届数字中国建设峰会上同步举办了数字中国创新大赛，经过专家评审、宣讲演示、专家点评等程序，“广西数字政务一体化平台解决方案”从全国 1 万支参赛队伍中脱颖而出，荣获数字中国创新大赛 · 数字政府赛道总决赛二等奖（图 8-15），广西建设经验编入 2021 年《数字政府创新应用样板工程案例》。

图 8-14　数字中国峰会展的广西展馆

图 8-15　“广西数字政务一体化平台解决方案”获数字中国创新大赛 · 数字政府赛道总决赛二等奖

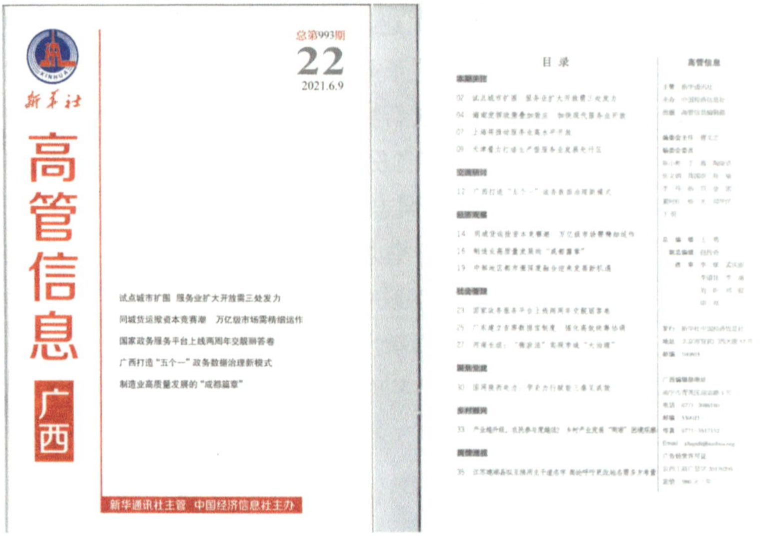
新华社
总第993期
22
2021.6.9
高管信息
广西
试点城市扩围 服务业扩大开放需三处发力
同城货运搅资本竞赛潮 万亿级市场需精细运作
国家政务服务平台上线两周年交靓丽答卷
广西打造"五个一"政务数据治理新模式
制造业高质量发展的"成都篇章"
新华通讯社主管 中国经济信息社主办
目 录

图 8-14 新华社《高管信息》刊登《广西打造"五个一"政务数据治理新模式》

2021 年 7 月，由国务院办公厅、国家行政学院等联合举办的"中国智慧政务峰会 2021"在广西南宁成功举办。智慧政务峰会以"云网汇政务，数智蕴未来"为主题，共商数字政府建设的蓝图、架构和路径，描绘未来政务服务优质化、政府治理精细化和政务决策科学化的美好蓝图，以数字政府建设赋能政府治理现代化（图 8-17）。

图 8-15 "云网汇政务，数智蕴未来" 中国智慧政务峰会 2021 现场图

资料来源：华为智慧政务峰会 2021 来啦！

https://mp.weixin.qq.com/s/wd4t1Lf_HIdyn4XGKEwN2g[2023-03-15]

2021 年 11 月，由智慧中国年会组委会举办的一年一度的“2021 年智慧中国年会”通过网络直播形式在北京召开。年会以“聚焦数字化觉醒和数字中国再提速”为主题，涵盖国家战略和新发布政策的权威解读、领先地区创新实践分享比拼等内容，从数字政府、营商环境、数据治理的新阶段、新实践等方面勾勒新征程，为数字中国战略背景下的全面数字化转型及高质量发展提供前瞻思路和指引。

会议重磅揭晓了“数字政府创新实践案例 50 强”获奖名单，“探索打造广西‘一核驱动、五个管用、多维创新’数字政府发展新模式”从 20 个省份所报送的 167 个创新案例中脱颖而出，荣获“治理运行创新奖”（图 8-18）。

图 8-16　“探索打造广西‘一核驱动、五个管用、多维创新’数字政府发展新模式”获“治理运行创新奖”

2022 年 5 月 14 日，由共青团广西区委、广西广播电视台新闻频道共同主办的 2022 青春访谈节目——《广西青年爱广西》在广西新闻频道播出，“广西数字政府建设”青年团队做客本期节目，讲述了青年投身智慧广西建设，构筑全民畅享数字生活背后的故事。节目中展示了近年来广西数字政府重点项目“智桂通”移动开放生态体系、广西健康码、广西疫情防控一体化平台、广西数字政务一体化平台的建设成效（图 8-19）。

2022 年 5 月 23 日，自治区党委、自治区人民政府在南宁召开 2022 年广西科学技术奖励大会，表彰 2021 年度广西科学技术奖获奖人员及单位（图 8-20）。广西科学技术奖是广西科技界的至高荣誉，奖励在自治区科学技术进步活动中做出突出贡献的科学技术人员和组织。由自治区信息中心联合数字广西集团有限公司、云上广西网络科技有限公司申报的《广西数字政务一体化的建设技术创新与应用》成果荣获自治区科学技术进步奖二等奖（图 8-21）。这是自治区大数据发展局、自治区信息中心成立以来，首次荣获自治区级的科学技术奖。

图 8-17　数字政府建设团队获得广西青年五四奖章集体，并接受广西电视台专访

图 8-18　《广西数字政务一体化的建设技术创新与应用》成果获奖团队合影

图 8-19　《广西数字政务一体化的建设技术创新与应用》成果获广西科学技术进步奖二等奖

8.5　小　　结

习近平总书记曾讲，一个地方、一个企业，要突破发展瓶颈、解决深层次矛盾和问题，根本出路在于创新，关键要靠科技力量。[①]纵观社会发展历史，创新始终是推动一个国家、一个民族向前发展的重要力量，也是推动整个社会向前发展的重要力量，“问渠那得清如许，为有源头活水来。”对于数字政府这个“渠”来说，多维创新的核心目的即是深挖隐藏在各行各业里的“活水”，让其转化为数字政府持续发展的不竭动力。

为深入学习贯彻习近平总书记关于网络强国的重要思想，以生动实践案例展示党政部门全面推进网络安全和信息化工作的丰硕成果，促进信息化领域的交流互鉴，进一步引导各地区各部门党政信息化建设实践，中央党校（国家行政学院）电子政务研究中心组织开展了“党政信息化最佳实践案例”征集评选工作。

“广西”五个一政务数据治理新模式从全国 1139 个案例中脱颖而出，获得现代治理类的“最佳实践标杆案例”，建设模式得到充分肯定。[②]

① 谱写新时代中原更加出彩的绚丽篇章（沿着总书记的足迹·河南篇），https://baijiahao.baidu.com/s?id=1735285445856581269&nfr=spider&for=pc[2023-02-09]。

② 《党政信息化“最佳实践案例”获奖名单发布》。

第 9 章 “智桂通”移动开放生态体系

CHAPTER 9

数字政府在不断提升人民群众对美好生活期盼的同时，也迎来了巨大的发展压力，新的发展矛盾日益凸显，即现有的建设机制与实际建设需要的不匹配，现有的运维机制与可持续发展要求的不匹配，现有的支撑能力与较高难度发展要求的不匹配。为了化解当前数字政府建设过程中出现的矛盾，需要在建设模式、架构模式、生态模式、内容融合、服务模式上进行深入思考和实践探索。以“智桂通”项目为建设契机、改革创新的试验田，第一次采用了“ABO 模式”开展数字政府建设，以求寻找一条科学务实、良性发展的数字政府建设路径。“智桂通”以政务云、网、安全等基础设施为底座，以“开放、智能、生态”为设计理念，以“1+1+1+1+5+*N*”为架构设计，构筑全国首创的集成“政用、商用、民用、客用”等全域数字化应用服务的移动开放生态体系。本章总结分析了当前数字政府建设的背景、问题等，详细介绍了“ABO 模式”和“智桂通”项目的建设内容。

9.1 “智桂通”移动开放生态体系的建设背景

9.1.1 建设背景

在信息技术高速发展的时代背景下，元宇宙、多智能体协同等创新概念不断涌现，数字政府在不断提升人民群众对美好生活期盼的同时，也迎来了巨大的发展压力，新的发展矛盾日益凸显，具体表现为以下三个方面，见图 9-1。

矛盾一：现有的建设机制与实际建设需求的不匹配。

现有数字政府信息化项目建设机制主要是通过公开招投标、单一来源采购等形式开展，机制程序烦琐、建设周期较长、产品迭代升级慢。然而，不管是数字化转型升级的高速发展、快速迭代需要，还是老百姓不断提升的产品体验的要求，现有的建设机制都难以满足数字政府的实际建设需要，不但难以高效、及时、高质地满足人民日益增长的服务需求，而且将不断降低人民群众对政府服务的满意度和对政府治理能力的信任度。

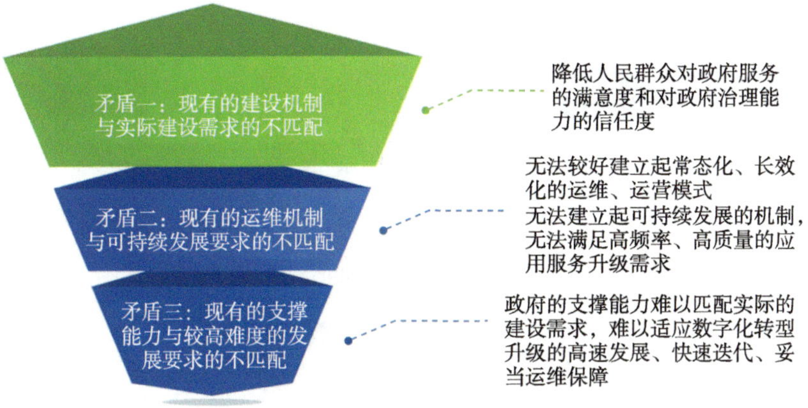

图 9-1　现阶段数字政府建设的三个矛盾

矛盾二：现有的运维机制与可持续发展要求的不匹配。

数字政府的产品，从本质上讲也是互联网产品，互联网产品需要根据业务的实际情况不断迭代、升级、更新，以用户需求为导向，不断地提升应用友好体验感。然而，按照当前的数字政府项目运维保障机制，项目在建设完毕后基本由项目承建单位负责产品运维、升级等服务，单依靠固定、微薄的运维服务费用，运维单位往往缺乏主动服务的思想和创新发展的动力。因此，导致数字政府项目无法较好建立起常态化、长效化的运维运营模式，无法建立起可持续的发展机制，无法满足高频率、高质量的应用服务升级需求，不断地降低用户对产品的满意度和信任感。

矛盾三：现有的支撑能力与较高难度的发展要求的不匹配。

数字政府是一项复杂的系统工程，涉及技术、业务、组织、资金等多维度的工作，还涉及建设、运营、安全等多个方面的要求，需要投入巨大的专业技术人力、建设资金、物力等资源做好保障，然而政府现有的资金能力、专业人才储备、运营保障能力均无法较好承担大量的数字政府项目的专业规划、建设和运营保障，难以满足较高难度的发展要求。由此导致了政府的支撑能力难以匹配实际的建设需求，难以适应数字化转型升级的高速发展、快速迭代、高效运维保障。

9.1.2　建设目标

“智桂通”移动开放生态体系作为“五个管用”应用体系的“一机应用”的载体，从解决现阶段数字政府发展的矛盾点出发，从创新数字政府信息化项目建设机制入手，探索一套小资金推动大市场建设模式；从顶层规划设计开始，构建形成一套规范、合理、有效的数字化转型升级的路径；以构建大生态为愿景，凝聚多方力量，形成有效、繁荣、有活力的数字化发展业态，见图 9-2。

图 9-2 "智桂通"移动开放生态体系建设目标

1. 创新机制模式，探索一套小资金推动大市场的数字政府项目建设模式

构建"政府统筹管控、企业市场化运营"的建设机制和模式，一是充分发挥社会资本方在人才、技术、资金、行业经验等方面的优势，促进社会资源优化配置；二是推动政府职能转变，将政府从过去的全程参与者、操作者、监管者，转变为规划、指导、监管的角色，专注于提高公共服务质量。由此，走出传统政府信息化建设过程中建设资金缺乏、技术能力薄弱、创新能动性不强等困境，以更大的机制优势推动政府数字化转型，建设人民满意的服务型政府，实现政府治理体系和治理能力现代化的发展目标。

2. 做好规划设计，形成一套规范、合理、有效的数字化转型升级的路径

以统筹和构建移动端生态体系为抓手、载体和驱动力，一是推动现有数字政府建设成果的整合、共享和聚力，加快与企业的技术融合，构建基础扎实、充满市场活力、引领行业潮流的移动端生态体系，作为各行业数字化转型升级的统一入口和载体；二是驱动各行业各领域的数字化转型，促进新技术、新理念与各行业各领域的生活、生产方式相融合，强化各行业各领域的技术创新和业务创新能力，并以移动端生态体系进行发布和开放，从而提高公共服务和社会治理水平，构建人民满意的移动端生态体系。

3. 凝聚多方力量，形成有效、繁荣、有活力的数字化发展业态

以"开放+生态"为发展思想，以特许经营等创新模式为支撑，以构建遍地开花的数字化创新应用为目标。一是不断加强移动开放生态体系基础设施底座能力

的建设，构建数字化转型升级的系列标准体系；二是成立数字化创新生态联盟，吸引和鼓励行业头部企业、优秀创客、科研院所等加入移动开放生态体系创新创造，探索产业创新、服务创新、产品创新和技术创新，培育数字化转型力量的“星星之火”，构筑数字化产业生态的“燎原之势”，打造生态体系恒久不衰的活力源泉，激发市场活力和社会创造力，真正把数字政府这一事业做大、做活。

9.2 “智桂通”移动开放生态体系的建设模式

为了化解当前数字政府建设及发展过程中出现的矛盾，广西以“智桂通”移动开放生态体系建设为契机，第一次采用了 ABO 模式开展数字政府建设，寻找一条科学务实、良性发展的数字政府建设路径。

2021 年底，广西壮族自治区大数据发展局发布“智桂通”项目建设及运营投资人招募（ABO 模式），经公开招投标，确定数字广西集团有限公司为项目业主，双方签订《“智桂通”项目特许经营协议》，由政府授予项目业主特许经营权，项目合作期 15 年（含项目建设期和运营期），见图 9-3。

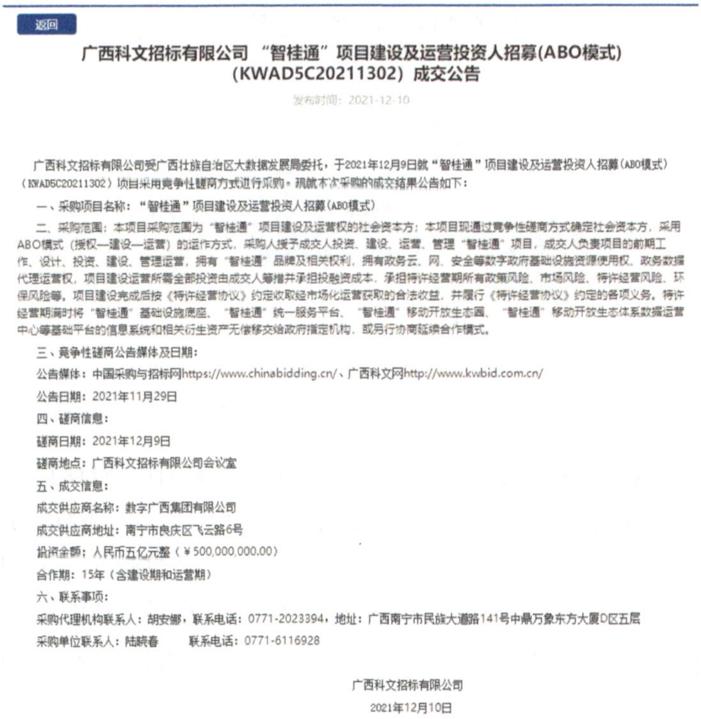
返回

广西科文招标有限公司 “智桂通”项目建设及运营投资人招募(ABO模式)(KWAD5C20211302) 成交公告

发布时间：2021-12-10

广西科文招标有限公司受广西壮族自治区大数据发展局委托，于2021年12月9日就“智桂通”项目建设及运营投资人招募(ABO模式)(KWAD5C20211302)项目采用竞争性磋商方式进行采购。现就本次采购的成交结果公告如下：

一、采购项目名称：“智桂通”项目建设及运营投资人招募(ABO模式)

二、采购范围：本项目采购范围为“智桂通”项目建设及运营权的社会资本方；本项目现通过竞争性磋商方式确定社会资本方，采用ABO模式（授权—建设—运营）的运作方式，采购人授予成交人投资、建设、运营、管理“智桂通”项目，成交人负责项目的前期工作、设计、投资、建设、管理运营，拥有“智桂通”品牌及相关权利，拥有政务云、网、安全等数字政府基础设施资源使用权、政务数据代理运营权，项目建设运营所需全部投资由成交人筹措并承担投融资成本，承担特许经营期所有政策风险、市场风险、特许经营风险、环保风险等。项目建设完成后按《特许经营协议》约定收取经市场化运营获取的合法收益，并履行《特许经营协议》约定的各项义务。特许经营期满时将“智桂通”基础设施底座、“智桂通”统一服务平台、“智桂通”移动开放生态圈、“智桂通”移动开放生态体系数据运营中心等基础平台的信息系统和相关衍生资产无偿移交给政府指定机构，或另行协商延续合作模式。

三、竞争性磋商公告媒体及日期：

公告媒体：中国采购与招标网https://www.chinabidding.cn/、广西科文网http://www.kwbid.com.cn/

公告日期：2021年11月29日

四、磋商信息：

磋商日期：2021年12月9日

磋商地点：广西科文招标有限公司会议室

五、成交信息：

成交供应商名称：数字广西集团有限公司

成交供应商地址：南宁市良庆区飞云路6号

投资金额：人民币五亿元整（¥500,000,000.00）

合作期：15年（含建设期和运营期）

六、联系事项：

采购代理机构联系人：胡安娜，联系电话：0771-2023394，地址：广西南宁市民族大道路141号中鼎万象东方大厦D区五层

采购单位联系人：陆晓春　　联系电话：0771-6116928

广西科文招标有限公司

2021年12月10日

图 9-3 “智桂通”项目建设及运营投资人招募（ABO 模式）（KWAD5C20211302）成交公告

9.2.1 ABO 模式的定义

2015 年，国家发展和改革委员会、财政部、住房和城乡建设部、交通运输部、水利部、中国人民银行六部委联合颁布的《基础设施和公用事业特许经营管理办法》（2015 年第 25 号令）中明确指出，基础设施和公用事业特许经营，是指政府采用竞争方式依法授权中华人民共和国境内外的法人或者其他组织，通过协议明确权利义务和风险分担，约定其在一定期限和范围内投资建设运营基础设施和公用事业并获得收益，提供公共产品或者公共服务①。ABO 模式是基础设施投融资、建设、运营的一种创新模式。政府通过公开招标方式选定项目社会资本方，双方签订特许经营协议，明确项目授权期限、授权范围、考核指标等条款。授权社会资本方履行项目业主职责，为政府方就项目提供投资、建设、维护等整体服务。

9.2.2 ABO 模式的优点

采用 ABO 模式建设的项目有利于引入优质企业、增强项目活性、转变政府职能，提高服务质量的优点，广西采用 ABO 模式建设“智桂通”移动开放生态体系，是现阶段处理数字政府发展矛盾的最优解，见图 9-4。

图 9-4　ABO 模式的优点

1. 特许经营项目引入优质企业，有利于促进当地数字经济发展

特许经营模式具备招商引资、人才培引等优点，政府以项目的“ABO”建设为契机，择优引入社会力量建设运营数字政府信息化项目，充分发挥社会资本方在人才、技术、资金、行业经验等方面的优势，通过协议约定特许经营项目公司在当地注册落户、组建研发团队、引入上下游产业链等措施，引导带动优秀企业集聚当地，布局产业生态，培育本地科技力量，有效带动当地数字经济产业的发展。

① 基础设施和公用事业特许经营管理办法，http://www.gov.cn/zhengce/2021-12/01/content_5713239.htm [2023-02-09]。

2. 特许经营模式引入市场竞争机制，有利于促进项目的可持续发展

通过特许经营模式，企业由原有的“听话执行人”转变为“谋划、建设、经营人，自负盈亏者”，彻底改变了数字政府建设中各个角色的定位。由此，建立起项目建设和发展的市场竞争机制，倒逼企业科学规划、务实建设、有效运营，从而解决现有的建设机制与实际建设需求的不匹配、现有的运维机制与可持续发展要求的不匹配、现有的支撑能力与较高难度的发展要求的不匹配等矛盾，有利于数字政府项目的可持续发展。

3. 特许经营模式转换政府职能，有利于提高公共服务质量

通过特许经营模式建设，可以将政府部门从过去繁重的规划设计、系统建设、运维保障等复杂专业的事务中脱身出来，转变成为指导、监管的角色，通过特许经营的条款约定，专注于提高公共服务质量，专注于调配各方资源支撑项目建设，从而推动公共服务的质量提升。

9.2.3 ABO 模式的内容

根据《“智桂通”项目特许经营协议》，政府部门主要负责整体项目的监督及指导，为项目开放现有数字政府建设成果，出台相关政策，为项目的快速发展、良好运营提供支撑。授权主体则在期限和范围内投资、建设、运营、管理“智桂通”项目，提供相关产品及服务，并合理利用授予的特许经营权（包括品牌使用权、资源使用权、建设运营权等）开展市场化运营，获得服务费、产品销售费用以及其他业务收入。

1. 政府部门的工作与要求

1）“智桂通”品牌授权

由政府或直属事业单位注册“智桂通”商标，给予授权主体使用。授权主体根据授权，拥有“智桂通”品牌及相关权利，可推出以“智桂通”为品牌的产品和服务，加大宣传力度，做强、做实“智桂通”品牌。

2）政务云、网、安全等资源使用授权

政府授予授权主体政务云、网、安全等数字政府基础设施资源使用权，保障项目核心平台、业务系统的稳定运行，减轻授权主体的投入压力。

3）政务数据的代理运营授权

由政府授予授权主体政务数据代理运营权，并加强政策引导，推动政务数据融合创新应用。授权主体可依法依规打造基于政务数据的平台和产品服务，充分

开展市场化运营，激活政务数据效能，加快培育广西数据要素市场。

4）提供政策整合政府移动端的资源

政府统筹出台“智桂通”移动开放生态体系相关政策文件和标准规范，推动自治区各级各部门全面梳理面向企业、群众政务服务和公共服务事项应用，逐步整合至“智桂通”移动开放生态体系。推动各级各部门将业务系统的数据和接口向“智桂通”移动开放生态体系开放，鼓励各部门围绕“智桂通”开展各领域移动端服务流程的创新创造。

5）项目监管职责

政府组建项目专项工作小组，负责监管“智桂通”移动开放生态体系的品牌权、资源权和建设运营权。同时，转变传统监管模式，监管与协助并举，提高相关行政审批效率和事务协调机制，推动项目建设运营工作高效有序开展，见图 9-5。

图 9-5　政府部门的工作与要求

2. 授权主体的工作与要求

1）投资建设“智桂通”项目

授权主体作为项目业主，根据“智桂通”项目规划建设内容，通过不限于企业投资、融资、招商合作等方式筹措建设资金，投资建设“智桂通”项目，并通过自身行业优质资源，不断发展壮大“智桂通”品牌。

2）开展市场化运营

在政府的授权和指导下，授权主体依法依规，依托“智桂通”项目开展市场化运营工作，以期实现项目自我造血和反哺平台建设的良性发展。

3）打造“智桂通”的移动开放生态

由授权主体牵头，组织建立“智桂通”创新生态联盟，引入更多优质的高新技术企业、社会资本广泛参与“智桂通”项目建设，围绕各领域各行业构建生态化的惠企便民的市场服务体系，促使产业落地，带动广西数字经济的高质量发展。

4）合理利用政务数据进行融合创新

在政府的监管下，授权主体充分利用“智桂通”政务数据运营权，通过数据的再加工和价值分类，创新数据产品的服务模式，发挥数据的市场价值，开拓数据资源的应用场景。

5）保障数据安全

建立健全“智桂通”数据安全管理机制，构建数据安全的技术保障体系，在数据采集、存储、处理、传输、利用等环节做好安全保障工作。

6）资产归属及处置

“智桂通”特许经营期满时，授权主体要将“智桂通”项目的基础设施底座、“智桂通”统一服务平台、“智桂通”移动开放生态圈、“智桂通”移动开放生态体系数据运营中心等基础平台的信息系统和相关衍生资产无偿移交给政府指定机构，或另行协商延续合作模式，见图 9-6。

图 9-6　授权主体的工作与要求

3. 项目收益机制

“智桂通”移动开放生态体系可从以下方面进行市场化运营探索，通过收取增值服务费、产品销售分成等方式，获得一定运营收益回报，见图 9-7。

图 9-7 “智桂通”项目收益机制

1）开展流量运营和用户运营

基于“智桂通”移动开放生态体系庞大的用户流量，探索公域流量向私域流量转化的衍生业态，为各生态企业争取项目的直接或间接收入，提供流量增值服务，吸引各领域企业和产品入驻。“智桂通”可获得的收入来源主要包括：生态合作企业、第三方机构等业务的线上应用合作分成收入、服务佣金、入驻服务费用等。

2）孵化行业生态产品

围绕国家政策集中的教育、医疗、乡村振兴等行业，通过对生态合作企业的合作授权、管理、支撑和督导，面向政府机构、企业和群众打造治理高效化、管理智能化、操作便捷化的配套服务。“智桂通”可获得的收入来源主要包括：行业产品销售分成、支付交易手续费、互联网金融佣金、保险佣金、建设成本分摊等。

3）提供支撑能力开放服务

通过开放“智桂通”的公共支撑能力，将政务服务与数据服务有机结合，探索提供企业空间、企业电子合同等多样化企业 SaaS 服务。通过“智桂通”智脑运营系统为机构、企业提供精准宣传和广告推送等增值服务，需求方按需付费。收入来源主要包括服务费、商业广告收入等。

4）提供数据要素市场化服务

通过对数据的融合创新和价值分类，围绕企业和群众实际需求，以促进经济社会发展为目的，进行数据要素市场化服务，为机构、企业提供数据分析服务、数据建模分析和数据结果推送等数据产品服务。面向不同的主体提供适合各类不同主体的数据要素市场化服务，收入来源主要为数据服务费。

5）其他合法的收益

其他合法的收益是指通过法律法规允许的其他方式，经市场化运营获取的合法收益。

9.3 “智桂通”移动开放生态体系的建设内容

9.3.1 设计理念

1. 以开放、共享为核心，延伸政务数据价值链

“智桂通”移动开放生态体系的设计遵循开放、共享理念，整合集约政务云、网基础设施以及现有数字政府的平台支撑能力，并依托有效共享机制进行开放，提供应用开发、应用接入、应用输出等全生命周期的平台服务。同时，通过构建完善的数据资源产品体系和服务模式，将海量数据投放市场运营增效，吸引互联网行业头部企业参与共创共建，进一步延伸政务数据价值链，发挥数据要素价值，逐步形成数据要素市场化广西模式。

2. 以智能、精准为导向，打造数智生活微管家

“智桂通”移动开放生态体系以智能、精准为服务导向，以平台智能化、渠道多元化、服务精准化为目标，打造具备自学习、自维护、自演进特性的拟人智能体——数智人。数智人可通过虚拟形象与用户进行多模态交互的，围绕政、商、民、客四大服务矩阵的不同行业、不同场景精准提供智能引导、服务推荐、快速办事等数字化服务，实现高效服务群众企业、敏锐感知社情民意、有效支撑科学决策，让群众真正享受到数字改革带来的红利。

3. 以生态、创新为路径，拓宽共创共赢生态朋友圈

栽好梧桐树，自有凤来栖。“智桂通”移动开放生态圈以共筑繁荣生态、创新发展模式为路径，建设“智桂通”创新生态联盟，吸引互联网行业头部企业进驻，激发企业创新动能，打造充满市场活力、引领行业潮流的移动开放生态体系。通过“智桂通”移动开放生态圈，推进行业企业在技术、应用、数据、运营、内容、行业生态等方面广泛开展合作，架起数字技术与产业协同发展、共创共赢的桥梁纽带，激发新潜能、凝聚新合力、塑造新优势，构建“政府建底座、企业同参与”的产业数字化转型新业态，见图 9-8。

图 9-8　“智桂通”移动开放生态体系设计理念

9.3.2　架构设计

基于“开放、智能、生态”的设计理念、以“服务政府、服务企业、服务公众、服务游客”为导向，“智桂通”移动开放生态体系采用“1+1+1+1+5+*N*”的架构设计，即建设 1 个基础设施底座，整合集约政务云、网基础设施以及现有数字政府的平台支撑能力；建设 1 个数据运营中心，进一步延伸政务数据价值链，发挥数据要素价值；建设 1 个统一服务平台，搭建集政府办公、企业办事、群众生活、文化旅游的多维应用服务矩阵；建设 1 个移动开放生态圈，提供应用的开发、接入、上线等全生命周期的平台服务，共筑移动生态应用繁荣发展；构建 5 大体系，涵盖标准规范体系、安全保障体系、运维管理体系、运营推广体系等；建设 *N* 个移动终端入口，打造移动 APP、微信小程序、支付宝小程序、百度小程序等多个终端入口，见图 9-9。

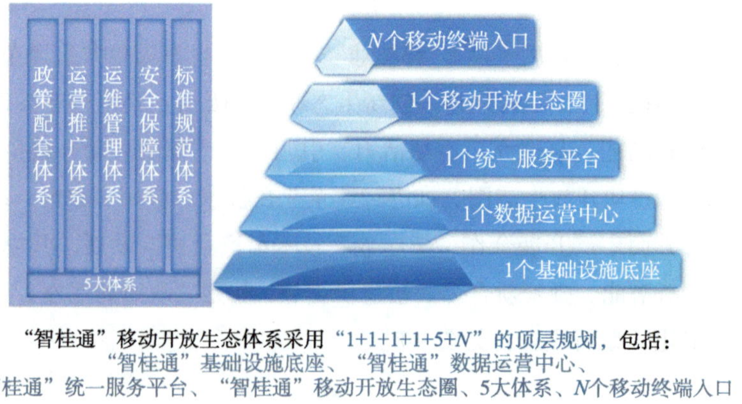

图 9-9　“智桂通”移动开放生态体系顶层设计

（1）1 个基础设施底座。充分依托广西数字政府建设成果，整合壮美广西 ·政务云、电子政务外网等政务云网设施资源，集约广西数字政务一体化平台、广西健康码、广西政府网站集约化平台等基础平台支撑能力，建设公共管理、公共软件、公共数据等核心支撑体系，为各行业各领域的应用提供统一基础设施服务、统一数据资源服务、统一公共支撑服务。

（2）1 个数据运营中心。以“政府主导和监管，企业市场化运作”为原则，成立“智桂通”数据运营中心，对生态数据进行统一管理、运营、挖掘、增值和监管，打造数据资源质量高、供需匹配能力强、数据融合程度深、数据价值挖掘充分、数据监管全面覆盖、数据产业链与实体经济相互融合的数据要素市场化发展体系，加快培育广西数据要素市场。

（3）1 个统一服务平台。建设基础设施管理平台，将各类基础设施资源和统一支撑能力进行集成和封装，建设和接入涉及政用、商用、民用、客用等领域服务应用，构建“智桂通”多维应用矩阵。

（4）1 个移动开放生态圈。建设“智桂通”移动开放生态圈的管理支撑、研发支撑和服务集成平台，为广西各地市、各级部门、第三方企业、个人开发者提供应用开发、应用接入、应用输出等支撑能力，满足全领域生态应用的全生命周期开发和管理需求。

（5）5 大体系。建设广西移动政务的政策配套体系、标准规范体系、安全保障体系、运维管理体系、运营推广体系，为“智桂通”移动开放生态体系建设工作保驾护航。

（6）*N* 个移动终端入口。以移动 APP、微信小程序、支付宝小程序、百度小程序等主要形式，打造“智桂通”多终端入口，实现使用体验的个性化、服务类型的多元化和服务场景的全覆盖，为不同类型的用户群体提供“千人千面”的使用体验，满足不同用户群体的个性化使用需求。

9.3.3 基础设施底座

“智桂通”移动开放生态体系打造 1 个基础设施底座，包括公共管理支撑、公共软件支撑和公共数据支撑，为移动开放生态圈和服务应用提供统一技术支撑，从而避免重复开发，保障系统的完整性、规范性与开放性，减少技术风险，见图 9-10。

1. 公共管理支撑

为支撑“智桂通”移动开放生态体系建设、运维、市场化运营等工作，公共管理支撑包括基础运营管理系统、数字资源管理系统、综合决策分析系统、机构和用户管理系统、权限管理系统。基础运营管理系统是对平台中渠道、栏目、应用发布、资讯内容、消息等日常运营需求进行管理；数字资源管理系统是对平台所有的数字化文件资源进行存储、分发、监控等统一管理；综合决策分析系统是对整个平台接入的应用、接口、用户等进行数据建模和分析，便于及时了解系统运行数据情况和辅助决策；机构和用户管理系统为负责统一管理平台用户组织机构；权限管理系统为平台用户提供统一的权限设置。

2. 公共软件支撑

公共软件支撑整合汇聚了广西数字政务一体化平台、广西健康码等数字政府建设成果，实现了公共软件资源的统一支撑服务，避免各部门应用重复开发建设，最大化地利用公共资源。公共软件支撑主要包括统一通讯录管理、统一身份认证、统一消息中心、数字身份凭证认证中心、统一支付网关、统一知识库、统一数据服务、统一物流服务、音视频服务、5G 消息服务、统一 AI 服务等内容。

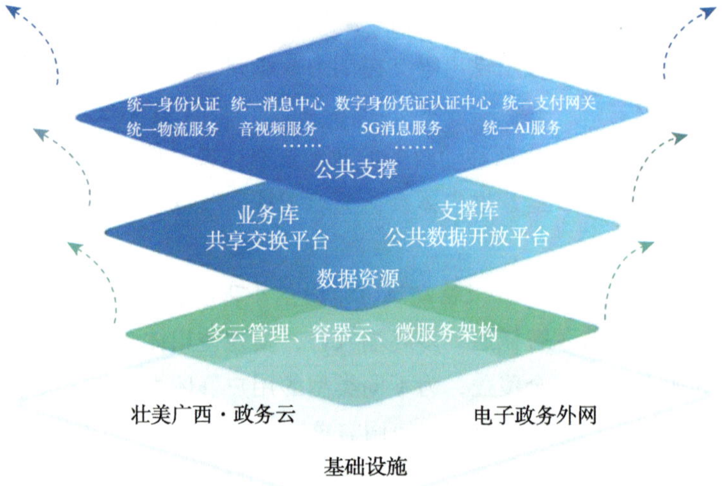

图 9-10　1 个基础设施底座

3. 公共数据支撑

公共数据支撑包括了“智桂通”业务库和“智桂通”支撑库。“智桂通”业务库依托广西政务数据共享交换体系，建立和汇集“智桂通”平台业务系统核心数据，包括用户信息、机构信息、栏目信息、内容信息、应用信息、接口信息、文件信息、配置信息、订单信息、支付信息等，为“智桂通”平台的上层应用、关系分析、行为分析提供基础核心数据支撑；“智桂通”支撑库建立和汇集“智桂通”公共数据开放平台系统支撑数据，包括调用日志信息、操作日志信息、登录信息、监控信息、告警信息、埋点信息等，为“智桂通”移动开放平台的上层应用提供数据支撑。

9.3.4 数据运营中心

“智桂通”数据运营平台包括多源数据治理管控平台、数据资产化平台、数据交易平台、数据绩效评估系统等，涵盖全域业务数据从数据挖掘（数据源接入）、数据治理、数据资产化、数据交换、数据监管、数据评估等全生命流程管理，为其建设及业务运营提供支撑。

“智桂通”数据运营平台对政府授权的政务数据、“智桂通”业务数据以及各“智桂通”移动开放生态体系合作伙伴的数据等进行统一管理、挖掘和监管，满足对生态数据统一运营、增值等业务支撑需求，从而打造数据资源质量高、供需匹配能力强、数据融合程度深、数据价值挖掘充分、数据监管全面覆盖、数据产业链与实体经济相互融合的数据要素市场化发展体系，见图 9-11。

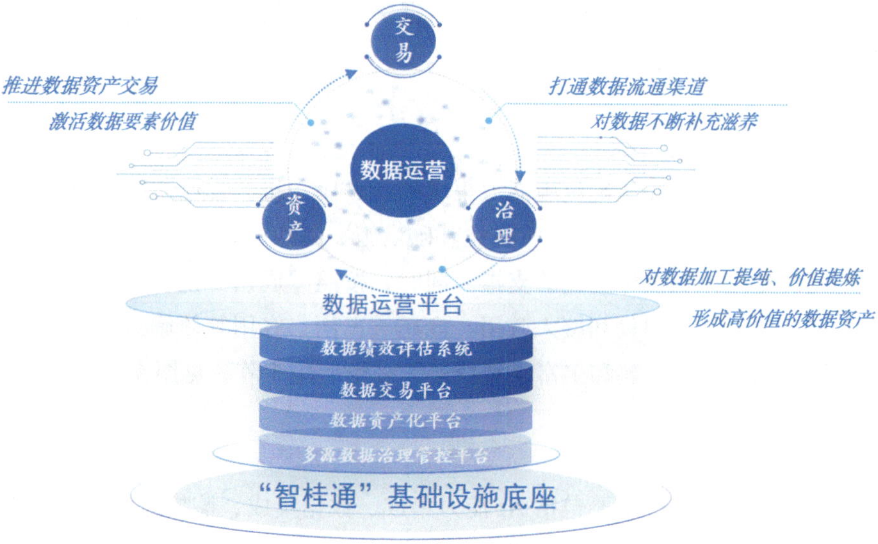

图 9-11 1 个数据运营中心

1. 多源数据治理管控平台

多源数据治理管控平台是通过构建标准化的数据治理流程，将政府授权使用的政务数据和“智桂通”业务数据进行标准化治理，形成规范目录，并按要求进行资源管理、资源交换、资源服务等，形成高质量的数据池，为“智桂通”数据运营平台的数据资产化等提供支撑。

2. 数据资产化平台

数据资产化平台通过对“智桂通”生态数据的统一挖掘、资产化、增值等，形成“智桂通”的发展战略资源，进一步强化数据资源的存量、增量价值，推动广西数据资产交易的进程。

3. 数据交易平台

数据交易平台是对外提供“智桂通”数据产品交易流通的平台，向有数据使用需求的政府、企业及个人数据应用开发者提供数据产品支撑服务。数据交易平台由大数据交易系统、服务撮合竞价系统、数据交易可视化展示系统等部分组成。

4. 数据绩效评估系统

数据绩效评估系统通过对目录编制、数据归集、数据标准、数据质量、供需对接、数据共享等方面设定评估指标，评估“智桂通”移动开放生态体系各资源提供方的数据信息资源共享工作的完成程度和效果，以评促建、以评促改，持续不断提高“智桂通”移动开放生态体系数据资源共享共用的服务质量，提升“智桂通”数据产品的竞争力。

9.3.5 统一服务平台

统一服务平台依托基础设施能力集成平台底座，将“智桂通”基础设施底座的云、网、共性软件、数据、AI 等各类基础设施资源和能力进行统一集成与封装，面向不同类型主体提供标准化的支撑。同时，按照“成熟一批、试点一批、发布一批”的工作原则，建设和接入政用、商用、民用、客用等领域的高标准、高质量的服务应用，稳步构建和丰富“智桂通”多维应用矩阵，见图 9-12。

1. 基础设施能力集成平台

基础设施能力集成主要包括 AI 能力集成、数据集成、监控运维管理集成等，针对不同的基础设施进行统一的能力集成管理。

1）AI 能力集成

AI 技术的不断发展推动着智能化应用日益增长。随着支撑“智桂通”应用的各类 AI 能力越来越多，AI 能力的管理集成变得越来越困难。基础管理系统旨在为各个业务应用提供灵活的、可伸缩的能力服务托管框架，为用户提供能力注册、部署、卸载、控制和监控一站式管理服务，解决 AI 集成能力管理困难的问题。

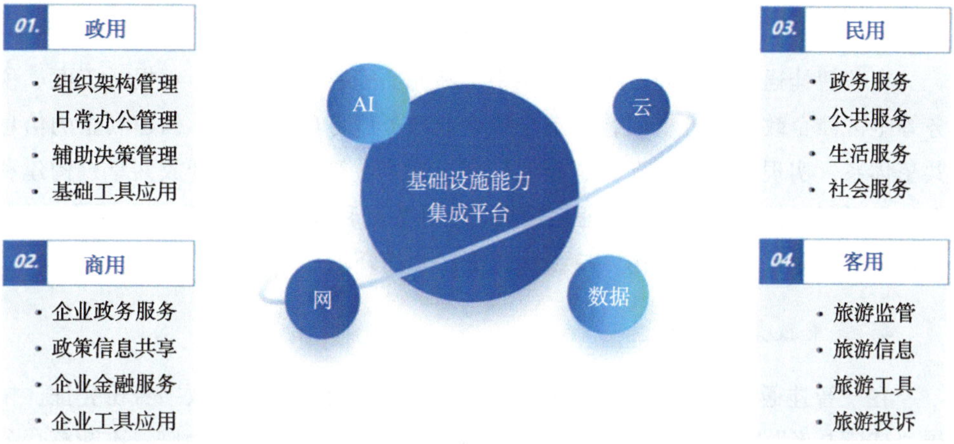

图 9-12 1 个统一服务平台

2）数据集成

数据集成将"智桂通"不同来源的各类基础数据进行集成，为平台数据的利用、管理、共享提供支撑能力。数据集成的功能服务包括：实现对多种数据源的支持，支持的关系数据库有 Oracle、MySQL、SQLserver 等，支持的文件类型有 txt 文件、csv 文件、excel 文件等，支持的接口类型有 Webservice 接口、HTTP 接口、socket 接口等；对于不同的大数据存储需求，实现对多种大数据存储组件的支持，支持的大数据存储组件包括 HDFS、HBase、Hive、Solr、Elasticserach 等；实现对数据的清洗、转换、标准化等预处理的支持，支持清洗规则、转换规则的用户自定义，以及清洗、转换、导入流程的用户自定义。

3）监控运维管理集成

监控运维管理集成为操作系统、数据库/中间件、物理服务器、网络/安全设备等提供统一的接入管理方式，并基于网络、硬件设备/软件系统的运行性能指标，进行静态阈值分析和智能基线分析，及时准确地发现问题和风险，解放低效的人为巡检，实现数据采集、数据存储、数据分析处理、运维管理、数据展示等功能。

2. 政用服务矩阵

在"智桂通"移动开放生态体系中构建起全区公职人员组织架构，依托"智桂通"即时通信、视频会议等功能，打造全区公职人员指挥协同体系；整合政府办公平台的公文流转、一键督办、流程提醒、政务值守等移动应用；分步推动使用"智桂通"完成线上消息提醒、信息获取、研判会商、资源调度、任务下达、处置跟踪到总结汇报等全流程的指挥协同，助力政府治理效能提升。

3. 商用服务矩阵

在“智桂通”移动开放生态体系中不断充实完善企业开办、年报、工商、税务等全区涉企政务服务事项，打造全区企业政务服务的集散地；构建利企的信息共享体系，实现全区行业新闻、企业信用、惠企政策等数据的开放共享；构建利企的金融服务体系，推动涉企征信数据、金融数据和涉企服务等数据的融合应用；建设一批企业市场服务应用，持续优化全区营商环境。

4. 民用服务矩阵

在“智桂通”移动开放生态体系中构建起每位群众唯一的数字身份凭证，拓展“亮证办事”“亮证出行”的应用场景；构建惠民的政务应用矩阵，不断整合公安户政、社会保障、不动产登记、公积金业务办理等高频政务服务应用。打造惠民的公共服务体系，整合与群众日常生活密切相关的缴费、查询、办理类便民服务；构建便民的市场化服务体系，汇聚一批涵盖停车缴费、地铁公交、车检服务、金融保险、家政服务等各类成熟的市场化服务，推动群众生活的数字化。

5. 客用服务矩阵

在“智桂通”移动开放生态体系中构建政府旅游全域大数据监管体系，打造旅游态势感知一张图，实现对全区旅游环境的精细化治理；打造惠客的旅游信息共享和市场化服务，提供全区景区、酒店、交通枢纽、公共设施、导游和民宿等旅游信息的查询和定制化服务，推动文旅产业数字化转型。

9.3.6 移动开放生态圈

当前市场信息化企业和成熟产品较多，但由于还未形成一个公共的移动端支撑平台、应用集散地，因此出现了信息化企业生态繁荣而移动应用服务资源分散等问题，用户无法较好享受互联网快速发展所带来的成果红利。因此，“智桂通”要面向社会，大范围开放已有基础设施及公共支撑平台能力，广泛聚合不同领域不同层面的企业能力，形成紧密的政企移动应用开放生态圈，让政府、企业、开发者紧密合作。

1.“智桂通”移动开放生态圈定位

“智桂通”移动开放生态圈致力成为“智桂通”建设的标准集成连接器、能力开放工具箱、生态运营好助手，与各级政府部门、生态企业、运营伙伴携手共筑广西移动服务繁荣生态。

（1）标准集成连接器。开放生态圈面向各级政府、各大企业以及个人开发者提供规范化移动应用快速交付平台，平台将数据集资源、标准化资源库、流程库等连为一体并形成服务支撑，同时提供丰富的页面模板库和组件库，开发者可快速构建统一标准的应用，助力高起点、高水准、高质量的移动应用快速落地。

（2）能力开放工具箱。从技术标准到支撑能力，从研发工具到应用组件，整合接入广西数字政府建设现有成果，广泛吸纳生态企业在移动服务业务支撑能力，形成一整套成熟的移动应用技术生态体系，为开发者带来全方位的支撑，协助开发商提升应用研发能力，为政府降低建设成本，释放创新数字红利。

（3）生态运营好助手。开放生态圈是一个生态管理平台，它通过建立政府部门与生态企业的互动机制，形成紧密的政企生态圈，从咨询服务到技术支持，从标准制定到交付运营，为运营部门带来一站式的支撑，助力发展移动服务生态。

2.“智桂通”移动开放生态圈用户角色

“智桂通”移动开放生态圈内置了应用开发者、应用接入者、平台运营者三大类角色，见图 9-13。

1) 应用开发者用户

应用开发者用户细分为两类，一类是新应用开发者，通过开放生态圈进行注册，可以基于研发支撑平台开发轻应用及云原生应用，开发完的应用通过应用管理中心发布（需通过审核），同时在知识中心上传相关文档、培训材料及规范文档等；另一类开发者根据已有的服务，通过服务集成平台开发自己的能力。

2) 应用接入者用户

应用接入者用户通过应用管理中心，使用方用户可以作为服务提供者将能力注册到系统，也可以作为服务消费者申请访问系统上的其他服务。

3) 平台运营者用户

平台运营者用户负责对所有的授权申请进行审批，对接入方用户、能力以及应用进行管理。同时，运营者在运营中心的能力支撑下能监测应用使用的相关数据（访问量、日活等），对应用改良以及运营方案提供优化建议。

3.“智桂通”移动开放生态圈核心能力

移动开放生态圈通过管理支撑平台、研发支撑平台、服务集成平台为生态共建者提供统一的管理支撑、研发支撑及服务集成，见图 9-14 和图 9-15。

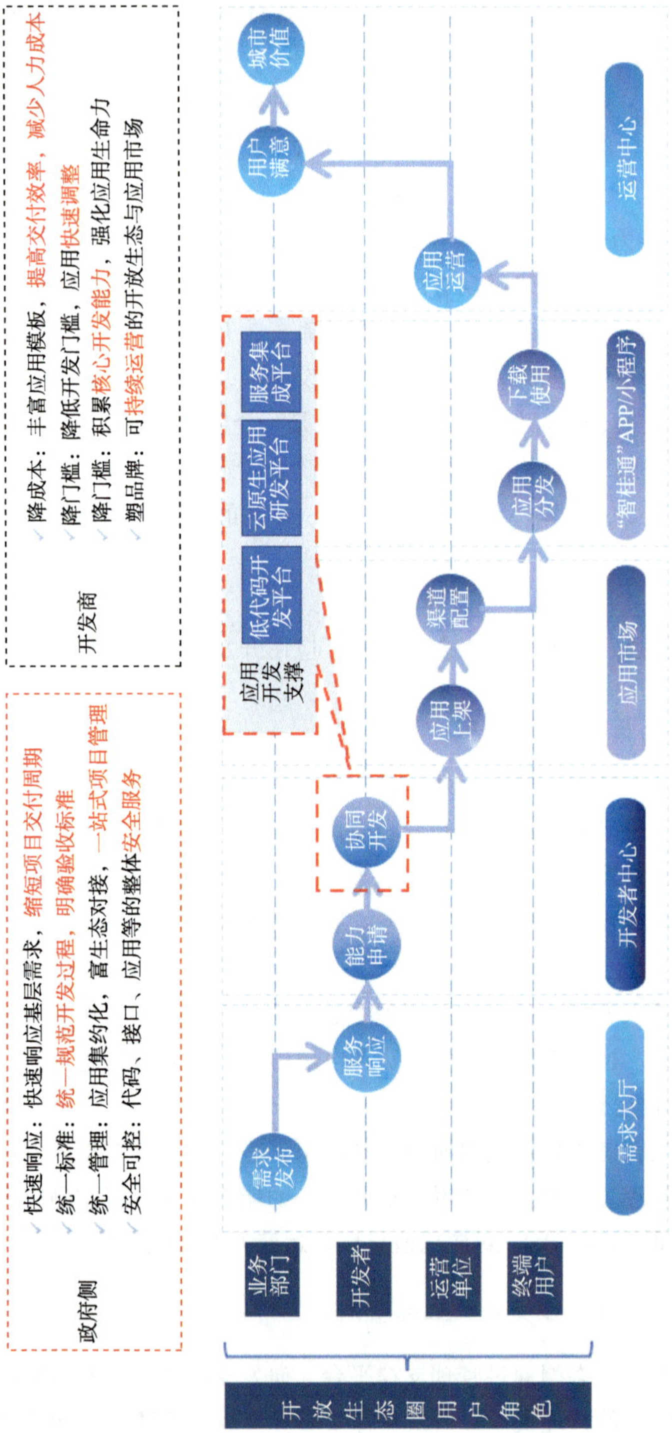

图 9-13 “智桂通”移动开放生态圈用户角色架构

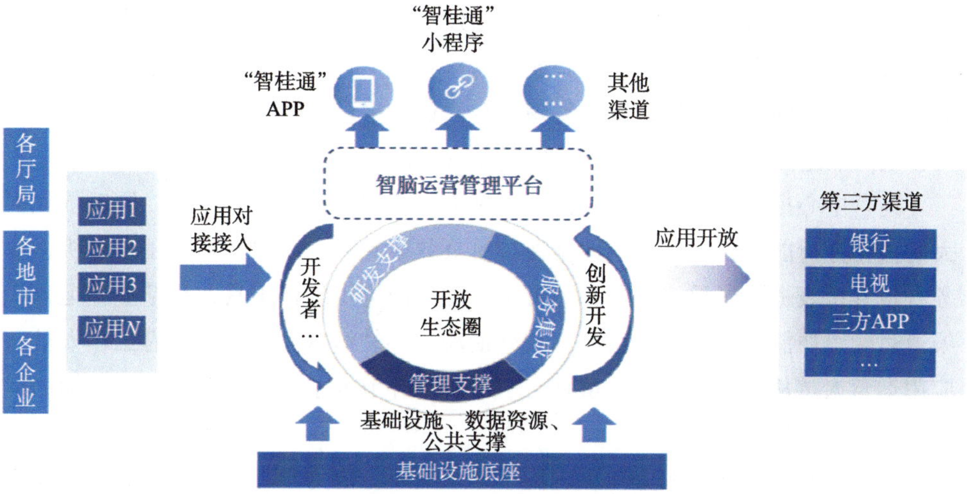

图 9-14 "智桂通"移动开放生态圈架构

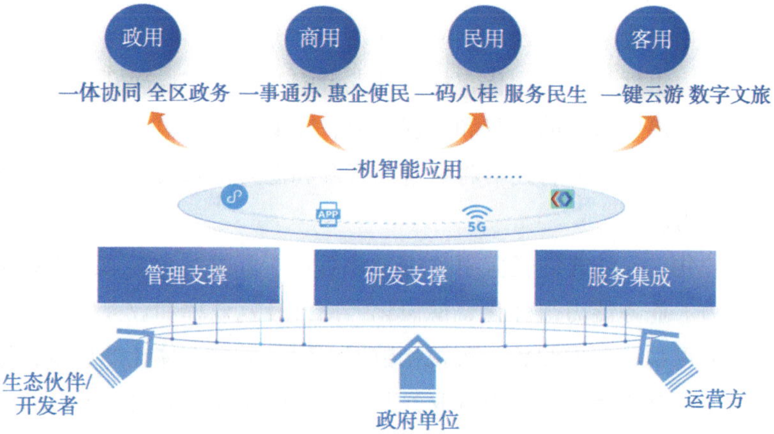

图 9-15 1 个移动开放生态圈

1）管理支撑平台

为相关应用、服务和能力接入、输出的审核管理提供系统支撑，满足开发者完成应用创建、能力申请、开发调试到应用上架的全生命周期管理需求，为开发者提供智能化运营管理、数据分析、数据可视化、知识管理等服务。

应用管理中心提供应用管理及服务管理两类功能服务。应用管理旨在帮助开发者自主完成应用从申请创建、开发调试到最后分发展示给终端用户，实现开发者对应用的全生命周期管理。服务管理提供 API 服务全生命周期管理服务，实现从 API 服务开发到服务下架的功能支撑，帮助开发商一站式管理 API 服务与服务调用。

运营中心是从移动互联网运营角度出发，依托强大的数据分析能力，通过多样化报表实现数据可视化，配套智能化运营管理工具，驱动业务决策，助力生态运营数据增长的一体化移动运营管理平台。运营平台与产品运营体系紧密关联，为移动产品量身定制，致力于有效提升运营质量与运营效率。

运营中心提供统一的运营数据采集标准，获取数据并统一存储，同时依托强大的数据分析能力，将存储的数据通过首页数据看板、用户看板、用户分析、业务看板等报表进行展示。此外，还可结合配套的应用运营工具，包括业务运营、渠道运营、功能运营、用户反馈、积分活动、事件运营等，支持政府工作人员和应用运营人员从拉新、激活、留存、引导各个环节入手对用户进行分析，辅助运营优化，助力数据增长。

知识中心提供开发相关知识沉淀、知识共享、能力学习、课堂等基础功能模块，实现对平台各类开发知识文档、学习材料进行统一管理。

2）研发支撑平台

依托轻应用开发平台、云原生应用开发平台等，将移动应用开发常用的技术能力、业务能力组件化、模块化，提升开发者的开发效率，向开发者提供快速开发、快速发布应用所需要的工具和数据资源，降低开发门槛，减少研发成本，提升开发效率。另外，开发者还可将自身的资源和能力接入支撑平台，不断丰富平台的资源和能力。

提供集约化、一站式的轻应用（H5、小程序）开发平台，通过把移动开发常用的技术能力、业务能力组件化、模块化，提升开发效率和业务复用。同时，通过云端平台的可视化开发配置、可视化数据配置、云端一体化的后端云服务、安全监测和修复等核心能力，助力各业务开发方快速建设、上线各类移动应用。

平台通过整合 Docker 容器、Kubernetes 原生架构等云原生技术，实现业务应用从开发、测试，到部署、运维的全生命周期平台化管理，可服务于不同规模的应用提供商，支持管理各种复杂度的基础设施环境，能够满足应用逐步向容器化、微服务化过渡的需求，提升应用迭代速度，降低应用交付成本。

3）服务集成平台

为开发者提供服务接入、服务管理、服务准入等功能支撑。支撑开发者使用 API 封装自身业务，并将用户的数据、业务逻辑或功能安全可靠地开放。为开发者提供 API 的完整生命周期管理能力，包括创建、维护、发布、运行、下线等服务。

9.3.7 5 大体系

1. 政策配套体系

通过出台“智桂通”移动开放生态体系相关配套政策和地方性法规，为移动开放生态体系的建设、运营、维护等工作提供配套政策和法规保障，见图 9-16。

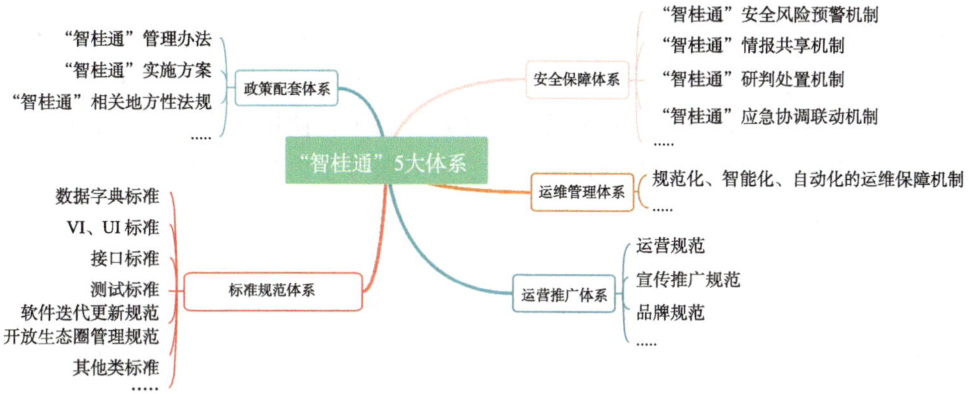

图 9-16 “智桂通”五大体系思维导图

2. 标准规范体系

制定“智桂通”数据字典标准，VI、UI 标准，接口标准，测试标准，软件迭代更新规范，开放生态圈管理规范等标准规范，健全应用接入、输出的审核管理机制和配套的监管手段，打造“智桂通”标准规范体系，保障“智桂通”的建设运营、应用接入等流程的标准化开展。

1）数据字典标准

根据国家标准，编制“智桂通”移动开放生态体系的数据字典标准，为平台与各参与方之间的数据字典提供统一的数据字典标准。建立统一数据字典有以下几个目的：一是提高开发效率，降低研制成本。数据字典是数据库开发者、数据监管人员和用户之间的共同约定，是系统说明书的一个重要组成部分。统一的数据字典有助于开发者建立数据模型以及程序和数据库之间的数据转换接口，为规范化设计和实施数据管理系统铺平道路。二是促进数据共享，提高数据的使用效率。通过数据字典，可方便用户了解每项数据的意义、数据的来源和使用方法，从而帮助用户迅速地找到所需的信息，并按照正确的方法使用数据。三是控制数据的使用。在特定的场景，可以通过对数据字典的控制，达到控制数据使用的目的。

2）VI、UI 标准

编制“智桂通”移动开放生态体系的 VI、UI 标准，规范和约束移动端与小程序的统一品牌 LOGO 标识、页面色调、字体、布局间距、第三方接入标识、交互控件及用户交互规范。

VI、UI 标准主要分为三个方面的设计：交互设计、界面设计、视觉设计。交互设计过程中通过清晰、明确、一致性的视觉语言向用户传达正确的信息，减少操作过程中的困惑和误操作，方便用户浏览、查询、办理操作等相关内容；界面设计要求有统一的页面元素，具备便捷的导航设计，同时文字信息应简明达意，便于用户快速理解，将散乱的信息进行整理，使用用户理解的方式进行分类和排列；视觉设计应符合风格统一、形式服务于内容、情感化设计、科学验证的规则。

VI、UI 标准对界面区域划分、整体页面宽度、页面布局、页面编码格式、分辨率、浏览器兼容性、配色都提出具体要求。依据平台的设计要求 VI、UI 标准包括整体规范、登录页规范、首页规范、业务系统、系统页面集成规范、页面规范内容。

3）接口标准

编制“智桂通”移动开放生态体系的接口标准，定义接入开放平台接口的接入规范、接口格式、报文格式、安全规范等，为接口提供方和使用方提供统一的标准规范，主要使用的接口技术有 Webservice 和 HTTP。具体接口规范包括域名规范、路径规范、API 命名规范、请求参数规范、返回数据规范、接口文档规范。接口安全也是接口标准的重要内容，包括接口安全评估、访问控制、防恶意代码、加密方式等。

4）测试标准

编制“智桂通”移动开放生态体系的测试标准，规范移动端应用的测试范围、产物及流程。应用发布前需要经过功能测试、压力测试、性能测试与安全测试，测试通过才具备上线条件，测试标准为移动端应用提供统一的参考标准。

5）软件迭代更新规范

编制“智桂通”移动开放生态体系的软件迭代更新规范，规范移动端应用迭代更新后发布的流程和产品形态。针对发布及更新的申请材料、技术对接、审核检查、灰度发布流程等提供统一的标准软件迭代更新规范。

6）开放生态圈管理规范

编制“智桂通”移动开放生态体系的开放生态圈管理规范，规范对开发者个人以及单位在平台的申请、审查核验、退出都有明确的管理流程和标准。

7）其他类标准

为保障“智桂通”移动开放平台更好地使用和运维，需要通过技术、数据、安全、运维等标准，保障平台的正常使用和稳定运行。

3. 安全保障体系

持续深化 5G、AI、威胁情报、数据安全等新型安全技术的应用，依托数字政府安全运维基础设施，建立健全“智桂通”安全风险预警、情报共享、研判处置和应急协调联动机制，构建管理与技术相结合的安全保障体系，为“智桂通”移动开放生态体系提供体系化的安全保障。

4. 运维管理体系

建立健全规范化、智能化、自动化的运维保障机制，打造智能运维监控系统与可视化交互系统相结合的“智桂通”运维管理体系，实现对各类服务应用和设备资源的全程监控与自动化运行维护，为各领域提供统一运维响应服务，满足“智桂通”7×24 小时保障需求。

5. 运营推广体系

制订完善“智桂通”品牌发展规划，构建“智桂通”运营推广体系，以解决用户刚性需求、提升用户服务质量、加强“智桂通”品牌影响力为目的，通过开展广泛的用户需求调研、产品的升级迭代、特色活动策划和品牌宣传推广等措施，推进“智桂通”运营推广体系的建设。

9.3.8 多个终端入口

以移动 APP、微信小程序、支付宝小程序、百度小程序等主要形式，打造集多终端入口的“智桂通”移动终端体系，实现使用体验的个性化、服务类型的多元化和服务场景的全覆盖，为不同类型的用户群体提供“千人千面”的使用体验，满足不同用户群体的个性化使用需求。

1. 移动终端不同主体功能定位

“智桂通”APP 是“智桂通”移动终端体系的服务主体，通过利用原生能力优势，汇聚政务服务、公共服务、社会服务、城市服务等各类服务资源，并进行多服务场景融合，是一款超级 APP，为政府公务人员、企事业单位、市民、游客提供办公、办事、生活、旅游等全面化、一体化、智能化的掌上服务。

“智桂通”微信小程序、“智桂通”支付宝小程序、“智桂通”百度小程序等作为推广渠道，可以充分发挥轻便、易于推广及生态的流量优势，承载查询类、咨询类、工具类等高频、优质的应用，通过这些应用在社交圈转发传播，为“智桂通”引流提供支撑。

“智桂通”APP 建设充分依托广西政务云平台、自治区数据共享交换平台、公共数据开放平台等基础设施和数据资源，提供涵盖政、商、民、客四大领域功能应用，为公务员、市民、企业、游客不同群体提供多元高效智能服务，见图 9-17。

图 9-17 “智桂通”APP

2. “智桂通”各类小程序

“智桂通”小程序依托于各大主流开放平台生态进行建设，包括微信开放平台、支付宝开放平台及百度开放平台等，具有操作便捷、覆盖用户广、应用推广难度小、应用开发周期短等特点，用户不需要下载 APP，即扫即用。

“智桂通”小程序以游客服务、市民服务为中心，集中提供游客与市民高频使用的公共服务。面向游客，提供文化旅游、交通出行、消费购物等客用服务；面向居民，提供办事服务、生活服务、个人服务等民用服务，实现城市服务指尖办理，见图 9-18。

图 9-18 “智桂通”小程序

9.4 “智桂通”移动开放生态体系的创新点

从新矛盾中把握新机遇，以广西的实际探索实践为案例，对数字政府建设发展矛盾进行研究分析，对数字政府建设成果进行总结归纳，在建设模式、架构模式、生态模式、内容融合、服务模式上进行深入思考，在建设模式上创新，首次使用 ABO 模式建设信息化项目；在架构模式上创新，以“大后台、富生态、多终端”的理念进行设计，精心打造“1+1+1+1+5+N”整体顶层规划；在生态模式上创新，组建“智桂通”生态产业创新联盟，共筑繁荣生态；在内容融合上创新，打造广西移动端服务应用的统一入口，并推动数据融合创新；在服务模式上创新，构建“数智人”，实现服务更智能。由此提出以“政府搭台，企业唱戏，市场化运营”为思路，开展“智桂通”移动开放生态体系建设，寻找一条科学务实、良性发展的数字政府建设路径，以期实现数字政府项目的可持续发展，见图 9-19。

9.4.1 建设模式创新

“智桂通”创新采用“政府授权、企业投资、市场运营”的 ABO 模式进行项目建设，由广西壮族自治区大数据发展局对“智桂通”的设计、开发和运营内容进行统筹管控，并授予授权主体“智桂通”品牌的使用权、资源权、建设运营权等，政府根据需要发布相关的引导政策，引导和要求区内各行业各领域的移动端

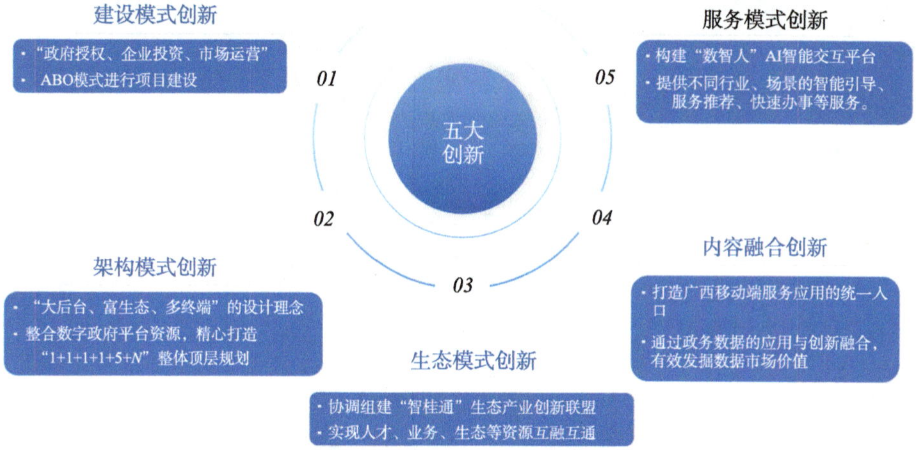

图 9-19 "智桂通"五大创新亮点

应用服务与政务数据汇聚到"智桂通"移动开放生态体系，支撑构建"智桂通"数据运营中心。同时政府对"智桂通"的品牌及关联项目的建设运营情况、各项授权权利的使用情况进行整体管控，确保"智桂通"品牌及关联项目建好、建活。

对于授权主体来说，获得政府官方授权的"智桂通"品牌及关联项目投资建设、市场化运营的权利后，可通过市场化运营在授权范围内面向市场提供服务，收取相关服务费用，形成资金沉淀和经济效益，构建"政府扶持+市场化运营"相互促进的模式。同时，通过生态合作的方式，引入区外具备能力的企业参与"智桂通"品牌及关联项目的建设和运营，利用互联网生态优势全面提高"智桂通"的平台活力、服务供给能力和品牌影响力，共同打造"智桂通"品牌生态。

9.4.2 架构模式创新

"智桂通"按照"大后台、富生态、多终端"的理念进行设计，构建了"1+1+1+1+5+*N*"的"智桂通"移动开放生态体系总体架构。以构建"大后台"为核心支撑，充分发挥广西数字政府建设成果的效用价值，通过整合利用现有的数字政府平台资源，建设统一基础设施底座，为广西数字化转型提供基础支撑；通过统一标准、统一规划，建设统一服务平台及移动开放生态圈，加强应用创建、应用测试、应用发布等应用全生命周期管理，统筹全区各行业各领域生态服务应用；通过政府授权政务数据运营，建设数据运营中心，推动数据要素流通，全方位促进政务数据要素的融合应用，激发数据要素价值。以"富生态"为发展目标，联合区内外先进企业，组建"智桂通"创新生态联盟，引导全区各级政府、各企业开发者及个人开发者在"智桂通"生态上创新发展，实现共建、共享、共用"智桂通”移动开放生态资源，促进开放生态的繁荣发展。以“多终端”为应用服务载体，以统一用户体验、统一界面风格、统一应用入口为标准，建设全区统一的移动 APP、微信小程序、支付宝小程序、百度小程序等“智桂通”应用终端入口，满足用户个性化的服务需求，加快推动广西的数字化转型升级。

9.4.3 生态模式创新

“智桂通”创新建立广西首个移动“生态产业创新联盟”机制，由广西壮族自治区大数据发展局作为统筹协调单位，由数字广西集团牵头，组织中国东信、广西产研院、科大讯飞、腾讯、支付宝等 32 家广西区内外龙头企业入驻“智桂通”生态产业创新联盟，发布共同构筑“智桂通”移动开放生态体系倡导，推动高新技术、创新应用、核心数据等关键要素聚集，促使更多优势资源落地广西，不断提升“智桂通”移动开放生态体系的竞争力，构建“政府建底座、企业同参与”的广西产业数字化转型新业态。

9.4.4 内容融合创新

“智桂通”推进广西全区政务服务、公共服务和社会商业服务数据聚集，打造广西区内数据最多、维度最广、安全可靠、应用场景最丰富的大数据生态体系，依托用户、数据、算法、安全等优势，积极探索推进将数据资源转化为数据资产，实现数据资源价值开发。同时，对各级政府部门、公用事业机构等应用进行移动化、标准化、场景化和适应性改造，不断融合各行业各领域的数字化应用，跳出单纯政务平台服务领域的限制，打造广西移动端服务应用的统一入口，积极拓展服务领域、丰富应用场景，大胆探索新业态新模式，以期实现平台自我造血和反哺平台建设的良性发展。

9.4.5 服务模式创新

“智桂通”利用大数据、知识图谱、AI 等技术，创新构建具备自我学习和迭代能力的“数智人”AI 智能交互平台，并使用虚拟技术打造了具有广西特色，可感知用户意图并通过应用工具主动提供针对性质服务的拟人智能体“数智人”小桂，它具备自学习、自维护、自演进的特性，以虚拟形象与用户进行多模态交互，为用户提供不同行业、不同场景的智能引导、服务推荐、快速办事等服务，做到“知你所想、达你所愿”的用户体验。

9.5 小　　结

新兴的数字技术正在以前所未有的速度改变我们的世界，数字技术的普及推广和快速演进，在为时代数字化转型提供强大的科技驱动力的同时，新的发展矛盾日益凸显。从新矛盾寻找新发展动能，在这重要的战略机遇期，广西采用 ABO 建设模式，倾力打造“智桂通”移动开放生态体系，为推进数字政府建设，引领各行业全面数字化转型提供了一条切实可行的路径。

第 10 章 未来已来

CHAPTER 10

在地球 46 亿年的漫长历史中，诞生过许许多多的生物，而人类作为其中一颗最耀眼的“新星”，始终散发着璀璨的光辉。

从石器时代到蒸汽时代，原始人类利用 300 万年站在了食物链的顶端；从蒸汽时代到信息时代，现代人类利用 300 年完成了三次工业革命，深刻改变了人类的生活方式和思维方式。在这之后，从 1876 年的第一部有线电话到 2007 年深刻改变人们生活方式的智能手机 iPhone、从 1946 年的第一台计算机 ENIAC 到 1981 年的第一台个人电脑 IBM5150、从 1976 年的 1G 模拟信号到 2019 年的 5G 万物互联……人类科技进入了爆炸式飞跃的时代。

科技在飞速发展的同时，也对社会形态产生了深远的影响。在 30 年前，需要通过 BB 机、“大哥大”和公用电话亭才能联系上一个人，而今天只需要打开手机上的 QQ、微信就能同时与成百上千的人进行沟通；大数据、AI、元宇宙、万物互联等概念早已不再是遥不可及的专业术语，而是人们茶余饭后津津乐道的话题；手指在手机上轻轻一点就能随时获取世界各处发生的最新消息，在电商平台随手下单就能购买各个国家的物品，打开聊天软件就能跟全球各地的人们实时通信……许许多多在 100 年前看似遥不可及的事情，在 2023 年的今天都已成为现实。科技发展消除了人与人之间的沟通障碍，互联网将整个人类社会连接成了一个紧密的共同体。在互联网高速发展的今天，人类已经处在了真正意义上的“未来时代”。

但随着互联网的高速发展，人们面临着一个新的问题——“信息爆炸”。所谓“信息爆炸”，是对近几年来信息量快速发展的一种描述，新闻信息飞速增加、娱乐信息急剧攀升、广告信息铺天盖地、科技信息飞速递增……种类繁多的信息在爆炸般席卷整个地球的同时，滋生了网络犯罪、信息诈骗等各式各样的问题，这也对政府治理能力提出了更高的要求。在“信息爆炸”时代，社会的信息量已经远远超过了人类个体所能处理的上限，传统的“人治”型政府难以满足社会发展的需要。在这个背景下，以大数据、AI 等技术为基础，以“智治”取代“人治”的“数字政府”成为社会发展的必然要求。

随着新一代信息技术的高速发展，一个将人、事、物融合为一体的万物互联和元宇宙逐渐进入了人们的视野。2021 年 3 月 10 日，作为“元宇宙第一股”的 Roblox 公司成功在纽约证券交易所上市，吹响了人类进军元宇宙的号角。随后，Facebook 的 CEO 马克·扎克伯格宣布 Facebook 公司改名为“META”，开始大力进军元宇宙，拉开了元宇宙时代的序幕。万物互联和元宇宙时代的到来，预示着现有社会形态即将跃迁到更高的层级，政府治理模式也将迎来重大变革。

随着万物互联和元宇宙时代的到来，预示着现有社会形态即将跃迁到更高的层级，政府治理和服务模式也将迎来重大变革。未来的数字政府将基于万物互联的新型基础设施，基于元宇宙的新入口、新载体、新体验形式，构建认知多维化、人机物一体化、内容与交互实时化、全域治理和服务智能化的新的数字孪生世界。

10.1 万物互联，构建未来数字政府的全域感知体系

10.1.1 什么是万物互联

从定义上看，万物互联是指将人、机器、数据和事物结合在一起，使得网络连接变得更加相关、更有价值。万物互联的核心是梅特卡夫定律，即一个网络的价值等于该网络内的节点数的平方，而且该网络的价值与联网的用户数的平方成正比，该定律指出，当随着越来越多的人、事、物通过互联网连接起来时，整个网络将爆发出难以置信的强大力量（图 10-1）。

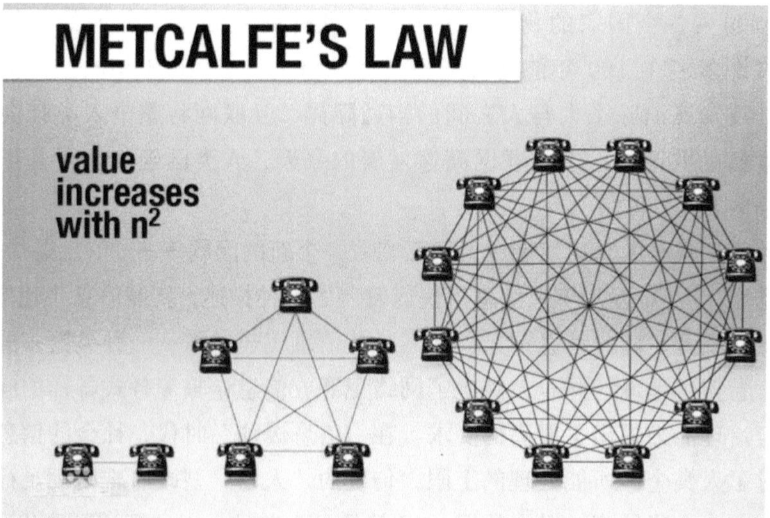

图 10-1 梅特卡夫定律示意图

随着物联网和 AI 等高新技术的发展与应用，人、机、物融合的相关研究已经引起世界普遍关注。2021 年，习近平总书记在两院院士大会、中国科协第十次全国代表大会上指出，以信息技术、AI 为代表的新兴科技快速发展，大大拓展了时间、空间和人们认知范围，人类正在进入一个“人机物”三元融合的万物智能互联时代①。随着华为、小米等互联网企业先后布局“万物互联”领域，互联网将迎来一个全新的发展阶段。

10.1.2　万物互联将成为未来数字政府的感知体系

随着科技的发展，未来的人、事、物都将通过万物互联形成一个统一的共同体。在这个共同体中，一切的感知、认知都将网络化、数据化、智能化，万事万物皆可连接、皆可通信、皆可交互，万物互联将成为未来数字政府的新基础设施，并为人们带来全新的体验：旅客在自驾到桂林旅游时，ETC（electronic toll collection，电子不停车收费）系统通过 OBU（on board unit，车载单元）与 RSU（road side unit，路侧单元）识别，将收费站、车辆、车主、钱包智能互联，旅客使用数字人民币完成支付交易，联动电子屏显示成功并抬杆无感通行；在服务区休息购物时，无人值守超市、售货机通过与旅客、钱包和位置信息智能互联，实现来了就拿、拿了就走，免去排队之苦；来到民宿酒店时，酒店通过旅客、服务机器人、客房空调、电视、冰洗、窗帘、浴室等设施的智能互联，在旅客到达房间时各个设备均已调试到最佳状态，入住即可享受住宿、餐饮、观光、娱乐等一站式服务。

未来，数字政府将可通过无处不在的万物互联感知社会空间的各类信息，实时收集、分析和认知能源、交通、水利、通信、应急等各类公共基础设施的运行状态，通过数字政府大脑的智能化决策，面向社会公众提供数字化、网络化、智能化的政府服务，从而将政府治理的触角延伸至社会每一个角落，实现数字政府无处不在。

10.2　元宇宙，构建未来数字政府的服务模式

10.2.1　什么是元宇宙

元宇宙一词诞生于 1992 年作家尼尔·斯蒂芬森的科幻小说《雪崩》，小说描

① 习近平在两院院士大会、中国科协第十次全国代表大会上的讲话（全文），https://baijiahao.baidu.com/s?id=1701009847590037191&nfr=spider&for=pc[2023-02-09]。

绘了一个庞大的虚拟现实世界“Metaverse”，只要戴上耳机和目镜，找到连接终端，就能够以虚拟分身的方式进入由计算机模拟，与真实世界平行的虚拟空间。

近年来，随着信息技术不断创新和突破，算力供应快速增长、云计算价格持续下降、AI 软硬件持续发展、VR 技术逐渐成熟等一系列因素技术进步，元宇宙于 2021 年成为全球热点，受到产业和资本市场的高度关注。目前元宇宙尚无公认的权威定义，但一个基本共识是，元宇宙本质上是对现实世界的虚拟化、数字化过程，并且仍在不断演变。[①]在我国，上海、北京、浙江、海南等地纷纷谋划将元宇宙纳入“十四五”规划、写入政府工作报告，加快相关元宇宙产业布局，打造元宇宙产业基地和生态示范区。

元宇宙是一项涉及多种高新技术、多个领域维度、现实与虚拟交互的复杂系统工程，其复杂性与其他工程不可等量齐观（图 10-2）。虽然如今的元宇宙充满着巨大的不确定性，但不可否认的是，元宇宙是当下的人类对未来社会发展方向的一次重大探索。正如计算机带动了集成电路、芯片、半导体等产业的发展一样，元宇宙技术的发展也将进一步带动 AI、数字孪生、拓展现实、脑机接口等技术的飞跃，而这也将为未来的数字政府服务模式提供全新的思路。

10.2.2 数字政府元宇宙的未来畅想

未来，元宇宙将为数字政府提供全新的入口、载体和服务体验，其鲜明特征是服务拟人化、业务场景化、决策智能化，以“数智人”为代表的虚拟人将成为人们生活中不可或缺的一部分。我们以“智桂通”数智人为例，畅想一下未来人们在数字政府元宇宙中的生活场景。

小李因工作调动要前往广西南宁市生活，首先要解决买房落户问题。小李通过身边的终端进入“智桂通”元宇宙，数智人“小桂”主动出来迎接小李，并根据小李的工作调动信息，向小李主动提供买房落户全流程服务，全程陪同小李在最短时间内看遍符合需求的数字房产，并给出最佳购房建议。确定房产后，小李在元宇宙中一站式完成缴纳首付款、公积金贷款、房屋过户和不动产证办理，然后进行在线数字化 DIY 装修，形成个性化定制装修方案。确定装修方案后，“小桂”从后台自动匹配最合适的装修公司上门装修，当小李抵达南宁之后，即可直接入住已完成装修的住宅，开始享受在南宁的生活。

---

① 高舜礼：元宇宙能将旅游业咋的？，https://baijiahao.baidu.com/s?id=1737846225111505031&wfr=spider&for=pc [2023-02-09]。

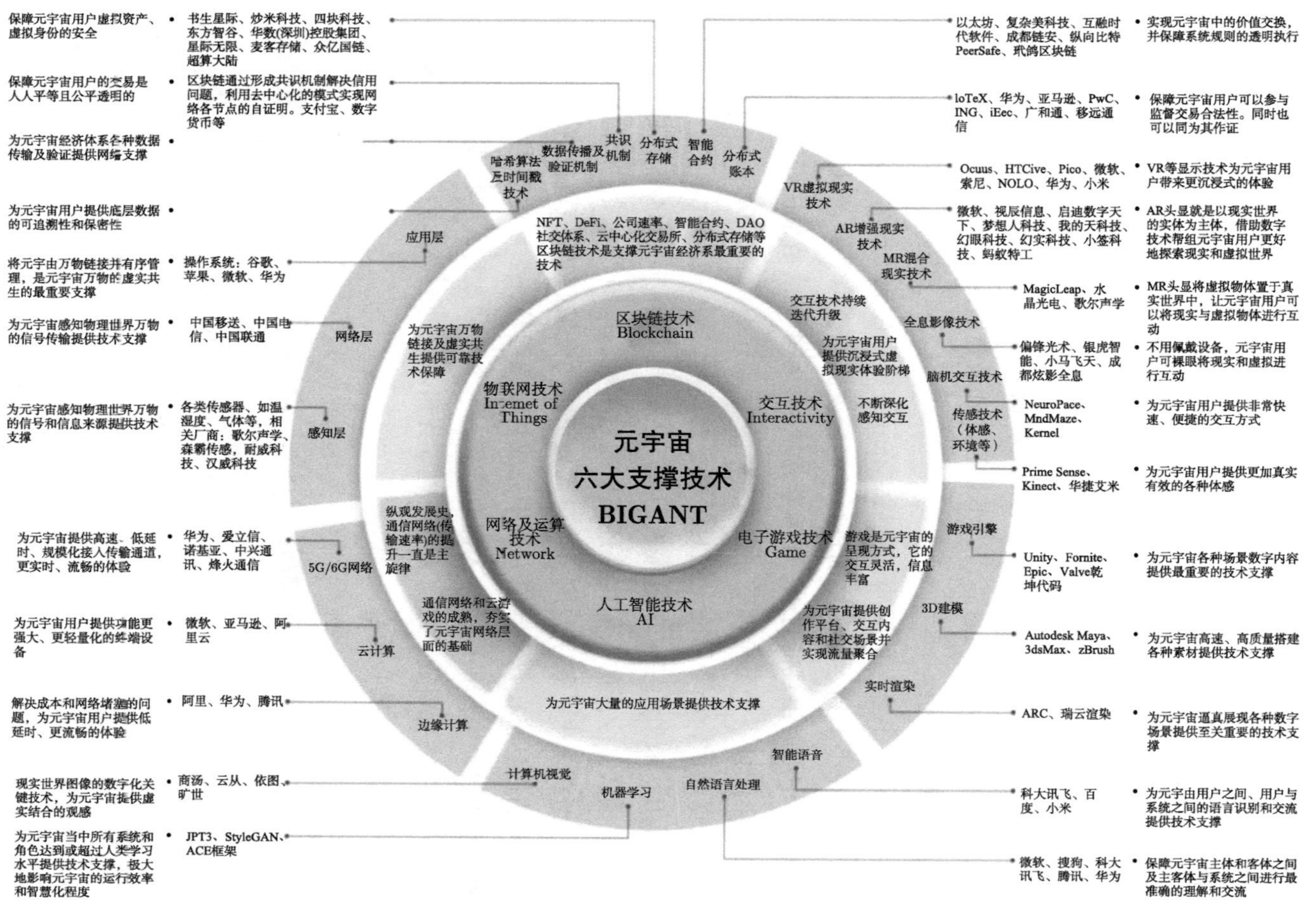

图 10-2 元宇宙六大支撑技术全景图

资料来源：《元宇宙通证》

过了一段时间，小李的女儿甜甜要在附近就学了。甜甜在来到教室时发现，学习环境可以根据学科需要演化出一个个虚拟重现、虚实融合的教育场景。物理课上，甜甜现场见证了牛顿的苹果和一幕幕神奇的物理现象；化学课上，甜甜利用手边的虚拟化学品尽情做实验，再也不怕爆炸了；语文课上，甜甜看到李白为孩子们吟唱“天生我材必有用”，杜甫为孩子们讲述“出师未捷身先死”；历史课上，秦皇汉武给甜甜分享他们的文韬武略，甜甜以时代人的身份参与了各式各样的历史事件，收获了许多知识。

一天小李满身疲惫地回到家，感觉胃疼的毛病又犯了。这时数智人“小桂”根据小李的健康数据判断出小李的胃病需要尽快进行手术，不然可能会继续恶化。于是“小桂”在取得小李同意后，为小李匹配到最合适的医院，并将小李的健康数据实时发送给了医生。

医生在取得“小李”的健康数据后，在元宇宙中生成了一个与小李一模一样全息数字人，在小李到达医院之前进行了高精度虚拟模拟手术，以便提前熟悉情况，避免手术中可能出现的意外。手术非常顺利，小李的病情很快好转，随后“小桂”又为小李制订了一套全面的康复方案，包括理疗、运动、饮食，一个月后的动态监测数据显示，小李已完全恢复健康。

可以看出，未来元宇宙在重构人们生产生活方式的同时，也将深刻改变数字政府的服务模式。今天的人们也许还需要通过手机、电脑等方式主动向政府申请办理业务，但在未来，数字政府将通过无处不在的全域感知体系触达社会每一个角落，海量的信息将在数字政府大脑中完成智能化运算，数字政府大脑将从庞大的应用体系中自动挑选出最适合人们的服务，一个个“数智人”将成为群众的贴身管家，人们将感受到数字政府无处不在、无微不至的服务体验，充分体现数字政府“以人为本”的核心理念。

10.3 从全面认知到整体智治，构建未来政府治理模式

回望中华上下五千年历史，“其兴也勃焉，其亡也忽焉”的历史周期率是我国历史上封建王朝摆脱不了的宿命。秦始皇一统春秋战国，书同文、车同轨，奠定中华大一统根基，后因秦二世穷奢极欲，百姓揭竿起义。汉高祖刘邦灭秦立汉，一条丝绸之路横跨欧亚大陆，将中华文明推向顶峰，后又因宦官乱政，天下三分……几千年来，中华历史始终躲不开历史周期率，如何实现党和国家长治久安，成为一个无法回避的历史的命题。

1945 年，抗日战争胜利前夕，毛泽东和民主人士黄炎培在延安的窑洞中展开

了一场探讨。面对“历史周期率”，毛泽东给出了第一个答案：“我们已经找到了新路，我们能跳出这周期率。这条新路，就是民主。只有让人民起来监督政府，政府才不敢松懈。”[①]此后，一轮红日在东方冉冉升起，照耀着东方大地。

2021年，站在两个一百年的交汇点上，以习近平同志为核心的党中央面对“历史周期率”给出了第二个答案：“能胜强敌者，先自胜者也。”勇于自我革命，是我们党最鲜明的品格，也是我们党最大的优势。[②]党的十九届六中全会通过的《中共中央关于党的百年奋斗重大成就和历史经验的决议》提出，自我革命精神是党永葆青春活力的强大支撑。先进的马克思主义政党不是天生的，而是在不断自我革命中淬炼而成的。党历经百年沧桑更加充满活力，其奥秘就在于始终坚持真理、修正错误。党的伟大不在于不犯错误，而在于从不讳疾忌医，积极开展批评和自我批评，敢于直面问题，勇于自我革命。[③]

随着新一代信息技术的快速发展，数字政府建设向未来交出了一份答卷，即按照“技术治理”的理念，通过建设“以人民为中心”的数字政府，推动政府治理从全面认知到整体智治，为新时代的政府治理提供更有效的渠道、手段、载体和力量，让人民更有底气当家作主，让党更有能力统揽全局，实现长治久安。

10.3.1 全面认知，未来治理的技术基石

在传统的政府治理中，由于信息收集渠道与信息传输技术的局限，除了政府以外，没有任何个体、群体或社会组织有能力和技术构筑覆盖全国范围的信息收集与分析体系的机制，政府成为全国唯一的信息集散中心。在封建社会，封建帝王依托驿站系统构建覆盖全国的信息交换传输体系，并以朝廷作为政府治理中枢，通过“八百里加急”的方式实现全国范围的资源调度和社会管理。但由于信息传输方式的限制，朝廷所接收到的信息势必会在传输过程中产生失真，封建社会的政府治理往往难以触达实际的民情民生，导致“朝中歌舞升平，百姓民不聊生”，因此封建社会往往难以逃脱“兴衰治乱，往复循环”的历史周期率。

但随着新一代信息技术的发展和通信设备的普及，信息收集渠道和传输技术得到了革命性变化，以手机为代表的通信设备不再是简单的沟通工具，而是一种集成通信、计算与感知能力的便携式个人智能终端和智能传感器，社会进入了“全面感知”的时代。高度发达的网络和通信技术使得政府不再是唯一的信息集散中

---

① 民主的新路，http://www.xinhuanet.com/politics/2012-11/07/c_113622792.htm[2023-05-22]。

② 跳出“历史周期率”的第二个答案 打出自我革命组合拳，https://m.gmw.cn/baijia/2022-01/20/35459814.html[2023-02-09]。

③ 中共中央关于党的百年奋斗重大成就和历史经验的决议（全文），http://www.gov.cn/zhengce/2021-11/16/content_5651269.htm[2023-02-09]。

心，无所不在的信息采集设备把政府与社会紧密地连接在了一起，政府的行为随时随地受到人民群众的监督，人民群众的民意民声也能直接触达政府决策中枢。在信息高度发达的今天，打破历史周期率，实现国家的长治久安已不再是空谈。

回顾人类历史上五次信息技术革命的历程，我们不难发现，信息技术的进步在不断地强化人与人之间的沟通，将整个人类社会联结成为一个庞大的共同体。第一次信息技术革命是语言的创造，语言实现了猿向人的转变，让人类获得了交流信息的有效手段；第二次信息技术革命是文字的发明，让信息的存储和传输超越了时间与空间的限制；第三次信息技术革命是造纸术和印刷术的发明，让信息得到了广泛而迅速的传播；第四次信息技术革命是电报、电话、电视等现代通信技术的创造，让信息的传递手段发生了根本性的变革，人与人之间的沟通成功突破了空间限制；第五次信息技术革命是电子计算机的发明和应用，让人类成功突破信息处理的局限性，极大程度强化了人类利用信息的能力，同时让整个人类社会连成了一个个超越时间、空间限制的共同体。

在未来，随着大数据、数据孪生、5G、万物互联等技术的发展，人们将生活在一个由海量的数据所构成的数字空间中，小到人们一个开关灯的动作，大到全球金融变化的趋势，人类的生产制造、运输物流、交易服务等社会活动都将被一系列数据表现出来，并在这个数字空间中留下清晰的“数字痕迹”，而一个个的“数字痕迹”又组成了社会动态的实时图景，使得社会上的一切动态都以数据的形式被实时记录和分析，人类社会将走向“一切都被记录、一切都被分析”的全面认知时代，政府治理也将迎来革命性变革，全面认知将成为未来政府治理的技术基石。

未来，数字政府不再是一套套孤立的系统，而是社会上所有的人、事、物共同构成的庞大体系，技术的发展将使得社会上的一切要素都成为信息“传感器”，全面认知将使得政府对社会动态的掌握能力产生质的飞跃。回顾封建社会的历史周期率，“朝中歌舞升平，百姓民不聊生”的原因在于民与官之间的不对等，百姓的民意民声难以直接触达政府决策中枢，除了“举兵起义”外再难有其他发声渠道，社会矛盾愈发激化，因此封建社会难逃“兴衰治乱，往复循环”的历史周期率。但全面认知将使得人民群众的诉求和愿望、社会上的一切动态实时传达到政府的决策中枢，人民群众与政府之间不再产生信息差，打破历史周期率，实现国家的长治久安将成为现实。

10.3.2 整体智治，未来治理的终极愿景

整体智治，是数字政府建设的终极愿景，也是本书的核心思想。整体智治的本质，就是通过持之以恒的技术更新和迭代，让机器组成的“数字政府大脑”具备如同人脑一样从“不确定”中发现“确定”的能力。

数字政府从全面认知到整体智治的过程，恰如人类从婴儿到成人，最终到先知、哲人的过程，从"计算"到"算计"，从"算盘"到"盘算"，从表象中发现本质，又从本质中推演出未来即将出现的表象。整体智治不仅在于实现了政府智能治理的全领域、全方位、全链条、全要素覆盖，更在于超脱了时间的限制，让数字政府可知晓过去，可认清当下，可预见未来。从世界各国的治理策略（表 10-1）变化趋势可以看出，随着大数据、AI 不断发展，世界各国的政治形态将迎来前所未有的变革，世界各国已普遍认识到了利用 AI 技术推进整体智治在整个社会发展中的关键作用，整体智治成为全球政府治理的大势所趋。

表 10-1 各国 AI 治理战略

日期	战略名称	国家	提出部门
2016 年 4 月	人工智能信息产业发展战略	韩国	韩国科学、信息通信技术和未来规划部
2017 年 3 月	泛加拿大人工智能战略	加拿大	CIFAR，加拿大慈善组织
2017 年 5 月	人工智能技术战略	日本	人工智能技术战略委员会
2017 年 5 月	人工智能新加坡	新加坡	智慧国家与数字政府办公室
2017 年 5 月	人工智能项目	芬兰	经济事务和就业部长任命的指导小组
2017 年 7 月	新一代人工智能发展规划	中国	国务院
2017 年 10 月	阿联酋人工智能战略	阿联酋	阿联酋政府
2018 年 3 月	人工智能为人类：法国人工智能战略	法国	法国政府
2018 年 3 月	人工智能行业交易	英国	商业、能源和工业策略部，数字、文化、媒体和体育部
2018 年 5 月	人工智能的国家方法	瑞典	企业与创新部
2018 年 11 月	联邦政府的人工智能战略	德国	联邦经济事务和能源部，联邦教育和研究部，联邦劳动和社会事务部
2019 年 2 月	关于保持美国在人工智能领域的领导地位的行政命令/美国人工智能倡议	美国	美国政府
2020 年 10 月	沙特国家数据和人工智能战略	沙特阿拉伯	沙特数据与人工智能局

在传统治理模式中，决策过程往往因信息失真而存在极大的不确定性，促使了社会矛盾的进一步加剧。但随着 AI 技术的发展，构建"数字政府大脑"辅助政府决策治理，为调节与缓和社会矛盾提供了全新的方式。"数字政府大脑"能够基于对社会动态全面认知，有效消除传统决策过程中的信息失真的问题，并通过智能化决策以最优的方式调动社会资源，从而充分调解与缓和社会矛盾，实现政府对社会的整体智治。

在未来，整体智治将推动政府治理理念、治理结构、治理工具等多个方面实现革命性创新。

在治理理念创新方面，整体智治极大增强政府治理的可预见性，使政府治理具有前瞻性，政府可以更精确地把握公众的需求，提高政府的公共服务水平，变管理为服务、变管理为治理，形成“用数据说话、用数据决策、用数据管理、用数据创新”的治理模式。

在治理结构创新方面，整体智治将彻底打破部门之间的壁垒，促使政府治理层级向扁平化方向发展，实现跨部门治理、跨地区治理，形成以数据为依托、以公共事务为核心、以部门或地区间彼此协作为基础的治理体系。

在治理工具创新方面，基于“数字政府大脑”的智能化决策将替代或辅助人工决策，实现智慧管理，优化决策方案，科学化设计管理流程，运用多元化方式实现管理与服务，使政府治理从主观主义、经验主义迈向精确主义、预测主义。

从世界各国的历史来看，无论哪个国家都难以回避历史周期率这一难题，如英国资产阶级革命、法国大革命、俄国十月革命等。不难看出，历史周期率主要根源在于社会矛盾的激化，当社会矛盾达到不可调和的程度时，旧政府将不可逆地更迭为新的政府，而如何缓解社会矛盾，让社会矛盾得到有效解决，成为打破历史周期率的关键。从全面认知到整体智治，不仅是未来治理的终极愿景，也是缓和与调解社会矛盾，让社会发展的各个阶段得以平稳过渡，从而打破历史周期率，实现国家长治久安的手段。

未来已来，在技术飞速发展的今天，政府作为社会的领航人，应当时刻走在时代的潮头，未雨绸缪。正如范仲淹在《岳阳楼记》中所著，为官者“先天下之忧而忧，后天下之乐而乐”，在社会转型的大浪潮中，政府不应被迫变革，而应该在时代的潮流中主动寻求变革，全力打破历史周期率，在不懈地探索创新中引领社会的良性发展，保持国家的兴旺发达和社会的长治久安。

10.4 小　结

本书所提出的“一核驱动、五个管用、多维创新”数字政府建设模式，既是对当下数字政府建设思路的一次总结，也是对未来政府治理模式的一次创新探索。伟人毛泽东曾经说过，“星星之火，可以燎原”，数字政府建设是一项需要全社会共同参与的伟大事业，只有群策群力、汇聚众智，心往一处想、智往一处谋，事业方能凝心、聚力、成事。今天我们所做的一切奋斗和努力，都将成为实现国家长治久安的奠基石。我们相信，在广大从业人员、社会各界人士的积极参与和共同努力下，我国数字政府建设一定能形成更大合力、取得更大成效！

后　记

本书的成功出版，首先要感谢广西壮族自治区党委、政府的各位领导，自治区大数据发展局的各位领导和同事，自治区政府各部门、各地市的各位领导和同事，以及参与广西数字政府建设的企业，归功于参与广西数字政府建设这一伟大事业的全体人员。

“非成业难，得贤难。非得贤难，用之难。非用之难，任之难。”（宋·裴松之《三国志·钟离牧传注》）。过去三年，作者团队能够有机会在数字中国伟大事业之中尽情驰骋，大刀阔斧实践创新，这离不开背后各位领导、恩师的信任、支持和包容，由衷感恩每一位心胸如海、爱才惜才的“伯乐”。

“君问归期未有期，巴山夜雨涨秋池。何当共剪西窗烛，却话巴山夜雨时。”（唐·李商隐《夜雨寄北》）。过去三年，作者团队能够潜心、安心、一心地在数字政府建设事业中埋头实践探索，同样离不开背后家人的全力支持和无私牺牲，由衷感恩每一位在背后默默付出的家人。

这里，我们还要特别感谢以下单位、组织的各位领导和专家长期的指导、关心和支持，有国家电子政务专家委、国务院办公厅电子政务办、中央网信办、国家行政学院、国家信息中心、北京理工大学、新华社、中国经济信息社、中国信息通信研究院、中国电子技术标准化研究院、中国电子信息产业发展研究院、国脉研究院、中国信息协会、中国科学院科技战略咨询研究院、国家大数据专家委员会、中国仿真学会元宇宙专业委员会、中国民航信息集团有限公司等，还有参与项目建设的数字广西集团有限公司、中国—东盟信息港股份有限公司、腾讯、华为、支付宝、百度、科大讯飞、浪潮、国泰新点、数据宝、太极、拓尔思、南威、移动、联通、电信、铁塔、广电等。

由衷感谢参与本书编撰的各位同事，由衷感谢各位领导、专家的指导、关心和支持，由衷感谢社会各界的支持和帮助，由衷感谢本书的读者们。

本书编委会

2022 年 8 月 1 日